W. K. LACEY

DIE FAMILIE IM ANTIKEN GRIECHENLAND

KULTURGESCHICHTE
DER ANTIKEN WELT

BAND 14

VERLAG PHILIPP VON ZABERN · MAINZ AM RHEIN

W. K. LACEY

DIE FAMILIE IM ANTIKEN GRIECHENLAND

Übersetzt von
UTE WINTER

VERLAG PHILIPP VON ZABERN · MAINZ AM RHEIN

330 Seiten, 32 Tafeln mit 49 Abbildungen

Umschlagbild: Detail von einem sizilischen Lebes: Frauen im Fenster.
Würzburg, Martin-von-Wagner-Museum. Um 330 v. Chr.
Vorsatz: Tänzerin und Flötenspielerin. Von einem apulischen Krater.
Berlin (Ost), Staatliche Museen.
Nachsatz: Mutter und Kind. Von einer apulischen Hydria.
Antikenmuseum, Staatliche Museen Preußischer Kulturbesitz, Berlin.

Bearbeitung des deutschen Registers:
Barbara Schaeffer

First published 1968 by Thames and Hudson, London, as
THE FAMILY IN CLASSICAL GREECE
© 1968 W. K. Lacey
© für die deutsche Ausgabe 1983 Verlag Philipp von Zabern, Mainz am Rhein
ISBN 3-8053-0543-5

INHALT

VORWORT

Die FAMILIE IN DER GRIECHISCHEN GESCHICHTE ist ein Thema, mit dem sich die Historiker bis jetzt noch nicht befreunden konnten. Es gibt kein Buch darüber — zumindest nicht auf englisch — und in den gebräuchlichen Lehrbüchern für Studenten wird die Familie sehr kurz abgehandelt. Die Verfasser übergehen das Stichwort 'Familie' in ihren Stichwörterverzeichnissen oder beschränken ihre Verweise auf die homerische Periode. Die beiden weiter ausgreifende Werke, L. Whibley, Companion to Greek Studies, sowie die Cambridge Ancient History geben ebenfalls keine Auskunft.

Dieses Buch ist ein Versuch, in das Thema einzuführen; es gibt eine Vielzahl absichtlicher Auslassungen, zweifelsohne auch eine Anzahl unbeabsichtigter, aber das ist unvermeidbar, wenn man einen kurzen Abriß dessen geben möchte, was tatsächlich die zentralste und ausdauerndste Einrichtung der griechischen Gesellschaft war. Stadt-Staaten stiegen auf und fielen in sich zusammen, die Demokratie kämpfte mit der Oligarchie, fremde Eroberer kamen und gingen, aber die Familie als grundlegende Einrichtung der Griechen igelte sich standhaft ein. Dieses Buch möchte sich allerdings auf den Versuch beschränken, sich mit der archaischen und klassischen Zeit, der großen Ära der Stadtstaaten, etwas genauer zu befassen, und zwar deshalb, weil in diesem Zeitraum — und nur in diesem — ein Verhältnis eigenartiger Nähe und umfassender Verbundenheit existierte, das wesentlich auf der Tatsache beruhte, daß die *polis* nicht mehr und nicht weniger war als die Summe aller ihrer Familien. Es wird ein weiterer Band notwendig sein, um die griechische Familie außerhalb der Stadtstaaten und die griechisch-römische Familie der Epoche nach der Eroberung Griechenlands durch Rom zu untersuchen.

Die alles durchdringende Rolle der Familie führt dazu, daß es praktisch kein Gebiet der griechischen Kultur gibt, von dem die Familie nicht berührt ist. Das erzwang eine rigorose Auslese besonders bei Zitaten aus Untersuchungen, die dieser Arbeit vorausgingen. Ich habe in den meisten Fällen registriert, in welchem Werk ich erstmals auf den in Frage kommenden Punkt gestoßen bin, auch wenn der betreffende Autor nicht der erste gewesen war, der ihn aufgegriffen hat, und ich habe immer, vor die Wahl eines englischen oder fremdsprachigen Autors gestellt, den englischsprachigen zitiert, weil seine Arbeit höchstwahrscheinlich leichter zugänglich ist, und Studenten sie mit höherer Wahrscheinlichkeit benutzen. Ausnahmen von dieser Regel betreffen meistens Arbeiten, deren Bibliographie zu mager ist, als daß sie dem Leser in der Verfolgung eigener Fragen weiterhülfe. Wo jedoch eine allgemeine Übereinstimmung der Ansichten auf der Aussage eines verläßlichen antiken Autors beruht, habe ich mich auf die Angabe dieser antiken Quelle beschränkt.

Unter den absichtlichen Auslassungen dieses Buches sind ausgedehnte Hinweise auf die griechische Tragödie. Ein einleitendes Vorwort ist sicher nicht der Platz für eine ausgedehnte Diskussion, aber ich vertrete die Ansicht, daß das athenische Theaterpublikum die tragischen Figuren auf der Bühne nicht als normale Menschen in normalen familiären Umständen betrachtete. Für sich genommen besitzt deshalb das, was diese Charaktere sagen, keinen Informationswert zum Thema Gesellschaft, obgleich es sehr oft das abstützt, was wir aus anderen Quellen für richtig erkannt haben. Die Komödie andererseits beschäftigte sich mit normalen Menschen in komischen Situationen, sie ist daher immer potentiell nützlich. Doch sind Komödienfragmente, ebenso wie solche von Tragödien, keine zuverlässigen Belege; wie die Anthologie des Stobaios zeigt, können sie, bei entsprechender Auswahl, praktisch alles 'belegen'.

Eine weitere absichtliche Auslassung ist die Unterscheidung zwischen Schriften des Demosthenes und pseudodemosthenischen Reden. Wenn irgendeine dieser Reden nachweislich erheblich nach dem Zeitalter des Demosthenes entstanden wäre, dann hätte diese Unterscheidung für uns Bedeutung, aber dieser Nachweis ist nie erbracht worden. Wichtiger als die Identifizierung des tatsächlichen Autors ist es, sich daran zu erinnern, daß, wer auch immer irgendeine Rede schrieb, jeder, der in griechischen Gerichten als Redner auftrat, bereit war zu lügen. Gewohnheitslügner pflegen gute Lügner zu sein. Ihre Lügen mußten folglich dem angesprochenen Publikum glaubhaft erscheinen (in praktisch allen überlieferten Fällen handelt es sich dabei um Athener). Dieses Buch setzt sich daher auch nicht mit dem exakten Wahrheitsgehalt von Redneraussagen auseinander. Fast alle Fragen zur griechischen Geschichte waren (und viele sind noch heute) Gegenstand ausgedehnter Diskussionen. Wenn man sich überlegt, wie wenig Belegmaterial wir besitzen, wie viele Menschen daran arbeiten, und wie zahlreich die Versuche sind, sich dem Gegenstand zu nähern, ist das kaum überraschend. Im allgemeinen habe ich versucht, jene Gebiete, die mir für die Familie höchst bedeutsam erschienen und in denen keine Übereinstimmung herrscht, anzugeben und Ansichten zu zitieren, die von den meinigen abwichen, vorausgesetzt, es boten sich vernünftige Alternativen an, aber ich habe mich nicht auf die erschöpfende Diskussion von Theorien eingelassen, die mir auf völlig falschen Voraussetzungen, wie z.B. einer matriarchalischen Organisation der Gesellschaft, zu beruhen schienen.

Die Schreibung des Griechischen und der griechischen Namen ist ein Dauerproblem. Meine Haltung ist nicht gleichbleibend und einförmig, aber sie entspricht der Praxis dieser Serie und bemüht sich, Hilfestellungen zu geben. (Siehe dazu die Anmerkung des Übersetzers.) Die Kultnamen der Götter sind in ihrer griechischen Form belassen worden, z.B. Zeus Ktesios. Bei einer Reihe griechischer Worte oder Begriffe habe ich mich entschlossen, sie nicht zu übersetzen, da das übliche Äquivalent ungenau oder geradezu irreführend ist. Ich hielt es für besser, ein kleines Glossar allgemein gebräuchlicher Wörter anzulegen und zu versuchen, die verschiedenen Bedeutungsabstufungen an der entsprechenden Stelle im Text zu erläutern.

Das Buch begann als ein Vorlesungskurs für das Klassische Tripos in Cambridge, das wird dem Leser ohne Zweifel bewußt werden. Daß dies nicht noch deutlicher zutage tritt, verdanke ich weitestgehend Herrn G. T. Griffith und Dr. M. I. Finley, die mir eine außerordentlich große Menge guter Ratschläge und hilfreicher Kritik angedeihen ließen. Sie werden sicher nicht mit allem, was ich gesagt habe, einverstanden sein, aber sie haben mich vor sehr viel mehr vermeidbaren Fehlern bewahrt und mich gezwungen, eine große Anzahl Fragen neu zu betrachten. Wo nicht anders vermerkt, sind alle Daten vor Christi Geburt anzusetzen.

Anmerkung des Übersetzers

Für den deutschen Text wurde grundsätzlich die Schreibung der Eigennamen und Ortsnamen des sog. "Kleinen Pauly" gewählt, da dieses Lexikon auch einem breiten Publikum leicht zugänglich ist. Ausnahmen wurden nur bei besonders geläufigen, eingedeutschten Formen gemacht, etwa: Platon, *Gastmahl*, aber Xenophon, *symposion*; Aristophanes, *Frösche*, nicht *ranae*; Syrakus, nicht Syrakusai. Das Vorwort ist um wenige, nur den englischen Leser betreffende Zeilen gekürzt.

KAPITEL I

Die Familie im Stadtstaat

Die Bedeutung des 'Oikos'

Aristoteles begann seine *Politik*[1] mit der Feststellung, man müsse Gemeinschaften in ihre kleinsten Einheiten zerlegen, um die jeweiligen Besonderheiten zu verstehen. Die kleinste Einheit eines Staates ist der auf der Familie beruhende Haushalt, der *oikos*, der aus drei Elementen besteht, dem männlichen, dem weiblichen und dem dienenden. Das dienende Element wird definiert als etwas, das zu seiner eigenen Sicherung der Herrschaft eines anderen unterstellt wird. Für Hesiod ist dies, nach Aristoteles, der Pflugochse (der Diener des armen Mannes), für den politisch zählenden Bürger (d.h. den stimmberechtigten Mann einer *polis*, eines Stadtstaates) ist das sein Sklave. Nach Aristoteles haben Mann und Frau ein natürliches Bedürfnis dazu, sich Nachkommen zu schaffen; dieser Instinkt sei allen Lebewesen gemeinsam und bewirke ein viertes Element eines Familienhaushalts, die Kinder.

Ein weiterer Bestandteil eines *oikos* müssen die zu seinem Unterhalt nötigen Mittel gewesen sein. Die Übereinstimmung dieser Feststellung mit Aristoteles' Ansicht beweisen sowohl seine Aussage, die Mitglieder eines Haushaltes seien diejenigen, die sich gemeinsam ernähren[2], als auch seine spätere Bemerkung, manche Leute betrachteten den Erwerb und die Verwaltung von Besitz bereits als das Ganze einer Haushaltsführung[3]. Ein *oikos*, der seine Mitglieder nicht erhalten konnte, war, nach griechischer Auffassung, überhaupt kein *oikos*. Ein *oikos* ohne Kinder war auch kein vollständiger *oikos*[4].

Der Blick jeder griechischen Familie war sowohl zurück in die Vergangenheit als auch nach vorn in die Zukunft gerichtet. Der Blick zurück galt dem Gründer, in dessen religiöse Verehrung man sich mit anderen gleichen Glaubens teilte. Aber die Familie war auch nach vorn auf ihr eigenes Weiterbestehen hin ausgerichtet, um in einer möglichst langen zukünftigen Generationenfolge die Erhaltung und Bewahrung des Familienkultes zu gewährleisten. Diesen vollzogen die Lebenden im Interesse der Toten. Der Sohn eines Hauses war daher (in der Blütezeit der *polis*) streng verpflichtet zu heiraten und einen Erben für den *oikos* zu zeugen, um das Weiterbestehen des *oikos* zu sichern. Soweit wir dies sehen können, hat er wohl auch selbst diese Verpflichtung empfunden und danach gehandelt. Aber auch das

13

andere Erfordernis, nämlich, daß der *oikos* seine Mitglieder erhalten können muß, wurde nicht vergessen. Kein Grieche würde die Vorstellung akzeptiert haben, daß jeder Mann heiraten und Kinder in die Welt setzen darf, wann er will. Die Ehe war etwas für diejenigen, die es sich leisten konnten. Wenn also der *oikos* eines Vaters nicht ausreichte, um mehreren Söhnen eine Lebensgrundlage zu verschaffen, mußten einige ihn verlassen, um ihr Glück in der Fremde zu versuchen, indem sie sich als Söldner oder Seeleute verdingten, oder indem sie sich ein neues Heim als Mitglieder einer Kolonie gründeten, wenn ihre eigene oder eine andere Stadt Freiwillige aufrief[5].

Ein *oikos* war daher ein lebender Organismus, der zu seinem Fortbestehen in jeder Generation erneuert werden mußte; für die lebenden Mitglieder deckte er das Bedürfnis nach Nahrung, für die Verstorbenen das (Bedürfnis) nach Vollzug der Kult-Rituale. Ein kinderloser *oikos* war sichtbar am Sterben − kein Mann verfügt über eine übergroße Lebensspanne − und von daher können wir die Freude würdigen, mit der ein Kind, und ganz besonders der erstgeborene Sohn einer Familie empfangen wurde.

Das Individuum und der Oikos

In den verschiedenen Epochen und Gemeinschaften der griechischen Welt gab es beträchtliche Unterschiede im Verhältnis zwischen Individuum und *oikos*. In der homerischen Welt war der einzelne Heros (die einzige Klasse, für die wir überhaupt eine bedeutsame Aussage machen können) voll für den *oikos* verantwortlich, hatte aber auch die gesamte Verfügungsgewalt darüber, soweit seine Macht dazu reichte[6]. In den *polis*-Gemeinschaften des alten Griechenlands haben das Land der Väter und ihre Grabstätten, die gleichzeitig der Beleg für alte Besitztitel und Objekte des Familienkults waren, starke Bande des Zusammenhalts geschaffen, innerhalb derer sich der Einzelne als Mitglied seines *oikos* bewegte. Hier wiederum war jeder *oikos* selbst ein Mitglied einer oder mehrerer größerer Gruppierungen, der Sippe (*genos*), der Phratrie, des Stammes (*phyle*), des *demos*, dessen Mitglieder Vollbürger der *polis* waren. Die Teilhabe an diesen größeren Einheiten wurde durch die Zugehörigkeit zu einem *oikos* gewährleistet, so daß der Einzelne niemals frei war von der Einheit, der er angehörte.

In den Kolonien jedoch, besonders in Ionien und Sizilien, waren diejenigen, die hinausgingen, durch ihre Auswanderung aus dem *oikos* ihrer Vorväter entlassen. Wie erfolgreich die Versuche auch immer gewesen sein mögen, den Geist der Einheit und des gemeinsamen Bürgerbewußtseins einzupflanzen, so konnte doch das Netz der Familientradition und das Zugehörigkeitsgefühl zu einem *oikos* niemals so stark werden, weil es nicht in denjenigen *oikoi* (insbesondere Häusern und Ländereien) und Kultrechten verwurzelt war, die den Familien — ihrem eigenen Empfinden nach — durch das Recht der Abkunft von irgendeinem mythischen, heroischen Gründer übertragen worden waren[7].

Dieser Mangel an Geschlossenheit in einer Gesellschaft führte zu zwei wichtigen Ergebnissen: Er machte diese Stadtstaaten wesentlich weniger exklusiv als die des Mutterlandes, aber er machte sie auch politisch wesentlich unruhiger, mit dem Ergebnis, daß sie häufig unter die Herrschaft von Tyrannen gerieten. Syrakus z.B. blieb trotz der schrecklichen Erfahrungen mit der Tyrannis des Dionysios I. und seiner Nachfolger (405-344) nur knappe 30 Jahre unter einer konstitutionellen Regierung, die Timoleon eingerichtet hatte, dann geriet es wieder unter eine Tyrannis, diejenige des Agathokles im Jahr 316[8]. Zu den regelmäßig wiederkehrenden Eigentümlichkeiten dieser und anderer Tyrannen-Herrschaften gehörten die Umsiedlung ganzer Bevölkerungsgruppen, Ausstoßung alter Bürger, Einbürgerung neuer Bürger, die oft genug nichtgriechische Söldner waren, und Umverteilung von Ländereien, Häusern und anderem Besitz, der einen wesentlichen Bestandteil der *oikoi* jener bürgerlichen Gemeinschaften des alten Griechenlands darstellte. Es hat den Anschein, als sei das Zusammenwachsen zu einer einheitlichen und einigermaßen zusammengehörigen Gesellschaft eine Aufgabe geblieben, die immer wieder zum Scheitern verurteilt war.

In früheren Zeiten hatten andere griechische Gemeinschaften in Süditalien und Sizilien wiederholt versucht, das Fehlen tiefer, bodenständiger Verwurzelung durch das Aufstellen von Rechtsnormen und die Errichtung quasi-religiöser und philosophischer Gesellschaften auszugleichen, die ein Element der Zusammengehörigkeit im Staat darstellten. Zaleukos von Lokroi in Italien steht im Ruf, er habe als erster einen Gesetzeskodex zusammengestellt, ein Vorgang, den man etwa in der Mitte des 7. Jhdts.v.Chr. ansetzen kann. Ein anderer berühmter Gesetzgeber war Charondas von Katane, dessen Gesetze auch in Rhegion und anderen Städten dieses Gebietes zur Anwendung gelangten. Diejenigen, die in unseren alten Quellen[9] auf uns gekommen sind, befassen sich intensiv mit der Familie, obgleich sie auch andere Rechtsgebiete behandelt haben sollen. Charondas wirkte vermutlich im 6. Jhdt.v.Chr. noch vor dem Philosophen Pythagoras, der am Ende dieses Jahrhunderts[10] nach Kroton kam. Kroton, damals schon eine Stadt mit blühender Schule für Medizin und Körperkultur, erhob sich aber erst unter der gemeinschaftsbildenden Disziplin der pythagoräischen Bünde in der 1.Hälfte des 5. Jhdts. zu seiner höchsten Blüte, zu Wohlstand und Erfolg.

Politisch waren diese und die meisten anderen Stadtstaaten dieses Gebietes Aristokratien, ebenso jene Städte der Ägäis, die die bedeutendsten Dichter von ausgeprägter Individualität hervorgebracht haben, nämlich Lesbos, dessen Gesellschaft für uns in der Dichtung von Alkaios und Sappho im beginnenden 6.Jhdt.

lebendig wird[11], und, mindestens eine Generation vorher, Paros, die Heimat des Archilochos. Sicher war dessen illegitime Geburt im letzten verantwortlich dafür, daß er als standesgemäßer Ehemann für die ihm versprochene[12] Neobule zurückgewiesen wurde.

In scharfem Kontrast stehen diesen Individualisten die gleichzeitigen Dichter des griechischen Mutterlandes gegenüber, Theognis und Solon. Der erste verkündete in Megara die Ideale einer aristokratischen Gesellschaft, die ihr Monopol an politischer Macht eingebüßt hatte[13]. Solon in Athen hingegen versuchte, seinen neuen Rechtskanon zu rechtfertigen, in welchem die letzte Verantwortung für die Rechtssprechung von der Familie auf die städtischen Behörden übergehen sollte. Dabei vertrat er die bekannte aristokratische Idealvorstellung, wonach jeder Mensch seinen Rang kennen sollte[14]. Danach sollten also die Führer seit altersher den Staat auch weiterhin leiten, die Masse des Volkes hingegen sollte sich mit einer unterprivilegierten Stellung begnügen, allerdings einer, deren Rechte durch Gesetze abgesichert waren. In diesen beiden ebenso wie in anderen Festlandsgemeinden vollzog sich der Prozeß, in dem sich das Individuum vom Familienverband unabhängig machte, außerordentlich langsam. Ebenso langsam vollzog sich der Verlust an politischer Macht auf seiten der aristokratischen Familien, selbst in Athen, dem demokratischsten dieser Staaten, dessen Führer, mit Themistokles[15] als einziger Ausnahme, sich bis zum Tod des Perikles 429 aus den adligen Familien rekrutierten. Dieses Zeitalter (die letzte Hälfte des 5. Jhdts.) war jedoch auch das der Sophisten, jener reisenden Lehrer, die von der Ägäis und der westlichen Ecke des griechischen Kulturkreises nach dem griechischen Festland und Athen im besonderen kamen. Sie stellten für alle althergebrachten, gängigen Verhaltensmuster und Wertmaßstäbe eine Herausforderung dar, und ihr Einfluß — ohne Zweifel in Verbindung mit der trennenden Wirkung des Peloponnesischen Krieges (431-404) — löste vielleicht jene Bewegung in Richtung auf einen größeren Individualismus aus, die das Kennzeichen des 4. Jhdts. ist, und gegen die Platon seinen *Staat* und seine *Gesetze*[16] schrieb. Auch das durch die mazedonische Monarchie verursachte Ende der Unabhängigkeit freier Stadtstaaten ließ die Woge des Individualismus am Ende dieses Jahrhunderts anschwellen. Für die hellenistische Zeit (nach Alexanders Tod 323) offenbart sich uns ein wesentlich größerer Handlungsspielraum des Einzelnen im Verhältnis zu seiner Familie. Dem entspricht ein geringeres Verantwortungsgefühl ihr und dem Staat gegenüber. Der festgefügte Verband der Stadt und die Einheit der Familie standen in enger gegenseitiger Abhängigkeit. Sie bildeten Grundlage und zugleich Frucht der Hochblüte der Stadtstaaten. Daher (wir kehren damit zu Aristoteles zurück) ist jede Untersuchung zur Familie eine Untersuchung über ein Bezugssystem in zwei Richtungen, den *oikos* als unabhängige Einheit, besonders das Verhältnis seiner freien Mitglieder zueinander[17], und den *oikos* als konstitu-

16

1   Weihrelief München, Glyptothek Inv. W 206; um 200 v. Chr.
Zeus, der Göttervater des Olymp, war mit den Familienkulten besonders eng verbunden. Auf diesem Marmorrelief aus der Umgebung von Korinth sieht man ihn rechts auf einem Thron. Neben ihm steht eine Göttin, vermutlich seine Gemahlin Hera. An einem Altar unter einem mit einer Binde umwundenen Baum stehen Vater, Mutter und Kind, links davon andere Familienmitglieder. Hinter dem Baum ist ein Pfeiler sichtbar, auf dem zwei Statuen, wohl Kultbilder, stehen. Der obere Abschluß des Reliefs ist in Form eines Daches gearbeitet. (vgl. Abb. 2. 3 und 31). Photo: M. Hirmer, München

17

ierende Einheit größerer Einheiten, aus denen sich der Stadtstaat, die *polis*, zusammensetzte.

Der Oikos und sein Kyrios

Die griechische Gesellschaft war patriarchalisch aufgebaut (und ist es noch heute): der Herr des *oikos* war das Oberhaupt der Familie, ihr *kyrios*, ihr Regent. Die Sklaven lenkte er als Herr, die Kinder als eine Art König, da sie ihm und seinem höheren Alter Zuneigung entgegenbrachten, seine Frau wie ein politischer Führer, wobei sich diese Führung von einer normalen nur darin unterschied, daß ein Führerwechsel, wie er in sich-selbst-regierenden Staaten normalerweise üblich ist, nicht vorgesehen war, denn der Ehemann ist immer Oberhaupt der Familie [18].

Die Oberleitung einer Familie, *kyrieia* (κυριεία) und der Status eines *kyrios* (κύριος) ist ein bedeutender Grundzug allen griechischen Familienlebens. Bei Homer ist sie als selbstverständlich vorausgesetzt, im demokratischen Athen definieren die Juristen gewisse Aspekte davon, selbst in Sparta ist sie inbegriffen im Status des Vollbürgers, des *homoios* (ὅμοιος) nach spartanischer Rangordnung, der über 30 Jahre alt war. Nur er hatte Anteil am politischen Leben, durfte einen Hausstand errichten und bei seiner Frau leben.

Nur ein Mann konnte *kyrios* einer Familie sein. Dies soll nicht besagen, daß Frauen nicht in der Lage gewesen wären, sich um den Besitz eines Mannes zu kümmern, wenn er für den Militärdienst abwesend war, oder wenn er zu Handelszwecken oder in Staatsdiensten verreist war. Sie konnten dies offensichtlich; als Beispiele können wir Penelope bei Homer zitieren, die zumindest verhindern konnte, daß Odysseus' Haus in seiner Abwesenheit von einem anderen übernommen wurde, oder den Trierarch der Demosthenes-Rede Nr. XLVII[19], der seine Frau mit der Verwaltung seines Anwesens nahe dem Hippodrom betraute. Es bedeutet auch nicht, daß die Witwe eines Verstorbenen sich etwa nicht um seine Besitzungen gekümmert hätte, bis der Erbe eingesetzt war, oder, falls die Kinder minderjährig waren, bis der Vormund die Kontrolle über den Besitz übernommen hatte. Für diese Zeiträume hatten Frauen, wie man sagte, Aufsicht über den Besitz, *kyria*[20] (κυρία), aber charakteristisch dafür war die begrenzte Dauer, sie galt nur bis zur Rückkehr des tatsächlichen *kyrios*, oder bis ein neuer Herr eingesetzt war, der sein Eigentum in Besitz nahm. Eine solche Position gestattet keine Entscheidungen bezüglich der Veräußerung von Besitz, insbesondere beinhaltet sie keine Verfügungsgewalt über den wichtigsten Bestandteil im Besitz eines *oikos*, nämlich den *kleros*, das zustehende Stück Land. Vor der hellenistischen Epoche hören wir nur aus Sparta, daß Frauen in Abwesenheit ihres Gatten sogar Landbesitz[21] verkaufen durften, und hier, ebenso wie andernorts, hatten nur Töchter ein gesetzlich klar geregeltes Nachfolgerecht auf die lebenslängliche Nutzung des väterlichen Besitzes, verbunden mit dem Recht und der Pflicht, diesen auf ihre Kinder zu übertragen.

Der Oikos und seine Ländereien

So wie die *polis* niemals aufhörte, auf einem landwirtschaftlichen Fundament zu ruhen[22], so behielten auch die Ländereien einer Familie immer ihre fundamentale Bedeutung. Sowohl aus den wenigen Spuren, die von den frühen Systemen der Landnahme erhalten sind, als auch nach den Vorgängen, die bei Koloniegründungen[23] üblich waren, nehmen wir allgemein an, daß Land — damit ist ackerbaufähiges Land gemeint — ursprünglich in *kleroi* aufgeteilt wurde, die den jeweiligen Oberhäuptern einer blutsverwandten Siedlergruppe zugewiesen wurden, ausgenommen Land, das für *temenē* (Einzahl: *temenos*) vorgesehen war. Diese *temenē* wurden in späteren Zeiten den Göttern geweiht, aber in den primitiven Ur-Zeiten wurden sie dem Häuptling gegeben, der gleichzeitig als Priester fungierte und die Position eines Heroen — d.h. eines Halbgottes — beanspruchte. Ob solche *kleroi* jemals gleichwertig waren, resp. einstmals gleichwertig gewesen waren, oder nicht, wissen wir nicht; es war eine Maxime demokratischer Propagandisten, daß sie gleichwertig sein sollten, aber es ist in einer früh-aristokratischen Epoche wesentlich wahrscheinlicher, daß die Teilung ungleich war[24]. Aristoteles behauptet, daß "es in vielen Städten gesetzwidrig war, den einer Familie erstzugewiesenen *kleros* zu verkaufen"[25]. Diese Regelung war offensichtlich getroffen worden, um unangebrachte Landanhäufungen von seiten eines einzelnen Individuums zu verhindern. Aristoteles erwähnt auch Situationen in Korinth und Theben[26], wo der Überlieferung nach gesetzliche Vorkehrungen gegen die Verringerung der Anzahl von *oikoi* getroffen wurden. Für Athen besteht Übereinstimmung, daß die Regel, derzufolge Land nicht von einer Gruppe von Blutsverwandten wegtransferiert werden durfte, bis in die historische Zeit hinein Gültigkeit hatte, obgleich der Zeitpunkt, von dem an eine Veräußerung möglich war, zur Diskussion steht. Die Vorschläge reichen dabei von Solon[27] bis zum Peloponnesischen Krieg[28].

Sicher hat Thukydides geglaubt — und darauf hat N.G.L. Hammond[29] hingewiesen —, daß die ländliche Bevölkerung Attikas im Jahr 331 auf Land wohnte, das sie bereits seit vielen Generationen besaß. Unveräußerbarkeit des Landes kann die beste Erklärung sein, wie es dazu kam, daß weder die Alkmaioniden, die nach der Kylonischen Verschwörung im 7. Jhdt. verbannt worden waren, noch, ein Jahrhundert später, die verbannten Gegner des Peisistratos (noch, wie wir ergänzen können, Peisistratos selbst) im Exil verarmt sind. Im 4. Jhdt. zog Verban-

2. 3   *Weihreliefs Athen, Nationalmuseum; 4. Jh. v. Chr.*
Aristarche (oben) und (Aris)toboule (unten) weihen diese Reliefs im Namen ihrer Familien
dem Zeus Meilichios. Man beachte (unten) das Füllhorn in der Hand des sitzenden Gottes als
Zeichen des Wohlstandes und das Schwein als übliches Opfertier (Xenophon, Anabasis VII, 8),
das zum Opfer bereitsteht. Photos: Nach A. B. Cook, Zeus II 2 (1925) 1106 Abb. 942. 943

4   *Steinsarkophag, Heraklion, Museum; ca. 1400 v. Chr.*
Die Stuckfriese auf diesem spätminoischen Sarkophag aus Hagia Triada bieten einen Kon-
trast zwischen den weißarmigen Kultteilnehmerinnen und dem Flötenspieler, für den eine
dunklere Hautfarbe angegeben ist. Während sich eine Frau in typisch minoischer Tracht
nähert, fließt Blut vom Hals eines gefesselten Stieres auf den Tisch. Eine Frau, vielleicht eine
Priesterin, in einem kürzeren, anscheinend aus Tierfellen gefertigten Rock zelebriert am Altar.
Zu weißarmigen Frauen siehe auch Abb. 14 und 22. Photo: Thames & Hudson, Archiv

nung automatisch die Einziehung aller Güter und Ländereien nach sich. Andererseits drängt sich bei den sorgfältigen Vorkehrungen des Ostrakismos-Gesetzes, das erstmals 488[30] angewendet worden war, und in welchem ausdrücklich niedergelegt war, daß Besitz nicht konfisziert werden sollte, die Vermutung auf, daß es am Beginn des 5. Jhdts. eine Form des Exils gab, die die Beschlagnahme des Besitzes mit einschloß. Wenn im allgemeinen Land vor dem Jahr 431 nicht enteignet wurde, darf dies nicht dahin gedeutet werden, daß so etwas überhaupt nicht möglich war.

Das Verbot, Land zu veräußern, hat aber immer auch die Macht eines *kyrios* begrenzt. Dies erinnert uns einerseits daran, daß moderne Vorstellungen von Besitz irreführend sein können, und weist andererseits darauf hin, daß wir den *kyrios* eines *oikos* nicht als einen Individualbesitzer betrachten sollten, sondern als gegenwärtigen Treuhänder des Familienbesitzes der Vergangenheit, Gegenwart und, wenn ihm die Zeugung eines Sohnes gelingt, der Zukunft[31]. Folglich galt, selbst wenn die Veräußerung von ererbtem Land rechtlich möglich war, ein solches Handeln doch als ehrenrührig. In Platons Testament besteht ein deutlicher Unterschied in der Behandlung seines ererbten Landgutes und desjenigen, das er gekauft hat[32]. Politiker[33] gebrauchten den Vorwurf, jemand sei einer, der sein Erbland verkauft, als Invektive, und die gleiche Anspielung wird auch als ein dem Prozeßgegner abträglicher Hinweis gebraucht[34]. Gewiß war das Vorhandensein von Familiengräbern auf dem Erbland ein Grund dafür, aber weitere Gründe waren sicherlich Bürgerpflicht und die Erhaltung der *oikoi*. Darüber hinaus war in den *polis*-Gemeinschaften nur ein Bürger der *polis* berechtigt, Land im Stadtbereich der *polis* zu besitzen[35]. Die einzige Ausnahme zu dieser Regel bildeten einige wenige, besonders privilegierte Fremdlinge, denen dieses Recht (bekannt als *enktesis*, ἔγκτησις) ausdrücklich zugestanden worden war. Daraus folgt, daß Minderjährige immer einen Vormund bekommen mußten, wenn ihr Vater starb, bevor sie das Alter erreicht hatten, in dem sie die *kyrieia* ihres Besitzes übernehmen konnten, und daß jede Frau ihr ganzes Leben lang einen *kyrios* haben mußte[36]. Häufig war der *kyrios* einer Frau — vor der Ehe, während der Ehe und, als Witwe, sofern sie einen erwachsenen Sohn hatte — identisch mit dem *kyrios* über das Vermögen, das für ihren Lebensunterhalt bereitgestellt worden war. Aber wenn eine Witwe einen unmündigen Sohn hatte, dann war sein Vormund Treuhänder des Besitzes, der ja für den Sohn aufbewahrt wurde, der ihn schließlich erben würde, wohingegen die Kontrolle über ihren persönlichen Stand (z.B. ob sie wiederverheiratet werden sollte oder nicht) an den *kyrios* ihrer eigenen Familie zurückfiel.

Frauen haben zu keiner Zeit der griechischen Geschichte (außer in Sparta[37]) jemals im Vollsinn des Wortes Eigentumsrecht an Landbesitz gehabt. Aber es kam vor, daß ein Mann nur weiblichen Nachwuchs hatte. Wenn so eine Katastrophe passierte, war das Interesse der Griechen an der Erhaltung der Familien so groß, daß sie dafür Sorge trugen, solche Mädchen ihrem nächsten agnatischen Verwandten (wenn möglich einem Vaterbruder, also Onkel) in die Ehe zu geben, damit die Familie in der nächsten Generation wiederhergestellt werden könne. Solche Mädchen trugen in Athen die Bezeichnung *epikleros* (ἐπίκληρος), was manchmal fälschlicherweise als 'Erbin'[38] übersetzt wird. Erbin und *epikleros* stimmen nicht überein, weil eine *epikleros* niemals 'ihren' Besitz besaß, denn sie konnte nicht darüber verfügen, außer durch ein eigenes Kind. Umgekehrt jedoch konnte der 'Besitz' ihr auch nie rechtlich entzogen werden, solange sie lebte[39]. Das Ausrichten der Ehe einer *epikleros* war daher von höchster Bedeutung sowohl für ihre Angehörigen als auch für den Staat, und zumindest in Athen und in Gortyn auf Kreta und anderwärts können wir die Existenz ausführlicher gesetzlicher Vorkehrungen belegen, die sicherstellen sollten, daß das Fehlen von Söhnen nicht zum Auslöschen einer Familie führte, und daß die Zukunft von bruderlosen Mädchen nicht einfach Verwandten des Vaters überlassen blieb.

Männer ohne eigene Söhne konnten auch Söhne adoptieren. Wir wissen nicht genau, seit welcher Zeit das in Athen möglich war, aber es gibt Spuren dieses Brauches bei Homer[40]; er kann also seit frühester Zeit erlaubt gewesen sein. Ein Adoptivsohn war aber auch nicht voller *kyrios* des *oikos*, den er erbte, denn er konnte auch nur durch Zeugung eines Sohnes, nicht aber testamentarisch darüber verfügen. Es gibt auch Belege dafür[41], daß in Athen ein *oikos* nicht auf den Namen eines Adoptivsohnes registriert wurde, bis er einen Sohn gezeugt und diesen im *oikos* seines Adoptivvaters hatte registrieren lassen. Auf diese Weise waren für den *oikos* zwei Nachfolgegenerationen gesichert.

Da Frauen weder Eigenbesitz noch Verfügungsgewalt über ihren Besitz hatten, waren Haushalte von einer weiblichen Person oder einer Frauengruppe ohne Männer praktisch unbekannt[42]. Zum Haushalt gehörten daher sehr oft auch ältere Frauen, die entweder in der *kyrieia* des Hausherrn standen oder sich seinem Schutz unterstellt hatten. Dies war mit Sicherheit sehr alltäglich und wurde außerdem noch durch das Gesetz gefördert, zumal zumindest in Athen Kinder gesetzlich verpflichtet waren, ihre Eltern im Alter zu erhalten[43]. Es mag der jungen Frau nicht immer angenehm gewesen sein, wenn die Schwiegermutter im Haus lebte, und zumindest Plato hielt es für nicht erstrebenswert[44], aber es half, eines der großen Sozialprobleme unserer Zeit auszuschalten — nämlich die Einsamkeit des Alters.

Der Oikos und die größeren Einheiten im Staatsgefüge

Die erweiterten Verwandtengruppen, das *genos* (Plural *genē*) oder Clan, die Sippe und die Phratrie, die Bruderschaft, reichten über den *oikos*, dem ein Mann

5. 6   Kanne, Athen, Agora-Museum Inv. P 4885; um 720 v. Chr.
        Amphora, Athen, Nationalmuseum Inv. 804; ca. 750 v. Chr.
Große attische Grabgefäße (unten: 1,5 m hoch) aus geometrischer Zeit offenbaren die Interessen ihrer adeligen Besitzer. Der Fries oben deutet eine Vorliebe für Wagen, Pferde und Kriegshandwerk an. Zwischen den Streitwagen kämpfen Krieger mit Schwertern und Speeren. Die Doppelfigur zur Rechten stellt möglicherweise die von Homer erwähnten 'Siamesischen Zwillinge' dar. Der Dichter beschreibt ähnliche Treffen, nur werden in der Ilias die Wurfspeere üblicherweise vor Beginn des Schwertkampfes geworfen. Im unteren Bild liegt eine Gestalt auf einer Bahre. Die Trauernden sind weder nach Alter noch nach Geschlecht unterschieden. Davon ausgenommen ist ein Kind vor der Bahre. Photos: Thames & Hudson, Archiv

7 'Chigi-Kanne', Rom, Villa Giulia Inv. 22679; um 640 v. Chr.
Diese lebhafte Szene aus dem oberen Fries des korinthischen Gefäßes zeigt die Schlachtord-
nung der Schwerbewaffneten. Die Familien- oder persönlichen Embleme auf den Schilden
der rechten Schlachtreihe zeigen verschiedene Sinnbilder, die auch aus der Literatur und von
Münzen bekannt sind. Geschickter Gebrauch von Farben unterscheidet zwischen Helmen
und Beinschienen der Krieger und ihrer dunkleren Haut, besonders der des unbewaffneten
Flötenspielers, der der Truppe den Takt bläst. Die Spartaner waren nicht die einzigen, die zu
den Tönen einer Flöte in die Schlacht marschierten. Auch die Schildrücken sind bunt deko-
riert, was aber eher auf eine Vorliebe des Malers für Farbe als auf irgendeine spezifische
Stadt- oder Familienrüstung hinweist. Der Fries ist ca. 5 m hoch. Photo: M. Hirmer, München

25

angehörte, hinaus. Über die Ursprünge dieser Gruppierungen wissen wir nichts; Mitglieder desselben *genos* leiteten ihren Stammbaum von einem gemeinsamen Vorfahren ab, aber es wurde selbst in alter Zeit[45] offen zugegeben, daß die Mitglieder desselben *genos* (*gennētai*) nicht notwendigerweise Blutsverwandte waren und daß man auch Außenseiter zugelassen hatte.

Es gab — vielleicht als Ergebnis dieses Zustandes — geradezu soziale Klassentrennungen unter den *gennētai*. Da waren die vornehmen Häuser, die in ruhigen Zeiten die politischen Führer der *genē*[46] stellten, die erbliche Priesterschaft innehatten, und die sich wahrscheinlich als die wahren direkten Nachkommen des Heros-Vorfahren betrachteten. In Athen hießen sie *Eupatridae*[47]. Manche *gennētai* wurden auch als *homogalaktes*, also Milchbrüder, bezeichnet. Die Gelehrten sind sich nicht einig, was das bedeutet. Wenn es bedeutet, daß die Betreffenden "sich die Milch der gleichen Mutter teilten", muß es die Höchsten der Hochgeborenen bezeichnen, die nicht nur einen gemeinsamen Vater, sondern auch eine gemeinsame Mutter — zweifelsohne die Hauptfrau[48] — hatten. Heutzutage glaubt man eher, daß damit eine Art von Pflegebruder[49] oder ein von außen Kommender bezeichnet wurde, der in die Familie eingeführt wurde und dort am Milchopfer teilnahm, das zum Kult des heimischen Herdes gehörte[50].

Vielleicht war das Hauptmotiv dafür, Sippenfremde in die *genē*[51] aufzunehmen, die Verteidigung der Familie gegen übermächtige Gewalt von außen. Die Richtigkeit dieser Annahme wird dadurch nahegelegt, das die *genē* eine der frühen militärischen Einteilungen des Staates waren. Dies ist wenigstens die Meinung des Autors der *Athenaion politeia*[52]. Von ihm wanderte diese Annahme in die Lexika der Spätantike, wie z.B. zu Harpokration.

Genos ist jedoch ein mehrdeutiger Begriff. Abgesehen von der weiter gefaßten Gruppe nomineller Sippenangehöriger umschloß das *genos* die Gruppe der tatsächlichen Verwandten eines Mannes, also Leute innerhalb einer der gesetzlich anerkannten Verwandtschaftsgruppen. Das griechische Wort für "nächster Verwandter" heißt "nächster im *genos*"[53], und Nachfolge nach Männern ohne Söhne wurde immer in der Begriffswelt des *genos* bestimmt. Dabei genossen die Abkömmlinge der männlichen Linie Vorrang. Man darf daher annehmen, daß zur Zeit der Landnahme die Gruppen, die sich in der griechischen Landschaft niederließen und das bebaubare Land unter sich verteilten, sich untereinander für verwandt hielten. Es ist allerdings unmöglich, festzustellen, ob diese Verwandtschaft eine tatsächliche, also blutmäßige war, oder jene Sorte, die von den Lexikographen (s.o.) beschrieben worden ist.

Ein *oikos* gehörte auch einer Phratrie an. Auch die Anfänge der Phratrien liegen im Dunkeln. Bei Homer[55] kommen sie einmal vor, dort unmißverständlich als militärische Einheiten, und in einem Fragment der *Ath.pol.* erscheinen sie nach dem *genos*[56] als die nächstgrößere militärische Formation. Phratrien sind als örtliche Selbstverteidigungsgruppen[57] eingestuft worden, auch als die ältesten Formen des Zusammenschlusses einer Anzahl von Familien[58]. Aber die militärische Formation, die "Blutsbrüderschaft", scheint aus zwei Gründen die befriedigendere Erklärung; der eine ist philologischer, der andere soziologischer Art. Im philologischen Sinn ist zwar phrater (φράτηρ) eine Form des indo-europäischen Wortes für den Blutsbruder, also den Bruder nach den gleichen Eltern (—im Lateinischen ist z.B. das Wort *frater* die Entsprechung —). Nirgends aber in den griechischen Dialekten wird *phrater* in diesem Sinn gebraucht[59]; das Wort wird immer in der Bedeutung von "Mitglied derselben Phratrie" verwendet, und für die echten Brüder benutzte man andere Worte. Im gesellschaftlichen Bereich kommen die Belege von der strengen Regeln für die Ahndung von Mord. Vielleicht ist dies das erste Rechtsgebiet, auf welchem schon in den primitivsten Zeiten die verschiedenen Familiengruppen ihre Beziehungen zueinander in feste Regeln einbinden mußten[60]. Im athenischen Recht fiel die Pflicht zur Rache nach einem gewaltsamen Tod (oder die Sicherstellung der Reinigung von Blutschuld) auf die *oikeioi*, die Mitglieder des *oikos*. Wenn diese versagten, fiel diese Aufgabe nicht dem *genos*, sondern der Phratrie zu[61], obgleich die Phratrie nicht an der Entscheidung beteiligt war, wer für den *oikos* eines Verstorbenen die Nachfolgerechte antrat. In historischer Zeit aber waren in Athen die Phratrien mit den *oikoi* assoziiert, und zugleich mit den (örtlich bestimmten) Demen, bei denen die Bürgerlisten geführt wurden. Für militärische Zwecke waren an die Stelle der Phratrien Kameradschaftsgruppen getreten (*hetaireiai*[62]) oder Einheiten von Zeltgenossen (syskenoi, σύσκηνοι[63]). Als die Ephebenklassen (Gruppen von Jungsoldaten) organisiert wurden (sicher nicht vor dem 4.Jhdt.[64]), kamen dazu noch Kompanien von Männern, die im Alter zwischen 18 und 20 Jahren ihre Ausbildung gemeinsam absolviert hatten.

Der Oikos in der Religion

Alle griechischen gesellschaftlichen Gruppierungen waren auch religiöse Einheiten, deren Verwaltung in den Händen des Anführers lag[65]. Der Kult des *oikos* mit seinem Landstück, dem *kleros*, d.h. also der Kult der örtlichen Kleingruppe, deren Haupt der *kyrios* des *oikos* war, galt in Athen dem Zeus Herkeios, und viele Aspekte des Familienkultes sind mit Zeus verknüpft[66] (Abb. 1-3). Aber der Kult einer Familie als Teil eines *genos*, oder noch wahrscheinlicher aller Familien aller *genē* gemeinsam (denn jedes *genos* hatte auch seinen individuellen Heroen-Vorfahren), galt dem Apollo Patroos[67]. Allen Phratrien gemeinsam war der Kult des Zeus Phratrios. Dafür hatte jede Phratrie ihren eigenen Altar, an dem die Opfer vollzogen wurden[68].

8–10 *Silbermünzen, oben Tetradrachme aus Athen; 6. Jh. v. Chr.; unten verschiedene Münzen aus Athen und Milet; 6. Jh. v. Chr.*
*Die Athener nannten ihre Münzen zärtlich 'Eulen'. Auf der Vorderseite (oben) zeigen sie den
behelmten Kopf der Athena, auf der Rückseite die Eule, einen Ölzweig und die Legende
Athe(ner). Unten sechs frühere Münzen, eine (1. Reihe) aus Milet erläutert: "ich bin das Abzeichen des Phanes", fünf 'heraldische' Münzen von Athen zeigen die Insignien verschiedener
Familien. Photos: P. Clayton*

11. 12 *Silbermünze, Dekadrachme aus Syrakus; 5. Jh. v. Chr.*
Nach ihrem großen Sieg über die Karthager im Jahre 479 v. Chr. prägten die Syrakusaner Goldmünzen, die 'damaretoion' genannt wurden, nach der Königin Damarete, und später die sehr großen Silbermünzen (Dekadrachmen), von denen eine hier abgebildet ist. Der Kopf (oben) mit den Delphinen und der Legende "von den Syrakusanern" muß nicht ihr Porträt sein, ist aber auf diese Serie beschränkt. Photos: P. Clayton

Wenn ein Bürger Kandidat für ein höheres Amt wurde (oder vielleicht für jedes Amt), mußte er Antwort auf die Frage geben: "Hast du einen Apollo Patroos und einen Zeus Herkeios, und wo sind ihre Schreine?" dieser Teil der *dokimasia* (δοκιμασία) oder vorausgehenden Überprüfung der Amtsträger[69] scheint sehr alt zu sein, und es besteht kein Zweifel, daß die Mitgliedschaft bei Verbindungen, denen diese Kulte eigneten, als Beweis echten athenischen Bürgertums diente — so war Sokrates z.B. stolz darauf, ihnen anzugehören[70]. Andererseits war die Kultverbindung zu einem Zeus Phratrios anscheinend nicht nötig, was gegen die Behauptung spricht, daß ein Vollbürger notwendigerweise Mitglied einer Phratrie sein mußte[71].

Die gemeinsamen Götter aller *kleroi, genē* und Phratrien waren jedoch ein Kennzeichen demokratischer Gesellschaften. In der *Politik*[72] erwähnt Aristoteles die Verschmelzung privater Kulte als ein Mittel dazu, eine *polis* demokratischer zu gestalten. Aber die Familien lieferten die Anfänge der Staatskulte, und ihre Familienkulte blieben neben den Staatskulten weiter bestehen. Der Staat besaß seine eigenen Schreine des Zeus Herkeios (im Vorhof des mykenischen Palastes auf der Akropolis unter dem heiligen Olivenbaum) und des Apollo Patroos (auf der Agora)[73], aber private Schreine des Apollo Patroos der einzelnen *genē* sind bekannt[74]. Aus den Lexikographen geht klar hervor[75], daß man die Schreine des Zeus Herkeios auf den Privatgrundstücken hätte finden können. Daß Archäologen sie nicht gefunden haben, ist demnach nicht verwunderlich. Im Falle der Phratrien hatten die Demotioniden z.B. ihren eigenen Altar für Zeus Phratrios in Dekeleia, ihrem angestammten Platz[76], und sie hatten ihren eigenen Feiertag neben dem Staatsfest der Apaturia[77]. In anderen Fällen hat der Staat einfach die Familienfeste übernommen, wobei die ursprünglichen Priesterfamilien die Verantwortung für den Kultvollzug behielten[78].

Verwandtschaft und der Oikos

Die Organisation der Stadtstaaten erforderte aber, daß Verwandtschaftsverhältnisse rechtlich festgelegt wurden, Auf Kreta in Gortyn werden die nachrückenden Verwandtschaftsgruppen, die berechtigt sind, nach einem verstorbenen Mann oder einer verstorbenen Frau zu erben, hinsichtlich des beweglichen Vermögens gereiht. Dabei haben Erben in gerader Linie Vorrang, dann kommen die Seitenzweige in der Reihenfolge ihrer Nähe zu gemeinsamen Eltern; schließlich "jene Mitglieder des Haushalts, die den *klaros* bilden". Es werden also jene, die mit dem Realbesitz verbunden sind, die Erben der beweglichen Güter[79], selbst wenn sie nicht in irgend einer direkten Abstammungslinie verwandt sind.

In Athen hatte die Demokratie bis zum 4. Jhdt. die Grenzen rechtlich gültiger Verwandtschaftsbeziehungen festgelegt bis hin zu den Kindern von Cousins

1.Grades[80]. Diese Verwandtschaftsgruppe, *anchisteia* (ἀγχίστεια), war jene Gruppe, die berechtigt war, in entsprechender Reihenfolge, freigewordenen Landbesitz zu erben, und sie hatte rechtliche Pflichten und Obliegenheiten im Hinblick auf Todesfälle innerhalb der Gruppe, besonders, wenn der Tod gewaltsam erfolgt war. Die *anchisteia* mußte ihre eigenen Toten begraben, und Rache oder zumindest Entsühnung für den gewaltsamen Tod irgendeines ihrer Mitglieder zu erlangen trachten. Diese *anchisteia* war auch der Kreis, den Platon in seinem Staat im Falle ähnlicher Verpflichtungen bei Mord und Totschlag für angemessen hielt, und das mag allgemein in der griechischen Welt so gegolten haben[81]. Unglücklicherweise ist zumindest bei den Rednern die Interpretation dieses Begriffes sehr locker. So kann "Sohn eines Cousins 1.Grades" auch den"Sohn des Cousins 1.Grades des Vaters" bedeuten. Dieser ist natürlich ein Cousin 2. Grades der Person, über die gesprochen wird, oder der Person des Redners. Ob diese Verwirrung nur erfolgreiche Rechtsverdrehung auf seiten des Redners ist oder tatsächliche Unsicherheit, kann nicht mit Sicherheit festgestellt werden und ist Gegenstand gelehrter Meinungsverschiedenheiten[82]. Zu welchem Zeitpunkt frühestens diese Definition des Verwandtschaftsverhältnisses Geltung bekam, wissen wir nicht. Eine Datierung in die nachsolonische Zeit, etwa den Peloponnesischen Krieg (spätes 5.Jhdt.), wäre leicht möglich. In diesem Krieg zerbrachen alte, örtlich festgefügte Verwandtschaftsgruppen[83] und es kam für die Bürgerschaft zu schweren Verlusten — verstärkt durch das Aussterben ganzer Familien infolge der Pest[84]. Parallel damit lief ein Anwachsen der Prozeßlust. Noch wahrscheinlicher wäre vielleicht eine Datierung in die Zeit, als die Befreiung der einzelnen *oikoi* aus dem Verband ihres *genos* eine klare Definition der Eingrenzung von Verwandtschaftsgruppen höchst wünschenswert machte — das wäre dann in Solons Tagen, im frühen 6. Jahrhundert.

Der Oikos und das Gesetz

Wie in allen primitiven Gesellschaften waren auch bei den Griechen des Zeitalters der Landnahme die wichtigsten Verwandtschaftsgruppen diejenigen der wichtigsten Familien, wobei ihre 'Bedeutung' in ihrem militärischen Führertum oder in ihren priesterlichen Funktionen oder (meistens) in beidem zugleich liegen mochte[85]. Gemeinschaften blieben im wesentlichen Stämme, bis die gegenseitigen Bezugsysteme der Verwandtschaftsgruppen und der Individuen innerhalb dieser Gruppe unter das Regulativ eines Gesetzes kamen, das nicht nur das Monopol einiger edler Priesterfamilien war, sondern das alle kannten oder zumindest kennen konnten. Diese gemeinsame Rechtskenntnis war die Basis des Stadtstaates. Die Morgendämmerung der griechischen Geschichte beginnt daher im 7. und 6.Jhdt. mit der Epoche der sogenannten Gesetzgeber[86]. Ein Teil ihrer Ar-

13–15 (13) Ausschnitt von einer Bauchamphora, Andokides-Maler; um 530 v. Chr.; Berlin,
Staatl. Mus. Inv. 2159; (14) Hydria, att. sf.; um 530 v. Chr.; Würzburg, Martin-von-
Wagner-Mus. Inv. L 304; (15) Schale, att. rf., Innenbild; 500–490 v. Chr.
Das lange Haar und die gefällige Kleidung des Jugendlichen mit der Blume (links) und die
Mädchen, die aus einem öffentlichen Brunnen Wasser schöpfen (oben), stehen im Gegensatz
zu dem einfacheren Gewand des Zechers (unten), der 'kottabos' spielt, ein Spiel, bei dem
Weinreste aus einer Schale in ein etwas entfernt aufgestelltes Gefäß geschleudert werden
mußten. Photos: Abb. 13. 14 Thames & Hudson, Archiv; (15) A. Cambitoglou

beit war politischer Natur — nämlich die Einrichtung einer Verfassung mit politischer Struktur — aber der größte Teil der Arbeit bestand darin, einen Gesetzeskodex aufzustellen; m.a.W. man versuchte Regeln aufzustellen, nach denen die Ansprüche verschiedener Familien in ihrem Verhältnis zu anderen Familien festgelegt werden konnten. Diese Ansprüche fielen, wie generell alle Ansprüche, die mit Hilfe von Rechtsvorschriften geregelt werden, im großen und ganzen in die zwei Klassen von Eigentumsansprüchen und solchen, die Personen betrafen. Eigentumsforderungen umfassen insbesondere solche Forderungen, die Länder und Häuser, Immobilien betreffen, sowie die Rechte, sie zu erwerben, sie zu besitzen und den Nachfolgern zu übergeben, — also Ansprüche, die in erster Linie die Existenzgrundlagen einer Familie berühren. Bei Forderungen hinsichtlich der Person war die Familie betroffen, sowohl weil ein Schaden an der Person die Fähigkeit der Familie zur Selbsterhaltung schmälern konnte (z.B. wenn der Verdienende erwerbsunfähig wurde), als auch, weil die religiöse Bindung, die Ehre, betroffen sein konnte (z.B. im Falle von Mord, Vergewaltigung oder Verführung). In diesem letzteren Sinne hatte Ehre sicherlich religiöse Untertöne, aber es gab auch praktische politische Konsequenzen, da in den Stadtstaaten (mit Ausnahme von Sparta natürlich) ein außerehelich geborenes Kind keine Verwandtschaftsrechte oder Ansprüche auf den Besitz hatte, der der Familie der Mutter gehörte. Der Bastard und der Zustand der Illegitimität sind wichtige Gegenstände griechischen Rechts, und ebenso, in logischer Konsequenz, Vergewaltigung, Verführung und Jungfräulichkeit. Welche Bedeutung die Familie für den Staat hatte, kann man daran ermessen, daß alle Rechtsverfahren, die die Familie betrafen, in Athen dem öffentlichen und nicht dem privaten Recht zugeordnet wurden[87]. Mit anderen Worten, es stand jedem, nicht nur der betroffenen Partei, frei, die Initiative in der Verfolgung eines der Rechtsverletzung Verdächtigten zu ergreifen, und der Kläger war in den meisten Fällen auch befreit von den festgesetzten Strafen, die normalerweise einen Kläger trafen, der nicht mindestens ein Fünftel der Jury von seiner Behauptung überzeugen konnte. In einem Staat, der den Staatsanwalt nicht kannte, konnte kaum eine größere Aktivität entfaltet werden, um den vollen gesetzlichen Schutz der Familie und ihrer Rechte sicherzustellen.

Der Oikos und seine Xenoi

Dem *oikos* waren auch Leute von außen zugehörig, die ein Recht hatten, in ihn einzutreten, oder die der Haushaltsvorstand in seinen *oikos* aufnahm. Man kann diese Leute in zwei Gruppen teilen, diejenigen, die als Diener in den Dienst des *oikos* traten und durch ihre Arbeit zur Erhaltung des *oikos* beitrugen, und jene, die zeitlich befristet als Besucher kamen. Zu den ersteren gehörten prinzipiell

alle Sklaven und die Tiere, die auf den Ländereien arbeiteten, sowie die Last-
tiere. Zur zweiten Gruppe gehörte der *xenos* (Plural *xenoi*), wobei dieses Wort
im Griechischen sowohl den Gastgeber als auch den Gast bezeichnet. Dadurch,
daß ein Sklave Unterkunft und Verpflegung eines *oikos* annahm, wurde er ein
Vollmitglied der Familie[88]. Im Athen des 4.Jhdts., und vermutlich schon sehr
viel früher, wurde ein Sklave zeremoniell dadurch in die Familie aufgenommen,
daß die Hausherrin über ihn beim Hereinkommen einige Nüsse und getrocknete
Früchte warf. Dies war das gleiche Ritual, mit dem die Braut beim ersten Betreten des Hauses ihres Ehegatten begrüßt wurde[89]. Sklaven wurden in den Kult
der Familiengötter eingeweiht und nahmen normalerweise an den religiösen
Festen der Familie teil[90]. Auch der Pflugochse wurde als wesentlicher Teil der
Familie angesehen, wie Aristoteles sagt[91]. Diese Aussage kann nicht ganz wörtlich genommen werden, und es ist sicher nicht die umfassendste Bedeutung dieses Ausdrucks gemeint, aber daß es tatsächlich ein sehr enges Band der Verbundenheit zwischen einem Bauern und seinem Zugstier gab, wird durch die Tatsache belegt, daß die Athener niemals einen Pflugochsen zu opfern bereit waren,
und auch nicht einen Ochsen, der in ein Gespann (eines Wagens) gespannt gewesen war. Er galt als "Landarbeiter und Partner des Menschen bei seiner Arbeit"[92]. Auf der Bühne wird dies in einer bewegenden Szene in Aristophanes'
Acharnenses gezeigt, wenn der Bauer auf die Bühne kommt, um seinen verlorenen Pflugochsen wiederzugewinnen[93].

Die *xenoi* waren ein Bestandteil der griechischen Vorstellung von Familie. Die
gute Behandlung des *xenos* und die Achtung vor ihm gehörten zu den 'unge-
schriebenen Geboten', auf denen der ethische Standard der *polis* ruhte, daß man
nämlich "die Götter, die Eltern und die *xenoi* zu ehren habe"[94]. In den adligen
Familien wurden *xenoi* vererbt. Dort war man gewohnt, zu Handelszwecken, aus
Interesse oder sogar für Seeräuberei oder Krieg von zuhause wegzureisen. In geringerem Umfang traf dies sicher auch auf die einfacheren Leute zu. Es galt als
Skandal, jemanden zu kränken, mit dem man Tisch und Salz geteilt hatte[95]. Einem Reisenden aus einer anderen Stadt Obdach zu geben, galt dagegen als Tu-
gendakt, der oft (in der Mythologie) demjenigen, der es tat, Belohnung brachte.
Hingegen rief jemand, der einen Flehenden vom Altar wegwies, die göttliche
Rache auf sich herab[96].

In den Homerischen Gesängen ist die Bedeutung des *xenos* besonders groß,
sicher deshalb, weil sie eine aristokratische Gesellschaft abbilden. Dieser Gesellschaft müssen wir uns zuerst zuwenden, schon deshalb, weil Homer das grundlegende erzieherische Medium Griechenlands ist. Daher müssen notwendigerweise die Einrichtungen und Ideen der Gesellschaft, die er porträtierte, in einem
Maße Einfluß auf die Formung der griechischen Gedankenwelt genommen haben, wie ihn die historische mykenische Gesellschaft nicht besessen hat.

35

16 Innenbild, Schale,
att. rf., Brygos-Maler; um
490 v. Chr.; Würzburg,
Martin-von-Wagner-Mus.
Inv. 479.
Ein Jüngling, der auf ei-
nem Fest zu sehr gezecht
hat, wird von einer 'he-
taira' gestützt, deren Anteilnahme wundervoll
dargestellt ist. Die Kleidung beider Gestalten
ist einfacher als diejenige
früherer Jahre (vgl. Abb.
13). Photo: Martin-von-
Wagner-Mus., Würzburg,

17 Bauchamphora,
att. sf., Phrynos-Maler;
um 540 v. Chr., Würz-
burg, Martin-von-Wagner-
Mus. Inv. 241.
Die Ringerschule, hier angedeutet durch die Nackt-
heit der beiden Figuren,
war der Ort homosexuel-
ler Annäherungen wie der
hier gezeigten. Das Alter
des Mannes wird durch
seinen Bart angedeutet;
der Jugendliche, ebenso
wie auf Abb. 13 und 15,
ist in dem Alter, das die
Griechen am meisten be-
wunderten, wenn der
Bart noch eben weicher
Flaum ist. Photo: Martin-
von-Wagner-Mus., Würz-
burg

18.19 Schale, att. rf., Brygos-Maler; um 490 v. Chr.; Martin-von-Wagner-Mus., Würzburg
Inv. 479
Die ausgelassene Gruppe der Festgäste, bärtige Männer, bartlose Jünglinge und 'hetairai' tan-
zen zur Musik einer Lyra und einer Doppelflöte. Sowohl die Flötenspielerin als auch das
Mädchen mit der Schale scheinen im Zentrum des Geschehens zu stehen. Photos: Martin-
von-Wagner-Museum, Würzburg

KAPITEL II

Die Familie in der homerischen Gesellschaft

Die Einheit des Oikos

Für die Helden in der Gesellschaft der Homerischen Gesänge[1] bedeuten ihre Familien den Mittelpunkt von Ehrgeiz, Hoffnungen, Wünschen und Furcht. In zahlreichen Fällen werden sie mit eingeschlossen, wenn Wünsche zum Guten oder zum Bösen geäußert werden. So dankte Odysseus dem Alkinoos für seine Gastfreundschaft und die Maßnahmen, die er für seine Heimreise hatte treffen lassen, mit den Worten: "Wenn ich jetzt heimkehre, sei es mir vergönnt, meine gute Frau zuhause zu finden und alle meine Lieben gesund und wohlauf, mögest du, der du hier bleibst, deinen Familien Glück bringen, deinen braven Frauen und deinen Kindern; mögen die Götter dir jeglichen Segen senden und möge dein Volk keinerlei Unheil treffen"[2]. Ebenso waren in den Flüchen, die jene Seite treffen sollten, die während des Duells Paris-Menelaos den Frieden bräche, die Familien einbezogen. Beide Armeen beteten: "Wer auch immer als erster diesen beschworenen Vertrag verletzen sollte, dem soll, so wie dieser Wein im Opfer ausgegossen wird, das Gehirn zerschlagen werden, ihm und ebenso seinen Kindern, und seine Frauen sollen anderen unterworfen sein"[3]. Ähnlich betete der Vater des Phoenix, um den Sohn zu verfluchen, er möge auf immer kinderlos bleiben. So wollte er dessen Hoffnung auf Nachleben zerstören; dementsprechend beschwor Elpenor den Odysseus, " bei deiner Frau, deinem Vater und Telemach, deinem Sohn"[4], als er darum flehte, wenigstens nicht unbeerdigt zu bleiben.

Dem Fortbestehen des wirtschaftlichen Wohlstandes der eigenen Familie wurde ebenfalls äußerste Beachtung geschenkt. Menelaos kann sagen: "Es ist leicht, den Sohn eines Mannes zu erkennen, dem Zeus Erfolg in der Ehe und die Zeugung von Söhnen gewährt hat, so wie er es Nestor ein Leben lang gewährt hat, dazu die Gabe eines rüstigen Alters, Wohlstand des Hauses und Söhne, die sowohl intelligent sind, als auch sehr bedeutende Krieger." Und Odysseus hatte die Götter um "ein rüstiges und wohlhabendes Alter und die Aufzucht eines trefflichen Sohnes" gebeten[5].

Dem Peleus, dem Vater des Achill, sagte man nach, die Götter hätten ihm gute und schlechte Gaben gegeben; "obgleich er alle Männer an Erfolg und Wohlstand übertraf, und sich als Sterblicher eine Göttin zur Frau gewonnen hatte, haben ihm doch die Götter Leid geschickt, da er nur einen Sohn gezeugt hat, dem früh zu sterben bestimmt war" [6]. Achill selbst drückte seine Trauer über Patroklos in jenen Begriffen aus, die für ihn das Schlimmste an Vorstellbarem waren: "Nichts Schlimmeres als dies konnte mich treffen, weder, wenn ich von meines Vaters Tod gehört hätte, noch wenn es mein geliebter Sohn gewesen wäre, der in Skyros erzogen wird.... ich hatte darauf vertraut, daß ich der einzige sein würde, der zugrunde geht —— aber daß Patroklos.... Neoptolemos nach Phthia bringen würde, um ihm alles zu zeigen, meine Schätze, meine Diener und meine große Halle mit dem hohen Dach" [7].

Andererseits wurde der Tod selbst nicht als etwas so Schreckliches angesehen, vor allem nicht ein ehrenhafter Tod. Es stimmt, daß der Hades ein düsterer bedrükkender Ort ist, ohne die Freuden selbst des härtesten menschlichen Lebens [8], aber für einen Helden war ein Tod zur Rettung der Familie und ihres Lebensunterhalts erträglich. Hektor kann sagen: "Aber kämpft ihr alle bei den Schiffen; und wenn einer von euch durch Pfeil oder Speer getroffen wird und ihn sein Tod ereilt, so muß er sterben; es ist keine Schande für einen Mann, bei der Verteidigung seines Landes zu sterben. Aber seine Frau wird in Sicherheit zurückbleiben und seine Kinder, sein Haus und sein Land werden gesichert sein, wenn die Achaier in ihren Schiffen heimsegeln" [9]. Das Schicksal einer eroberten Stadt wird in den Homerischen Gesängen in den furchtbarsten Bildern beschworen. In der Geschichte des Meleager blieb der Held taub für das Flehen von Vater und Mutter, Brüdern, Gefährten und Freunden, die er am meisten liebte; er war nicht bereit, hinauszugehen und zu kämpfen, bis seine Frau Kleopatra "ihn unter Tränen bat und ihm all das tragische Leid aufzählte, das Männern zufiel, deren Stadt im Krieg erobert wird — sie töten die Männer, Feuer zerstört die Festung, und andere Männer tragen die Kinder und die geschmeidigen Ehefrauen davon" [10].

Wenn wir Gefühle wie diese mit den dringenden Appellen zum Patriotismus vergleichen, wie sie von den Rednern und Dramatikern der Stadtstaaten kamen, die — wie z.B. Aischylos in den *Persae* 403-5 — zu Kindern und Frauen zusätzlich noch die Altäre der städtischen Götter erwähnen, können wir erst ermessen, wie total die Gesellschaft der Homerischen Gesänge auf die Familie konzentriert ist. Schon die erweiterten Familiengruppierungen scheinen nicht mehr so viel Bedeutung zu haben, obgleich es manchmal den Anschein hat, daß es gut ist, zur Rache und

20 *Pelike, att. sf., Eucharides-Maler; um 510 v. Chr.; Oxford, Ashmolean Mus. Inv. 563* ▷
Das Vasenbild gibt eine Szene aus dem alltäglichen Leben eines attischen Handwerkers wieder. Der Schuster schneidet ein Paar Schube aus für einen Jungen, der auf dem Tisch steht. Es ist nicht sicher, ob die stehende Figur rechts der 'paidagogos' des Jungen ist oder der Besitzer des Ladens, und folglich der Arbeiter ein Sklave. Die erste Erklärung dürfte jedoch eher zutreffen. Photo: Ashmolean Mus., Oxford

21. 22   Fragmente zweier Tonplatten, sf., Exekias, um 550—40 v. Chr.; Berlin, Staatl. Mus.
      Inv. 1818 (oben) und 1811 (unten).
Die beiden bei Ziegelgräbern verwendeten bemalten Platten zeigen verschiedenartige Trauer-
szenen. Oben erweisen drei ältere Männer und ein Jüngling dem Toten die letzte Ehre, unten
rauft eine Frau ihre Haare, während ein bärtiger Mann sich in einer Trauergeste an den Kopf
faßt; die geöffneten Lippen weisen auf Klagelaute hin. Die Szene unten spielt sich möglicherweise in einem Innenraum ab, wie die Säule andeutet. Photos: M. Hirmer, München

Unterstützung Angehörige zu haben. Ganz offensichtlich herrscht die Vorstellung vor, daß man das schwere Unglück einer Besitzübernahme durch irgendwelche entfernte Verwandte mit allen denkbaren Mitteln verhindern müsse. Und die Sippe eines Mannes als einheitlicher Verband mit gemeinsamen Zielen und gemeinsamer religiöser Bindung scheint der homerischen Welt ziemlich fremd[10a].

Die Abstammung der Helden

Der homerische Held richtete seine Aufmerksamkeit aber nicht nur auf die unmittelbare, eheliche Familie. Seine Abstammung war ebenso wichtig. Alle Helden von irgendwelcher Bedeutung kennt man mit ihrem Vatersnamen fast so gut wie mit ihrem eigenen[11], von vielen kennen wir auch noch die Großväter. Das gilt auch für viele Nebenfiguren, selbst solche, die nur erwähnt werden, um getötet zu werden[12]. Über diese normalen Grenzen hinaus gibt es einige längere Genealogien. Glaukos kann seine Abkunft fünf Generationen lang zurückverfolgen, obgleich er über seinen Großvater Bellerophon zurück wenig Kenntnisse hat und in den Seitenlinien nur seinen Cousin 1. Grades Sarpedon anerkennt. Aeneas kann sogar sieben Generationen zurückverfolgen, aber Erechthonios, sechs Generationen zurück, ist der einzige entfernte Vorfahr, der mehr bedeutet als ein bloßer Name. In den Seitenlinien sind Aeneas Verwandte zurück bis in die 4. Generation bekannt. Die Feststellung so entfernter Verwandtschaft ist ungewöhnlich und hat wohl an dieser Stelle die zusätzliche Aufgabe, den möglichen Anspruch von Aeneas auf den trojanischen Königsthron nach dem Tod von Hektor und Priamos zu belegen[13]. Die Griechen beschränken sich offensichtlich im Normalfall auf die Nennung des Urgroßvaters. Dies hängt vermutlich mit der üblicherweise akzeptierten Begrenzung einer Familie auf die erweiterte Sippe, wie sie für Rechtszwecke galt, zusammen, d.h. auf jene, die einen gemeinsamen Urgroßvater hatten[14]. Man muß aber auch berücksichtigen, daß homerische Helden ihre Abkunft gern zu einem Gott zurückleiteten, über den hinaus eine Genealogie nicht vorzudringen wagte; Achill trennen nur zwei Generationen von Zeus, ebenso Idomeneus[15]. Aber nicht alle Helden leiten ihre Herkunft von Göttern ab. Bei Homer tun das weder Diomedes noch Telemach, noch der Prophet Theoklymenos, in dessen Ahnentafel die erbliche Gabe der Weissagung am meisten betont wird, weil diese das wichtigste Element und gleichzeitig der Beweis seiner Glaubwürdigkeit ist[16]. Daß man einen Anspruch auf eine erhöhte Stellung vermittels einer Stammtafel erheben konnte, erklärt vielleicht am ehesten das Anwachsen der katalogisierenden Dichtung (in der Genealogien einen großen Raum einnehmen). Die erblichen Führer eines aristokratischen Zeitalters in Griechenland pflegten nämlich ihre Ansprüche auf Herrschaft damit zu festigen, daß sie sich auf ihre Abkunft von den herrschenden Göttern beriefen[17].

Auch der Stolz auf seine Herkunft war ein Element, das den homerischen Helden zwang, sich heldenhaft zu verhalten. Odysseus bat Telemach, "das Geschlecht des Vaters nicht zu schänden, in dem seit altersher alle Mitglieder an Macht und männlicher Tugend hervorgeragt haben". Die Abschiedsanweisungen des Hippolochos gegenüber Glaukos lauteten ähnlich[18]. Doch auch die persönliche Ehre eines Helden, eines *agathos*[19] stellte dieselben Forderungen, wie Hektor zu Andromache bemerkte[20]. Und als Nestor die Griechen beschwor, tapfer zu sein, bat er sie, *aidos* in ihre Herzen zu gießen und ihrer Familien, Kinder, Frauen, Besitztümer, Eltern zu gedenken[21].

Der Anspruch, als Held zu gelten, als *agathos*, beruhte in erster Linie auf der Familie, aber hohe Abkunft genügte nicht; um den Anspruch aufrecht zu erhalten, waren andere Qualifikationen notwendig, deren wichtigste die Kraft und Kampffähigkeit waren, die zum Schutz der Familie und des Besitzes der Familie des Helden vor möglichen Räubern benötigt wurden, und zusätzlich möglicherweise die Fähigkeit, den eigenen Besitz durch Plünderei zu mehren[22]. Für den einzelnen Helden bedeutete dies die Fähigkeit, sich persönlich an solchen Individuen zu rächen, die ihn und seinen *oikos* belästigten; für den *basileus*, einen der höheren Führer, kam dazu noch die Fähigkeit, andere Helden dafür zu gewinnen, ihm in Kämpfen größeren Umfangs beizustehen. Der Rang innerhalb der Heldenhierarchie richtete sich nach der Anzahl und Qualität derer, die Gefolgschaft leisteten.

Abgesehen vom *Katalog* des 2.Buches der *Ilias*[23] wird dies auch durch die Geschichte von Telemachos' Anspruch auf seine Stellung in der *Odyssee*, Buch 2 und 4 belegt. Die Freier der Penelope leugneten nicht seinen Anspruch, Herr im Hause und daher dem Kreis der *agathoi* zugehörig zu sein. Aber sie betrachteten ihn erst als Gefahr für sich, als er eine Versammlung einberief, die Freier öffentlich rügte und sich eine Gefolgschaft verschaffte, mit dieser ein Schiff bemannte und gegen den Wunsch der Freier nach Pylos und Sparta absegelte. Schon die Einberufung einer Versammlung war wichtig, denn dieses Vorrecht scheint auf den König beschränkt gewesen zu sein. Es wird uns nämlich berichtet, so etwas habe seit Odysseus' Abreise nicht mehr stattgefunden. Aber dies war nicht die entscheidende Handlung, die den Anspruch des Telemachos auf Rang belegte, wie er selbst zugab, als er mit Antinoos und Eurymachos übereinstimmte in der Feststellung, daß seine Stellung als Hausherr und das Königtum nicht unauflösbar verknüpft seien[24]. Die wesentliche Handlung, die die Freier dazu bestimmte, ihn töten zu wollen, war die Tatsache, daß er unter Mißachtung ihres Willens sich eine Gefolgschaft schuf – und daß er es persönlich tat (zumindest scheinbar, da ja der Sänger sagt, daß es Athene in der Gestalt des Telemachos

23 Grabstele, New York, Metr. Mus.
Inv. 32; um 540—30 v. Chr.
Unter den prächtigen Marmordenkmä-
lern aus Athen im 6. Jh. v. Chr. befindet
sich das sphinxbekrönte Grabmal für
den Alkmeoniden Megakles und seine
Schwester Philo. In restauriertem Zustand ist es 4,20 m hoch. Die Sphinx
galt als Beschützerin der Toten; die Figuren auf der Stele weisen beide als
jung Verstorbene aus. Der ausgezeich-
nete Erhaltungszustand dieser Stele ist
möglicherweise darauf zurückzuführen,
daß sie absichtlich umgeworfen wurde,
als Peisistratos den Megakles ins Exil
trieb. Damit würde sie jenen Vorgang
illustrieren, mit dem eine ganze Familie — Lebende und Tote — aus einem
Staat vertrieben wird. Photo: New
York, Metr. Mus.

24. 25 *Loutrophore, att. rf.; um 440 v. Chr. (re.); Epinetron, att. rf., Eretria-Maler; um 420 v. Chr. Athen, Nationalmuseum Inv. 1629.*

Bräute wurden mit Fackeln in ihre neuen Heime geleitet (die alten Griechen gingen nicht auf Hochzeitsreise); der hier (rechts) eingefangene Moment stellt das Brautpaar dar, wie es gerade sein Heim betritt. Die Braut trägt eine Krone, ihr langes Haar fällt über den Rücken herab, und ihr Gewand wird nur von einer lose geknüpften Schnur gegürtet, der Jungfrauengürtel war der Artemis geopfert worden. Sie hält in der Hand wahrscheinlich einen Granatapfel, das Symbol der Fruchtbarkeit, den ihr der Bräutigam beim Betreten des Hauses überreicht. Unten ist eine Braut (?) mit ihren Freundinnen abgebildet, vielleicht Alkestis. Die hier gezeigten Gefäße waren oft Hochzeitsgeschenke. Photos: (Abb. 24) C.T. Seltmann; (Abb. 25) DAI Athen

getan habe)[25]. Auch die Qualität der Gefolgsleute war wichtig; als Antinoos den Noëmon fragte, "wer sind die jungen Leute ($\kappa o\tilde{v}\rho o\iota$), die ihm folgen? Ist es die Elite von Ithaka, oder sind es seine eigenen Arbeiter ($\theta\tilde{\eta}\tau\epsilon\varsigma$) und Leibeigene?", erwartete er offensichtlich das letztere. Als Noëmon erwiderte, die jungen Männer seien "die besten Leute nach uns", war man sofort bestürzt und leitete das Komplott zum Mord an Telemachos ein[26].

Heiratsmodelle

Aus diesem Grunde haben homerische Helden ihre ehelichen Verbindungen häufig unter dem Gesichtspunkt zusätzlicher Militärhilfe für ihre Gefolgschaft, und damit für die Verteidigung ihres *oikos* ausgesucht. Man warb um die Töchter eines großen Anführers mit Geschenken, die — manchen Darstellungen nach — ziemlich groß waren, falls es sich um Töchter der überragendsten Führer handelte. (Diese waren dann, zumindest dem Kanon nach, auch besonders schön.) Ein bedeutender Anführer konnte aber auch eine Gefolgschaft gewinnen, indem er Krieger in sein Haus brachte, um ihre Dienste in Anspruch zu nehmen, und indem er ihnen Frauen beigesellte von jenem Rang, der ihrer kriegerischen Tapferkeit entsprach[27].

Diese zwei bei der Auswahl der Partner zutagetretenden Gesichtspunkte führten zu einer Anzahl von Heiratsmodellen. Väter von Töchtern versammelten um sich Helden-Schwiegersöhne, wie Priamos, in dessen Palast seine 12 Schwiegersöhne mit ihren Frauen lebten. Und Sarpedon behauptet von Hektor, er habe sich gerühmt, er könne Troja ohne Truppenaushebung und Verbündete allein mit seinen Brüdern und Schwägern halten[28]. Große Könige konnten auch Eheversprechen an Krieger als Belohnung für geleistete Dienste machen, wie Priamos an Othryoneus bei einer Vereinbarung, bei der der Bewerber die Initiative ergriffen hatte, oder wie Agamemnon, der aus eigener Initiative dem Achill für nach dem Krieg eine seiner Töchter versprach. Andere, die als Lohn für ihre Tapferkeit vom Vater eine Braut bekommen haben, waren u.a. Bellerophon und der phantasievolle Kreter des Odysseus, während Odysseus selbst von Alkinoos die Tochter Nausikaa auf Grund des guten Eindrucks, den er gemacht hatte, angeboten bekam[29]. Cisses, der offensichtlich keine eigenen Söhne hatte, versuchte einen Erben zu bekommen, indem er seinen Enkel Iphidamas aufzog und seiner zweiten Tochter vermählte, aber das war vergeblich, denn er kam nach Troja und fiel unter Agamemnons Speer. Die Tatsache, daß Homer, als er den Tod des Iphidamas schilderte, andeutet, er sei ein Freier gewesen, der Geschenke gemacht und Versprechen gegeben habe, zeigt nur ein Stück Vergeßlichkeit auf seiten des Barden[30].

Ein anderes, ähnliches Verheiratungs-Modell liegt zugrunde, wenn der Vater eines Helden für den Sohn auf Brautschau geht; dies tat Menelaos für seinen Sohn Megapenthes, und Achill behauptet, sein Vater würde ihm eine Braut suchen, wenn er vom Krieg heimkehren würde — "es gibt eine Menge griechischer Mädchen, Töchter von Stammesführern, die über Festen gebieten, ich werde die heiraten, die ich begehre". Wir bemerken, daß sein Vater zwar die Initiative ergreifen würde, aber die Wahl bei Achill lag; daneben wird vorausgesetzt, daß jeder mögliche Schwiegervater sich glücklich schätzen würde, seine Tochter dem Achill zu geben, und die Ansichten des Mädchens nirgends erwähnt werden[31].

Wieder ein anderes Muster liegt vor, wenn ein Vater seine Tochter einem großen Anführer als eine in einer Vielzahl von Frauen gibt; dies Muster scheint auf Troja beschränkt gewesen zu sein und auf die zahlreichen Frauen des Priamos; Altes gab seine Tochter dem Priamos zur Frau, und der Sänger erwähnt ausdrücklich, daß sie nicht die einzige Frau war, und daß Altes zusätzlich noch viele Geschenke gegeben hat[32].

Die beiden verbleibenden Muster, Brautraub und Kampf um eine Braut können als Variationen des Modells 'Bräutigam sucht Braut' angesehen werden; Beispiele für ersteres sind Briseis (dazu s. S. 50), sowie Helena und Klytaimnestra, die ja beide ihren ehebrecherischen Gatten Paris und Aigisthos gültig angetraut waren. Melampos gewann sich Pero in dem von ihrem Vater Neleus ausgerichteten Kampf, heiratete sie dann aber merkwürdigerweise nicht selbst, sondern gab sie seinem Bruder in die Ehe[33]. Penelope beschloß, die Wahl ihres zweiten Gatten vom Bogenwettkampf entscheiden zu lassen, wenngleich alles andere als klar ist, ob dies ein gemeinsam mit Odysseus, wie Amphimedon behauptete, ausgehecktes Komplott war, oder ein Versuch, die Kosten für den *oikos* des Odysseus zu vermindern, oder eine Herausforderung an ihre Freier, sich als dem Odysseus ebenbürtig zu erweisen (was der von Penelope vorgegebene Grund war)[34], oder nur eine Spiegelung ihrer Abneigung gegen alle Freier insgesamt.

Hochzeitsgeschenke

Im ersten dieser Heiratsmuster — also da, wo ein Freier sich um die Hand einer Fürstentochter bewirbt, um sie in sein eigenes Heim zu bringen, — und nur dann, — sehen wir den Freier *hedna* (Geschenke) bringen[35]. *Hedna* werden üblicherweise (so im *LSJ*) als 'Brautpreis' wiedergegeben, und in der homerischen Gesellschaft sollen die Helden ihre Bräute gekauft, "erworben", haben. Diese Theorie hat sich als unrichtig erwiesen[36], und es scheint jetzt klar, daß für die homerischen Helden Hochzeiten so wie alle anderen gesellschaftlichen Ereignisse Gelegenheiten waren, Geschenke auszutauschen.

26. 27 Loutrophore, att. rf., Maler von Bologna 228; 470—60 v. Chr.; Athen, Nat. Mus.
Inv. 1170. Rechts Loutrophore, att. rf., Kleophrades-Maler; 480—70 v. Chr.; Paris,
Louvre Inv. CA 453.
Gefäße dieser Art dienten zum Herbeitragen von Wasser für das Brautbad und auch, um die
Gräber unverheirateter Frauen zu kennzeichnen. Auf dem Ausschnitt oben wird ein Mäd-
chen, das wie für ihre Hochzeit gekrönt ist (s. Abb. 24), von einer Verwandten, die ihre auf-
gelösten Haare rauft, betrauert. Auf dem Mittelfries rechts trauern Frauen, die ihre Haare
raufen, um einen Jüngling. Der untere Fries zeigt mehrere Reiter, die vielleicht den Ritter-
stand des Verstorbenen andeuten sollen. Photos: (Abb. 26) M. Hirmer, München; (Abb. 27)
Paris, Louvre

Bei Hochzeiten war natürlich die Braut ein beträchtlicher Teil des elterlichen Geschenkes, besonders wenn sie an Rang, Aussehen, Klugheit oder Fähigkeiten oder einer Kombination derselben[37] andere übertraf. Aber wenn der Brautvater einen Bräutigam suchte, dann war das Sich-zur-Verfügung-Stellen des Bräutigams, sei es für irgendwelche Dienste, sei es für die Unterstützung der Familie, der wertvollere Beitrag, und wir hören nichts von *hedna*[38]. Ein Mädchen oder eine Frau mit besonders großen Talenten und Qualitäten war Gegenstand von Wettbewerb, und wir hören von Freiern, die mit Geschenken wetteifern, besonders in der *Odyssee* und um die Hand der Penelope[39]. Man muß aber beachten, daß überall da, wo von *hedna* für Penelope die Rede ist, angenommen wird, daß sie in das Haus ihres neuen Gatten geht und nicht etwa der neue Gatte in ihres (oder besser das des Odysseus)[40].

Frauen, Konkubinen, Illegitimität

Nachdem homerische Helden diese Ansichten über die Natur und Absicht der Ehe hatten, verwundert es nicht, daß sie gewillt waren, von mehr als einer Frau Kriegersöhne zu bekommen, und daß folglich die Linie zwischen Ehefrau und Konkubine sehr fein war. Eine Ehe war im wesentlichen eine Frage herrschender Tatsachen, nicht des Gesetzes. Die Furcht vor dem Zorn eines bedeutenden Schwiegervaters hat möglicherweise die Stellung einer Frau gefestigt, so wie die Furcht vor seiner Frau den Laertes davon abgehalten haben soll, mit Eurykleia in ihrer Jugend Verkehr zu haben. Andererseits kann Agamemnon in Anspruch nehmen, daß er die gefangene Chryseis der Klytaimnestra gegenüber bevorzugt, und die Vorliebe des Amyntor für eine Konkubine führte zu seinem Streit mit Phoinix[41]. In der *Odyssee* führt die Unfähigkeit der Helena, Menelaos einen Sohn zu schenken, dazu, daß er mit einer Sklavin als Konkubine einen Sohn zeugte, wobei offensichtlich ist, daß dieser Sohn die Stellung seines Vaters in Sparta übernehmen würde[42].

Briseis bietet den deutlichsten Beleg für die Fähigkeit eines Kriegers, wen immer er wünschte als seine Ehefrau zu bezeichnen. Sie wird "Ehefrau" (ἄλοχος) und nicht "Geliebte" (παλλακίς) genannt, obgleich dieses Wort sich schlechter in einen homerischen Hexameter einfügt. Sie war darüber hinaus nicht einmal die einzige Bettgenossin des Achill in Troja; dennoch konnte Achill in der Versammlung sagen, "sind denn die Atriden die einzigen Männer, die ihre Frauen (ἀλόχους) lieben? Jeder ordentliche und vernünftige Mann liebt und schätzt seine Frau (τὴν αὐτοῦ), so wie ich eben Briseis von ganzem Herzen liebte, obgleich sie eine Kriegsbeute ist"[43]. Und in ihrer Klage um Patroklos konnte Briseis erzählen, wie er sie zu trösten pflegte: "Nicht einmal als der schnelle Achill meinen Gatten erschlug und die Stadt Mynes plünderte, erlaubtest du, Patroklos, mir eine Klage,

50

sondern sagtest mir immer, du würdest mich zur Frau des edlen Achill machen, mit mir nach Phthia segeln und meine Hochzeit mit einem Fest für die Myrmidonen feiern". Von daher müssen wir begreifen, daß Achill sie zu seiner anerkannten Frau machen konnte, indem er den Tatbestand öffentlich anerkannte und vor seinen eigenen Leuten verkündete[44]. Die notwendige Schlußfolgerung ist, daß die Ehe ein 'Zustand' war. Ein Mann und eine Frau, die in einem *oikos* zusammen lebten und ihre Ehe öffentlich vertraten, waren wirksam verheiratet. Es gab kein Gesetz, das die Wahl eines Mannes einschränkte oder einer Ehe eine bestimmte Zeitdauer zuwies.

Der Bedarf an Kriegern hat sicher gutgewachsenen unverheirateten Müttern ermöglicht, nicht nur ihre eigenen Kinder zu behalten, sondern sogar aus der Oberschicht Ehegatten zu gewinnen[45].

In der *Odyssee* könnte man vielleicht einen Haltungswechsel feststellen, da ein Wechsel des Gesichtspunktes eingetreten ist (s. Anm. 1); der Bastard Megapenthes wird ziemlich entschuldigend als Menelaos' vorgesehener Erbe eingeführt, und die Kritik an Klytaimnestra wegen ihrer Bigamie mit Aigisthos fällt sehr viel härter aus als die an Helena in der *Ilias* wegen Paris[46], obgleich Homer immer beider Handlung abwertend beurteilt[47]. Daß Ares die Aphrodite verführte, war auch entschieden unanständig[48]. Aber da beide Gottheiten waren, konnten Ares und Aphrodite nicht getötet werden, wie es mit Ehebrechern geschah, die man im klassischen Athen auf frischer Tat ertappte.

Man darf annehmen, daß der Dichter den anderen verführten Mädchen in der *Odyssee* gegenüber eine solche Haltung einnimmt, weil sie nicht der Klasse der Heroen angehörten, ihre Liebhaber keine Götter waren, und weil Hurerei mit einer Hörigen den Besitz ihres Herrn schmälert. Aber es kann kein Zweifel darüber bestehen, daß der Dichter der *Odyssee* Hurerei schlichtweg als Zeichen moralischer Schlechtigkeit einer Frau betrachtet[49]. Beispiele schließen die phönizische Amme des Eumaios ein, die den Eumaios samt einigen Schätzen stahl, als sie mit ihrem Liebhaber davonlief, und die auf dem Schiff ein schlimmes Ende nahm[50]. Die zwölf Mägde, die mit den Freiern schlafen, "entehren das Haus des Odysseus" und "trugen Telemachos und Penelope Vorwürfe ein"; ihr nächtlicher Auszug aus dem Haus brachte Odysseus dazu, "zu knurren und zu zischen wie eine Hundemutter, die drohend knurrt, wenn ein Fremder vorbeigeht, während sie über ihre Jungen wacht". Seine Gefühle aber vergleicht Odysseus mit denen, die er gehabt hat, als er dem Kyklop beim Verzehr seiner Gefährten zuschauen mußte[51]. Ihre Bestrafung folgt dem Gemetzel an den Freiern, denen vorgeworfen wird, daß sie "böse Taten begehen, weil sie die Mägde vergewaltigen"[52].

Es wird auch klar, daß die Werbung um Penelope Unrecht ist, weil man nicht weiß, daß ihr Gatte tot ist — eine Wiederverheiratung wäre Unrecht sowohl in ihrer eigenen Einschätzung, als auch in der ihrer Leute, und die Freier tun Un-

ΔΑΜΑΣΙΣΤΡΑΤΗ ΠΟΛΥΚΛΕΙΔΟ

28. 29   *Zwei Grabreliefs. (28) Athen, Kerameikos-Mus.; 4. Jb. v. Chr.; (29) Athen, Nat. Mus.;*
         4. Jb. v. Chr.
Seit der Mitte des fünften Jahrhunderts sind Grabstelen aus Marmor, viele von großer Schön-
heit, in Athen aufgestellt worden. Links scheint Ampharete (in der Inschrift genannt) aus-
zurufen: "Hier halte ich das Kind meiner Tochter, meinen Liebling, den ich einst auf Knien
hielt, als wir beide noch lebten und den Tag sahen; jetzt bin ich tot und halte sie, die auch
tot ist". Oben sagt Damasistrate, die Frau des Polykleides, ihrem Gatten Lebewohl. Photos:
DAI Athen

recht, um sie zu werben, wie Odysseus sowohl in seiner Verkleidung als Bettler sagt, als auch, nachdem er sich, zur Rache bereit, enthüllt hat[53]. Aber es kann kein Zweifel bestehen, daß Penelope grundsätzlich das Recht zur Wiederverheiratung zugebilligt wird: in seinen Richtlinien bei seiner Abreise hatte Odysseus ihr gesagt, sie solle nicht über eine bestimmte Zeit hinaus auf ihn warten, sondern wieder heiraten, wenn er nicht zurückgekehrt sei. "Wenn du meinem Sohn den Bart sprossen siehst, heirate, wen du willst und verlaß dein Haus"[54]. Obgleich eine solche Ehe nach unserem Denken Bigamie wäre, hätte sie voll der homerischen Sitte entsprochen, denn wie wir bei Paris und Helena gesehen haben, war die Ehe ein *de facto*-Zustand[55].

Kyrieia in der homerischen Gesellschaft

Die Werbung um Penelope enthüllt uns auch homerische Sitte bezüglich der Leitung einer Familie (ihrer *kyrieia*)[56]. Solange Telemachos keine Gefolgschaft hatte, ihm der Rang eines Helden fehlte und Odysseus' Tod nicht bekannt war, blieb Odysseus Oberhaupt der Familie und folglich der *kyrios* von Penelope, solange sie in seinem Hause blieb; sie konnte aber freiwillig zu ihrem Vater zurückkehren und wieder unter dessen *kyrieia* gehen[57]. Als Telemachos alt genug war und fähig, die *kyrieia* des Hauses des Odysseus zu beanspruchen, hatte er das Recht, Penelope zu ihrem Vater zurückzuschicken, was allerdings Entschädigungszahlungen verursacht hätte; oder er konnte ihr erlauben, in seinem Haus zu bleiben. Aber, wenn Odysseus sicher tot war und folglich Penelope Witwe, hätte Telemachos das volle Recht als ihr *kyrios*, sie in eine Ehe abzuschieben. Zumindest ein Teil der Verwirrung in der *Odyssee* über die Wiederverheiratung der Penelope wird dadurch verursacht, daß zwischen den Sprechern keine Übereinstimmung herrscht, wer denn eigentlich ihr *kyrios* sei, denn das hängt davon ab, ob Odysseus tot ist oder nicht, und ob Telemachos bereits den Rang eines Helden hat oder noch nicht[58].

Töchter verloren aber bei einer Eheschließung nicht ganz den Kontakt zu ihren eigenen Familien: diese behielten ein Interesse an ihnen und umgekehrt. Wir sehen, daß Andromaches Großvater seine Tochter auslöst, Bellerophon wird zur Familie der Anteia geschickt, um seine Strafe zu erhalten, und besonders eindringlich, wie die Mutter des Meleager ihren Sohn wegen des Totschlags an ihrem Bruder verflucht[59].

Die Werbung um Penelope wird auch mit Verschwendung der Güter des Hauses des Odysseus in Verbindung gebracht. Man hat die homerischen Helden bisweilen zur Zielscheibe kritischer Kommentare gemacht, weil sie sich so sehr um ihren Besitz kümmerten, aber man muß sich in Erinnerung rufen, daß da, wo ein Held versäumte, seinen Besitz zu schützen, nicht nur sein finanzieller Ruin und Verlust an Ansehen und Rang die Folge waren, sondern Hunger oder Beinahe-Hunger für die gesamte Familie. Folglich ist ein ausreichendes Einkommen eines der Kriterien für die Erhaltung eines standesgemäßen Ranges, und ein großer König, wie Odysseus, wird dargestellt als Besitzer von ungeheurem Reichtum an Schafen und Rindern[60]. Jeder Held, der an Frau und Kinder denkt, denkt auch an das Eigentum, mit dem er sie erhält[61]. Aus einer Reihe von Stellen wird klar, daß selbst eine edle Familie, die nicht die Macht hatte, ihre Güter zu verteidigen, zur Beute von Mächtigeren werden konnte. Der Haushalt des Telemachos in der *Odyssee* ist das hauptsächliche Beispiel (*Odyssee*, passim), aber Parallelen können in Achills Feststellung gefunden werden, daß nur Furcht vor ihm selbst seinen Vater beschütze, oder dem Schicksal, das Andromache für ihren verwaisten Sohn nach Hektors Tod voraussah — andere Männer würden seine Kornfelder berauben, und man würde ihm bei den Festen der Krieger die Speise verweigern[62].

Besitztümer mußten erworben und gehortet werden, sie mußten auch als Geschenke an andere Helden gegeben werden. In der sich selbst bewertenden Gesellschaft der homerischen Gedichte wertete ein Mann sich auf durch die Geschenke, die er anderen Helden gab, wobei er Gegengaben im gleichen Wert erwartete[63]. Die Götter "haben dem Glaukos den Verstand geraubt", als er seine Goldrüstung gegen die Bronze-Rüstung des Diomedes tauschte. Andererseits wurde Telemachos gedrängt, der Athene (in Gestalt des Mentes) ein schönes Geschenk zu machen, mit der Begründung, er werde durch den Austausch nicht verlieren[64]. Aber Rang erzwang auch Geschenke von anderen, wie Thersites zu Agamemnon sagt: "Deine Hütten sind, wie ich weiß, voller bronzenem Gerät, und es gibt viele sorgfältig ausgewählte Frauen in ihnen, die natürlich wir Achaier immer dir zuerst geben, wenn wir eine Stadtfestung erobern," usw.[65]. Auch Frauen gaben Geschenke, aber fast immer Dinge, die sie selbst oder ihre Frauen gemacht hatten[66]. Helena gab Telemachos ein schönes Gewand für seine Braut.

30   *Lekythos, att. wgr., Bosanquet-Maler; um 440 v. Chr.; Athen, Nat. Mus. Inv. 1935.* ▷
Vor einem Grabmal stehen Gefäße wie das hier abgebildete, und Kränze hängen die Stufen herab. Die Gestalt links im Bildfeld stellt vermutlich den Toten dar, dem Verwandte die genannten Gegenstände als Opfer darbrachten. Photo: DAI Athen

31   Oinochoe, att. rf.; um 430 v. Chr.

In dieser Szene aus dem Athen zur Zeit der Demokratie kommt ein Zecher lärmend nach
Hause. Seine Bekränzung zeigt, daß er von einem Trinkgelage heimkehrt. Sein einziges Be-
kleidungsstück, ein Mantel, hängt lose über einer Schulter. Man wird daran erinnert, daß
teilweise Nacktheit in Athen üblich und totale Nacktheit nicht unbekannt war. Er trommelt
trunken mit dem Schaftende seiner Fackel an die Tür, während seine ahnungsvolle Frau mit
der Lampe in der Hand herbeieilt, um ihn einzulassen. Ihre Kleidung, ihr Auftreten und ihre
Haartracht weisen sie als Herrin des Hauses und nicht als 'hetaira' oder Sklavin aus. Das
Dach deutet eine rudimentäre Veranda an, eine Art Windfang, um die Tür vor der Sommer-
sonne und den Winterregen zu schützen. Photo: Thames & Hudson, Archiv

57

Arete wählte die Gewänder aus, die in Odysseus' Kiste gelegt werden sollten. Das Ansehen einer Braut, so heißt es, hängt ab von den Gewändern, die sie den Begleitern ihres Bräutigams gibt[67]. Auf einer bescheideneren Ebene gab Penelope dem Eumaios einen Stoß Kleidung, als er hinausging auf ein Landgut, und sie versprach dem Bettler neue Kleidung, wenn sie ihm glauben könne. Aber als sie im Bogenwettbewerb weiter ging und ihm Waffen anbot, erteilte ihr Telemachos einen Verweis. Diese Dinge gehörten in die ausschließliche Verfügungsgewalt des *kyrios* eines *oikos* [68].

Besitz, Nachfolge

Bei Homer findet sich auch die Idee, daß Besitz sich in zwei Klassen gliedere, einerseits Ländereien und Häuser, andererseits Sklaven, Tiere und bewegliche Güter. In der *Odyssee* wird niemals geleugnet, daß Telemachos das Recht der Nachfolge im *oikos* habe[69], obgleich die Freier bereit waren, ihn am wirksamen Gebrauch dieses *oikos* zu hindern. Nur im Falle seines Todes wollen sie die Güter und Vorräte aufteilen und sein Haus dem neuen Gatten der Penelope geben[70]; wobei sie natürlich annahm, daß Odysseus tot war. In ähnlicher Weise dürfen wir die Drohungen gegen Athene, als diese Odysseus in Gestalt des des Mentor in der Saalschlacht unterstützte, mit dem Schwur des Odysseus vergleichen, daß die Freier keine Schonung finden würden. Damals drohte Agelaos dem Mentor den Tod, seinen Söhnen die Vertreibung aus ihrer Versammlungshalle und Verbot für seine Frauensleute, die städtischen Straßen zu betreten, aber er drohte nicht mit der Beschlagnahme des *oikos*. Odysseus dagegen formulierte die äußerste überhaupt denkbare Forderung: "Nicht einmal wenn ihr mir euren gesamten Familienbesitz geben würdet, das was ihr jetzt habt und alles, was ihr von irgendeiner Quelle etwa bekommen würdet", mit anderen Worten "nicht einmal wenn ihr Bettler würdet" [71].

Vermögen übernahm man durch Abstammung; Testamentsverfügungen gibt es bei Homer nicht. Deszendenz läuft normalerweise über die männliche Linie, kann aber auch auf die Schwiegersöhne übergehen[72], wobei vorausgesetzt wird, daß sie stark genug sind, ihre Position gegen jeden möglichen Rivalen zu verteidigen, Achill kann Aeneas verhöhnen, der keine Hoffnung habe, selbst wenn er ihn, Achill, töte, Herrscher von Troja zu werden, weil Priamos eigene Söhne habe. Aber als Diomedes sowohl Xanthos als auch Thoas erschlug, haben entfernte Verwandte das Erbe ihres betagten Vaters angetreten[73]. Homer legt besonderen Akzent darauf, wenn eine Familie den einzigen Sohn oder alle ihre Söhne verliert[74]; zweimal wird die Wendung von "Söhnen, die ihre Aufzucht nicht zurückzahlten" wiederholt, und wir hören davon, wie Dolons Vater gern das Lösegeld zahlte, war er doch der einzige Sohn in einer sechsköpfigen Familie[75].

Das Leben der Familie

Das Familienleben wird im allgemeinen in den Homerischen Gesängen romantisch dargestellt, besonders in der *Odyssee*, obgleich es Ausnahmen gibt[76], wie die Flüche gegen Meleager oder Phoinix. Die großartige Freude, die den Odysseus beim Anblick des Phäakenlandes erfüllt, war "wie die von Kindern, die ihren Vater beobachten, wenn er sich von einer eklen Krankheit erholt"; so ist auch die Freude der Familie bei der Heimkehr eines Kriegers lebhaft geschildert: "Der Sohn des Tydeus merkt nicht, daß der, der gegen Götter kämpft, ein kurzes Leben hat und daß ihm seine Kinder nicht um die Knie herum schwatzen, wenn er von Krieg und wilder Schlacht heimkommt"[77]. In der *Odyssee* bietet uns Eumaios zwei idyllische Szenen von der Art, wie seine Herrin ihre Leute behandelt[78], und die ganze Nausikaa-Geschichte ist ähnlich romantisch verklärt.

Homers Frauen werden nicht als ausschließlich an das Haus gebunden dargestellt — Andromache z.B. kann durchaus "Verwandte besuchen gegangen sein". Einen ähnlichen Eindruck erwecken ein Flirt außerhalb der Stadtmauern von Troja und Hausfrauen beim Zank auf der Straße; der Schild des Achill zeigte Hausfrauen, die an ihren Türen stehen, um eine Hochzeit zu beobachten, und Frauen, die bei der Verteidigung der Stadtmauer helfen[79], eine Tätigkeit, die von den Militärschriftstellern und den Usancen der Klassik in gleichem Maße bestätigt wird. Dennoch haben Frauen das Standardbeiwort λευκώλενοι (weißarmig), so wie die minoische Kunst sie in gelber Farbe malt und nicht im dunklen Ocker wie die Männer[80] (Abb. 4). Homer täuscht auch nicht Gleichberechtigung zwischen den Geschlechtern vor oder etwa die Möglichkeit einer Teilnahme der Frauen am öffentlichen Leben. Selbst Penelope wurde von Telemachos bei zwei Gelegenheiten gebeten, sich aus dem Raum zurückzuziehen, als er die Kontrolle über sein Haus sicherstellte, einmal, als er sich entschloß, eine Versammlung einzuberufen, zum zweitenmal, als er auf seinem Recht bestand, über den Bogen zu verfügen — "gehe du in den *oikos* und kümmere dich um deine häuslichen Arbeiten (ἔργα), deinen Webstuhl, deinen Spinnrocken, und halte die Mägde an, sich bei der Arbeit zu sputen; Debatten (μῦθος) sollen Männersache sein, diejenige aller, und insbesondere meine, denn ich bin der, der hier in diesem Haus Macht (κράτος) und Aufsicht hat[81].

32. 33   Schale, att. rf., Duris; um 470 v. Chr.; Berlin, Staatl. Mus. Inv. 2285.
Zwei Schulszenen; oben lernen die Knaben Leierspiel und Gesang sowie das Rezitieren von
Homer und anderen traditionellen Dichtern. Der Text auf der Schriftrolle besagt: "Oh Muse,
ich beginne zu singen vom breiten Skamander"; das ist die Eröffnungszeile eines verloren-
gegangenen Gedichtes von Stesichoros. Im Bild unten werden Flötenstunde und Leseübung
dargestellt. Dies war eine im Wesen aristokratische und fast ausschließlich mündliche Erzie-
hungsform. In beiden Szenen sitzt der 'paidagogos' beobachtend dabei. Photos: Thames &
Hudson, Archiv

34 *Skyphos, att. rf., Penelope-Maler; um 400 v. Chr.; Berlin, Staatl. Mus. Inv. 2589.*
Es ist unsicher, ob Schaukeln nur ein Freizeitvergnügen war, ob es auch rituelle Bedeutung
hatte, oder sogar darauf beschränkt war. Vielleicht war es mit Werbung verbunden, und die
(hier nicht gezeigte) Inschrift auf dem Gefäß lautet: "Du bist liebreizend, Antheia", jeden-
falls werden in der Kunst nur Mädchen auf Schaukeln abgebildet, und manche Beispiele zei-
gen so etwas wie einen Kreis von Verehren um sie herum. In dieser Szene wird besonders
kräftig geschaukelt, denn Kleidung und Haar fliegen dem Mädchen in lebhafter Bewegung
nach. Die Schaukel besteht aus einem Schemel, der an Seilen herabhängt, die es mit den
Händen hält. Ein Satyr stößt es an. Seine Anwesenheit, die fliegenden Haare und die bloßen
Füße des Mädchens weisen möglicherweise auf eine Mänade hin, dann wäre die Szene allego-
risch. Vielleicht illustriert sie das Fest der Anthesterien im Frühling, wenn das Anzapfen des
neuen Weins Gelegenheit zu Spielen und allerhand Lustbarkeiten gab; dabei gab es auch
Zeremonien zu Ehren der Vorfahren sowie Gebete um Fruchtbarkeit und Wachstum, alles
Dinge, die in mehreren Kulturen mit Schaukeln assoziiert werden. Photo: Thames & Hud-
son, Archiv

Wenn ein Mann gestorben war, lagen die Begräbnisrechte und -pflichten bei seiner Familie. Den Hauptteil trugen Frau und Mutter, Sohn und Vater, aber es gibt viele Varianten [82]. Diese beruhen sehr oft auf der tatsächlichen Situation innerhalb der Familie oder dem Stand des Kampfes, der im Gedicht gerade erreicht war.

Viel Betonung liegt auf den korrekten Zeremonien, die, wenn sie prächtig ausgeführt wurden, Ehre erwarben wie bei den Begräbnissen von Patroklos und Achill[83], und Respekt, wenn sie ordentlich ausgeführt wurden [84]. Wir müssen aber registrieren, daß Begräbniszeremonien auch ohne den Leichnam ausgeführt werden konnten, was sicher geschehen wäre, wenn Telemachos zuverlässige Information über den Tod seines Vaters erhalten hätte [85]. Einen Leichnam nicht zu beerdigen, kam natürlich einer Entehrung des Toten gleich, und ebenso entehrte es die überlebenden Gefolgsleute und Freunde, wenn sie den Leichnam ihres verstorbenen Kameraden nicht herbeischafften[86]. "Die Hunde (oder die Aasgeier) werden deinen Leib zerreißen", ist eine äußerste Beleidigung in manch einem homerischen Duell[87]. Aber man erwartete eine angemessene Begrenzung der Trauer, selbst bei Bruder oder Sohn [88].

Rache für einen Tod war Familienangelegenheit, das galt für die in der Schlacht Erschlagenen, wo ein Bruder prahlt, es sei gut, Verwandte (γνωτόν) zurückzulassen, die Rache üben konnten, und Andromache fürchtet, ihr Sohn könnte getötet werden von den Verwandten eines von Hektor Erschlagenen[89]. Noch deutlicher galt das für gewaltsam Getötete, ob durch Versehen oder anders, so wie Nestor den Telemachos unterwies, "wie gut ist es doch für einen Sohn, wenn er einen Mann, der zugrundegegangen ist, überlebt, so wie Orest, der auch Rache nahm an den Mördern seines Vaters"[90] etc.

Es gibt Spuren von Rechtssystemen, in denen ein Mann durch Zahlungen an die Verwandten eines Verstorbenen deren Vergebung erlangen und in seiner eigenen Gemeinschaft weiterleben kann, aber der Streit, der auf dem Schild des Achill abgebildet ist, deutet an, daß die Verwandten die dargebotene Bezahlung nicht anzunehmen brauchten. Odysseus ging davon aus, daß er das Land als Flüchtling verlassen müsse, wenn er die Freier auf Ithaka töten würde[91], und obgleich die Mehrzahl der Belege voraussetzt, daß die Verwandten die Rache vollzogen[92], wird doch zumindest an zwei Stellen deutlich sichtbar, daß die öffentliche Meinung zum Tragen kommen würde[93]. Die Strafe war dann dieselbe wie die von erzürnten Verwandten verhängte — Exil. Die meisten Verbannten der Homerischen Gedichte sind folglich Mörder oder zumindest Totschläger[94].

Exil und Gastfreunde

Die Wahl des Exils als selbstverhängte Strafe für Mörder wirft ein interessantes Licht auf die ökonomische Basis des Familiensystems in den Homerischen Gedichten; ein Verbannter konnte seine Familie nicht erhalten oder beschützen, und wenn er nicht spezielle Fähigkeiten hatte, als Krieger, wie Patroklos, oder als Prophet, wie Theoklymenos, war es höchst unwahrscheinlich, daß er ein langes und glückliches Leben führen würde[95]. Der im Exil Lebende ist eine Art Außenseiter, Fremdling (*xenos* oder *xeinos*), den man in der homerischen Familie vorfinden konnte, er wurde als Gegenleistung für Dienste aufgenommen. Andere Außenseiter, die regulär aufgenommen werden, sind ausgebildete Handwerker wie "ein Prophet, ein Arzt, ein Speermacher oder ein Barde"[96].

Einfaches Volk konnte Essen und Kleidung als Lohn für Arbeit empfangen; Iros machte Botengänge für die Freier, Telemachos sagt, der Bettler werde für ihn arbeiten; Odysseus in der Verkleidung als Bettler behauptete, er sei zu alt, seinen Lebensunterhalt mit Landarbeit zu erwerben, obgleich er eine Herausforderung von Eurymachos dazu aufnahm. Dann fügte er hinzu "Und wenn Zeus von irgendwoher einen Kampf aufzäumte und ich einen Schild und zwei Speere und einen Bronze-Helm über meine Schläfen passend hätte, würdet ihr mich mitten im Getümmel unter den führenden Helden sehen"; offensichtlich waren waffenfähige Männer eine andere wichtige Kategorie von Außenseitern, die für ihre Dienste zum Lohn Nahrung und Kleidung erhielten[97]. Selbst nur ganz flüchtige Außenseiter, Bettler und Flehende, können ein Lager und Nahrung erwarten, wenn sie den Herrn des Hauses erreichen können[98]. Und wenn sie gute Nachricht bringen, bekommen sie eine Art Belohnung, wie Kleidung und Schuhe und etwas für unterwegs, aber sie haben keinen Anspruch darauf, wie wirkliche, edle Besucher und *xeinoi*[99] behandelt zu werden.

Edle *xeinoi*, die entweder von Eltern oder Vorfahren ererbt worden waren oder selbsterworben sein konnten, waren sowohl mögliche Kriegsverbündete, als auch in ihren eigenen Heimen bequeme Stützpunkte für einen Edlen, der unterwegs war, sei es zum Besuch oder für Handel oder Piraterie. In der *Ilias* hören wir, daß Lykaon von einem *xeinos* ausgelöst wurde, der ihn von einem Herrn freikaufte, der ihn seinerseits von dem, der ihn gefangen hatte, gekauft hatte, aber Axylos, der "gastliche Gastgeber", wurde von keinem seiner alten *xeinoi* vor Diomedes gerettet. Diomedes und Glaukos weigern sich, gegeneinander zu kämpfen, als sie ihrer beider Abkunft von gemeinsamen *xeinoi* herausbekommen[100], in Phäakien weigerte sich Odysseus, gegen seinen Gastgeber zu boxen[101].

Wir hören, daß Odysseus einen weiten Kreis von *xeinoi* hatte, mit denen er Besuche auszutauschen pflegte, und Telemachos wurde auf Pylos als Sohn seines Vaters willkommengeheißen. Ebenso kamen Gäste auf Ithaka an, die an Tele-

Abb. 35 Bronzestatue, Neapel,
Mus. Naz. Inv. 5619.
Diese römische Bronzekopie einer griechischen Marmorstatue
aus der Zeit um 400 v. Chr. wurde vor 79 n. Chr. angefertigt,
dem Zeitpunkt, als sie in Herku-
laneum verschüttet wurde. Die
Figur, ein junges Mädchen, das
seinen Peplos auf der Schulter
zusammensteckt, ist 1,35 m
hoch und stammt aus einer als
"tanzende Mädchen" bekannten
Gruppe. Wie die Braut, das tote
Mädchen und die Schaukelnde
(Abb. 24. 26 und 34) hat sie die
Pubertät hinter sich und ist fast
erwachsen, ein Hinweis, daß die
literarischen Zeugnisse über die
extreme Jugendlichkeit der
Bräute möglicherweise über-
trieben sind. Photo: Thames &
Hudson, Archiv

machos Ansprüche stellten, wie Mentes oder der "kretische" Odysseus in seiner Verkleidung, der sogar an den alten Laertes Ansprüche stellte; in Sparta sagt Menelaos, daß er und sein Begleiter Eteoneus Fremdlinge bewirten müssen, weil sie selbst auf ihren Reisen aufgenommen worden seien[102].

Eine typische Mischung von Klugheit und Mißtrauen leitete diese ziemlich verwickelten Beziehungen. Das Fehlen eines Hausherrn führte Penelope dazu, Besucher zu vernachlässigen[103], ebenso wie Telemachos, seine Gäste einem Freund anzuvertrauen[104]. Mißtrauen gegen Fremdlinge beim ersten Kennenlernen war nicht fehl am Platz in einem Zeitalter, in dem Händler und Piraten praktisch nicht zu unterscheiden und bisweilen die gleichen Leute waren[105], und wo Gewalt als legitime Methode galt, sich Besitz zu erwerben[106]; wo selbst solche Leute, die in Frieden gekommen waren, fähig waren, mit Raub abzuziehen, wie Paris mit der Ehefrau seines Gastwirts und dessen halbem Vermögen, und ein phönizischer Händler mit drei Trinkbechern, einer Magd und dem Königssohn. Die Verpflichtung, sich vom Gastgeber zu verabschieden, war darum nicht nur eine gesellschaftliche Konvention[107], sie diente zur Sicherstellung, daß der Gast nur mit den Dingen abfuhr, deren Mitnahme der Gastgeber billigte.

Wir sehen also, daß das homerische Bild eine Gesellschaft zeichnet, die eine Verbindung unabhängiger, auf der Familie gründender Einheiten ist, jede verantwortlich für sich selbst und auf sich selbst gestützt für ihren eigenen Schutz und ihr wirtschaftliches Überleben. Dies brachte eine hierarchisch gegliederte Gesellschaft hervor, in der der Platz des Individuums zunächst durch seine Herkunft und die Anzahl seiner Gefolgsleute, welche er wegen seiner Macht und seines Wohlstandes an sich binden konnte, bestimmt war[108], letztlich aber durch seine physische Stärke und die Fähigkeit, das Ererbte zu beschützen. Es ist eine Gesellschaft, in welcher der Krieger selbst der Rückhalt der Familie war, deren Weiterleben er durch die Zeugung von Kindern als seinen Nachfolgern sicherstellen konnte und mußte. Dies zu unterlassen, war eine Katastrophe, denn so waren weder der Schutz seines Alters noch ein anständiges Begräbnis noch ein Name für die Nachwelt, für welch letzteren Achill sein Leben zu geben bereit gewesen war[109], sichergestellt. Mindestens gleichbedeutend damit war aber, daß das wirtschaftliche Überleben einer Familie von der Fähigkeit eines Helden abhing, einen Lebensunterhalt zu erwerben und zu erhalten, und dafür waren sein *oikos* und dessen Verteidigung gleichermaßen grundlegende Notwendigkeiten.

KAPITEL III

Die Familie und das Werden einzelner Staaten

Die Errichtung von Stadtstaaten

Die Gesellschaft, wie sie in den Homerischen Epen dargestellt wird, ging irgendwann zwischen dem 10. oder 9. Jahrhundert und dem 7. Jahrhundert zugrunde, einem Zeitraum, der von Thukydides als Zeit der Wanderung und Landnahme beschrieben wird[1]. Die Gesellschaften, die vom 7. Jhdt. an entstanden, nahmen die klassische Gestalt an, die Form des Stadtstaates, der *polis* (Pl. *poleis*). In ihrer politischen Organisation unterschieden sich die *poleis* besonders darin, wie sie Rechte und Privilegien unter ihren Bürgern verteilten, aber gemeinsam war ihnen allen eine Entschlossenheit dazu, unabhängig zu sein und selbstverantwortlich, auf keine fremde Hilfe angewiesen, für die eigene Verteidigung und nach eigener Rechtsordnung zu leben.

Poleis entstanden nicht innerhalb einer Generation, nicht einmal in zwei (außer einigen kolonialen Niederlassungen in historischer Zeit, die unter der Ägide einer bereits existierenden Stadt entstanden waren, und die den mitgebrachten Gebräuchen und Gesetzen der Mutterstadt nach lebten). Sie erwuchsen aus einem Entwicklungsprozeß, der als *synoikismos*, also Wohngemeinschaft, bekannt ist. Von Ort zu Ort gab es darin große Unterschiede, aber meist wurde er einem einzelnen mächtigen Herrscher oder König zugeschrieben (so galt Theseus in der Überlieferung als Begründer des attischen *synoikismos*)[2]. Wann eine Anzahl von Familiengruppen zu einer *polis* wurde, kann man kaum genau definieren. Aber Gemeinschaften können erst dann in Wahrheit vereinheitlichte *poleis* genannt werden, wenn irgend etwas einem gemeinsamen Gesetzeskodex Ähnliches formuliert und von Beamten der Gemeinschaft verwaltet wurde. Diese mußten dann auch in der Lage sein, Streitigkeiten mit Hilfe von Urteilen in einem öffentlichen Gerichtshof beizulegen[3] und Vorgänge zu lenken, die vorher nach getrennten (und möglicherweise verschiedenen) Gebräuchen von den einzelnen Familien oder Dörfern geregelt worden waren[4]. Viele Gemeinschaften, selbst *poleis*, bestanden für lange Zeitperioden weiter, ohne daß eine vereinheitlichende Gesetzgebung erfolgt wäre.

In einigen Gebieten war die Herausbildung von *poleis* wesentlich früher erreicht als in anderen. Im physischen Sinne hatten *poleis* viel mehr Neigung, schnell zusammenzuschmelzen, wo der Zwang zu örtlicher Selbstverteidigung groß war und die Familien zusammentrieb[5].Auf den weiten Ebenen Thessaliens blieb jedoch bis in die klassische Zeit hinein ein Feudalsystem ohne *poleis* bestehen[6]. Beiderseits des Isthmus von Korinth hingegen (eines Gebietes, das der Seeräuberei besonders ausgesetzt war) wuchsen viele *poleis* schon in früher Zeit zusammen. Der Zwang zur Selbstverteidigung sorgte dafür, daß Siedler, die als Kolonisten in Nachbarländer ausgesandt wurden, immer, vom Gründungszeitpunkt an, einen befestigten Versammlungsort hatten, und folglich auch eine Art von *polis*-System[7]. Aber, obgleich Selbstverteidigung die *raison d'être* einer *polis* war, war es für die *polis* charakteristisch, daß die Leute bei ihren täglichen Geschäften keine Waffen trugen; es war ein Zeichen der Unterentwicklung eines Gebietes, wenn sie dies taten[8]. Die Griechen waren sich des Unterschieds zwischen einem Schlag mit der Faust oder einem Stock einerseits und einem Stoß mit einem Speer oder einer anderen Kriegswaffe andererseits zutiefst bewußt; ersteres war verständlich, besonders bei der Verteidigung von Eigentum, das zweite zeigte die Absicht zu töten an[9].

Auf dem Gebiet des bürgerlichen Rechts jedoch — also des Rechts, das Besitz und Familiengüter betraf — dürfte im allgemeinen Folgendes richtig sein: Je tiefer die alten Familien in einer *polis* verwurzelt waren, desto länger haben diese Familien anscheinend das Monopol rechtlicher und religiöser Kontrolle gehabt, und um so später kam die Einführung eines staatlichen Rechtes[10], welches den *oikos* der Familie von seinem *genos* befreite und darüber hinaus das Individuum von seinem *oikos*.

Die einzelnen *poleis* unterschieden sich sehr hinsichtlich der Verschlungenheit und Starrheit der Familienstrukturen. Das hatte verschiedene Ursachen; eine der wichtigsten waren die Ländereien, aus denen die *polis* lebte. Eine der Gegebenheiten griechischer Geographie ist die Tatsache, daß die reichen "satt-bödigen" landwirtschaftlich nutzbaren Landstriche der Ebenen nicht einfach fruchtbarer, sondern sehr viel fruchtbarer sind als die Hügelhänge[11]. Um diese Landstriche kämpften die Menschen im Zeitalter der Wanderungen, und je reicher das Land, desto öfter wurde es laut Thukydides[12] überfallen und desto öfter wechselte die Bevölkerung.

Wenn eine neue Erobererwelle heranrollte, dann sind die früheren Siedler, wenn sie dieser nicht gewachsen waren, entweder geflohen oder als untergebene Bevölkerungsgruppe geblieben. Folglich unterschieden sich in den reichen Ländern wie Lakonien, Argos, Boiotien, Thessalien, auf Kreta und in einigen Gegenden nahe dem Isthmus von Korinth die frühen Aristokratien rassisch von den Arbeitern, die auf ihren Feldern fronten, und den ärmeren Bauern, die an den Hügelabhängen arbeiteten oder als Hirten auf den hohen Gebirgsweiden, als Köhler und Waldarbeiter an Lebensunterhalt herauszuschinden versuchten, was sie konnten[13]. (Letztere entsprachen den traditionellen "Armen Leuten" europäischer Volksmärchen.)

Die Geschichte der attischen Besiedlung war jedoch verschieden davon — so glaubten zumindest alle Athener einschließlich Thukydides. Attika, mit seinem relativ armen Boden, wurde selten überfallen, und die gutsituierte, mit Wasser versorgte Verteidigungszitadelle auf der Akropolis ermöglichte den Einheimischen, Eindringlingen zu widerstehen, so daß die Leute von Attika, die Athener, sich als alteingesessene Bevölkerung ohne rassische Unterschiede empfanden. Die Leute, die Bodenbesitz hatten, behaupteten daher, ihr Land sei seit einer unvorstellbar weit zurückliegenden Zeit bis auf sie vererbt worden[14].

Athen und Attika waren darum anders als die meisten Staaten Griechenlands, wenn Thukydides recht hat. Wer dies Land heute betrachtet, muß sich deshalb hüten, Athen als typisch für ganz Griechenland anzusehen[15]. Die dorischen Staaten des Isthmus von Korinth waren vielleicht typischer, denn es gab vergleichbare Gemeinwesen, etwa das der Thebaner, die sich gegenüber Boiotien betont rassebewußt verhielten[16], oder die Spartaner mit ihrer exklusiven Gemeinschaft der 'Gleichen', die alle Nicht-Spartiaten von jeder Regierungsbeteiligung ausschloß, oder die rassisch gespaltene und klassenbewußte Gesellschaft, die sich uns auf Kreta in Gortyn enthüllt hat[17].

Oikos, Genos und die Schaffung eines Rechts

Alle *poleis* setzten sich aus einer Anzahl individueller *oikoi* zusammen; die Ländereien eines *oikos* waren Bestandteil des *oikos*[18], da, wie wir bereits bemerkt haben, die Mittel zur Lebenshaltung einen essentiellen Bestandteil des *oikos* darstellten. Einer der wichtigsten Entwicklungsprozesse in der Konsolidierung der *polis* war die Zugrundelegung der *oikoi* als Einheiten einer *polis*, die diese auf die Dauer von jedem *genos* unabhängig machte. Dies führte dazu, daß ein Mann in den Besitz seines Bodens (*kleros*) kam, weil er mit Erfolg seinen Anspruch als nächster Verwandter des früheren Eigners vertreten hatte, sei es innerhalb einer begrenzten Verwandtschaftsgruppe, sei es als in einem rechtskräftigen Testament bestimmter Erbe oder weil er es gekauft hatte, nachdem er als Bürger der *polis* das Recht dazu hatte, aber nicht weil er als Mitglied eines *genos* oder irgendeines anderen unbegrenzten Familienverbandes zur Nachfolge berechtigt gewesen wäre[19]. Es darf kaum bezweifelt werden, daß der Landbesitz oder zumindest das Nutzrecht am wertvollsten Boden ursprünglich gemeinsam war in dem Sinne, daß die Mitglieder jedes *genos*, die sich in die Verantwortung für die Verteidigung ihrer Ländereien teilten, das Recht beanspruchten, zu bestimmen — unter Führung des Oberhauptes des *genos* und gemäß der Sitte — wer ein freigewordenes oder von verschiedenen Leuten beanspruchtes Stück Land übernehmen sollte[20].

Das Ziel eines *genos* war sein eigenes beständiges Überleben — das heißt Verteidigung aller dazugehörigen *oikoi*, des Bodens sogut wie der Leute. Demzufolge umschloß 'Recht' die Rache an Leuten von auswärts, die dem *genos* Schaden zufügten, und die Ausstoßung aus dem *genos* von solchen Leuten, die dagegen verstoßen hatten[21]. "Er möge sterben, ohne daß irgendjemand Rache nimmt"[22] hieß die Ausstoßungsformel, "Wir legen keinen Wert auf sein Leben" war die Strafe, der Ausgestoßene wurde ein Rechtloser, ein Wolf[23].

Wenn ein Außenstehender tötete, rief er den Zorn des gesamten *genos* seines Opfers hervor; gegen einen Mörder stand das *genos* geschlossen zusammen; eine Unterscheidung zwischen Mord und Totschlag wurde nicht angenommen, und selbst gerechtfertigter Totschlag wurde bisweilen in gleicher Weise mit Exil oder Tod bestraft[24]. Selbst in der greifbaren historischen Zeit mußte in Sikyon Isodemos, der den Liebhaber seiner Frau in flagranti ertappt und getötet hatte, ins Ausland fliehen (um 600)[25], und die Alkmaioniden wurden aus Athen vertrieben, weil sie in Verteidigung des Staates gegen einen Staatsstreich (laut Überlieferung 632) getötet hatten.

Das rechtliche Vorgehen in letzterem Fall bestand darin, daß es den Verwandten der Toten nachzuweisen gelang, daß ein Sakrileg begangen worden war: Wie uns überliefert ist, wurde daraufhin der gesamte Clan der Alkmaioniden, seine Toten eingeschlossen, aus Attika vertrieben[26]. Das führte zu einer Dauerfehde zwischen diesem *genos* und den anderen Adelsgeschlechtern. Für uns ist jedoch nicht so sehr der Urteilsspruch, den uns unsere Quellen möglicherweise wirklich unrichtig überliefert haben, bemerkenswert, sondern das Vorhandensein dieses Gerichtshofes. Der Gerichtshof des Areopag war der älteste Athens[27]. Bis ins 4. Jahrhundert hinein behandelte er absichtlichen Totschlag, und sein Vorsitzender, der *Basileus* (König) hörte alle Fälle von Totschlag, Verwundung und physischer Gewalt an[28]. Daraus wird deutlich, daß Vermittlung zwischen *genē* im Fall von Totschlag die erste Funktion dieser *polis*-Gemeinschaft war[29].

Der Archon, jener Beamte Athens, der als Wahrer der Besitzrechte (besonders an Land) fungierte, war, so sagt Aristoteles, in alten Zeiten unwichtig und ist später eingesetzt worden als der Basileus und der Polemarch, der alte Oberbefehlshaber[30]. Das deutet darauf hin, daß die *genē* selbst das Recht, den Besitz betreffende Fragen zu beurteilen, noch einige Zeit unter ihrer Kontrolle hatten, nachdem die Rechtsprechung bei Gewaltverbrechen bereits eine Sache der *polis* geworden war. Noch später[31] wurden die *thesmothetai* eingesetzt, deren Aufgabe es war, das Fallrecht der Gemeinschaft durch Dokumentation (aber nicht Veröffentlichung) der Urteile zusammenzustellen. Zur Zeit des Aristoteles verfolgten sie noch Anklagen für das Einbringen illegaler oder unvorteilhafter Gesetze[32]. Das Datum ihrer Einsetzung kennen wir nicht, aber es ging den ersten Versuchen, geschriebene Gesetze zu veröffentlichen, voraus; diese werden traditionell Drakon (laut Überlieferung 621) zugeschrieben. Von ihm wissen wir nur sicher, daß er den Totschlag betreffende Gesetze kodifizierte[33]. Die Kodifizierung des zivilen Rechts, so wie es in klassischer Zeit galt, schrieb man Solon zu (lt. Üb. 594). Dennoch ist klar, daß bereits vor seiner Zeit einige strafrechtliche Regulierungen von Drakon festgesetzt worden waren, denn Aristoteles erwähnt, daß die von Drakon festgelegten Strafen besonders hart waren[34]. Die *oikoi* hatten sich darüber hinaus bereits ein Stück weiter auf dem Weg zur Unabhängigkeit vom *genos* entwickelt, denn es ist ein Zeichen individuellen Besitzes an Gütern (gegenüber gemeinsamem Besitz durch eine Gruppe wie das *genos*), wenn Kinder z.B. zur Schuldentilgung verkauft werden konnten, oder (bei Frauen) wegen Unkeuschheit[35].

Es ist auch wahrscheinlich, daß das Individuum schon vor Solons Zeit für seine Taten verantwortlich gemacht wurde, und daß sein *genos, oikos* und dessen Eigentum vor willkürlicher Rache seitens einer verletzten Partei geschützt war, ebenso wie im gleichzeitigen Recht von Elis[36]. Eine Andeutung davon liegt sowohl in dem Vorhandensein der oben erwähnten festgesetzten Strafen als auch in Solons Gesetz, das "jeden, der wollte" berechtigte, für den Geschädigten Partei zu ergreifen. Man deutet dies normalerweise so, daß es vorher Klageberechtigte (z.B. als Verwandte) gegeben hat, und daß das Gesetz Wiedergutmachung in irgendeiner Form gewährleistet hatte. Die Tradition machte jedoch Solon zum Athenischen Gesetzgeber, außer für die Gesetze bezüglich Totschlags.

Wie weit dies wörtlich stimmt, ist wahrscheinlich gleichgültig, aber der Prozeß, in dem sich das Recht herausbildete, scheint ziemlich typisch zu sein. Normalerweise scheint eine Revolution oder die Gefahr einer solchen oder irgendeine Form von Krise erforderlich gewesen zu sein, um die Bestellung eines Gesetzgebers zu veranlassen, der entweder aufzeichnen mußte, was die üblichen Gebräuche der *genē* waren, oder die Regeln veröffentlichen mußte, nach denen die Beamten handeln sollten[37]. Man hat erhebliche Diskussionen darüber geführt, welcher Art die Krise war, der sich Solon in Athen gegenüber sah, aber sicher ist, daß das Elend der Armen zumindest das offensichtliche Symptom war[38]. In den Staaten aber, die von einer Rasse oder einem *genos* beherrscht wurden, wie in Korinth, war es ein Tyrann, entweder Periander (Periandros) oder sein Vater, der nach dem Sturz der herrschenden Familien die Gesetze der Stadt unter seiner persönlichen Leitung kodifizierte oder revidierte und veröffentlichte (ca. 625-585)[39]. In Sparta war die neue (oder revidierte) repressive Legislation, die sich mit dem Namen Lykurg verbindet, eine Antwort auf die Krise des 2. Messenischen Krieges (ca. 640-620). In Mytilene führten Bürgerkrieg und militärische Niederlage zur Ernennung des Pittakos (ca. 600)[40]. In den kolonialen Niederlassungen von Süditalien und Sizilien, wo die frühesten schriftlichen Gesetzestexte aufgesetzt worden waren, war vermutlich hauptsächlich der Zwang, eine heterogene Bürgerschaft, der das starke Band einer Familientradition fehlte, zu konsolidieren, für die Kodifizierung verantwortlich. Daneben mag die relative Unsicherheit dazu beigetragen haben, das Verständnis für die Notwendigkeit einer solchen Konsolidierung zu wecken [41].

Der Oikos und aristokratische Überreste aus der homerischen Gesellschaft

Gesetzgeber und Tyrannen sorgten gleichermaßen für Einbrüche in der Regentschaft der Aristokratien über die *polis*. Allerdings blieb letzteres die übliche Form. Nach den Gesetzgebern verschwanden die Aristokratien nicht einfach, aber sie hörten auf, unangefochtene Macht zu besitzen, und nach der Revolution, die ihnen das Monopol auf die Machtkontrolle genommen hatte, mußten sie sich unter das Gesetz und die Ordnung der *polis* stellen. Sie behielten viele ihrer früheren Vorrechte bei, wenn auch oft nur in Spuren. Wir wissen, daß Ritter (*hippeis*) der Kollektivname irgendwelcher herrschender Aristokratien war, und bevor die Kriegführung mit schwerbewaffnetem Fußvolk (Hopliten) begann, stellten normalerweise wohlhabende Reitersleute die Regierung[42]. In Athen hatten die *hippeis* in der vorsolonischen Zeit den Rat allein beherrscht und ebenso die Hauptämter bis in die Mitte des 5. Jahrhunderts[43]. Andernorts war *hippeis* der für die Leibgarde des spartanischen Königs vorbehaltene Name[44], in Euboia behielten *hippeis* religiöse Funktionen[45]; in Athen erhielten sich die edlen Priesterfamilien ihre Vorrechte und ein gewisses Maß an Achtung während der ganzen demokratischen Epoche[46]; in Ephesus behielten die Basiliden, in Milet die Branchiden, einst die herrschende Aristokratie, ihre Macht im religiösen Bereich[47]. Aber auch in diesem Bereich übernahm die *polis* allmählich einen bedeutenderen Anteil; es war charakteristisch für eine Tyrannis (die des Peisistratos), daß die Verehrung des Dionysos, des Gottes der ländlichen Bevölkerung, in Athen gemeinsam mit den Eleusinischen Mysterien gefördert wurde. Bei letzteren wurden Klassenunterschiede nicht beachtet, da sogar Sklaven Zugang hatten[48].

Diese *hippeis* waren Pferdeliebhaber wie die Helden Homers. Ihr Interesse galt neben Reiterkämpfen der Pferdezucht und Wagenwettkämpfen. Das Kriegführen zu Pferde als Thema und Gegenstand der Kunst ist ein Kennzeichen aristokratischer Perioden[49]; Beerdigungen und Prozessionen sind charakteristisch für die Kunst des Geometrischen Stils[50] (Abb. 6). Der Familienstolz stellte sicher, daß, selbst als der Kampf mit Hopliten (Infanterie) die übliche Kampfform wurde und auch Hopliten-Darstellungen in der Kunst auftauchten, auf den Schilden der Krieger die Wappensymbole der Familien wiederkehrten (dargestellt auf Vasen des 7. und 6. Jahrhunderts)[51] (Abb. 7), in starkem, deutlichem Kontrast zu der Einfachheit der Muster einiger Stadtstaaten oder den mächtigen Zick-Zack-Mustern der spartanischen Phalanx[52].

Auch in Athen, wo vielleicht die Familienstruktur noch tiefer verankert war als anderswo (s. o. S. 68), waren die frühen Münzen mit den Wappensymbolen der Adeligen gestempelt[53], und erst unter der Tyrannis des Peisistratos bekam Athen überhaupt ein Stadtwappen, den behelmten Kopf der Athene und die Eule[54] (Abb. 8-10).

Fast alle griechischen Staaten sind aristokratisch — d.h. sie werden von Adelsfamilien regiert, wenn sie in die Geschichte eintreten. Ausnahmen bilden diejenigen, die dies unter der Herrschaft eines Tyrannen tun. Aber die Familien der Tyrannen, die selbst häufig adeliger Abstammung waren, hegten dieselben Idealvorstellungen von überragender Vortrefflichkeit und Tugend wie die Adeligen, Ideale, die letztlich in der Selbstachtung wurzelten, die so viel galt in der homerischen Gesellschaft. Wie die homerischen Helden schätzten die aristokratischen Edlen physische Kraft und widmeten sich athletischen Sportarten und der Jagd; sie übernahmen die Führung in der Förderung der nationalen Spiele in Olympia und Delphi und andernorts, wo die einzige wichtige Teilnahmequalifikation die freie Geburt und rein griechische Abstammung waren[55]. Sie pflegten auch die friedlicheren Künste, Musik und Tanz, frönten ihrem Geschmack an schöner Kleidung und persönlichem Schmuck und trugen ihr Haar lang. Die Kunst des 6. Jahrhunderts setzt eine *jeunesse dorée* voraus mit der Differenziertheit oberer Klassen und Liebe zum Schönen, farbenfroher Kleidung, Blumen und Schönheit der Jugendlichen — besonders der Knaben —, die ihrerseits bereits wieder ein Zeugnis für ihre Liebe zum Schönen ist[56] (Abb.13-15). Diesen Adeligen fehlte es nicht an Kritikern, wie Tyrtaios in Sparta und Xenophanes in Ionien[57] (6.Jhdt.). Tatsächlich gab es auch eine dunklere Seite dieses Bildes; Geburtsstolz konnte leicht zu Snobismus führen[58], Sinn für Eleganz leicht zu Verweichlichung[59], Bewunderung schöner Knaben zu Knabenliebe (Abb. 17), sangesfrohe Freundesrunden zu Sauforgien[60] (Abb. 16, 18, 19). Eine Lust an der Schaustellung endete oft in absurden Extravaganzen, besonders beim Feiern der beiden bedeutendsten Familienfeste, Hochzeit und Begräbnis.

Das Selbstwertgefühl des homerischen Individuums, das einen Mann dazu verleitete, ein Spektakel zu bieten, führte oft bei diesen Familienfesten zu großer Extravaganz. Periander in Korinth[61], Solon in Athen, Charondas und andere[62] erließen Gesetze gegen Extravaganz bei Begräbnissen. Das 'lykurgische' Begräbnis in Sparta war betont unauffällig[63], obgleich wir nicht wissen, ob es sich dabei um eine Neuerung handelte oder nicht. Wir hören davon, daß Adelshochzeiten mit großem Prunk gefeiert wurden. Die Hochzeit von Agariste, Tochter des Kleisthenes von Sikyon, hatte sicher in ihrer Pracht homerische Ausmaße und war in ihrer Ausrichtung zutiefst aristokratisch; Freier waren solche, "die sich nach Person und Geburt dazu berechtigt fühlten", Kleisthenes beobachtete ihr Verhalten beim Ringkampf und beim Festmahl, studierte ihre Fähigkeiten und ihren Charakter und erkundigte sich nach Herkunft und Familie, und am Ende seiner einjährigen Einladung wählte er die zwei Athener und bevorzugte unter diesen Hippokleides wegen seiner Mannestugenden ($\dot{\alpha}\nu\delta\rho\alpha\gamma\alpha\theta\dot{\iota}\alpha$), und weil er seiner Abkunft nach mit der Familie des Kypselos von Korinth verbunden war[64]. Die Hochzeit der Tochter des Antisthenes von Akragas auf Sizilien, obgleich späteren Datums, zeigt die gleiche Vorliebe für ausgefallene Zurschaustellung bei einer reichen, adeligen Familie[65].

Aristokratische Dynastien

Wir hören aber von wesentlich mehr Heiraten, bei denen die politischen Bedürfnisse der adeligen Familien berücksichtigt wurden. Viele herrschende Familien, wie die Bakchiaden in Korinth, schlossen endogame Heiraten[66]. Nach Herodot wurde Labda, ein Mädchen aus der Familie der Bakchiaden, außerhalb des *genos* verheiratet, weil sie lahm war und keiner der Bakchiaden sie heiraten wollte. Als sie ein Kind gebar, wollten ihre Verwandten das Kind beseitigen — Herodot behauptet wegen zweier Orakel, aber das muß man nicht glauben — aber Labda selbst betrachtete den Besuch ihrer Verwandten nicht als etwas Außergewöhnliches. "Sie dachte, sie seien gekommen aus Freundschaft gegenüber dem Kindesvater" (sagt Herodot) "und legte einem von ihnen das Baby in den Arm"[67]. Die meisten anderen Aristokraten, von denen wir wissen, heirateten innerhalb ihres eigenen Kreises politischer Dynastien. Wir dürfen sicher sein, daß überall da, wo — wie in Sparta — die Regierungsgeschäfte von einem kleinen Ratskollegium ausgeübt wurden, diese Männer einem Kreis adeliger Familien entstammten, die unter sich heirateten[68].

Heiraten mit benachbarten Herrschern sind auch schon aus früher Zeit bekannt, besonders in Kolonialniederlassungen. Manche waren Königshochzeiten, wie die von Damodike, Tochter des Herrschers von Kyme, mit König Midas von Phrygien[69] oder die Hochzeit von Melas, dem Tyrannen von Ephesus, mit der Tochter von König Alyattes von Lydien, der selbst eine griechische Frau neben einer Karierin hatte. Dies waren Heiraten im Hinblick auf militärische Macht von der Art, wie wir sie in den Homerischen Gedichten gesehen hatten[70]. Andere Ehen waren das Ergebnis der Tatsache, daß griechische Kolonialisten ihre neue Heimat ohne Frauen besiedelten, wie im Falle des blutigen Massakers bei Milet[71], oder bei dem anscheinend friedlichen Rassengemisch, das wir im südlichen Rußland finden[72].

Innerhalb von Griechenland schlossen Tyrannen oft Bündnisse mithilfe ihrer Ehen. Kylon, der Möchtegern-Tyrann von Athen, heiratete die Tochter von Theagenes, dem Tyrann von Megara[73]; Aristokrates von Arkadien, der die Messenier im 2. Messenischen Krieg anführte, hatte eine Tochter, die Prokles, den Tyrann von Epidauros, heiratete, dessen Tochter wieder Periander von Korinth ehelichte[74]; der argivische Adlige Gorgilos hatte eine Tochter Timonassa, die nacheinander Archinos, den von Kypselos stammenden Herrscher von Ambrakia und Peisistratos von Athen heiratete[75]. Die Verwicklungen der Hin- und Rückheiraten der Familien von Gelon und Theron, den Tyrannen von Syrakus und Akragas am Beginn des 5. Jhdts. machen eine entwirrende Analyse fast unmöglich. Therons Tochter heiratete nacheinander Gelon und seinen Bruder Polyzelos. Der dritte Bruder Hieron vermählte sich mit Therons Nichte. Theron selbst heiratete die Tochter seines Schwiegersohnes Polyzelos, doch war diese vermutlich eine Tochter aus einer früheren Ehe und nicht seine eigene Enkelin[76].

Andere adelige Familien, wie die Alkmaioniden von Athen, hatten auch Ehe- und andere Verbindungen nach Übersee. Abgesehen von ihrer Einheirat in die Familie des Kleisthenes von Sikyon wissen wir, daß sie Verwandte in Sparta hatten, einem Staat, dessen Interessen sie traditionell in Athen wahrnahmen[77]. Ebenso war Kypselos von Athen über seine Mutter ein Enkel des Kypselos von Korinth, und es gibt Belege von einer Reihe von Staaten, daß Leute von auswärts, wenn sie einen Stammbaum hatten, in archaischer Zeit das Bürgerrecht erwerben konnten[78]. Zusätzliche militärische Stärke war immer willkommen. Verbindungen aus *xenia* übersprangen die Grenzen der *poleis*, wie die Verbindungen der homerischen Fürsten. Ein Beispiel in sehr "heroischer" Manier ist die Behandlung des Euaiphnos von Sparta durch Polychares von Messenien, der Euaiphnos verschonte, als er dessen Betrug bemerkte, weil er sein *xenos* war (so sagt Diodor), aber als Euaiphnos seinen Sohn erschlug, rächte er sich blutig. Die Geschichte von Glaukos von Sparta, dessen schwankende Ehrlichkeit von Apoll mit einem Urteilsspruch bestraft wurde, der die Auslöschung seines Geschlechtes vorsah, zeigt auch, daß die Verbindungen durch *xenia* über die Stadtgrenzen hinausgingen[79].

Aristokratische Frauen

Die Frauen dieser aristokratischen Familien genossen beträchtliche Freiheit. Der Kreis der Sappho war offensichtlich sorgfältig erzogen[80], und in den Gedichten des Alkaios hören wir von Schönheitskonkurrenzen an einem ländlichen Altar[81]. Von Semonides von Amorgos (geb. 664) werden in seiner wenig schmeichelhaften Satire auf Frauen die adeligen Damen charakterisiert: sie sind wie zierliche Stuten, sie weichen allen schweren Arbeiten aus, kein Mahlen oder Sieben des Mehls, kein Dreckputzen oder Abfallbeseitigen, keine schmutzigen Finger in der Küche, immer Körperreinigung (zwei- oder dreimal am Tag) und Auftragen von Salben; sie tragen ihr Haar lang und gutgekämmt und eingehüllt in Blumen, für andere ein lieblicher Anblick, aber für ihre Gatten sind sie eine Pest — es sei denn, einer sei ein Tyrann oder König, Leute, denen sowas gefällt[82]. Pittakos, der Tyrann von Mytilene, soll unter dem Pantoffel seiner aristokratischen Gemahlin gestanden haben, und viele der 'Weisen' gaben den Rat, man solle eine Frau des eigenen Standes heiraten[83]. Es soll Liebesheiraten gegeben haben, wie die von Periander und Melissa, und von der Tochter des Peisistratos wird berichtet, sie habe ihren Bräutigam auf offener Straße vor ihrer Mutter geküßt. Bei Semonides liebt die gute Ehefrau ihren Mann und wird von ihm geliebt bis in ihr Alter[84]. Es gibt klare Belege dafür, daß die Aristokratinnen nicht nur die traditionellen Kunstfertigkeiten der reichen Frauen, kostbare Stickerei, Nadelarbeit und das Weben von Teppichen[85] betrieben, sondern auch reisten, z.B. mit ihrem Gatten zu den nationalen Heiligtümern. Man erwartete, daß der von ihnen ausgehende Schutz genügte, um sie vor den meisten Gefahren der Reise zu bewahren[86]. Sie nahmen sogar Anteil an der Politik, entweder inoffiziell und indirekt, so als — der Überlieferung nach — die Frauen der Alkmaioniden einigen der Anhänger des Kylon Schutz gewährten[87], oder offener, als Damarete, die Tochter des Theron von Akragas, die Syrakusanerinnen bei der Opferung ihres Goldschmucks anführte, um die Söldnertruppen in der Krise von 479 zu bezahlen, und dann ihren Namen für die Siegesmünze gab (Abb. 11, 12)[88].

Der Wert, den man Frauenehre beimaß, läßt sich an Solons Gesetzen illustrieren. Sie sahen vor, daß ein Ehebrecher in flagranti getötet wird, und die entdeckte Ehebrecherin wurde gesellschaftlich geächtet. Sie durfte keine Festkleidung mehr tragen und nicht die öffentlichen Heiligtümer betreten. Wer immer auch sie antraf, war gehalten, sie öffentlich zu entehren, ihr Festschmuck und Kleider vom Leib zu reißen und sie zu schlagen — nur sollte sie weder verstümmelt noch getötet werden[89]. Alle früheren Rechtskodizes, die wir kennen, trafen Vorsorge für die Ächtung der Ehebrecherin, außer dem von Gortyn, wo sich das Gesetzbuch nur mit Geldstrafen beschäftigt[90], und Sparta, wo kein Bedarf an solch einem Gesetz bestand, weil, wie man in Sparta behauptete[91], so etwas wie Ehebruch unbekannt war. Im öffentlichen Leben ist das Interesse der Männer an der Ehre ihrer Frauen gut zu belegen an der Geschichte, wie Hipparch, der Sohn des Peisistratos, seine Niederlage gegen Aristogeiton in der homosexuellen Liebe zu Harmonidios dadurch rächte, daß er die Schwester des letzteren beleidigte; das wiederum wurde durch den Mord an Hipparch gerächt. Oft genug sollen Tyrannen ihren Untergang dadurch herbeigeführt haben, daß sie Bürger in ihrer Ehre schmälerten, indem sie sich gegenüber deren Knaben und Mädchen unzüchtig und beleidigend benahmen (also ὕβρις zeigten)[92]. Hippias, der Bruder des Hipparch, und seine Freunde wurden ganz wesentlich auch dadurch im Jahre 510 zur Übergabe der Stadt an ihre Belagerer gezwungen, daß ihre Kinder gefangengenommen und dann als Geiseln benutzt wurden[93].

Adelige Oikoi in den Poleis

Während der ganzen Epoche erblicher Adelsherrschaft schmälerten die *poleis* allmählich die Machtbefugnisse der Adelsfamilien in den verschiedenen Gemeinden in unterschiedlichem Ausmaß. Die Prachtentfaltung der Adelshäuser diente mit der Zeit nicht nur dem eigenen Vergnügen, sondern dazu, sich Unterstützung zu erwerben, indem man unter den Mitbürgern um Popularität warb, und die Stadtstaaten reagierten darauf. Olympische Sieger betrachtete man als Ruhmesträger ebenso für ihren Staat wie für sich selbst, sie bekamen also freien Unterhalt auf Staatskosten, und sie haben offensichtlich auch andere Ehren empfangen[94]. Einige versuchten sich sogar auf Grund ihrer Erfolge als politische Führer, wie Kylon in Athen (traditionell 632) oder Philippos von Kroton in Süditalien (ca. 510). In Kroton wirkte auch Milon, der (von 532 an) sechsmal Olympiasieger gewesen war, als General in jener Schlacht, die mit der Zerstörung von Sybaris endete[95]. Viele Tyrannen betrachteten Erfolg bei den Spielen als Mittel, sich Ansehen und Geltung zu verschaffen, so als Kleisthenes von Sikyon nach seinem olympischen Sieg einen Mann für seine Tochter Agariste suchte; drei von Pindars Oden waren anläßlich von Olympiasiegen von Tyrannen geschrieben worden[96], andere erwähnen Tyrannensiege an anderen Wettkampfstätten. Selbst im fünften Jahrhundert erwarb sich Alkibiades großen Ruhm, weil er (nach Plutarch) in einmaliger Weise sieben Wagen für die gleichen olympischen Spiele gemeldet hatte und den ersten, zweiten und vierten Preis gewann[97]. Alkibiades behauptete, er habe dadurch Athen zu hohem Ansehen gebracht[98]. Die Zurschaustellung nahm manchmal praktischere Formen an. Alkibiades' Vater Kleinias hatte sich hervorgetan, indem er eine Triere befehligte, die er gestellt, ausgerüstet und mit der gesamten Mannschaft von 200 Mann auf eigene Kosten während der Invasion des Xerxes[99] bemannt hatte. Aristoteles berichtet uns, daß es die patriotischen Ausgaben in den Perserkriegen waren, die dem Rat des Areopag nach dem Krieg ermöglichten, politische Dominanz zu gewinnen[100]. Im späten fünften Jahrhundert gewann Kimon ziemlich viel politischen Einfluß wegen seiner öffentlichen Dienstleistungen und privaten Freigebigkeit[101], und Nikias gewann ihn durch seine verschwenderischen Ausgaben für die Stadt und ihre religiösen Verpflichtungen[102]. Noch später bezeigt Xenophon, dieser Meister des aufgeklärten Eigeninteresses, ein lebhaftes Interesse für seine eigenen patriotischen Ausgaben und für das Pferd, auf dem er in die Schlacht reiten würde[103]. Im vierten Jahrhundert stützten die Redner ständig ihre Argumente in öffentlichen und privaten Fällen mit den öffentlichen Diensten, die sie behauptetermaßen geleistet haben[104]. Die Stadt ihrerseits ermutigte einen Wettbewerbsgeist durch die Preise, die sie für Tragödien und andere religiöse Wettbewerbe aussetzte, und in der Marine durch Preise für das beste Schiff und das erste seetüchtige, fahrbereite Schiff bei der Einberufung[105].

Arme Familien

Von den ärmeren Familien kann für das Zeitalter der Aristokratie wenig gesagt werden. Hesiod freilich, — der vielleicht schon in das 8. Jahrhundert zu datieren ist — posiert als armer Mann. Sein Landgut war bei Askra, in der Nähe von Thespiai, auf den Hügeln im Südwesten der schweren Böden der Boiotischen Ebene und daher kein guter Boden, wie Hesiod beklagt; dennoch war er nicht wirklich arm[106]. Sein Vater, ein Händler, hatte die Mittel besessen, dieses Landgut zu kaufen, von dem Hesiod leben konnte. Nach Hesiods Bericht war es aber weniger wert als jener Anteil, der bei einer gerechten Teilung des väterlichen Besitzes auf ihn gefallen wäre[107]. Aus *Werke und Tage* wird deutlich, daß Hesiod innerhalb einer Gemeinde lebte; Städte (*poleis*) werden mit Krieg, Hunger und Katastrophen für die schlimmen Taten der Menschen bestraft[108]. Hesiods Bemerkungen über "die geschenkeverschlingenden Könige", die verdrehte Urteile sprechen, und darüber hinaus sein Rat, Händel zu vermeiden, weisen auf gewisse Spuren eines Systems von Urteilsfindung oder schiedsrichterlichem Verfahren[109]. Danach gibt es Nachbarn, deren gute Meinung es zu erhalten gilt, und die eines Mannes bester Rückhalt sind[110]. Aber es ist doch bemerkenswert, wie oft Trennung von der Familie oder die Verschwendung des *oikos* als Gottesstrafe für Böses hingestellt werden[111]. Solche Verbrechen waren der Erwerb von Wohlstand mit unredlichen Mitteln, Unrecht, begangen an Flehenden oder fremden Gästen (*xenoi*), Ehebruch mit der Frau des Bruders, böswillige Mißhandlung von Waisen, schlechte Behandlung eines alten Vaters; Familienstreit, wird gesagt, sei das Kennzeichen der fünften und schlechtesten Rasse der Menschheit[112]. Jedoch können, abgesehen von ihrem Moralisieren, die *Werke und Tage* wohl doch den beschränkteren Horizont derjenigen Leute widerspiegeln, die kein ganz so bequemes Leben haben: beschränke deine Familie auf einen Sohn, mehr kannst du dir nämlich nicht leisten, es sei denn, du wirst sehr alt (und kannst so zusätzlichen Wohlstand erwerben)[113]. Heirate mit ungefähr 30 eine Nachbarstochter, eine Jungfrau von ungefähr 19 Jahren, dann wirst du nämlich Freunde nahebei haben, wenn ein Notfall eintritt[114], vermeide unüberlegte

Abenteuer und lose Frauenzimmer[115]. All solche Ratschläge verraten den geistigen Zuschnitt eines Mannes, dessen Mittel ihn dazu zwingen, mit dem, was er besitzt, vorsichtig umzugehen.

Aber Hesiod war nicht bar aller Mittel. Er riet von Seefahrt ab, weil sie zu riskant war (sie war ein Unternehmen, zu dem Menschen aus Armut getrieben wurden)[116], er überlegt nie, ob er seine Töchter zur Arbeit hinausschicken solle[117], und die Gedichte zeigen uns Leute, die wesentlich ärmer sind als er. Neben den Sklaven im Haushalt, die für ihn selbstverständlich sind[118], gibt es den Arbeiter (*thes*) und den Wollarbeiter (*erithos*), die für jenen Teil des Jahres, in dem sie gebraucht werden, zur Familie gezählt werden, der *thes* in der Zeit des Pflügens und Erntens, der oder die *erithos*, wenn der *thes* aus dem Hause fort muß. "Bevorzuge diejenigen ohne Kind", sagt Hesiod[119].

Wer waren diese von Armut heimgesuchten Frauen? Es könnten Witwen gewesen sein, da Waisen unter den Menschen aufscheinen, denen man keinen Schaden zufügen darf[120], aber es können gleichermaßen die Frauen der Armen sein, die "mit ihrem Weib und Kindern bitteren Herzens nach einem Lebensunterhalt bei ihren Nachbarn suchen, die sich nicht um sie kümmern"[121].

Das sind die wirklich Armen, oft Hungrigen, die "sehnsüchtig auf andere blicken" (für ihre Nahrung) und an geschwollenen Füßen leiden, deren Hände dürr werden vor Hunger und die tief über einen Stock gebeugt in der Winterkälte dahintappen. Es ist ein Schicksal, das, laut Hesiod, immer nahebei liegt, und jedermann widerfahren kann. Darum sagt er, "verhöhne den Armen nicht mit seiner Armut"[122].

Politischer Streit konnte mit Leichtigkeit jeden zum Flüchtling ohne einen Pfennig im Sack machen[123], aber von solchen Leuten abgesehen erfährt man außerhalb der Hesiod-Bücher nur selten von denen, die nicht zur herrschenden Klasse gehören. Eine Bildhauerfamilie ist aus Chios (*sic*) bekannt[124], und wir dürfen annehmen, daß gelerntes Handwerk meistens von Vater auf Sohn überging[125]. Auf Skione ist ein Taucher bekannt, der auch seine Tochter das Tauchen lehrte, und Sappho kann ein Landmädchen verspotten und kennt eine kindliche Ziegenhirtin[126]. Sonst wissen wir von den Armen nur, daß sie redselig waren, und daß die meisten Menschen darum bemüht waren, keinen schlechten Ruf zu bekommen, und wir kennen einige Schmähungen von adligen Schriftstellern wie Theognis (ca. 600), der die Niedriggeborenen verachtete[127].

Die Polis als Einheit aller Oikoi

Jedoch nachdem einmal das Individuum und sein privater Besitz gesetzlich anerkannt waren, begann der individuelle *oikos* das *genos* als integrale organische

Einheit der *polis* zu ersetzen. Der *oikos* einer Familie begann, auf die *polis* anstelle des *genos* zu schauen, wenn es um Schutz vor inneren und äußeren Feinden für sich selbst und seine Ländereien ging. Als Gegengabe schuldete der Familienverband des *oikos* der *polis* eine Reihe von Verpflichtungen. Umgekehrt, da die Existenz der *polis* auf ihrer Fähigkeit beruhte, die *oikoi* ihrer Mitglieder zu verteidigen (was den Unterhalt einschloß), war es im Interesse der *polis*, dafür zu sorgen, daß die *oikoi* im Besitz ihrer eigenen Bürger blieben[128], und daß die *oikoi* unbeschädigt blieben und zahlreich genug, um einen fähigen Verband von Bürger-Soldaten stellen zu können.

Als letzter Treuhänder des Landbesitzes stellte die *polis*, wie die aristokratischen Edlen, die sie ablöste, zwei grundsätzliche Forderungen an die *oikoi*: erstens, daß sie die Verteidiger der Gemeinschaft, die Soldaten ebenso wie die Regierenden, unterstützten, und — nicht weniger wichtig — daß sie für den Nachwuchs der nächsten Generation an Bürgern und Soldaten sorgten. Perikles konnte Anfang des Jahres 430 den versammelten Eltern sogar sagen, daß sie die Pflicht hätten, neue Kinder aufzuziehen, als Ersatz für die Gefallenen[129]. Andererseits wollte die *polis* nicht mehr Bürger als durch die *oikoi* versorgt werden konnten; letzteres war oft eines der Motive für Kolonisation, und unter den späteren Autoren sieht Platon bezüglich der *oikoi* seines Staates eine bestimmte Anzahl vor[130]. Auch Aristoteles ließ die Vorstellung einer festgelegten Zahl im Prinzip als richtig gelten, und auch praktisch, da er uns informiert, daß "Staaten mit reichlich Bürgern elitärer werden, und in diesem Prozeß Kinder mit einem (gewöhnlich weiblichen) Sklaven als Elternteil, dann die Kinder der Bürgerfrauen (mit freien, aber nicht den Bürgern zugerechneten Vätern) aus den Bürgerlisten streichen und schließlich nurmehr Kinder von Bürgern auf beiden Seiten zulassen" (d.h. sie streichen jene Kinder, deren Vater ein freier Bürger, deren Mutter aber eine freie Nichtbürgerin war)[131]. Der andere Gesichtspunkt war, daß die *oikoi* die wirtschaftlichen Grundlagen stellen sollten, auf denen allein die *polis* existieren konnte, also genügend Einkommen, damit der Bürgersoldat die Kraft und Zeit habe, um zu kämpfen, und genügend darüber hinaus, damit wenigstens einige von ihnen sich um die Bedürfnisse der Stadt als verwaltungsmäßige Einrichtung kümmern konnten, ferner, um ihre Kriege zu finanzieren. Die *oikoi* (Familienhaushalte) waren existenziell daran interessiert, diesen Ansprüchen zu genügen.

Zu welchem Zeitpunkt die *polis* das Recht beanspruchte, selbst Land zu übernehmen, wissen wir nicht. Die ersten gesicherten gerichtlichen Beschlagnahmen in Athen gehören dem späten fünften Jahrhundert an, obgleich uns mitgeteilt wird, daß fast 200 Jahre davor Solon den Forderungen nach einer Bodenreform ausgesetzt gewesen ist[132]. Noch früher hatte Kypselos (vielleicht) das Land der Bakchiaden in Korinth aufgeteilt und der Dichter Theognis denkt im Exil von

Megara in der Zeit des Pflügens an seine Ländereien im Besitz eines anderen[133], um nur zwei Beispiele zu nennen. Lykurgs spartanische Besiedlung schloß traditionell die Aufteilung des Landes mit ein, obgleich es sich dabei wohl nur um das neueroberte Land von Messenien gehandelt hat und nicht um die alten Familiengüter des Eurotastales[134]. Im vierten Jahrhundert geschah es häufig, daß ein politischer Umsturz von einer Umverteilung des Landes begleitet war[135]. Solche Teilungen waren aber nicht rechtliche Vorgänge, sondern das Ergebnis von Revolutionen und sagen uns daher nichts über die legalen Ansprüche der *polis*. Sie weisen uns aber darauf hin, daß die Idee, Grund und Boden einer Familie dürfe nicht enteignet werden, gestorben war.

Es scheint uns wahrscheinlich, daß die eigentlichen Regierungssysteme der meisten antiken *poleis* sehr billig waren. Nur wenige bezahlten ihre Beamten, wenig oder gar keine Vorsorge war getroffen für die öffentlichen Dienste, wie Wasserversorgung, Kanalisation oder Polizei, und abgesehen von Ärzten mit Staatsgehältern, von denen wir von Zeit zu Zeit hören[136], waren Vorkehrungen für die soziale Sicherheit total unbekannt[137]. Im demokratischen Athen bekamen die Richter in den Gerichtshöfen, wenn sie wirklich zu Gericht saßen, für diese Zeit eine kleine Vergütung, und seit der Zeit des Perikles bekamen diejenigen, die im Rat für Politik und Gesetzgebung saßen, auch eine Bezahlung. Aber Athen war mit diesen Einrichtungen eine Ausnahme, nicht die Regel, und die Idee, solche Zahlungen einzuführen, ging fast mit Sicherheit auf das Vorhandensein von Einkünften zurück, die durch die Tribute des athenischen Reiches hereinkamen[138]. Verteidigung oder Krieg war die andere Haupttätigkeit, für die die *polis* von den sie bildenden Familien die Bereitstellung der Mittel erwartete. Krieg jedoch hat immer die Tendenz, für den Staat teuer zu werden. In früher Zeit, als der Bürgersoldat sich selbst ausrüstete und in kurzen Sommerfeldzügen mit nur einer kleinen Entschädigung für die Essenrationen[139] kämpfte, war Krieg eine einigermaßen billige Angelegenheit. Entweder bezog der Soldat seine Nahrungsmittel aus dem umkämpften Land, oder aus eigenem Vorrat, wenn es ein Verteidigungskrieg auf heimischem Boden war. Im allgemeinen sorgte jeder *oikos* für die Bedürfnisse seiner Mitglieder. Es ist auch wahrscheinlich, daß in dieser Epoche nur Soldaten irgendwelche politischen Rechte hatten. Das war sicher ein Anreiz für Männer, der *polis* in Person als Soldaten zu dienen[140].

Aber als die Perser kamen (480-479), und die Athener zunächst vor der Notwendigkeit standen, sich eine Berufsmarine zu halten, um die persische Bedrohung abzuwehren, und späterhin vor dem Wunsch, damit fortzufahren, um das Reich zu erhalten[141], wurde jede andere *polis*, die Athen auf See herausfordern wollte oder sogar nur vermeiden wollte, von Athen unterjocht zu werden, zur Haltung einer Berufsmarine gezwungen. Der Dienst in der Flotte gab dem ärmeren Bürger einen wesentlich gültigeren Anspruch auf Beteiligung an der politischen Macht. In Athen errangen sie diesen unter der langdauernden Führung des Perikles[142]. Aber Marinestreitkräfte waren auch erheblich kostspieliger als Bürgerheere. Die Seeleute scheint man immer weitgehend unter den bezahlten Berufsmatrosen[143] angeworben zu haben, und selbst wenn das die Armen Athens waren, die so ihrer eigenen Stadt dienten, konnten sie dies offensichtlich nicht ohne Bezahlung tun, da ja die Familien irgendein Einkommen zum Leben brauchten[144]. Vor dem Peloponnesischen Krieg (431-404) konnten die athenischen Satelliten-Verbündeten zur Zahlung der Flotte gebracht werden. Aber dieser Krieg führte zu einem numerischen Ansteigen der Sölder, sowohl bei den Soldaten, als auch bei den Seeleuten und Marinesoldaten[145] (diese wurden von beiden Seiten angestellt und später von den Persern). Man konnte die Alliierten nicht dazu zwingen, für alles aufzukommen, und im Jahre 428 mußten laut Thukydides die Athener damit beginnen, selbst die Aushebungen (*eisphorei*) zu zahlen[146]. Dies wurden solcherart regelmäßige Auflagen des 4. Jhdts., die man von den Reichen einzog. Möglicherweise waren sie ein wichtiger Faktor, der die politischen Kämpfe zwischen arm und reich ebenso aufheizte wie den Antagonismus zwischen der Armee, getragen von der oberen und der Mittelschicht, und der proletarischen Marine, Kennzeichen des Endstadiums des Peloponnesischen Krieges[147].

Dieser Krieg beraubte die Athener ihrer Einkommensquellen von den Alliierten. Außerdem pflanzte er in ihnen eine Abneigung gegen persönlichen Kriegsdienst im Ausland[148]. So finden wir im vierten Jahrhundert eine Situation vor, in der die wiederhergestellte Demokratie von ihren verringerten Geldvorräten die Finanzierung nicht nur ihrer sehr extravaganten Form eines Regierungssystems, sondern auch einer Kriegsmarine und der teuersten Form eines Heeres — nämlich Söldnern — erwartete[149]. Die athenischen Finanzen waren dieser Belastung nicht gewachsen, und als Ergebnis erfaßte eine chronische Lähmung alle athenischen Überseeprojekte, trotz wiederholter Steuererhebungen, einfach aus Mangel an Mitteln[150]. Da der Wohlstand einer *polis* direkt und ausschließlich im Wohlstand der sie bildenden Mitglieder bestand, hatten die *oikoi* einer *polis* — selbst in Athen — nicht die Mittel, um diese Art von Demokratie und gleichzeitig eine wirkungsvolle Außenpolitik zu betreiben.

Die landwirtschaftliche Basis der Oikoi

Landwirtschaft war die hauptsächliche wirtschaftliche Tätigkeit aller Familien früher Zeiten[151] und der meisten selbst noch im klassischen Athen. Wir wissen (von Thukydides), daß vor dem Peloponnesischen Krieg der Familienwohnsitz der meisten Athener auf dem Land war[151a], aber daß Krieg, zumindest nach der Besetzung von Dekeleia im Jahre 413, sie für zehn Jahre vom Land vertrieb[152]. Die demokratische Verfassung, mit ihrem leicht verdienten, wenn auch niedrigen Lohn für Staatsdienst, bot ein Lockmittel zum Verbleib in der Stadt[153], wo es auch andere Berufsmöglichkeiten gab. Wohlhabende Leute hatten kleine Fabriken, wie der Vater des Demosthenes oder Komon[154], ärmere Leute hatten zuhause Werkstätten mit ein oder zwei Arbeitern (Abb. 20). Ein Armer, der ein sehr tätiges Leben geführt haben soll, war Ausrufer im Piräus[155]; zu den anderen ergiebigeren, aber auch gefährlicheren Lebensformen gehörten Söldnerdienste, Schiffahrt und Geldverleih (einschließlich Bankwesen und Schiffahrtsversicherungen)[156]. Aber trotz solcher Möglichkeiten war auch noch im vierten Jahrhundert ein hoher Prozentsatz der Athener vom Land abhängig. Ein bemerkenswert hoher Anteil jener Athener, die wohlhabend genug waren, die Redner der uns überlieferten Werke für sich anzustellen, bezogen einen Teil ihres Einkommens vom Land, auch wenn sie weder dort lebten noch es selbst bebauten[157]. Dies kann teilweise sicher damit erklärt werden, daß, wie uns berichtet wird, es für Redner und Generale am Ende der demokratischen Epoche obligatorisch wurde, Land im Gebiet Attikas zu besitzen[158]. Aber man betrachtete die Landwirtschaft auch als die ehrenhafteste Art, seinen Unterhalt zu bestreiten, und wahrscheinlich war es auch die sicherste Vermögensanlage[159]. Sicher war diese Einstellung auch teilweise auf pure eingefleischte konservative Instinkte zurückzuführen. Und ganz gewiß gab es starke Familienverbundenheit mit dem Land, besonders zu demjenigen, auf dem die Familienbegräbnisstätten waren[160]. Dies trug dazu bei, jeder Landveräußerung mit einer starken gefühlsmäßigen Ablehnung gegenüberzustehen.

Die Stadt förderte diese Haltung auch. In der vorausgehenden Überprüfung zukünftiger etwaiger Beamter (*dokimasia*) mußten die Kandidaten erklären, wo ihre Ahnenschreine waren[161], und es gibt deutliche Belege, daß der Staat ebenso daran interessiert war, den Verlust von Familienkulten zu verhindern, wie den Verlust von *oikoi* als den auf die Familien gegründeten Wirtschaftseinheiten des Staates.

Die Familie in der Polis, Patriotismus

Durch das Entstehen der *poleis* wurden die engen Verbindungen zwischen dem Individuum und seiner Familie keineswegs zerrissen. Die verschiedenartigsten Eide betrafen immer die Familie eines Mannes ebenso wie ihn selbst, ob er sie nun als Beamter leistete oder in irgendeiner anderen öffentlichen Funktion[162], oder ob sie ein Privatmann abgab, speziell im Zusammenhang mit Rechtsstreitigkeiten[163]. In gleicher Weise betrafen Flüche, öffentliche oder private, die Familie eines Mannes ebenso wie ihn selbst [164]. In den Fluchformeln wird von Ausrottung der ganzen Familie mit Stumpf und Stiel gesprochen, obgleich sich auch Unfruchtbarkeit der Frauen und das Auslöschen des Herdfeuers finden[165]. Mit dieser letzteren Idee ist dann die symbolische Zerstörung des Hauses eines Mannes verbunden, dessen gesamte Familie aus dem Staatsverband wegen Hochverrat oder einer anderen schwerwiegenden Sache ausgewiesen wurde [166].

Die Motivation durch die Familie stand auch hinter vaterländischen Unternehmungen und Staatsdienst, so bei Kallinus von Ephesus (ca. 650), dessen Patriotismus aus dem Wunsch entsprang, Frauen und Kinder zu retten [167]. Von den Phokern sagte man, daß sie im Falle einer Niederlage Massenselbstmord beabsichtigten, da die Frauen vorzogen, lieber zusammen mit den Kindern aufgeopfert zu werden als sich auszuliefern[168]. Für Tyrtaios von Sparta galt das Exil des Feiglings für schmählicher wegen seiner Wirkung auf Eltern, Kinder und Ehefrau, während die Kinder und Kindeskinder eines tapferen Kriegers Ruhm haben[169]. Die vermutlich apokryphe Geschichte, die Herodot über Solon und Kroisos erzählt, zeigt neben dem Gedanken der Mäßigung, der das sechste vom siebenten Jahrhundert trennt, nicht weniger deutlich die innige Verflechtung von Familie und Staat. Jene Menschen, sagt Solon, waren die glücklichsten (ὀλβιώτατοι), die günstige Familienumstände mit hervorragender staatsbürgerlicher Qualität und einem ruhmvollen Tod verbinden konnten. Tellos, der glücklichste Mensch, war ein Sohn Athens, als es in Blüte stand. Er hatte Söhne, und alle Söhne hatten Kinder, die wiederum alle ihrer Kindheit entwachsen waren. Er starb ruhmreich im Kampf und erhielt ein Staatsbegräbnis und stand in hohem Ansehen. Kleobis und Biton waren Argiver (daß Argos eine große Stadt war, mußte nicht erwähnt werden); sie konnten ausreichend von ihrem Vermögen leben, zeichneten sich in den Spielen aus, brachten ihrer Mutter hohe Ehre, starben in der Stunde ihres Ruhmes und wurden von den Argivern in die Gedächtnistafel von Delphi aufgenommen. Stadt, Familie und ein unsterblicher Name, sie alle trugen ihren Teil zum Glück bei [170].

Für Pindar im frühen fünften Jahrhundert hatten die aristokratischen Familien, für die er seine *Epinikia* schrieb, noch viel größere Bedeutung als die Stadt. Die Vorfahren eines Wettkampfsiegers werden oft erwähnt und sein Stammbaum auf Götter und Heroen zurückgeführt. Ebenso werden die Siege erwähnt, die in den Spielen von Angehörigen errungen wurden [171]. Aber selbst Pindar war sich bewußt, daß diese Familien in einem Stadtstaat lebten, und die politischen Bedingungen der Stadt können nicht beiseite geschoben werden. *Eunomia* — die Regierung durch wohlhabende Familien, wird unter die Vorteile eingeordnet, die den Siegern aus Aigina anhaften[172]. Dunkle Andeutungen enthüllen Pindars Leiden an der Schande, die die Perserfreundlichkeit den Thebanern eingetragen hatte [173]. Als er den Auftrag erhielt, für den Alkmaioniden

Megakles zu schreiben, hat er in einer seiner oberflächlichsten Oden den Sieger mit der Stadt Athen eng verbunden, d.h. es hat offensichtlich selbst für Pindar eine Rolle gespielt, in welcher Stadt seine Gönner lebten[174].

Auch für Aischylos in der Mitte des 5. Jahrhunderts gehen Stadt und Familie eine enge Verbindung ein bei dem vaterländischen Appell, den der Poet vor dem Beginn der Schlacht von Salamis beschreibt: "Befreit euer Heimatland, befreit eure Kinder, Frauen, die Schreine eurer göttlichen Ahnen und eurer Vorfahren"[175]. Die Forderung der Stadt ist einfach und allumfassend, der Anspruch der Familie ist detailliert aufgelistet. Wie immer in der griechischen Gedankenwelt kommen die Kinder vor den Frauen, und die Gedächtnisstätten der Ahnen sind Teil der Familie. In dieses Zeitalter fällt auch die Tradition, nach der Kyrsilos, der zur Übergabe an Persien riet, zu Tode gesteinigt wurde, seine Frau aber von den Frauen gesteinigt wurde[176].

Es ist bestens bekannt, wie hoch Thukydides in der Rede des Perikles für die Gefallenen die patriotische Hingabe an den Staat preist. Weniger betont wird im allgemeinen die Tatsache, daß diese Ansprache in erster Linie an die Hinterbliebenen des Krieges gerichtet war: "es wäre dem Augenblick nicht unangemessen", die Bedeutung der Stadt darzulegen, um zu zeigen, daß deren Männer für eine gute Sache gefallen sind[177]. Darüber hinaus hatten bei dieser Gelegenheit die Familien bereits in den drei dem staatlichen Trauerakt vorausgehenden Tagen Gelegenheit gehabt, ihrerseits den Gefallenen die Ehrendienste zu erweisen. Die Rede selbst richtet sich auch mit je eigenen Worten an die verschiedenen Verwandtschaftsgruppen: Eltern, Kinder, Brüder, Witwen[178]. Der Gefallenenrede folgt die Pest. Thukydides arbeitet sorgsam heraus, daß die Demoralisierung im Gefolge dieser Katastrophe noch dadurch betont wird, daß die Familienpflicht, für ein würdiges Begräbnis der Toten zu sorgen, vernachlässigt wurde[179]. Ebenso war es bei der sizilianischen Katastrophe der Anblick unbestatteter Bekannter und Verwandter (und gleichzeitig das Flehen der Kranken und Verstümmelten), was die Athener beim Rückzug aus ihrem Lager im Jahre 413 am meisten bedrückte[180].

Lob und Schmähung der Familie im politischen Bereich

In der politischen Argumentation dieser Epoche scheint es ebenfalls möglich gewesen zu sein, die Taten der Vorfahren eines Mannes zur Verteidigung seiner Stellung oder zum Angriff gegen ihn heranzuziehen. Insbesondere scheint man die Haltung der Vorfahren eines Mannes gegenüber der Tyrannis des Peisistratos und seiner Söhne hierzu benutzt zu haben. Andokides z.B., als er seine Rückberufung aus dem Exil fordert, rühmt sich[181]: "Meine Taten stimmen überein mit meinem Charakter und den Traditionen meiner Familie. Mein Urgroßvater, der sogar durch Heirat mit der Tyrannenfamilie verschwägert war, zog es vor, gemeinsam mit der demokratischen Partei verbannt zu werden, ein Verbannter zu sein und das Elendslos der Verbannung zu erleiden, als ein Verräter am Volk zu sein. Und ich ebenso, wegen der Verdienste meines Vorfahren, bin notwendigerweise natürlichermaßen ein Demokrat''.

Die pauschale Beschuldigung, Perikles (gestorben 429) sei ein Tyrann, gehörte zu den Klischees aller Perikles-Feinde[182], Aristophanes konnte sie 422 als eine normale, bei jeder Gelegenheit gängige Schmähung verwerten[183]. In den Angriffen gegen Alkibiades kam sie zu neuem Leben[184] (ca. 416), denn dieser war einer der Alkmaioniden. Es steckte also Gegenwartsbezug darin, wenn Aristophanes seine alten Männer die gänzlich unhistorische Assoziation zwischen anti-spartanischen Aktionen und Antityrannenaktionen herstellen läßt[185], ebenso, wenn Thukydides eine polemische Abschweifung über die Vertreibung der Peisistratiden macht und versucht, damit die Gültigkeit alkmaionidischer Ansprüche zu rechtfertigen[186].

In den politischen Kämpfen, die der athenischen Niederlage auf Sizilien im Jahre 413 folgten, behauptete die Propaganda der demokratischen Partei, daß die Mitglieder der Oligarchenpartei in der Stadt die Frauen und Kinder der (demokratischen) Matrosen in der Flotte bei Samos belästigten[187], und im späteren Verlauf des Krieges gestattete man den Familien der bei Arginusai 406 Zugrundegegangenen, das Gesetz zu durchbrechen, da ihre religiösen Gefühle beleidigt worden waren. Denn daß man nicht in der Lage gewesen war, die Toten für ein ordentliches Begräbnis aufzulesen, war neben dem Scheitern der Rettung der Lebenden ein gleichwertiger Grund für die furchtbare Bestrafung der Generäle[188]. Denn die Verweigerung eines Begräbnisses war noch immer eine der schlimmsten Strafen, die man einem Mann zufügen konnte, genauso wie zu Homers Zeiten. Die Strafe ordnete den, dem dieses Schicksal bereitet wurde, auf gleicher Stufe mit denen ein, die wegen Sakrilegs, Hochverrats oder Tyrannei abgeurteilt worden waren, deren unbestattete Leiber in einem eigenen Ritual aus dem heimatlichen Land hinausgeworfen wurden[189]. Verweigerung eines Begräbnisses im Heimatland war eine der Folgen lebenslangen Exils, und dieser Urteilsspruch traf üblicherweise Mörder, Verräter und ähnliche Leute[190]. Exil galt bei den Menschen der Antike gegenüber unserer Zeit als härtere Strafe, weil eine der Folgen solcher Verbannung darin bestand, daß die solcherart bestrafte Person die Ahnenverehrung nicht mehr weiterführen konnte, und ihrerseits nicht in den Genuß derselben seitens ihrer Nachkommen kommen konnte. Themistokles z.B. hatte ein schönes Grabmal auf dem Marktplatz von Magnesia, wo man ihm die gebührenden Ehren erwies. Die Magnesier achteten ihn auch so hoch, daß seine Nachkommen bis in Plutarchs Tage (2. Jhdt.n.Chr.) geehrt wurden.

Dennoch war schon zur Zeit des Thukydides das Gerücht aufgetaucht, seine Angehörigen hätten seine Gebeine heimlich auf seinen Wunsch hin zurückgebracht und in attischer Erde bestattet[191]. In Athen heißt es, daß jedermann, der einen Leichnam sah, verpflichtet war, ihn zu begraben, auch wenn er mit dem Verstorbenen nicht verwandt war[192]. Der fromme Nikias, so berichtet man, war so sehr darauf bedacht, die Leichen zweier Männer, die in einer siegreichen Schlacht gefallen, aber bei der ersten Zählung übersehen worden waren, zu bergen, daß er bereit war, den Siegesruhm an den Feind abzutreten[193]. Und folglich war die Verweigerung des Begräbnisses für die gefallenen Helden der siegreichen Schlacht von Arginusai ein empörender Affront gegenüber dem Volksempfinden. Auch gegen die 30 Tyrannen (die 404 von Lysander eingesetzt worden waren), wurde der Volkszorn durch Lysias z.B. wachgehalten, der in den Reden von 403 oder 402 in seiner Aufzählung ihrer Verbrechen besonders betont, daß sie sich nicht um ein ordentliches Begräbnis ihrer Opfer gekümmert und derart die betroffenen Familien gekränkt hätten[194].

Weiter gibt es in den Stücken des Aristophanes, trotz der darin enthaltenen Angriffe auf die Demokratie, ihre Führer und Einrichtungen, und obgleich es Späße um Zeus und beinahe alle olympische Götter und Heroen und über Dionysos gibt, keine Scherze über die athenischen Familienkulte; sie wurden zu ernst genommen, um Gegenstand des Scherzes zu sein. Andere Zeitgenossen waren Sokrates und Xenophon. Sokrates war der Philosoph schlechthin, der die Herzen der Menschen auf ihr Verhältnis zu Stadt und Familie lenkte, wie sehr deutlich aus Xenophons *Memorabilia* hervorgeht (noch in seinem *Oikonomikos* klingt diese Sorge an). Ebenso deutlich geht dies aus Platons Werken hervor, wie auch immer ihr Verhältnis zu den tatsächlichen Unterhaltungen des Sokrates gewesen sein mag.

Aus dem vierten Jahrhundert sind uns, abgesehen von den vielen privaten Prozessen um Familienerbschaften, vier Grabreden überliefert[195]. Eine Menge gemeinsamer Elemente herrschen vor: die Verdienste der Vorfahren gegen die Amazonen, das Begräbnis der Sieben gegen Theben, die Verteidigung der Herakliden, die Siege gegen Dareios und Xerxes[196], ein Lobpreis auf die Demokratie, weil sie Männer tapfer und selbstbeherrscht macht[197], der autochthone Status der Athener[198], ein Willkommensgruß an anwesende Nicht-Athener[199]. Aber ihnen allen ist gemeinsam, besonders am Redeschluß, daß den Familien Zuwendung geschenkt wird — den Eltern der Toten Mitgefühl, das Versprechen der Obsorge durch den Staat für die Kinder (ein Element, das auch in der Rede des Perikles da war). Den Witwen der Gefallenen wird von den Überlebenden Unterstützung zugesagt und ihren Schwestern eine angemessene Heiratsversorgung[200]. Drei der Reden schließen mit einer Bitte, die üblichen Bestattungsriten zu vollziehen[201], — denn diese waren natürlich die ureigenste Sache der Familien.

Viele ähnliche Gefühlsappelle tauchen auch wieder in den politischen Angriffen am Ende von Demosthenes' Karriere auf. Deinarchos bittet die Götter, "seine Heimat in ihrem gefährlichen Kampf ums Überleben, für ihre Kinder, ihre Frauen, ihren guten Ruf und für alle anderen Güter, an denen sie Anteil hat" zu retten[202]. Lykurgs Anklage gegen Leokrates wegen Hochverrat gegen Athen, weil er die Stadt heimlich nach der Schlacht von Chaironeia (338) verlassen hatte, ist voller emotionaler patriotischer Appelle, viele davon mit Bezug auf die Familie[203]. Aischines, der die Verantwortung für die Plünderung Thebens durch Alexander dem Demosthenes aufbürdet, lädt seine Zuhörer ein, sich die Szene vorzustellen: "die Stadt wird eingenommen, die Wälle werden geschleift, die Häuser in Brand gesetzt, Frauen und Kinder in die Sklaverei weggeschleppt, alte Männer, alte Frauen, die noch spät in ihrem Leben lernen, das Wort 'Freiheit' zu vergessen, die klagen und euch anflehen...."[204]. Die Sprache, in der in dieser Epoche Beleidigungen geäußert werden, konzentriert sich auf drei Themen: Bestechung, Amtsveruntreuung und Familienumstände, die den Gegner daran hindern, ein öffentliches Amt zu bekleiden, in der Versammlung zu reden oder sogar das Bürgerrecht zu behalten. In seiner Rede gegen Androtion bespricht Demosthenes, wie Androtion sich seine Feinde gemacht hat: "Er hat von einem Mann öffentlich gesagt, er sei ein Sklave von Sklaveneltern und müßte eigentlich die Steuern eines Metöken zahlen, einem anderen hat er nachgesagt, daß die Mutter seiner Kinder eine Hure war, und wieder einem anderen, daß sein Vater Lustknabe gewesen war, und daß die Mutter eines weiteren ihren Körper verkauft habe, und noch einem hat er versprochen, er würde seine Unterschlagungen im Amt publizieren"[205]. "Ich werde mir keine Feinde machen" sagt Aischines "wenn ich den Mann nenne, dessen Vater eine skythische Fremde geheiratet hat"[206]. Er war nicht so zimperlich, was die Familienumstände des Demosthenes betraf, was auch umgekehrt für Demosthenes gegenüber Aischines galt[207], und es wiederholen sich die Anschuldigungen bezüglich Demokratiefeindlichkeit als einer von den Vorfahren ererbten Haltung[208].

Am Beginn seiner Karriere hatte Demosthenes gegen Meidias prozessiert, weil dieser ihm ins Gesicht geschlagen hatte. Einer der dem Meidias zur Last gelegten Rechtsbrüche war, daß dieser ins Haus des Demosthenes gestürmt war und dort unflätige Reden vor dessen Schwester geführt hatte, die eine noch im Haus lebende Jungfrau war. Als Symbol für den arroganten und prahlerischen Wohlstand des Meidias galt, daß er seine Frau überall hin in einer eleganten Kutsche, die von einem Paar sikyonischer Grauschimmel gezogen wurde, herumfuhr[209]. Solche Prunkentfaltung und die Herrschaft reicher Frauen über ihre Ehemänner war zumindest teilweise verantwortlich für die Haltung der Philosophen und speziell Platons Versuch in seinem *Staat,* von seinen Vorstehern jedes Bedürfnis nach Besitzraffung, mit dem der Wunsch nach Familienleben sich verband, fernzuhalten. Letzteres versuchte Platon durch die in den *Gesetzen* aufgestellten Ehe-Regulierungen[210] zu bewirken. Dieses Problem hat offensichtlich auch Aristoteles beschäftigt. Er lehnte nähmlich Platons Versuch eines gemeinschaftlichen Besitzes an Eigentum ab mit der Begründung, daß Privatbesitz deshalb wertvoll sei, weil er den Menschen veranlasse, sich um sein Eigentum zu kümmern. Dennoch vertrat er entschieden die Meinung, daß absolute Gleichheit an Eigentum (gemeint ist Landbesitz), kein besonders wichtiges Ziel des Staates sei. Daraus folgte für ihn, daß die Summe der Besitztümer der Bewohner einer Stadt (speziell ihre Ländereien und deren Produkte) das Gesamtvolumen des Volksvermögens einer Stadt darstelle. Diese Gesamtheit werde aber am besten als Summe des Eigentums einzelner Familien behandelt. Es sollte daher nicht als Besitz der Gemeinschaft, sondern als Eigentum einzelner großzügiger Individuen gelten[211]. Er gründete daher seinen Staat auf die Familie.

KAPITEL IV

Der Oikos der Familie und die athenische Demokratie

Die Demokratie und Kleisthenes

Da die schriftliche Kodifizierung der Gesetze vielleicht der wichtigste Schritt war, der aus einer Ansammlung einzelner Familien eine *polis* formte, betrachteten viele Staaten im Rückblick ihre Gesetzgeber als Staatsgründer ihrer politischen Gemeinschaft. Dies galt auch für Athen. Im demokratischen Athen bezeichneten die Redner das Gesetz als Mittel, mit dessen Hilfe sich die Schwächeren gegen die Stärkeren verteidigen konnten[1], und die Athener sahen in der Gesetzgebung des Solon (traditionell 594) den Gründungsakt ihrer Demokratie[2].

Obgleich diese Behauptung in politischer Hinsicht einer kritischen Prüfung sicher nicht standhält, kann man mit mehr Berechtigung davon ausgehen, daß er der Schöpfer eines Gesetzeskodex war, welcher den alten Familien eine Kontrolle aufzwang und das Recht allen zugänglich machte[3]. Aber im Jahre 508 stand der Aristokrat Kleisthenes an der Spitze einer Revolution, die nun wirklich Athen in einen demokratischen Staat umwandelte. Wenn man die Reformen des Kleisthenes als Beginn der demokratischen Ära in Athen ansetzt, läßt sich dies teilweise damit begründen, daß einige Athener des fünften Jahrhunderts selbst dieses Datum für angemessen hielten[4]. Unser Hauptgrund aber ist, daß, wie heute übereinstimmend angenommen wird, Kleisthenes den alten Aristokratenfamilien wirklich die Macht nahm, die Zulassung zum Bürgerrecht zu kontrollieren.

Das Bürgerrecht in der Zeit vor Kleisthenes

Vor dieser Revolution war die Vollmitgliedschaft im Staat — also das volle Bürgerrecht — auf diejenigen beschränkt, die zu dem auf einer Familie basierenden Verband von Haushalt (*oikos*), Sippe (*genos*), Phratrie und Stamm (einem der vier ionischen Stämme) gehörten. Nach Kleisthenes' Reformen war das volle Bürgerrecht auf der Basis von Haushalt, *demos* und Stamm gegeben (zehn neue Stämme, die von Kleisthenes auf lokaler Basis geschaffen wurden). Kleisthenes ließ aber die Sippen (*genē*) und Phratrien unangetastet. Sie lebten daher weiter mit dem Zweck, Sippenzugehörigkeit festzustellen, und das bedeutete in der Folge, bei Erbstreitigkeiten Nachfolgerechte festzulegen und jene religiösen Pflichten und Privilegien lebendig zu erhalten, die den Familiengruppierungen zustanden. Die politische Einbindung des Bürgers war durch die Reformverfügungen des Kleisthenes für den Augenblick zumindest losgelöst worden von seiner Zugehörigkeit zu einer verwandtschaftlichen oder religiösen Gruppe. Wie später gezeigt werden wird, war dies allerdings nicht von langer Dauer.

Für die Zeit vor den Reformen des Kleisthenes ist die genaue Abgrenzung jener Familiengruppe, die über das Bürgerrecht entscheidungsberechtigt war, unklar. Manche Forscher nehmen an, die Mitglieder jeweils eines *genos*[5] (einer Sippe) hätten ein Bürgerregister gebildet, andere Forscher sehen diese Einheit in den Mitgliedern einer Phratrie[6].

Die Mitglieder eines *genos* (einer Sippe) rühmten sich der Abkunft von einem gemeinsamen Ahnherrn. Die Mitglieder der Phratrien stammten entweder von militärischen Blutsbrüderschaften ab oder von Nachbarschaftsverbänden, die sich für die Landesverteidigung zusammengeschlossen hatten. Deren Kinder hatten oft genug untereinander geheiratet und waren somit verwandt geworden[7]. Im Athen der Demokratie hatte jede Phratrie ein gemeinsames religiöses Leben und einen Kult, der sich auf gemeinsame Heiligtümer gründete, die dem Land verbunden waren. Sicher verhielt es sich bei einigen *genē* nicht anders[8]. Eine Erfindung dieser Kulte durch die Demokratie ist in höchstem Maße unwahrscheinlich; viel wahrscheinlicher ist, daß sie vor die Ära des Kleisthenes, ja sogar vor die Zeit des Solon zu datieren sind.

Belege für die Kontrollfunktion der Familie

Daß die politische Organisation des Staates vor Kleisthenes auf der Familie beruhte, läßt sich nur durch Rückschlüsse oder fragmentarische Beweise belegen. Plutarch sagt deutlich, daß Solon Fremden gestattet hat, nach Athen zu kommen und das Bürgerrecht zu erwerben, vorausgesetzt, daß sie ein Gewerbe betrieben und ihre gesamte Familie mitbrachten, oder daß sie auf Dauer von ihrer Heimatstadt verbannt waren, anders nicht[9]. *Prima facie* verträgt sich das nicht mit einer an der Familie orientierten politischen Struktur, aber Plutarch betont, daß dieses Angebot nur für solche Männer galt, die wirklich Athen zu ihrer Heimat machen wollten. Seine Worte unterstreichen die Notwendigkeit eines totalen Transfers aller Familiengüter einschließlich der Kulte usw. nach Athen. Das Ergebnis einer solchen Einwanderung mußte als Bereicherung der athenischen Bürgerschaft in Erscheinung treten. Es ging nicht nur um Wanderarbeiter, sondern um ganze Familien mit ihren eigenen religiösen Festen und Göttern.

90

Diese wurden so quasi vom athenischen Staat adoptiert, da sie ja alle Bindungen zu irgendeiner anderen Gemeinschaft abgebrochen hatten. Darüber hinaus hören wir aus der Zeit zwischen Solon und Kleisthenes von jenen Personen, deren Bürgerrecht angezweifelt wurde; diese Leute unterstützten Peisistratos — und wir dürfen schließen, daß es diejenigen waren, die nach dem Fall der Tyrannen[10] von den Bürgerlisten gestrichen wurden. Von den Leuten, die unter Kleisthenes in die Listen eingeschrieben worden waren, hatten viele nur ein zweifelhaftes Anrecht. Möglicherweise waren das jene eingewanderten Athener, die nicht in der Lage gewesen waren, ihre Mitgliedschaft bei irgendeiner der (auf Familien basierenden) Körperschaften, deren Listen zur Erfassung der Bürgerschaft dienten, nachzuweisen. Sie wurden daher bei dem Versuch, ihr Bürgerrecht wahrzunehmen, angefochten. *De iure* hatten sie vielleicht durch das Solonische Gesetz das Bürgerrecht erhalten, *de facto* wurden sie jedoch wie niedergelassene Ausländer behandelt, und als solche wurden sie von Aristoteles bezeichnet[11]. Ihre Situation, so könnte man vorschlagen, ließe sich mit der der Neger in den Südstaaten der USA in den Anfangsjahren dieses Jahrhunderts vergleichen. Sie hatten das Bürgerrecht, konnten es aber nicht ausüben, weil sie in keine Körperschaft eingeschrieben werden konnten, über die oder durch die hindurch sie davon wirksam Gebrauch machen konnten. Wenn diese Vermutungen stimmen, belegen sie schlüssig, daß die politische Kontrolle im Staat vor Kleisthenes in der Hand jener Organisationen lag, die auf der Familie basierten.

Die Macht der Adelsfamilien

Mag das oben Gesagte nun richtig sein oder nicht, ganz sicher hatten die Mitglieder der führenden Familien die Leitung des Staates. Vor der Zeit Solons hatten sie, mit der Unterstützung des Gesetzes, ein Monopol auf öffentliche Ämter[12], was die Kontrolle über die staatliche Rechtssprechung mit einschloß, da ja ein in irgendeiner Form amtliches Berufungsgericht fehlte[13]. Ihr Machtmonopol spiegelt sich in den wirtschaftlichen Nöten des Staates am Anfang des sechsten Jahrhunderts, wie es in *Ath.Pol.* sowie bei Plutarch beschrieben wird und was dann zu den solonischen Reformen führte. Sie hatten praktisch das Monopol auf die Staatseinkünfte. Ob sie nun das meiste Land besaßen oder nicht, jedenfalls hatten sie die Kontrolle über die Produkte: "das ganze Land" heißt es in *Ath.Pol.* "stand unter der Kontrolle einiger weniger Männer"[14]. Ihren Reichtum und ihr Gepränge, die sich auf alle Lebensbereiche — auch den Tod — erstreckten, kann man an der Pracht ihrer Grabdenkmäler illustrieren, die sie zum Gedächtnis an ihre Toten aufrichten ließen. Es gibt verschiedene Arten davon:

1) Vom neunten bis siebenten Jahrhundert waren es große geometrisch bemalte Krüge, die nicht nur dazu dienten, die Gräber zu markieren, sondern auch zum Empfang von Trankopfern benutzt wurden.

2) Kastenähnliche Konstruktionen aus sonnengetrockneten Ziegeln, mit Stuck verputzt, von Flachdächern überdeckt und mit Terrakottatafeln verziert; die letzteren, von denen manche auf sehr ausgedehnte Begräbnisfeiern hinweisen, werden aus stilistischen Gründen in die Zeit von ca. 625-520 datiert und sind eine auf Attika beschränkte Kunstform [15] (Abb. 21. 22).

3) Stein- (gelegentlich Bronze-) Statuen von Jünglingen, Mädchen, Löwen, Reitern usw. während des späteren siebenten und sechsten Jahrhunderts.

4) Steinstelen; die attischen Stelen erscheinen erstmals im späten siebenten Jahrhundert; es sind großartige Beispiele der Grabkunst, gekrönt von Sphingen, den symbolischen Beschützern der Toten. Die Stelen zeigen den Verstorbenen auf dem Schaft abgebildet im Relief, ziseliert oder bloß gemalt, sowie eine Widmungsinschrift, die üblicherweise an der Basis angebracht ist (Abb. 23). Sie enthüllen uns deutlich eine Gesellschaft, die von wenigen reichen Adeligen beherrscht wurde. Nur diese konnten sich teure Grabdenkmäler leisten, denn nur reiche Klienten können die Kosten für den Import großer Marmorblöcke von den Inseln nach Athen aufgebracht haben [16]. Wir müssen auch die Maßnahmen registrieren, die Solon in seiner Sozialgesetzgebung getroffen hat, um das Gepränge zu unterbinden. Dazu gehörte das Verbot kunstvoll ausgearbeiteter Brautausstattungen [17] und persönlichen Schmucks für Frauen ebenso, wie Prachtentfaltung bei Familienereignissen wie Begräbnissen. Die Notwendigkeit solcher Gesetzgebung deutet darauf hin, daß übertriebene Ausgaben bei solchen Gelegenheiten ganz normal waren.

Die Beziehungen zwischen den Familien wurden darüber hinaus durch Privatfehden bestimmt wie jene zwischen den Alkmaioniden und den Nachkommen der Verschwörergruppe um Kylon. Diese Privatfehde muß zumindest teilweise dafür verantwortlich gewesen sein, daß, wie sich beobachten läßt, die Alkmaioniden immer in Opposition zu der Meinung der Mehrheit der aristokratischen Familien (oder der Oligarchen) standen, wenn es um politische Auseinandersetzungen ging, bei denen man heute noch die Parteiungen erkennen kann [18]. Selbst nach der solonischen Gesetzgebung kann man in der Hochzeit zwischen Peisistratos und der Tochter des Megakles ein Arrangement erkennen, das nur in einer Gesellschaft denkbar ist, in der es politische Verbindungen nur zwischen adeligen Familien gab [19].

Solons Gesetzgebung hinsichtlich Letztwilliger Verfügungen

Unter der Voraussetzung, daß Plutarch diese Verfügungen zu Recht Solon zuschreibt, waren einiger der folgenreichsten Maßnahmen Solons jene, die sich mit der Familie und deren Besitz beschäftigten. Ihre Hauptwirkung bestand darin, daß die eheliche Kleinfamilie (der *oikos* von Mann, Frau, Kindern und von ihnen Abhängigen) bis zu einem gewissen Grad in bezug auf Eigentum und Besitz von der erweiterten Großfamilie befreit wurde. Das Hauptelement dabei war die Einführung eines Testaments[20]. Testamente erzwangen Vorkehrungen für die Verehelichung von *epikleroi* (also Tochter ohne Bruder), deren Väter keinen Erben adoptiert hatten, und die Festlegung der Grenzen, innerhalb derer eine Verwandtschaftsgruppe das Recht hatte, gegen ein Testament Einspruch zu erheben. Es mußten aber auch das Nachfolgerecht bei fehlendem Testament und ähnliche Rechtsansprüche geklärt werden, genauso wie solche Beschränkungen bereits für religiöse Zwecke, wie z.B. die Blutrache nach Totschlag[21] festgelegt waren.

Vor Solon hatte das *genos* (oder die Sippe) letztlich die Kontrolle über den Besitz des einzelnen *oikos* gehabt, da es keine Testamente gab und daher beim Tod eines Mannes sein Besitz automatisch seinem nächsten Verwandten im *genos* zufiel, wer immer das war[22]. Die natürlichen und ersten Nachfolger waren selbstverständlich die Söhne, die ohne Zweifel die Nachfolge nach ihren Vätern antraten, da in Athen Söhne immer ein fast unveräußerliches Recht auf den väterlichen Besitz hatten. Mehrere Söhne hatten Anrecht auf gleiche Anteile[23]. Aber manche Männer wurden alt oder fielen im Kampf, ohne einen Sohn gezeugt zu haben. Vor Solon war ihre einzige Möglichkeit, zu verhindern, daß ihr Landbesitz von einem entfernten Verwandten geerbt wurde, noch zu Lebzeiten einen Sohn zu adoptieren[24]. Wir haben gute Belege dafür, daß eine Adoption zu diesem Zweck möglich war[25], aber wir haben keine Vorstellung, wie oft das geschah.

Ursprünglich war das Recht, ein Testament zu machen, auf solche Männer beschränkt, die keine Söhne hatten[26]; diese Einschränkung enthüllt die Absicht des Gesetzes. Diese war, einem Mann die Möglichkeit zu geben, die Auflösung seines *oikos* zu verhindern, indem er dafür einen Erben adoptierte, falls er stürbe, ob der Tod nun unmittelbar bevorstand oder nicht. Später wurde dieses Recht ausgedehnt, aber das Gefühl, daß Männer mit erwachsenen Söhnen kein Testament machten, war so vorherrschend, daß noch im vierten Jahrhundert die Redner behaupten konnten, ein Mann mit Söhnen könne kein Testament machen[27].

In seiner Wirtschaftsgesetzgebung hatte Solon versucht, zu verhindern, daß ein unangemessener Anteil des Staatsvermögens und der Ländereien in die Hände von nur wenigen Leuten käme[28]. Auch die Sozialgesetzgebung entsprach diesem Prinzip. Ein testamentarisch adoptierter Sohn (ebenso wie ein Sohn, der zu Lebzeiten von einem Mann adoptiert worden war) hatte keinerlei Anrecht auf irgendetwas von seiten seiner natürlichen Familie. Die Freiheit, ein Testament abzuschließen, erleichterte es daher keineswegs, große Besitztümer anzuhäufen.

Solons Gesetzgebung für die *epikleroi*

Solon wollte mit seinen Gesetzen auch unterbinden, daß ein Mann durch Heirat mit einer *epikleros*[29] Güter miteinander verschmelzt. Wir wissen nicht, ob es vor Solon Gesetze bezüglich der *epikleroi* gegeben hat, aber Solons Adoptivgesetze entmutigten einen wohlhabenden Mann, sich mit der Absicht adoptieren zu lassen, durch Heirat mit einer wohlhabenden *epikleros* ein Gut zu erwerben. Ohne vorherige Adoption aber lief er gemäß Solons Gesetzen Gefahr, seine Frau an ihren nächsten Angehörigen zu verlieren, wenn dieser sie nach des Vaters Tod für sich beanspruchte. Solons Gesetzgebung[30] entmutigte auch alte Männer, eine *epikleros* für sich zu beanspruchen, um von ihrem Reichtum zu profitieren, ohne der Familie einen Erben zu schenken. Solon soll gesetzlich festgelegt haben, daß der Gatte einer *epikleros* zuverlässig (πάντως) mindestens dreimal im Monat mit ihr Geschlechtsverkehr haben mußte, und wenn er dazu unfähig war, durfte sie mit ihres Gatten nächstem Angehörigen verkehren (vermutlich ohne Ehe), um für den *oikos* ihres Vaters Kinder zu gebären. Plutarch bezeichnet dies als ein außergewöhnliches, absurdes Gesetz, bezweifelt aber nicht seine Echtheit, noch tun das die anderen Kommentatoren, deren Ansichten Plutarch zitiert[31]. Das Gesetz mag außergewöhnlich gewesen sein, aber sein Vorhandensein beweist, wie stark Solons Entschlossenheit war zu verhindern, daß dem Staat *oikoi* verloren gingen oder Familien ausgelöscht würden, wenn sich das irgend vermeiden ließ. Man gab also dem *kyrios* eines *oikos* deshalb ein größeres Maß an Freiheit, über seinen Besitz zu verfügen, damit er seinen *oikos* als lebende Zelle des Staates besser und dauerhafter sichern könne. Er sollte die Möglichkeit bekommen, den Ansprüchen seines *genos*, den *oikos* mit dem von Mitgliedern des *genos* besessenen Eigentum zu verschmelzen, Widerstand entgegenzusetzen, nicht aber seinerseits nach seiner Privatlaune seinen *oikos* mit einem anderen vereinigen können[31a]. Im Interesse der Gesamtgemeinschaft drang der Gesetzgeber darauf, dem Staat die höchstmögliche Anzahl solcher *oikoi* zu erhalten, die dem Staat Bürger aufziehen konnten, die mit ihrer Person und Börse dem Staat dienen konnten.

Solons Gesetze riefen bittere *stasis* hervor; der Überlieferung nach erwuchs die Opposition auf lokaler Basis[32]. In dieser Formulierung klingt an, daß die wirtschaftlichen Interessen der Parteienführer unterschiedlich waren, je nachdem, wo ihre Ländereien lagen[33]. Es wird aber ausdrücklich gesagt, daß das Streitobjekt das Archontenamt war, und zwar speziell das eponyme Archontat[34]. Solon hatte dem Archonten die Verantwortung für die Durchführung des gesamten die Familie und ihren Besitz betreffenden Gesetzeskomplexes übertragen[35]. Und vielleicht wurzelte die politische *stasis* in dieser Tatsache. Die alten Adelsfamilien waren entschlossen, diesen Gesetzesbereich, der sie und ihre Familien sehr weitgehend betreffen konnte, dadurch unter ihre Kontrolle zu bringen, daß sie das Amt beherrschten, dem die Durchführung anvertraut war. Wenn die neuen Staatseingriffe auf diesem Gebiet, besonders jene bezüglich Besitz, Erbe und Nachfolge, diese Entschlossenheit nicht überhaupt erst wachgerufen haben, müssen sie sie zumindest erheblich verstärkt haben.

Während seiner Tyrannis hatte Peisistratos das Amt des Archonten inne[36]. Er hat die aristokratische Verfassung nicht angetastet. Weder ihm noch seinen Söhnen gelang es, die Nicht-Bürger wirksam in die Bürgerschaft zu integrieren. Unter diesen befand sich auch Themistokles. Einer der durchgängigsten Informationsstränge über ihn ist seine Bezeichnung als Bastard. Seine Mutter soll eine thrakische Kurtisane, also eine Sklavin gewesen sein, er selbst aber war ein Bürger, Anführer einer Volkspartei und um 484-483 eine bekannte Persönlichkeit. Damals überredete er die Athener, ihren finanziellen Überschuß zum Bau einer Flotte zu verwenden. Wenn diese Überlieferung stimmt, wonach er als Bastard geboren ist, kann seine Einschreibung als athenischer Vollbürger erst in den Reformen des Kleisthenes erfolgt sein[37].

Oikoi und andere Gemeinschaften nach Kleisthenes

Demen

Durch die Reformen des Kleisthenes wurden die Demen, die zumindest in den ländlichen Bezirken schon existiert haben, in Einheiten verwandelt, auf denen die politische Struktur aufbaute. Aber dieser Akt war kaum mehr als eine Umverteilung der Bürgerschaft in neue Gruppierungen, die sich jetzt nach der Örtlichkeit richteten, in der sich der *oikos* eines Bürgers befand, statt nach der Verwandtschaftsgruppe, der er vorher angehört hatte[37a]. Diese Umverteilung erfolgte ein für allemal, und der *demos*, welchem ein Bürger angehörte, war (während der ganzen klassischen Periode) jener *demos*, dem der *oikos* seiner Vorfahren in den Reformen des Kleisthenes zugeordnet worden war[38]. Der *oikos* eines Mannes bekam dadurch zwei Bedeutungen: Er bedeutete seine Niederlassung, Haus und Land, das er (gewöhnlich) geerbt hatte, und wo er wohnte; daneben bedeutete er die Gruppe im Demen-Register, der er zugehörte, und welche von seinen Vorfahren aus der Zeit des Kleisthenes auf ihn vererbt war. Weder der *oikos* noch der *demos* waren daher im politischen Sinne vergleichbar mit dem, was man im 20. Jhdt. als 'Wohnsitz' oder 'Wahlbezirk' bezeichnet, denn keiner von beiden ist vererbbar, und beide behält jemand nur solange, wie er seinen Wohnort nicht wechselt. Der ausgeprägte Sinn der Athener für den Familienzusammenhang brachte sie dazu, die Demen erblich zu machen. Das führte dazu, daß mit der Zeit die Demen-Register weniger und weniger identisch waren mit den Listen jener, die tatsächlich in den Demen lebten. Dagegen entsprachen sie mehr und mehr den Familieneinheiten, die vorher schon existiert hatten, den Phratrien und *genē*.

Auch die Demen bildeten keine Ausnahme von der allgemeinen Regel, daß alle griechischen Vereinigungen gleichzeitig religiöse Vereinigungen waren. Man kann das sehr deutlich an einer Inschrift des vierten Jahrhunderts belegen, die als Größere Demarchia[39] bekannt ist, in der der *demos* Erchia einen ausgefeilten Kalender aller Feste des *demos* auflegt, Monat für Monat, wobei sowohl die Kosten der Opferausrichtung als auch die Anzahl und Art der Opfergaben sorgfältig und gleichmäßig zwischen vier ihrer Bürger aufgeteilt wurden. Auch wurde vielfach vorgeschrieben, wie man mit dem Opferfleisch und weiters anfallenden Gegenständen, wie Häuten, zu verfahren habe. Man hat die Meinung geäußert, daß dieser *demos* im vierten Jahrhundert die Feste von zumindest einigen der sie konstituierenden Familien übernommen hatte, um deren Erhaltung sicherzustellen. Es gibt keinen besonderen Grund, warum Erchia darin von anderen Demen abgewichen sein soll. Wir wissen, daß Demen auch gemeinschaftlich Ländereien besaßen — möglicherweise solche mit Heiligtümern —, und da diese verpachtet werden konnten, hatten die Demen Einkünfte zu ihrer Verfügung[40]. Sie führten schriftliche Mitgliederverzeichnisse, auch Verzeichnisse von deren *oikoi*, in denen legitime Söhne registriert wurden, sobald sie die Volljährigkeit erreichten. Ebenso wurden Adoptivsöhne bei der Adoption als solche in den *oikos* ihres neuen Vaters eingetragen[41].

Mit der Zeit bildete sich so in den Demen ein Sinn für Solidarität innerhalb dieser Gemeinschaft heraus; im vierten Jahrhundert erwähnen die Redner Demen-Angehörige im gleichen Atemzug, mit dem sie auch auf ihre Verwandtschaftsgruppen hinweisen[42], und zumindest in den Land-Demen muß es ein hohes Maß an gemeinsamer Mitgliedschaft zwischen den Gruppen gegeben haben. Die Schollenverbundenheit mit dem ererbten Besitz — besonders Ländereien und Begräbnisstätten — brachte auch ein Zugehörigkeitsgefühl zu dem *demos*, in dem sie lagen, mit sich, wenn der ursprüngliche Besitz noch aus der Zeit vor Kleisthenes herrührte, und das muß doch oft der Fall gewesen sein.

Phratrien

Das genaue Verhältnis zwischen den (vom Ort her bestimmten) Demen und den (auf der Familie basierenden) *genē* und Phratrien ist alles andere als klar. Wenn zwischen Phratrien und *oikoi* vor Kleisthenes eine Verbindung bestanden hat, muß es in einigen Teilen Attikas eine hohe Anzahl von Mitgliedschaften gleichzeitig in *demos* und Phratrie gegeben haben. Aus einer weiteren Inschrift des vierten Jahrhunderts, und zwar derjenigen der Demotionidengesetze, geht hervor, daß man *oikoi* durchaus als Mitglieder einer Phratrie bezeichnen konnte; die Inschrift spricht von "jenen, die dem *oikos* der Dekeleier angehörten". Diese scheinen das erbliche Priesteramt dieser Phratrie innegehabt zu haben[43]. Offensichtlich war dieser *oikos* keiner im Sinne einer ehelichen Gemeinschaft und ihrer Ländereien, aber die Inschrift belegt, daß die Unterteilung der Phratrien in Familiengruppierungen mit der Bezeichnung *oikoi* alt war, also fast sicher vor die Zeit des Kleisthenes zurückgeht. Diese Phratrie ist auch deshalb besonders interessant, weil ihre wichtigsten Untergruppen nicht auf einem *genos* beruht zu haben scheinen, sondern alle *thiasoi*[44] waren. Das waren Gruppen, deren Mitgliedschaft Personen einschloß, die nicht einmal den Anspruch erhoben, irgendwelche erblichen Besitzrechte zu haben[45]; und die Dekeleier gehörten zu denjenigen, die sich zu den ältesten Einwohnern von Attika rechneten[46].

Die Redner sprechen auch von den *oikoi* als Körperschaften oder Gruppen innerhalb der Phratrien. Sositheos sagt: "Ich habe diesen Buben hier den *phrateres* von Hagnias im Interesse des Eubulides vorgestellt. Er ist nähmlich der Sohn seiner Tochter, damit sein *oikos* nicht ohne Erben bleibt"[47]. In ähnlicher Weise wechselte, wenn einem *oikos* ein direkter Erbe fehlte und ein Sohn adoptiert wurde, der Sohn, der den *oikos* des Adoptivvaters erben sollte, in dessen Phratrie ebenso über wie in dessen *demos*. Auf diese Art erhielt er den *oikos* seines Adoptivvaters sowohl für seinen *demos* als auch für seine Phratrie. Andererseits wurden die gesetzlichen und religiösen Verwandtschaftsbande, sowohl mit seiner geburtsmäßigen Verwandtschaftsgruppe, als auch mit seinen alten politischen Anbindungen, getrennt[48]. Der Adoptivsohn scheint aber nicht eher als *kyrios* des *oikos* in dem Register eingetragen worden zu sein, als bis er einen eigenen Sohn darin hatte eintragen lassen[49]. In der Zwischenzeit wurde er nur provisorisch registriert, als Sohn seines Adoptivvaters, selbst wenn er die Besitznachfolge bereits angetreten hatte und legal der *kyrios* des *oikos* war.

Ländliche und städtische Oikoi

Wenn *genē* Land besaßen, wie wir fast sicher annehmen dürfen, muß zwischen den *genē* und den Demen oft eine enge Verbindung bestanden haben. Für die Zeit vor Kleisthenes dürfen wir sicher annehmen, daß im ländlichen Attika die Länder der *genē* bereits in Familienanteile unterteilt waren. Vernünftigerweise dürfen wir davon ausgehen, daß diese zumindest informell als *oikoi*, aber auch als *kleroi* bezeichnet wurden. Ebenso scheint die Annahme plausibel, daß Kleisthenes bei der Einrichtung der Stadt-Demen diese als Bezirke bezeichnete, die eine Anzahl von *oikoi* umfaßten, obgleich diese Stadt-*oikoi* in vielen Fällen kaum mehr als ein einzelnes Haus oder eine Hausanlage umfaßt haben mögen. Immerhin soll schon in einer Entfernung von Athen, die so nahebei gelegen ist wie das Hippodrom, ein Mann wenn schon nicht einen Bauernhof, so zumindest einen Garten besessen haben, der zu seiner Bearbeitung mehrere Leute erforderte[50]. Die Anzahl der Demen mit rein städtischen *oikoi* scheint also nicht sehr groß gewesen zu sein.

Oikos-Mitgliedschaft und der Staat

Wir können jedoch nicht schlüssig beweisen, daß der einzelne Bürger seine Zugehörigkeit zu einem *oikos* registrieren lassen mußte. Da in diesem Sinne[50a] die Demotioniden keinem der *thiasoi*, aus denen sich die Phratrie zusammensetzte, angehören mußten, ist es unwahrscheinlich, daß alle Bürger sich immer registrieren ließen. Trotzdem mußten ihre Vorfahren ursprünglich einmal irgendeine örtliche Anbindung gehabt haben, damit sie unter Kleisthenes in einem *demos* registriert werden konnten. Ärmere Bürger beispielsweise, die nur in einem Mietshaus wohnten, haben wohl eher nicht dieser Art von *oikos* zugehört, ebensowenig andere Bürger, die keinen Bodenbesitz hatten. Das Verhältnis zwischen dem Bürger, dem *oikos* und den größeren staatlichen Einheiten wird daher wohl so gewesen sein, daß *demos* und Phratrie (und vielleicht *genos* und *thiasos*) alle gleichermaßen darauf bedacht waren, die *oikoi*, aus denen sie sich zusammensetzten, intakt zu halten; der *demos* aus politischen und finanziellen Gründen, die Phratrie (ebenso *genos* und *thiasos*) auch aus gesellschaftlichen und religiösen Gründen, die dann im vierten Jahrhundert auch die Demen beeinflußten. Andererseits mußten die *oikoi* nicht alle Bürger erfassen, sondern nur die vermögenden mit Grundbesitz. Diese leisteten den Hauptbeitrag zu den Fonds, die alle den Staat bildenden Einheiten gehabt zu haben scheinen.

Ebenfalls unklar ist das genaue Verhältnis zwischen dem *demos* auf der einen Seite, dem Stamm und der Phratrie auf der anderen, was die persönlichen Rechte des einzelnen Bürgers betrifft. Man nimmt allgemein an, daß Bürger einem *demos* angehören konnten, ohne Mitglied einer Phratrie zu sein. Denn Zugehörigkeit zu einem *demos* war für Anerkennung des Bürgerrechts zwingend, aber Zugehörigkeit zu einer Phratrie vielleicht nicht[51]. Die Demen-Angehörigen eines Bewerbers trugen die Verantwortung für die Eintragung seines Namens in ihr Register[52]. War das geschehen, so scheint selbst der Ausschuß, vor dem der Bewerber dann erscheinen mußte, nur noch zu entscheiden gehabt zu haben, ob er alt genug schien, zum Training einberufen zu werden. Nach *Ath.Pol.* haben zur Zeit des Aristoteles alle achtzehnjährigen Jünglinge sich militärischer Ausbildung unterziehen müssen, ob sie nun der Hoplitenklasse zugehörten oder nicht[53]. Einige moderne Gelehrte haben die Richtigkeit dieser Annahme bezweifelt. Fast alle glauben, daß dies erst nach der Reorganisation der *ephebia* (der für die Ausbildung der Rekruten zuständigen Organisation) im vierten Jahrhundert galt[53a]. Es gibt aber in *Ath.Pol.* keinen Beleg, der die Auffassung stützen würde, daß die unterste Klasse (die *thetes*) befreit war. Hingegen haben der Sold und die Vergünstigungen und die kostenlose Beistellung von Ausstattung durch den Staat verhindert, daß sie etwa aus Gründen der Armut nicht hätten teilnehmen können. Der Sold (vier Oboli täglich) lag höher als der eines Bürgers, der zur Versammlung ging. Die Tatsache, daß nicht alle ausgebildeten Leute später Hopliten wurden, bedeutet noch nicht, daß sie nicht alle die Grundausbildung absolvierten[54].

Ein Bewerber, der von seinen Demen-Angehörigen zurückgewiesen wurde, konnte vor Gericht gegen sie vorgehen. Wenn er Erfolg hatte, konnte er sie zwingen, ihn einzuschreiben. Es war allerdings ein riskantes Unternehmen, denn wenn er seinen Prozeß verlor gegen den *demos*, wurde er mit Versklavung bestraft[55]. Es wurde daher sicher nur von solchen Leuten versucht, die glaubten, ein unanfechtbares Recht zu haben. Man rief auch die Gerichte an, wenn zwischen einem *demos* und dem Rekrutierungsausschuß ein Disput über das Alter des Kandidaten entstand. Dies geschah beinahe mit Sicherheit, wenn der Rat einem *demos* eine Ordnungsstrafe für die Präsentation zu junger Kandidaten auferlegen wollte. Da die äußere Erscheinung eines Jungmannes der einzige augenscheinliche Beweis war, mußte die Jury ihn inspizieren — das scheint, nach Aristophanes, eine besondere Wonne der Geschworenen gewesen zu sein[56].

Bei dem in *Ath.Pol.* beschriebenen Zulassungsverfahren scheint die Phratrie keine Rolle gespielt zu haben. Es stimmt zwar, daß Ehrenbürgern neben dem *demos* auch eine Phratrie bewilligt wurde[57]. Auch verliehen etwa die Athener nach ihrer Entscheidung, Plataiai nicht gegen den vereinigten Angriff des thebanisch-spartanischen Bündnisses von 431[58] zu verteidigen, den Bürgern von Plataiai das athenische Bürgerrecht (obgleich diese natürlich kein Land besaßen). Es gibt aber keinen Beleg dafür, daß diese (Bürger von Plataiai) dabei gleichzeitig Phratrien zugeordnet worden wären. Die uns zur Verfügung stehende Fassung des Dekrets über sie enthält jedenfalls keine Erwähnung, nach der ihnen Phratrien bewilligt worden wären.

Das Verhältnis der kleinen Untergruppen der Phratrien zu den Gesamtphratrien und den *oikoi* ist weniger sicher, die Belege stammen aus dem vierten Jahrhundert oder später. Mitgliedschaft bei einem *thiasos* scheint nicht allein durch Abstammung bestimmt gewesen zu sein. Uns steht der Fall des Astyphilos vor Augen, dessen Stiefvater ihn seinem eigenen *thiasos* vorstellte, aber nicht (natürlich) seiner Phratrie oder seinem *demos*, denn er gehörte bereits denjenigen seines eigenen Vaters an[59]. Daraus folgt, daß nicht alle Mitglieder eines *thiasos* auch gemeinsam Angehörige eines *demos* waren. Zugehörigkeit zu einem *genos* wurde traditionellerweise allein durch Geburt vermittelt, aber wir kennen einen Fall, wo sieben Angehörige eines *genos* sechs verschiedenen Demen angehörten[60], obgleich sie möglicherweise der gleichen Phratrie angehört haben[61]. Obgleich manche Phratrien nur *thiasoi* umfaßten, haben andere aus einer Mischung aus *thiasoi* und *genē* bestanden, zum Beispiel die des Aischines, dessen Vater, Mitglied eines *thiasos*, derselben Phratrie angehörte wie das berühmte *genos* der Eteobutadai[62], woraus wir vermutlich schließen sollten, daß die einzelnen Phratrien sich voneinander in mancherlei Hinsicht und in ihren Gebräuchen unterschieden.

Oikoi und Bürgerpflichten

Der einzelne wohlhabende Bürger war *kyrios* eines *oikos*, der seinerseits den größeren Einheiten des Staates, den Demen und Phratrien angehörte. Diese waren in gleicher Weise daran interessiert, keine ihrer sie begründenden *oikoi* zu verlieren; die Demen waren daran interessiert, weil sie für eine Reihe bürgerlicher Pflichten verantwortlich waren. Von den früheren *naukrariai* scheinen sie die finanziellen Verantwortlichkeiten übernommen zu haben, die diese früher abgegeben hatten[63]. Ihnen oblagen zivile Aufgaben verschiedenster Art, etwa

Kandidaten auszuwählen, die für bestimmte Priesterämter Lose ziehen mußten[64], oder jene Listen aufzustellen, aus denen eine bestimmte Anzahl durch
das Los zu Ratsmitgliedern oder Garnisonstruppen bestimmt wurden[65]. Die
Demen-Angehörigen im Rat und der Demarch (der jeweilige Vorsitzende eines
demos) führten auch die Register jener Bürger innerhalb ihrer Demen, die für
Truppendienst oder Seedienst zur Wahl standen[66]. Möglicherweise mußten sie
auch eine bestimmte Quote beistellen, wenn eine Einberufung erfolgte. Außerdem mußte jeder *demos* seinen angemessenen Anteil an jenen Belastungen tragen, die als *Leiturgien* bezeichnet wurden: die Triarchien, zu denen die Aus-
rüstung und Bemannung einer Triere gehörte, die *choregiai* und andere gottes-
dienstliche Handlungen, die mit der Staatsreligion verknüpft waren[67]. Wenn
diese erfolgreich ausgestattet worden waren, brachten sie dem *demos* ebenso
Ehre ein wie dem Einzelnen und seinem Stamm.

Oikoi und die religiösen Pflichten

Auch die Phratrien waren sehr besorgt um ihr religiöses Leben. Die Demotio-
niden-Inschrift listet im Detail die Zulassungsverfahren auf, ebenso die zwei
Opfer, das kleinere und das Jugendopfer ($\mu\varepsilon\tilde{i}ov$ und $\kappa ovp\varepsilon\tilde{i}ov$), die die Zulassung zur Phratrie beim großen Familienfest der Apaturia begleiteten[68]. Die
Mitglieder der Phratrien, die *phrateres* hatten das Recht der Überprüfung der
Bewerber bei der Zulassung; wer versuchte, unzulässige Kandidaten einzuschleu-
sen, bekam eine Buße auferlegt[69]. Man hatte schriftliche Verzeichnisse der Mitglieder (zumindest im vierten Jahrhundert)[70]. Der Hauptzweck war wohl auf-
zuzeichnen, wer das Nachfolgerecht für die verschiedenen der Phratrie zugehöri-
gen *oikoi* besaß. Folglich wurden Söhne, die ja die natürlichen Nachfolger waren,
immer aufgenommen, auch Adoptivsöhne bei der Adoption[71], ebenso Töchter,
die *epikleroi* waren[72]. Auch Ehemänner brachten bei ihrer Hochzeit Opfer dar,
vermutlich, um ihre Frauen einzuschreiben[73]. Es konnten aber während der
Demokratie die *phrateres* die Gerichtshöfe nicht außer Kraft setzen. Wir kennen
zumindest einen Fall, wo ein Vater zwei Männer in seiner Phratrie einschreiben
lassen mußte, nachdem ein Gericht entschieden hatte, daß sie seine legitimen
Söhne seien. In einem anderen Fall scheint ein Mann, der in einem *demos* als
Adoptivsohn eines Mitglieds des *demos* registriert war, folglich also ein Mitglied
von dessen *oikos* war, ohne weitere Schwierigkeiten in die Phratrie aufgenommen worden zu sein[74]. Auch das Umgekehrte scheint richtig zu sein: Männer,
deren Bürgerrecht angezweifelt wird, bemühen sich intensiv, nachzuweisen, daß
sie *phrateres* sind[75], denn das gibt ihnen eine starke Ausgangsposition für ihren
Anspruch, auch Mitglieder eines *demos*, und daher Bürger zu sein. Boiotos und

Pamphilos sind anscheinend ohne Schwierigkeiten als Demen-Mitglieder eingeschrieben worden, nachdem sie, nach einem Kampf, zuerst als *phrateres* eingeschrieben worden waren[76].

Die Erhaltung der Oikoi

Es waren also sowohl *demos* als auch Phratrie aus einem Verband von *oikoi* zusammengesetzt. Die *oikoi* gründeten auf Grundbesitz; das konnte Landbesitz, ein Haus oder ein Mietshaus sein. *Demos* und Phratrie hatten in gleicher Weise großes Interesse daran, den Verlust irgendeines ihrer *oikoi* zu verhindern, die Phratrie hauptsächlich aus religiösen Gründen (und weil dies die Anzahl derer, die Opfer darbringen konnten, verringern würde), und der *demos* außerdem aus finanziellen und politischen Gründen.

Verlust von Oikoi

Eine Phratrie und ein *demos* konnten *oikoi* verlieren, wenn eine Familie ausstarb und ihr *oikos* mit einem anderen *oikos* verschmolzen wurde; deshalb waren die Mitglieder einer Phratrie oder eines *demos* kaum weniger als die Familie selbst daran interessiert, ihren Untergang zu verhindern, besonders, wenn sie ziemlich wohlhabend war. Der *demos* konnte den Verlust ausgleichen, wenn der neue Besitzer mit dem Erwerb von Land, das einem *oikos* des *demos* zugehörte, gegenüber dem *demos*, in dem dieses Land lag, Verbindlichkeiten übernahm. Solche Vorgänge sind gut belegt. Apollodoros besaß Land in drei verschiedenen Demen, und als in einer Krisensituation eine Steuereinschätzung vorgenommen wurde, um schnell Geld aufzubringen, wurde er von allen dreien aufgefordert zu zahlen[77]. Nach einer Inschrift der Peiraieis scheint eine normale Steuer für Nichtbürger selbstverständlich gewesen zu sein[78]. Ein dritter Beleg deutet an, daß der Kauf von Ländereien, die zu einem *oikos* gehörten, der einem *demos* zugehörig war, einen Mann für die Einschreibung in das Verzeichnis dieses *demos* qualifizierte. Teisias hatte einiges Land gekauft, das offensichtlich irgendwann einmal einer anderen Familie gehört hatte, da deren Familiengräber sich darauf befanden. Man beschrieb diese als "alt und bereits gebaut, bevor wir den Besitz erwarben". In seiner emphatischen Rede sagte sein Sohn, daß die Gegner "uns unbedingt aus dem *demos* hinausjagen wollen mit ihrer Hetze gegen mich und verleumderischen Anklagen"[79]. Wie — so können wir fragen — war denn Teisias in den *demos* hineingekommen, außer durch den Ankauf eines der zu dem *demos* gehörigen *oikoi*? Und wie konnte der Druck auf den Sohn, den Besitz zu verkaufen, gleichermaßen das Verlassen des *demos* bedeuten, wenn nicht die Mitgliedschaft bei dem *demos* mit dem Land des *oikos* gekoppelt war? Andererseits muß man immer die Behauptungen der Redner mit Vorsicht betrachten und hinzufügen, daß wir keine anderen deutlichen Belege haben, denen zufolge die Mitgliedschaft in einem *demos* durch Landkauf erreicht werden konnte. Wir dürfen es für möglich halten, daß der Redner das Wort 'demos' nur in rein topographischem Sinn gebrauchte, um die Geschworenen zu hintergehen. Die Phratrie hatte dagegen keine vergleichbaren Mittel, Ersatz zu schaffen für den Verlust eines *oikos*. Offensichtlich waren daher die Mitglieder der Phratrie ebenso wie Leute eines *demos* darauf bedacht, daß *oikoi* nicht durch Zusammenlegungen verschwanden, oder dadurch veräußert wurden, daß sie von einem Nichtmitglied geerbt wurden.

Eine Familie konnte auch verarmen und gezwungen sein, die Ländereien eines *oikos*, vielleicht sogar den ganzen Realbesitz, an einen Mann von auswärts zu verkaufen, der einer anderen Phratrie und einem anderen *demos* angehörte. In diesem Fall existierte die Familie noch, aber der *oikos* war unfähig, die früher ausgeübten Pflichten weiter auf sich zu nehmen. In so einem Fall waren die persönliche Ehre und das Ansehen eines Mannes auf dem Spiel. Der Verschwender hatte keinen guten Ruf. Die Redner zielten mit der Behauptung, ein Mann sei extravagant, darauf, ihre Gegner zu beleidigen[80]. Ganz offensichtlich konnte ein Mann, der sich für seine *phrateres* und Demen-Gefährten nicht in gleicher Weise einsetzen konnte wie seine Vorfahren, nicht erwarten, in gleichem Ansehen zu stehen. Er verlor also sein Gesicht.

Das Staatsinteresse

Solcher Mangel an Vorsorge betraf aber den ganzen Staat. Dieser forderte Festleiturgien von seinen wohlhabenden Bürgern und war naturgemäß betroffen, wenn ein *oikos*, der eine Trierarchia oder andere Leiturgien ausgerichtet hatte, jetzt außerstande war, solches zu tun. Der *demos* und die Phratrie waren in gleicher Weise betroffen; und das mag erklären, warum die Vergeudung des eigenen Besitzes ein Vergehen bildete, das der Jurisdiktion des Archonten unterstellt war[81]. Das war jener Beamte, dessen Aufgabe es war, den Besitz der Bürger zu schützen, dies aber offensichtlich in erster Linie im Interesse der *oikoi* und der größeren staatlichen Einheiten, weniger im Interesse des Einzelnen und seiner privaten Launen und Geschmacksrichtungen.

Das Interesse des Staates an zahlreichen, blühenden *oikoi* macht leicht einsichtig, warum antike Redner so gern ihre Kontrahenten angreifen mit Vorwürfen, sie besäßen mehr als einen *oikos* oder *kleros* oder versuchten, diese in ihren Besitz zu bringen[82], oder sie verwalteten einen *oikos* schlecht, der in früherer Zeit öffentliche Dienste geleistet hatte[83]. So wollte man das Gericht gegen den Kontrahenten einnehmen. Moderne Kritiker gefallen sich darin, die athenischen Redner für das Heranziehen solcher Argumente zu tadeln, athenische Gerichte wieder dafür, daß sie sich davon beeinflussen ließen. Aber eine solche Kritik geht am Ziel vorbei, denn sie übersieht die Situation des öffentlichen Interesses, auf der diese Gerichte beruhten. Kein moderner Staat zögert, das Recht für sich in Anspruch zu nehmen, Kontrolle über seine Bewohner auszuüben, wenn sie ihren Besitz an Ausländer verkaufen wollen oder Besitz außerhalb seiner Rechtshoheit veräußern wollen. Viele beanspruchen das Recht, dem einzelnen Besitz ganz wegzunehmen und im öffentlichen Interesse zu verstaatlichen. Das antike Athen, obgleich es ja nicht geradezu die *oikoi* verstaatlichte, legte Wert darauf sicherzustellen, daß, innerhalb gewisser Grenzen, die Verwendung der Mittel einer Stadt vorrangig der Stadt, dem *demos*, der Phratrie und erst dann dem einzelnen Bürger zu dienen hatte. Die Verhinderung einer Ansammlung von *oikoi* durch den Einzelnen und das Bemühen darum, die volle Anzahl der *oikoi* innerhalb eines jeden *demos* zu erhalten, waren Mittel zu diesem Zweck.

KAPITEL V

Ehe und Familie in Athen

Die Bürgerrechtsgesetze des Perikles

Sollte Kleisthenes die die Familie betreffenden Gesetze, soweit sie nicht, wie bereits besprochen, das Anrecht auf den Status des Bürgers betrafen, geändert haben, dann haben wir dafür keinen Beleg. Im Jahre 451 brachte Perikles die Versammlung dazu, die Regeln für den Erwerb des Bürgerrechts durch ein Gesetz dahingehend abzuwandeln, daß beide Eltern Bürger sein mußten, um einem Mann das Bürgerrecht zu sichern. Nicht ganz klar ist, ob erst von diesem Augenblick an auch die feierliche Eheschließung zwingend wurde, oder ob das schon immer notwendig gewesen war (wie z.B. Wolff[1] glaubt), oder ob dies erst später notwendig wurde (s. u.). Die Motive für das Bürgerrechtsgesetz des Perikles sind oft diskutiert worden: Eigennutz — d.h. daß man die Gewinne aus dem Imperium nicht teilen wollte; Rassebewußtsein — also die Furcht vor Verwässerung des alteingesessenen athenischen Bevölkerungsanteils. Auch andere Motive hat man angeführt, aber, vom Standpunkt der Familie war bei weitem der überzeugendste Grund das Bedürfnis athenischer Väter, ihren Töchtern Ehemänner zu sichern. In seiner Rede gegen Neaira (zugegebenermaßen hundert Jahre später geschrieben) fordert Apollodoros, man möge sie wegen widerrechtlicher Aneignung des Bürgerrechts verurteilen. Er begründet dies damit, daß sie eine Kurtisane unbekannter Herkunft sei, deren auffällige Karriere sie von Korinth aus, wo man sie erzogen hatte, in der Begleitung verschiedenster Männer über ganz Griechenland geführt habe. Nach der Bemerkung, daß ein Freispruch die Zulassung solcher "Karrieren" besiegle, dringt er in die Geschworenen[2]: "Denkt auch an die athenischen Bürgerinnen, damit nicht die Töchter der Armen alte Jungfern werden. Denn so wie die Dinge derzeit liegen, sieht das Gesetz die Beistellung einer hinreichenden Ausstattung vor, wenn das Mädchen ganz mittellos ist und die Natur sie mit einem einigermaßen passablen Äußeren ausgestattet hat; sprecht ihr aber Neaira frei, und ist das Gesetz einmal in den Schmutz gezogen und dadurch wirkungslos geworden, dann wird ohne Zweifel aus Armut das Hurengewerbe über die Bürgertöchter kommen, nämlich alle die, für die keine Ehen arrangiert werden können. Und das hohe Ansehen, das unsere freien Frauen genießen, wird auf Kurtisanen übergehen, wenn sie die Erlaubnis

105

bekommen, ungestraft Kinder nach Laune in die Welt zu setzen und am religiösen Leben des Staates und an seinen Ehren teilzunehmen''. Der Wunsch, für alle Mädchen einen Gatten sicherzustellen, war von Bedeutung, wie wir auch noch weiter unten sehen werden. Er muß sicherlich einiges Gewicht bei der Entscheidung von 451 gehabt haben, obgleich die Wahl des Zeitpunktes aus anderen Gründen erfolgt sein mag.

Bastarde

Vor Inkrafttreten dieses Gesetzes hatten Athener immer rechtsgültige Ehen mit Nicht-Athenerinnen eingehen können: wir wissen, daß die Mutter des Kimon eine thrakische Prinzessin namens Hegesipyle[3] war, und daß Alkibiades mit mindestens einer spartanischen Familie über seine Vorfahren verwandtschaftlich verbunden war. Thukydides unterstellt, daß sogar sein Name spartanisch[4] war, was auf einen spartanischen Vorfahren schließen läßt.

Wir wollen damit nicht sagen, daß es vor den Tagen des Perikles keine illegitimen Kinder gegeben habe. Die homerischen Epen kennen Bastarde meistens als von den großen Recken[5] gezeugte Kinder von Sklavinnen oder Konkubinen (die Produkte der Verführung adeliger Mädchen durch Götter scheint man nicht Bastarde genannt zu haben). Aber deren Stand und Rechte hingen zu Lebzeiten des Vaters von dessen Entscheidung über sie ab, nach dessen Tod von der Entscheidung ihrer Sippe[6]. Wenn ein Mann von seiner rechtmäßigen Frau keinen Sohn hatte, konnte er einen Bastard als Erben adoptieren, wie es der *Odyssee*[7] zufolge Menelaos getan haben soll.

In der Zeit der Adelsherrschaft kennen wir nur die Bastardsöhne der Tyrannen, die manchmal, wie bei den Kypseliden[8], dazu dienten, die imperialistischen Pläne voranzutreiben. Wir kennen den Dichter Archilochos — wenn er wirklich ein Bastard war und deshalb als Bewerber abgewiesen wurde[9] —, und in Athen Themistokles, den Sohn des Neokles und einer Thrakerin, die vielleicht entweder eine Konkubine oder eine Hetäre gewesen ist[10]. Die Solonische Gesetzgebung sah jedoch Wiedergutmachung für Sexualdelikte an Konkubinen vor, die "zum Zweck der Zeugung freier Kinder" gehalten wurden[11]. Das setzt aber die Anerkennung einer Konkubine durch den Staat voraus zumindest hinsichtlich der persönlichen Freiheit der Frau und ihrer Kinder. Dem Autor dieses Buches scheint es unwahrscheinlich, daß Kinder dieser Gruppe in vor-solonischer Zeit irgendeinen wesentlichen Anspruch auf den *oikos* ihres Vaters hatten, solange der nächste Familienangehörige automatisch nachrückte, ebensowenig in der nach-solonischen Epoche, wenn ein Mann Söhne hatte (obgleich er in diesem Fall aller Wahrscheinlichkeit nach keine Konkubine zum Zweck der

Kinderzeugung gehalten hat). Aber wir können nicht mit Sicherheit sagen, ob sie nicht unbestreitbares Recht auf Bürgerschaft gehabt haben.

Solons Gesetzgebung über *epikleroi* macht klar, daß für *oikoi* ohne männlichen Erben legitimer Nachwuchs ohne formale Heirat erreichbar war[12]. Wenn *epikleroi* das Recht hatten, legitime Kinder zu gebären, indem sie ohne Heirat Geschlechtsverkehr mit bestimmten Verwandten hatten, ist es wahrscheinlich, daß Männer ein ähnliches Recht hatten, die Kontinuität des *oikos* mithilfe der Kinder einer Konkubine sicherzustellen, obgleich dies möglicherweise weder die *phrateres* noch die *gennētai* gebunden hat, das Kind in ihren Reihen als Bürger aufzunehmen. Manche derjenigen, deren Bürgerrecht in der Zeit zwischen Solon und Kleisthenes fraglich wurde, mögen dieser Kategorie angehört haben.

Die Kinder von Sklavinnen und die Kinder von gewöhnlichen Prostituierten müssen wohl immer als Bastarde eingestuft worden sein, ebenso, wahrscheinlich, der Nachwuchs von Eltern, die nicht zusammenlebten, also die Kinder der Opfer von Vergewaltigung oder Verführung. Wir kennen den Status jener Kinder nicht, die von einem athenischen Mann und einer athenischen Frau stammten, die ohne formale Heirat nur zusammenlebten, es scheint aber unwahrscheinlich, daß ihr Status weniger privilegiert war als derjenige der Kinder von Konkubinen. Es ist gut möglich, daß sie *de facto* Bürgerrecht genossen, besonders, wenn ihre Eltern unauffällig waren.

Perikles' Gesetz fügte aber den Illegitimen eine neue Gruppe hinzu, indem es den Nachwuchs von Verbindungen mit Müttern ohne Bürgerrecht zu Nicht-Bürgern — *xenoi*[13] — erklärte, unabhängig davon, wie feierlich-formell der Ehekontrakt gewesen war. Auf diese Art wurde es unmöglich, legitime Kinder zu zeugen, es sei denn mit der legitimen Tochter eines Atheners[14]. Es ist allerdings nicht sicher, ob eine formelle Heirat notwendig war, ehe Eukleides das Archontenamt innehatte. Damals, im Jahre 403/2, wurde die Demokratie "gemäß den Gesetzen des Solon" wiederhergestellt[15].

Vom Gesetz des Perikles bis nach der Schlacht von Chaironeia im Jahre 338 blieb dies Gesetz in Kraft, abgesehen von ein paar einzelnen Bürgerrechts-Verleihungen an namhafte Personen[16], und wenigen Konzessionen während des Peloponnesischen Krieges. So hat man etwa den Euböern[17] das Recht gegenseitiger Heirat mit Athenern zugestanden. Mat hat ferner die Leute von Plataiai und Samos und alle, die bei Arginusai 406[18] die Schiffe bemannt hatten, eingemeindet, und man hat, nicht vor 413, einen allgemeinen Dispens gegeben, der Athenern erlaubte, legitime Kinder mit mehr als einer Frau zu zeugen, darunter vielleicht auch mit Nicht-Athenerinnen[19].

Verlobung

Das Gesetz erforderte, daß der Heirat eines Atheners entweder ein Verlobungs-
vertrag *(engye)*[20] oder ein Gerichtsurteil *(epidikasia)* voranging. Letzteres war
ein Rechtsverfahren, durch welches das Anrecht eines Mannes, der gesetzliche Gatte einer *epikleros* zu sein, festgestellt wurde. Im anderen Fall war der
normale Vorgang (per *engye),* daß der *kyrios* eines Mädchens diese ihrem vorgesehenen Bräutigam versprach[21]. Das Versprechen war förmlich[22], und beide Seiten stellten Zeugen[23]; es enthielt auch als eine seiner Bedingungen die
Höhe der Mitgift[24]. Das Normalalter für diese Verträge ist ungewiß; der Fall
der Schwester von Demosthenes, die eine Waise war, mag eine Ausnahme gewesen sein; sie wurde dem Demophon mit fünf Jahren verlobt und ihre Mitgift
wurde sofort ausgezahlt[25]. Aber ganz sicher war ein Verlöbnis, obgleich es vorgeschrieben war, noch nicht dasselbe wie eine Heirat. Wir können mindestens
zwei Fälle belegen, in denen eine Braut versprochen worden war, aber keine
Heirat stattgefunden hat[26]. Wie weit die Sitte des Verlöbnisses zurückreicht,
ist uns unbekannt. Die Ehe zwischen Agariste und dem Alkmaioniden Megakles (ca. 575) war formell beschlossen worden, als ihr Vater sie dem Megakles
"in Übereinstimmung mit den Gesetzen der Athener" verlobte, und er dieses
Versprechen annahm[27]. Im Athen der Zeit der Redner war der Brauch fest-
verankert. Man achtete sorgfältig darauf, Zeugen für das Verlöbnis zu gewinnen[28]. Das Fehlen von Zeugen läßt sich als Hinweis verstehen, daß die Trans-
aktion entweder dunkel war, oder nie gesetzmäßig durchgeführt wurde; Isaios
formulierte das so[29]: "Als er im Begriff stand, seine Tochter einem Mann zu
verloben, der drei Talente wert war (seine sogenannte Tochter, versteht sich),
gab er vor, es sei ein Zeuge anwesend, Pyretides.... Das ist ein schlagender Beweis, daß dieser Beleg, den meine Opponenten beigebracht haben, ganz offensichtlich falsch ist. Sie wissen ja alle, daß wir, wenn wir etwas uns im vorhinein
Bekanntes[30] unternehmen, wofür wir Zeugen brauchen, immer diejenigen her-
beirufen, die uns am nächsten stehen (τοὺς οἰκειοτάτους), ferner diejenigen, mit
denen wir uns gewöhnlich zusammenfinden.... Und wir erwerben uns unsere Belege von Leuten außerhalb des Gerichts, die höchstes Ansehen genießen.... geschrieben nicht in Gegenwart von ein, zwei Leuten, sondern von soviel Männern
als möglich...." Das geschah deshalb, weil, wenn die Kindesmutter nicht regel-
gerecht verheiratet war, das Kind zum Bastard wurde und dann schwere Nach-
teile bezüglich seiner Fähigkeit, Besitz zu erben, und damit auch den Ausschluß
von den vollen Bürgerrechten erlitt.

Ehen innerhalb der *anchisteia* oder der weiteren Familie waren äußerst häufig; für die *epikleroi* waren sie vom Gesetz vorgeschrieben. Wir hören von Ehen zwischen Halbbrüdern und Halbschwestern[31], und Onkel heirateten oft ihre Nichten[32], die Mutter des Hagnias war gleichzeitig seine Cousine zweiten Grades[33]. Isaios konnte argumentieren, es sei ein Zeichen von Böswilligkeit, wenn ein Vater zweier Töchter keine einem Cousin ersten Grades vermählt[34]. Es wird behauptet, daß Meidylides seine Tochter (Kleitomache) seinem Bruder angeboten hatte, und sie erst außerhalb der Familie verheiratete, als dieser sie zurückwies[35]. Zwei uns bekannte Ausnahmen zu der Regel, daß Ehen, die nach einer *engye* geschlossen wurden, von dem *kyrios* des Mädchens arrangiert worden sind, scheinen den Sinn dieser Einrichtung zu bestätigen. Im einen Fall ging ein Vater aus, für seinen Sohn eine Braut zu suchen; der Fall ist aber ungewöhnlich, denn der Sohn war adoptiert[36], und vom Gesetz her waren leibliche Kinder erforderlich, damit ein Adoptivsohn in den Besitz seines Adoptivvaters innerhalb seiner Familie eintreten konnte. Ein anderer Sohn, der einzige Sohn seiner Mutter, hielt es auch für nötig, die Sorge des Vaters, Enkelkinder zu sehen, als Begründung dafür anzugeben, warum er schon so früh — nämlich mit achtzehn[37] — heiraten wolle.

Das Heiratsalter

Das normale Heiratsalter scheint bei Männern rund um dreißig gelegen zu haben. Dieses Alter hielten die Philosophen für geeignet[38], aber es gab dafür vernünftige familiäre Gründe und ebenso solche einer vorstellbaren Eugenik. Diese bestanden in der athenischen Sitte, daß alte Männer die Führung (oder zumindest die wirtschaftliche Verantwortung) innerhalb ihrer Familie an ihre Söhne abgaben. Die Heirat des Sohnes war dafür ein geeigneter Moment; so sagt der oben erwähnte Adoptivsohn, daß er auf Brautschau gehe, um seinen Adoptivvater im Alter zu versorgen[39]. Ein Mann, der mit dreißig heiratete, war etwa sechzig, wenn sein Sohn dreißig wurde; mit neunundfünfzig Jahren endete die Militärdienstpflicht, und man wurde folglich als alter Mann betrachtet[40].

Mädchen wurden viel früher verheiratet; Philosophen und andere Schriftsteller empfahlen etwa achtzehn bis neunzehn als geeignetes Alter (Abb. 24)[41]. Plutarch erzählt, daß die Spartanerinnen mit dem Erreichen der entsprechenden Reife verheiratet wurden, nicht, solange sie zu klein und unreif waren[42]. In Athen wurden die Mädchen der Phratrie am Tag der *koureotis*, d.i. dem dritten Tag der Apaturia vorgestellt. Dabei brachte ihr (neuer) Gatte ein Opfer dar; man verbindet diesen Vorgang mit dem Opfer der Knaben, das am selben Tag stattfand,und zwar anläßlich der Haarschneidezeremonie, die das Ende der Kindheit bedeutete[43]. Es war daher kaum später als mit sechzehn, und da die Griechen die voreheliche Jungfräulichkeit fanatisch betonten, wird das Alter eher nach unten als nach oben gedrückt worden sein[44].

Die Wahlfreiheit

Einige wenige Fälle sind bekanntgeworden, wo eine Frau ihren Gatten selbst ausgewählt haben soll, aber jedesmal wird deutlich, daß dies höchst ungewöhnlich war; im zitierten Fall sagt Herodot dies ausdrücklich und deutlich[45]. Plutarch hält eben das für eine der bemerkenswerten Tatsachen bezüglich Elpinike, der Schwester des Kimon, daß ihre Ehe in Übereinstimmung mit ihrem eigenen freien Willen erfolgte[46]. Die Tochter des Peisistratos soll aus Liebe geheiratet haben[47]. Es ist wichtig zu betonen, daß alle diese Frauen der höchsten sozialen Schicht angehörten, in der Frauen immer deutlich mehr Unabhängigkeit genossen als in der Mehrzahl der Bevölkerung.

Die Gesellschaft erwartete von einem Mann, daß er für seine Töchter Hochzeiten ausrichtete, notfalls auch für seine Schwestern. Das hohe Ansehen eines Mannes wurde schwer beeinträchtigt, wenn er dies versäumte[48]. Die Natur hat es aber (selbst bis ins zwanzigste Jahrhundert hinein) so eingerichtet, daß mehr Mädchen als Jungen das Säuglingsalter überlebten, und der Soldatentod war mindestens so häufig wie der Tod im Kindbett. Der Überhang an Bräuten, die potentielle Ehemänner suchten, schuf für die Töchterväter eine Wettbewerbssituation, die eine Mitgift als unabdingbare (aber keineswegs gesetzlich geforderte) Zugabe zu jeder Heirat mit sich brachte. Mädchen ohne Mitgift konnten nicht heiraten. Deshalb erwies ein Mann einem Mädchen eine hohe Ehre, wenn er es heiratete, obwohl es keine oder nur eine sehr kleine Mitgift hatte. Redner meinten dann, es könne sich dazu beglückwünschen, besonders, wenn es eine *epikleros* war[49]. Unverheiratete Mädchen mußten entweder zuhause bleiben, oder sich, wenn sie mittellose Waisen waren, in die Demimonde begeben[50]. Nach der Eheschließung scheinen Mädchen aber etwas mehr Möglichkeit erlangt zu haben, ihr Los mitzubestimmen. Nur in der religiösen Sphäre scheint der ersten, lebenslänglichen Ehe eine besondere Weihe zugekommen zu sein. Es ist überliefert, daß von frühester Zeit an die Frau des Königsarchonten (des Basileus) Bürgerin und bei ihrer Vermählung Jungfrau zu sein hatte. Zu ihren Pflichten gehörte die ''Hochzeit'' mit dem Gott Dionysos, mit dem sie die Nacht in seinem Tempel verbringen mußte[51]. Die meisten verheirateten Paare konnten sich leicht scheiden lassen, und Witwen wurden oft wiedergeheiratet.

Bei der Wahl des zweiten Gatten konnten die Witwen sicher manchmal einige die Wahl betreffende Wünsche anbringen. Die Mutter des Demosthenes heiratete den Aphobos nicht, obgleich ein Verlöbnis vorlag. Demosthenes erwähnt einen diesbezüglichen Streit mit ihr, bei dem er ihr im Gegenzug die Nahrungsvorsorge verweigert habe. In einer anderen Rede erklärt er, sie habe "sich eine lebenslängliche Witwenschaft auferlegt um ihrer Kinder willen"[52]. Die Anklage gegen Lykophron hatte behauptet, daß eine Witwe sich ihrem (angeblichen) Liebhaber versprochen habe und geschworen habe, sich dem zugedachten Gatten zu verweigern, wenn ihr Bruder ihr einen anderen Mann geben würde[53]. Ohne Zweifel erwartete man aber von jungen Witwen, selbst wenn sie Kinder hatten, daß sie wieder heirateten[54].

Darüber hinaus hatten athenische Frauen die gleichen Scheidungsrechte gegenüber ihren Gatten[55] wie diese umgekehrt[56]. Wir hören sogar davon, daß ein Vater beim Streit mit seinem Schwiegersohn seine Tochter heimgeholt hat[57]. Auch Ehescheidung in gemeinsamer Übereinstimmung war möglich, besonders in Verbindung mit einem Verfahren für eine *epikleros*[58]. In allen Fällen mußte aber die Mitgift der Frau an ihren *kyrios* zurückgezahlt werden. Von einer großen Mitgift sagte man, sie schütze eine Frau und verhindere ihre Scheidung. Man unterstellt folglich[59], daß eine Frau, deren Bürgerrecht fraglich war, notwendigerweise eine große Mitgift haben mußte, die es ihrem Gatten nicht leicht machte, sie loszuwerden.

Die Mitgift

Die Mitgift galt als einer der Bereiche, in denen ein Mann seine Selbstachtung ausdrücken konnte. "Niemand" sagt Isaios "würde einem vermögenden Mann eine Mitgift von 20 Minen anbieten". In einer anderen Rede[60] fragt er, ob wohl 10 Minen eine angemessene Mitgift für ein freigeborenes Mädchen sind, das einem Mann mit drei Talenten in die Ehe gegeben wird. Demosthenes argumentiert[61], daß eine Mitgift in der Höhe von zwei Talenten und 80 Minen aus einem Großbesitz herausgezogen sein müsse, da ja niemand den Besitz seines Sohnes mittellos machen würde. Niemand weigerte sich, eine Mitgift zu zahlen, wenn es ihm möglich war. So heißt es, ein Onkel, Vormund von vier Nichten und einem Neffen, würde mit Sicherheit darauf achten, daß die Mädchen eine Mitgift bekämen. Freunde statteten die Töchter der Armen aus. Den Töchtern der *thetes*, der untersten Steuerklasse, mußte, soweit keine Brüder vorhanden waren, per Gesetz die Mitgift von Verwandten gemäß deren Möglichkeiten beigestellt werden[62]. Selbst der Staat sprang ausnahmsweise (als Belohnung für hervorragende Verdienste am Staat) ein, um die Töchter eines Mannes auszustatten. Zu den Beispielen gehören Aristides im fünften Jahrhundert, und im späten dritten Jahrhundert Timosthenes[63]. Die Mitgift bestand aus Bargeld oder Liegenschaften, die in bar aufgerechnet wurden. Abgesehen von Bargeldsummen hören wir von einem Mietshaus im Kerameikos, das auf 40 Minen geschätzt wurde, sowie von 30 Minen in bar und weiteren 10 Minen, die für den Zeitpunkt des Todes des Brautvaters versprochen wurden — die Summe wurde später sichergestellt, indem man sie den Forderungen auf ein Haus anhängte[64]. Witwen erhielten bei ihrer Wiederverheiratung eine Mitgift in der gleichen Weise wie das unverheiratete Mädchen, was auch ganz natürlich ist, da die Mitgift einer Frau als ihr Anteil am väterlichen Vermögen betrachtet wurde, und zwar ein Anteil, der zu ihrem Unterhalt beiseitegelegt wurde. Und es ist ein durchgängiges Prinzip athenischen Rechts gewesen, daß das Familienoberhaupt, in dessen Besitz sich die Mitgift einer Frau befand, sie zu erhalten hatte[65].

In einem Schriftstück heißt es, daß das Haushaltsmobiliar zu einer Mitgift dazugehört[66]. Man muß aber in diesem Fall annehmen, daß diese Möbel von Geldern der Mitgift gekauft worden waren. Denn es gibt andererseits Belege für ein Solonisches Gesetz, demzufolge eine kostbare persönliche Aussteuer innerhalb einer Mitgift verboten war[67]. In diesen persönlichen Dingen, die einer Braut als Zugabe über die Mitgift hinaus gegeben wurden, zeigten Athener ihren Schwiegersöhnen ihr Wohlwollen an, denn diese Gegenstände unterlagen keiner Schätzung und konnten nicht zurückgeholt werden, wenn eine Ehe im Streit auseinanderbrach[68]. So wie heutzutage scheinen Freunde einer Braut Hochzeitsgeschenke gebracht zu haben (Abb. 25). Auch können ziemlich große Summen unter der Hand übergeben worden sein — da auch Athener ihr Vermögen verbargen, um nicht zur Steuer gebeten zu werden —, denn Aphobos konnte die Behauptung aufstellen, daß der Vater des Demosthenes vier Talente Silber auf dem Grund des Hauses vergraben habe, die der Kontrolle der Mutter unterlagen[69] — ein Vorwurf, den der Redner zurückweist, der aber zumindest glaubwürdig sein mußte.

Wie schon oben erwähnt, war das Ziel der Mitgift in erster Linie der Unterhalt der Frau. Das Vermögen blieb unter der Kontrolle des Ehemannes, solange er lebte. Starb er vor seiner Frau und es gab keine Kinder, dann ging das Vermögen mit ihr zurück zu ihrer eigenen Familie. Wenn Kinder da waren, stellte es einen Teil des Erbgutes der Kinder dar, vorausgesetzt, daß sie, als Erwachsene, die Mutter erhielten, oder daß ihr Vormund dies tat, solange sie unmündig waren[70]. Daher hören wir in einer Rede davon, daß Soll und Haben, Vermögen und Verpflichtungen einer Witwe beim Tod ihres Mannes untersucht wurden; dabei hatte der Verstorbene eine seiner Frau geschuldete Summe mit zu seinem Guthaben gerechnet. Zumindest in dieser Familie aber hatte die Ehefrau de facto Vorkehrungen zugunsten ihrer Töchter getroffen und für ein Begräbnis eine halbe Mine ausgegeben[71]. Es gab also offensichtlich Gelegenheiten, bei denen eine Frau über ihren Besitz verfügen konnte, obgleich sie ohne Zweifel die Einwilligung ihres Ehemannes eingeholt hatte.

Nach der Verlobung (*engye*) kam die Hochzeit (*gamos*), bei der die Braut in das Haus des Bräutigams gebracht wurde und die Ehe wirklich begann (Abb. 24). Erst dann waren die verschiedenen Hochzeitslieder am Platze[72]. Erst das Zusammenleben machte eine Ehe zu einer solchen; ihr Bestehen war ganz wesentlich eine Frage der tatsächlichen Situation. Wohngemeinschaft[73] (συνοικεῖν) ist das griechische Wort für Ehe, deren ausdrückliches Ziel die Zeugung von Kindern war. Bei Xenophon sagt Sokrates: "Sie nehmen doch sicher nicht an, daß Männer und Frauen Kinder wegen des sexuellen Vergnügens zeugen, die Straßen sind schließlich voller Leute, die dieses Bedürfnis befriedigen, ebenso wie die Bordelle? Nein, das ist klar, daß unsere Frage darauf zielt, von welchen Frauen wir die besten Kinder hervorbringen, und mit diesen kommen wir zusammen und zeugen Kinder"[74]. Der Ankläger der Neaira sagt: "Das eben ist doch Wohngemeinschaft, jemand zeugt Kinder und stellt seine Söhne den *phrateres* und den Angehörigen des *demos* vor. Seine Töchter aber, die er genauso legitim gezeugt hat, gibt er ihren Gatten in die Ehe"[75].

Die Ansicht, daß Mädchen ein Anrecht nicht nur auf Ehe, sondern auch auf Kinder hatten, liegt deutlich der Aussage eines Sprechers über Menekles zugrunde, der sagt: "Menekles sagte, er habe voll Besorgnis das Schwinden seiner Manneskraft und die Kinderlosigkeit seiner Frau gesehen; es sei nicht rechtens, daß sie für ihre Tugenden damit bestraft werde, mit ihm in Kinderlosigkeit alt zu werden"[76]. Eine andere Stelle unterstützt diese These[77]: Dort unterstellt man deutlich, daß eine Frau, die noch gebärfähig war, einen neuen Gatten bekommen konnte und auch hätte bekommen sollen, dies aber wiederholt dadurch vermied, daß sie eine Schwangerschaft vortäuschte.

Wenn überhaupt bei irgendetwas, dann leisteten sich die Athener bezüglich ihrer Kinder sogar Sentimentalität; weinende Kinder gehörten zur Ausstattung eines Angeklagten in einem Prozeß — Sokrates weigerte sich, ein solches Benehmen bei seinem Prozeß zuzulassen[78]. Die Gefühlsappelle des Sositheos bei dessen Redeschluß[79] wurden offenbar begleitet von dem Flehen des bei Gericht persönlich anwesenden Knaben. "Selbst wenn die Güter einiger Leute vom Staat wegen Vergehen konfisziert werden" sagt Demosthenes[80] "nehmt ihr, das Volk, nicht den gesamten Besitz weg, sondern aus Mitleid mit entweder dem Weibervolk oder den kleinen Kindern laßt ihr ihnen immer irgendetwas" (nämlich den Schuldigen). "Wenn wir sterben" sagt Xenophons Sokrates[81] "wenn wir irgendjemandem die Pflicht übertragen wollen, unsere Söhne zu erziehen, unsere unverheirateten Töchter zu schützen und unser Geld zu bewahren, trauen wir dann dem ausschweifenden Mann?" Xenophon dachte offensichtlich an die wichtigsten Verantwortlichkeiten eines Mannes.

Die formalrechtlich geschlossene Ehe und die daraus resultierende Geburt von Kindern hatte auch eine öffentliche Seite, und zwar wegen der Bedeutung, die der Sicherstellung der Legitimität des Kindes zukam. Im Hinblick darauf wurde eine Ehe bei den *phrateres* registriert, meistens bei den *phrateres* des Ehemannes, aber auch, wenn das Mädchen eine *epikleros* war, bei denjenigen ihrer Familie[82]. Entsprechend wurde ein Kind nach seiner Geburt am Fest des zehnten Tages zumindest den Verwandten im Rahmen einer anscheinend sehr großen Feier vorgestellt. Und bei dieser Gelegenheit gab der Vater dem Kind einen Namen[83]. Möglicherweise wurde dabei auch das Kind den *phrateres* vorgestellt, aber dies scheint meistens später erfolgt zu sein. Der Vater leistete einen Eid, daß "er wisse, daß dieses Kind Bürgerrecht genieße, da es ihm von einer Bürgerin in rechtmäßiger Ehe geboren worden sei"[84].

Kinder, die ihren Anspruch auf Legitimität nicht untermauern konnten, galten als Bastarde; ihnen fehlte seit 403 nicht nur das Recht auf Nachfolge – der höchste erbbare Betrag war für sie 1000 Drachmen –, sie waren auch von den familiären Kultausübungen ausgeschlossen, und sie genossen nicht das volle Bürgerrecht[85]. Dies bedeutete aber nicht, daß sie rechtlos waren. Unsere Rechtsquellen, die nun einmal hauptsächlich Erbstreitigkeiten beinhalten, geben da ein verzerrtes Bild. Bastarde entsprachen den Ausländern (*xenoi*) insofern, als sie kein Recht hatten, Liegenschaften von Bürgern zu erwerben[86], aber sie müssen vor dem Gesetz Rechte gehabt haben, ebenso wie die *xenoi*. Für den Vollzug der Justiz im Interesse der letzteren trug der Polemarch, einer der höchsten Beamten, die Verantwortung[87]. *Xenoi* hatten auch Pflichten; Metöken haben sicher in der Armee gedient. Es gibt keinen Grund anzunehmen, daß Bastarde (wenn sie reich genug waren) dies nicht ebenso taten[88]. Metöken zahlten auch Zusatzsteuern[89]. Da sie die Pflichten, aber nicht die Vorteile des Bürgerrechts hatten, verwundert es nicht, daß sie manchmal versuchten, es sich widerrechtlich anzueignen – bei den Rednern hören wir von den "Tricks derer, die versuchen, das Bürgerrecht zu beanspruchen"[90]. Daher bestrafte der Staat alle Versuche, das Bürgerrecht heimlich zu erwerben, sehr streng[91].

Ehefrauen und Konkubinen

In seiner Rede gegen Neaira zitiert Apollodoros ein Gesetz, wonach es einem Fremden verboten ist, eine Bürgerfrau zur Ehe zu nehmen (συνοικεῖν), ebenso einer Ausländerin, mit einem Bürger zu leben[92]. Die Strafe war Sklaverei oder eine schwere Geldbuße. Dies bedeutete sicher nicht das Verbot von Geschlechtsverkehr außerhalb dieser Grenzen, oder auch ein Verbot, sich Konkubinen zu halten, oder, im Fall einer Frau, einen Liebhaber. Was es verbot, war, daß solche

Leute vorgaben, sie seien formalgültig verheiratet und zeugten Kinder im Bürger-
rang. Ähnliche Verbote riegelten Versuche ab, die Tochter nur eines Elternteils
mit Bürgerrecht einem Athener so zu vermählen, als sei sie frei geboren[93]. Apollodoros kann sich folglich auf den Standpunkt stellen, daß sein Gegner Stephanos entweder behaupten muß, daß Neaira (die betreffende Frau) eine Bürgerin
ist und nach den Gesetzen seine Ehefrau, oder zugeben, daß Neaira eine Konkubine ist in seinem Haus, nicht seine Ehefrau, in welchem Fall die Kinder, die Bürgerrecht haben sollen, von einer anderen Frau stammen müssen, einer Verwandten, die er früher geheiratet hatte. Dies ist der Kontext der oft falsch zitierten
Aussage[94] bezüglich Kurtisane, Konkubine und Ehefrau: "wir haben Kurtisanen
zum Vergnügen, Konkubinen, die sich um die täglichen Nöte des Körpers kümmern, und Ehefrauen, um legitime Kinder zu zeugen und eine vertrauenswürdige
Aufsicht über unser gesamtes Hauswesen zu haben". Die Aussage behauptet
nicht, daß wir kein Vergnügen oder keine Fürsorge für unsere Person von seiten
unserer Ehefrauen haben können — ganz im Gegenteil: die Dienste der drei Sor-
ten von Frauen sind kumulativ. Das Ziel dieser Argumentation ist nur, darauf
zu dringen, daß man legitime Kinder nur von einer in rechtmäßiger Ehe verbun-
denen Frau bekommen kann.

Wir hören[95], daß während des Peloponnesischen Krieges, nach der sizilianischen Katastrophe im Jahre 413 die Athener vorübergehend von den Regeln
absahen, wonach Kindesvater und Kindesmutter formell verheiratet sein mußten.
Das geschah wegen der Knappheit an Männern. Bürger erhielten das Recht, eine
Ehefrau zu heiraten, und Kinder (nämlich legitime) mit einer weiteren Frau zu
zeugen. Dies hat die Kommentatoren in Schock versetzt, besonders die viktorianischen, aber es entspricht vollkommen der athenischen Auffassung der Ehe —
als einer Institution zur Sicherstellung der *oikoi*, und (im Falle der Stadt) um
die Ränge der Bürgersoldaten aufzufüllen. Nach der Schlacht von Chaironeia
(338) wurden auch Ausländer angeworben, und diejenigen, denen das Bürgerrecht aberkannt worden war, bekamen es zurück. Der Redner Lykurgos sagt
nicht, wie viele das betraf[96].

Ehebruch — Unkeuschheit

Die Bedeutung, die dem Nachweis der Legitimität zukam, hatte vornehmlich
zwei Ergebnisse: Ehebruch wurde zu einem öffentlichen Verbrechen in gleicher
Weise wie zu einem privaten, und sie führte dazu, daß die Athener sich bis zum
Exzeß mit der Keuschheit ihrer Frauen befaßten, was wiederum zur Folge hatte,
daß man sie in einem Maße bewachte, das heutzutage als untragbar gilt[97].

Ehebruch in Athen (so sagt man manchmal) bedeutete "die Sünden der Ehefrau". Die Belege sind nicht ganz so eindeutig; erstens war die Todesstrafe für

den Ehebrecher, nicht die Ehebrecherin, vorgeschrieben – sie wurde natürlich bestraft, aber es ist doch merkwürdig, daß, wenn das Vergehen nur ihr zur Last gelegt wurde, ihre Liebhaber und nicht sie getötet wurden.

Zweitens wird in der Gesetzesversion, die wir besitzen, festgelegt[98], daß ein Mann ungestraft einen Ehebrecher in flagranti mit irgendeiner Frau unter seiner *kyrieia* – Mutter, Schwester oder Tochter sind gleichermaßen erwähnt wie seine Frau – töten durfte. Wenn das Gesetz richtig wiedergegeben ist, und es gibt keine guten Gründe, das Gegenteil zu glauben, muß dies die Vorstellung widerlegen, daß das Recht des Mannes zu töten dem Schutz der eigenen Ehe galt, und daß etwa die Tatsache ihrer Verheiratung der Grund war, warum ihr Liebhaber von ihrem *kyrios* bestraft werden konnte. Der betreffende Mann hat folglich genauso ein Verbrechen begangen wie die Frau.

Euphiletos sagt, daß die Todesstrafe für den Ehebrecher von allen Staaten einheitlich gefordert wurde; der Redner Lykurgos erklärt, der Ehebrecher sei "jemand, der die natürlichen Instinkte verrät", und Xenophon vergleicht den Mann, der seine Gelüste nicht kontrollieren kann, mit einem überdrehten Gockel, indem er darauf hinweist, daß die Bedürfnisse der Natur auch ohne Ehebruch befriedigt werden können[99]. Platons Gesetze in Sexualfragen sind aufschlußreich. Sie sollten für Männer ebenso streng sein wie für Frauen, aber er mußte, wie er selbst zugab, Kompromisse schließen. Obgleich er eigentlich jeden Geschlechtsverkehr außerhalb der Ehe brandmarken wollte, und behauptete, es sei ein Naturgesetz, die Jungfräulichkeit bis zum zeugungsfähigen Alter zu bewahren und anschließend dem Ehepartner treu zu sein, gab er zu, daß die meisten Männer, Griechen wie Nicht-Griechen, sich nicht so verhielten. Er zog sich daher auf das "Mögliche und Machbare" zurück, dies aber war, jeden Geschlechtsverkehr mit freigeborenen oder Frauen mit Bürgerrecht außerhalb der angetrauten Ehepartnerin zu verbieten, Sodomie zu verbieten, und jeden Verkehr mit einer anderen, also nicht-freien Frau in die Heimlichkeit zu verbannen unter Androhung des Verlustes der Bürgerrechte[100]. Offenbar reagierte Platon auf Zeitströmungen, die Männern außerehelichen Geschlechtsverkehr erlaubten, vorausgesetzt, daß er sich nicht mit Frauen in der *kyrieia* eines anderen Bürgers abspielte. Das heißt aber, daß 'Ehebruch' nicht nur ein Vergehen der Frau war; ein Mann konnte dann als Ehebrecher bestraft werden, wenn er eine Frau verführte, die er nicht verführen durfte, und seine Strafe konnte härter ausfallen, weil seine Handlungsfreiheit größer war.

Athenische Frauen hatten keine sexuelle Freiheit, aber die Begründung der athenischen Haltung war in erster Linie politisch, nicht moralisch. Euphiletos sagt aus, daß "der Gesetzgeber den Tod für Ehebruch vorsah" (aber nicht für Vergewaltigung)[101] ".. weil derjenige, der sein Ziel durch Verführung erreicht, dabei den Geist der Frau ebenso verdirbt wie den Körper.... Zugang zum gesamten Besitz eines Mannes bekommt und Zweifel an der Abkunft der Kinder hervorruft". Darum ging es; wenn ein Athener ein Verhältnis mit einer athenischen Bürgerin hatte, die nicht seine Frau war, dann würde ein Baby keinen Anspruch auf seinen Besitz, die Familie oder religiöse Verbindungen haben, und auch keinen falschen Anspruch auf Bürgerrecht geltend machen können, die Frau aber wäre gezwungen, zu behaupten, daß ihr Ehemann der Vater sei, und seine Verwandtschaft und deren Kult waren deshalb zutiefst betroffen, denn dann würde ihr ein Nicht-Mitglied untergeschoben, und wenn es entdeckt wurde, würden alle Kinder des Ehegatten Schwierigkeiten haben, ihren Anspruch auf Bürgerrecht nachzuweisen, wenn man ihn anzweifelte. Ein unverheiratetes athenisches Mädchen, das verführt worden war, konnte nach den Gesetzen Solons in die Sklaverei verkauft werden. Hypereides unterstellt, daß es 250 Jahre später gebräuchlicher war, sie unverheiratet zuhause zu behalten — wenn er andeutet, daß weder sie noch eine verführte Witwe in der Lage waren, einen Ehemann zu finden[102].

Der Tod für den Verführer, selbst den in flagranti ertappten, wurde sicher nicht immer gefordert; die Komödie spricht von Zahlungen, Haarscheren und anderen entehrenden, aber komischen Kränkungen, die einem Ehebrecher zugefügt werden konnten und ihn zwangen, sich einige Zeit lang nicht in der Öffentlichkeit zu zeigen, jedenfalls nicht in der Ringerschule[103]. Die Scheidung von einer im Ehebruch ertappten Frau war Vorschrift[104], aber wir können ziemlich sicher sein, daß man dieser Anordnung nicht immer entsprach. Eine Frau mit einer großen Mitgift hätte diese zurückbezahlt bekommen müssen, was dem Ehemann wohl oft unmöglich war, oder was er zumindest nicht tun wollte. Hypereides erläutert[105], daß ein Ehebrecher manch eine Frau zwinge, mit denen zu leben, mit denen sie rechtlich nicht leben dürfte, aber wir sind nicht sicher, daß der Redner von Ehebrecherinnen spricht.

Ein interessanter Kompromiß in einem Ehebruchsprozeß wird in der Rede gegen Neaira aufgedeckt[106]. Ein Mann, der mit Neairas Tochter Beischlaf geübt hatte, wurde des Ehebruchs mit ihr bezichtigt, und es wurde ihm erlaubt, sich durch eine Bürgschaft von dreißig Minen freizukaufen, wobei er bis zur Bezahlung in Haft blieb. Anschließend klagte er wegen unrechtmäßiger Inhaftierung (weil, wie er sagte, das Mädchen eine Hetäre und nicht eine Bürgerin gewesen sei). Die Voraussetzung für dieses Verfahren war, daß er als überführter Ehebrecher vor Gericht nach Belieben des Anklägers mißhandelt werden konnte, außer durch Waffengebrauch. Schließlich wurde der Streitfall außergerichtlich durch die Zahlung von zehn Minen beigelegt, "da er bei dem Mädchen geschlafen hatte und ihr eine entsprechende Gabe schuldete". Als Gegenleistung sollte er sie besuchen dürfen, wann immer er in Athen war; tatsächlich wurde sie eine Konkubine mit der höchsten Ausstattung, die für eine nicht legitime Frau gesetzlich zugelassen war. Andere Fälle von Konkubinat sind selten, einer wird bei Isaios erwähnt; der Redner sagt, "selbst Leute, die ihre weiblichen Familienmitglieder zum Konkubinat freigeben, machen jedenfalls im voraus einen Vertrag bezüglich der Ausstattung, die die Konkubine empfängt"[107]. Diese "Konkubine", von der der Redner sagt, sie sei die illegitime Tochter eines Bürgers, hatte, so wie die Tochter der Neaira, den für Bastarde höchstzulässigen Anteil aus dem Vermögen des Vaters erhalten.

Nicht-Bürger konnten gesetzlich gültige Ehen mit Töchtern von Nicht-Bürgern abschließen, sowie ihre Töchter mit einer Mitgift ausstatten[108], und das athenische Recht stützte solche Vereinbarungen[109]; was das athenische Gesetz zu verhindern trachtete, war, daß Nicht-Bürger Anspruch auf Bürgerrecht und auf den Besitz der Bürger erhoben, nämlich auf die *oikoi*, aus denen sich die Demen zusammensetzten.

Das Alter

Die Haltung der Athener gegenüber dem Alter war einigermaßen ungewöhnlich. Einerseits haßten sie das Alter mit seinem Verlust der jugendlichen Schönheit, die man so sehr bewunderte, und sie fürchteten die Zeit sehr, wenn sie nicht mehr die Kraft haben würden, sich ihr tägliches Brot zu verdienen[110]. Darüber hinaus galt Senilität als einer der Gründe, die die Handlungen eines Atheners vor dem Gesetz ungültig machten, da man dafür hielt, daß jemand seiner Sinne nicht mächtig sei, wenn er senil war[111]. Für unser Empfinden kann nichts geschmackloser sein als das, was Perikles den alten Leuten sagte, die ihre Söhne im ersten Jahr des Peloponnesischen Krieges verloren hatten[112]. Andererseits wurde den Kindern von der Stadt nicht nur als moralische, sondern als gesetzliche Verpflichtung auferlegt sicherzustellen, daß ihre Eltern versorgt waren, wenn sie alt wurden. Mißhandlung von Eltern[113] zählte wie Mißhandlung von Waisen und *epikleroi* als ein Anklagethema, bei dem dem Ankläger kein Strafrisiko drohte, und "behandelst du deine Eltern gut?" war eine der Fragen, die nicht nur den Bewerbern um das Archontenamt, sondern allen öffentlichen Beamten, auch den Rednern, vorgelegt wurden[114]. Auch von anderen Formulierungen können wir ableiten, daß die Erwartungen sich nicht auf das Vermeiden von Mißhandlungen beschränkten; es waren aktive Dienste gefordert, besonders die Bereitstellung von Nahrungsmitteln[115]. Das scheint in der Tat eine Verpflichtung gewesen zu sein, die jedermann auferlegt war, wie man aus jenen Ausnahmen ersieht, die Solon gestattete, und von denen eine Version (wir wissen nicht, wie weit verbessert) bis ins vierte Jahrhundert überdauerte[116]. Daher war die Zeugung von Kindern zum Zweck der Altersversorgung ein häufig erwähntes Motiv für Elternschaft, und ebenso für Adoption[117].

118

Der Staat traf auch Vorsorge für die Versorgung alter Frauen; hier war das Gesetz deutlich ausformuliert; diejenige Person, die ihre Mitgift verwaltete, hatte die Verpflichtung, sie zu versorgen. Tat sie dies nicht in angemessener Form, dann konnte sie unter Anklage gestellt werden[118]. Die am meisten betroffene Gruppe waren die Witwen, deren Situation beim Tode ihrer Ehegatten unter Umständen so aussah, daß sie im *oikos* des Gatten verbleiben und von dessen neuem *kyrios* erhalten werden konnten, der manchmal ein Sohn war, manchmal der Vormund eines Unmündigen oder (wenn sie kinderlos waren) ein Verwandter. Im anderen Fall konnte die Witwe zu ihrer Familie zurückkehren, wenn sie keine Kinder hatte und ihre Mitgift zurückerhielt, oder davon Zinsen in vorgeschriebenen Raten ausgezahlt bekam[119]. Wenn sie jung genug war, konnte sie aber auch mit einer angemessenen Mitgift wiederverheiratet werden (und wir können zumindest zwei Fälle belegen, in denen eine Witwe die Kinder ihrer ersten Ehe mitnahm). Sie konnte auch gerichtlich zur *epikleros* erklärt werden, wenn ihre Situation dies erforderte[120]. Was immer aber geschah, immer mußte die Person, die *kyrios* ihrer Mitgift war, für ihren Unterhalt sorgen.

Andererseits war eine Wirkung des Senilitätsgesetzes, daß Väter erwachsener Söhne oft diesen die Verwaltung ihres *oikos* übergaben und *de facto* vom Management des Hauses zurücktraten. Als der alte Menekles einen Sohn adoptiert hatte und ihn zu heiraten veranlaßte, zog er sich, wie deutlich erkennbar wird, zurück und übertrug dem Adoptivsohn die Verantwortung für den *oikos*; seine Schwiegertochter half bei der Altersversorgung[121].

Aus Lykurgos' berühmter Beschreibung des Elends, das die Stadt am Morgen nach der Katastrophe von Chaironeia betroffen hatte[122], geht deutlich hervor, daß die alten Männer, die in der Stadt herumhuschten, die Mäntel doppelt um sich herumgeschlungen, sich eigentlich vom öffentlichen Leben zurückgezogen hatten und normalerweise nicht abseits ihrer Feuerstellen gesehen wurden. In einem Beispiel aus der Welt der Komödie, in den *Wespen*, tritt ziemlich offen zutage, daß Bdelykleon das tatsächliche Familienoberhaupt ist[123]. Die Ausgewogenheit eines solchen Vater/Sohn-Verhältnisses war offensichtlich eine delikate Angelegenheit und muß von Familie zu Familie unterschiedlich gewesen sein; sie war eines der Themen, welche Sokrates ebenso wie Aristophanes zur Diskussion gestellt hatten — aus Xenophon geht deutlich hervor, daß die Ankläger des Sokrates seine Ansichten zur Zielscheibe ihrer Angriffe gemacht hatten[124].

Während seines ganzen Lebens war ein Athener wesentlich Teil eines *oikos*; das Baby mußte bei seiner Geburt vom *kyrios* seines *oikos* (seinem Vater) angenommen und von den *phrateres* der Phratrie, zu der sein *oikos* gehörte, verzeichnet werden. Die Stadt war nicht direkt an ihm interessiert, bis er bereit war, für den Kriegsdienst ausgebildet zu werden. Als Mann heiratete er gewöhnlich in einem Alter, bei dem der Vater bereit war, von der wirtschaftlichen Verantwortung für den *oikos* zurückzutreten, und seine *phrateres* nahmen seine Heirat zur Kenntnis, damit sein Sohn entsprechend bereitwillig als Mitglied des *oikos* angenommen werden konnte. Wenn er seinerseits sich zurückzog, fuhr der *oikos* fort, ihn unter seinem neuen *kyrios*, seinem Sohn, zu unterhalten. Eine athenische Frau war in gleicher Weise Mitglied ihres *oikos* bis zu ihrer Heirat, dem Zeitpunkt, zu dem sie in den *oikos* ihres Mannes überwechselte, wobei sie einen Anteil aus den Besitztümern ihres eigenen *oikos* mitbrachte. Dieser Anteil war für ihren Unterhalt bis zu ihrem Tode bestimmt, ob als Ehefrau, als Mutter oder Witwe oder selbst als Geschiedene. Alles athenische Recht war errichtet im Hinblick auf die Mitgliedschaft bei einem *oikos*; der *oikos* eines Mannes versorgte ihn sowohl mit seinem Platz im Gemeinwesen als auch mit dem verfügbaren Maß an sozialer Sicherheit. Dies aber hilft zum Verständnis für jene leidenschaftliche Entschlossenheit, die *oikoi* in gleicher Weise gegen Ausländer und gegen gewinnsüchtige Athener zu verteidigen, die ein Kennzeichen des demokratischen Zeitalters war.

KAPITEL VI

Besitz und Familie in Athen

Nachfolge und Erbteilung

In seiner Entschlossenheit, die Anzahl der *oikoi* zu erhalten, mischte sich der Staat in hohem Maße in die privaten Besitzverhältnisse der Menschen ein; es gab eine verschlungene Gesetzgebung, um Person und Eigentum der *epikleroi* und Waisen, sowie *oikoi* ohne Erben zu schützen[1]. Auch konnte ein Mann vor dem Archon wegen Geistesgestörtheit angeklagt werden als jemand, der "seiner Sinne nicht mächtig ist und sein Vermögen verschwendet"[2], und wenn man ihn in diesem Sinne verurteilte, war er nicht mehr in der Lage, über seinen Besitz zu verfügen oder sonst einen gültigen Rechtsakt wie eine testamentarische Verfügung vorzunehmen, denn niemand konnte einen Rechtsakt durchführen, wenn er geistesgestört war. Ein einmal zitiertes und oft als Beleg erwähntes Gesetz zählt als Gründe für die Rechtsunfähigkeit eines Mannes vor Gericht auf: "Mondsucht und Geistesgestörtheit wegen Alters, Drogen oder Krankheit, oder wegen Verleitung durch eine Frau (vielleicht durch die Ehefrau), oder wenn er in Gewahrsam oder Haft ist"[3]. Wir können keinen gesicherten Fall aufzählen, bei dem dies tatsächlich zu Lebzeiten eines Mannes geschah, aber das Gesetz wurde oft genug angerufen, um einen Letzten Willen anzuzweifeln, wie etwa von den Gegnern des Sprechers von Isaios II[4], und sicher war das Eigentum eines Mannes am ehesten in Gefahr, durch Verschwendung vergeudet zu werden, wenn Männer starben, ohne einen erwachsenen Sohn zu hinterlassen.

Sowohl vor als auch nach dem Zeitpunkt, als es gesetzlich möglich wurde, ein Testament zu machen, hatte jedoch das athenische Gesetz Vorsorge getragen, daß Söhne ihre Väter beerbten, ohne daß eine Fragestellung oder auch nur die Möglichkeit zu Debatten über Anteile bestand. Alle Söhne hatten ein unantastbares Recht auf einen gleichen Anteil am *oikos*, es sei denn, sie waren außerhalb des *oikos* in eine Familie hinein adoptiert oder formal enterbt worden[5]. Adoption wurde frei praktiziert und war als vollkommen ehrenhaftes Verfahren anerkannt. Förmlich vollzogene Enterbung scheint selten gewesen zu sein und als sehr entehrend gegolten zu haben[6]. Da die Feinde des Themistokles diesem vorwarfen, er sei enterbt worden, muß dies im sechsten Jahrhundert möglich gewesen sein. Demosthenes, Platon und Aristoteles kannten diese Möglichkeit.

Demosthenes betrachtete sie als das verdiente Schicksal seines Gegners, Platon bezeichnete die Enterbung, ebenso wie Verfahren wegen Irrsinns als Handlungsweisen von Männern, deren moralische Maßstäbe auf die tiefste Stufe gesunken waren, er fügte aber hinzu, daß in anderen Staaten (d.h. anderen als seinem eigenen Staat) ein Junge, der verstoßen wurde, nicht notwendigerweise sein Bürgerrecht verlor[7]. Ob diese Regel auch für Athen galt oder nicht, wissen wir nicht.

Die Regel, daß Söhne ein Recht auf gleichen Anteil hatten, bedeutet nicht, daß die *oikoi* notwendigerweise gespalten wurden. Ein gewisser Aristodemos behauptete, daß "der Bruder seines Großvaters eine Verehelichung ablehnte, aber aus eben diesem Grunde einverstanden war, daß der Besitz ungeteilt blieb und er für sich auf Salamis lebte"[8]. Die Tatsache, daß er nicht geheiratet hatte — er hatte eine ihm angebotene Braut tatsächlich abgelehnt — galt als hinreichendes Motiv für seinen Wunsch, den *oikos* des Vaters nicht zu teilen. Der Sprecher informiert uns im weiteren, daß beide Bürger zum Leben genug hatten.

Eine solche Nicht-Aufteilung eines Besitzes ist keineswegs einmalig. Ein gewisser Menekles (der viele Jahre lang keinen Erben hatte) und sein Bruder hatten offensichtlich ein Stück Land in gemeinsamem Besitz. Trotz der gegenteiligen Behauptung unseres Sprechers ist es sehr wahrscheinlich, daß das in Frage stehende Land von ihrem Vater ererbter Boden war, und erst als Menekles versuchte, dieses zu verkaufen, sah sich sein Bruder veranlaßt, seine gesetzlichen Rechte geltend zu machen. Da nur der Bruder einen Erben gezeugt hatte, hatte dieser um so mehr Grund, die Veräußerung außerhalb der Familie übelzunehmen[9]. Noch einige Zeit nachdem die Erben des Bankiers Pasion das übrige Vermögen aufgeteilt hatten, ließen sie diejenigen Anteile aus dem Besitz ihres Vaters, die zur Gewinnung von Einkünften verpachtet waren, ungeteilt[10]. Man hat sogar später behauptet, daß auch dieser Besitz nur deshalb geteilt wurde, weil der ältere Sohn Apollodoros so extravagant war, daß die Vormünder seines Bruders, der noch unmündig war, im Interesse ihres Mündels eine Teilung erreichten; die verpachteten Besitztümer, eine Bank und eine Fabrik für Schilde, wurden aufgeteilt, als das Mündel großjährig wurde. Ein Appell, die Zerstückelung eines *oikos* zu verhindern, taucht auch in einer Rede des Isaios auf: Dort behaupten die Anwärter auf einen Besitz, der Großvater habe seinen einzigen Sohn Kleonymos angewiesen, wenn er kinderlos sterben sollte, seinen Besitz auf die Söhne der einzigen Schwester zu übertragen, von denen es zumindestens zwei gab. Tatsächlich hatte dieser ihn anderen Leuten, deren Namen, aber nicht deren Verwandtschaftsverhältnisse wir kennen, testamentarisch lange vor seinem Tod vermacht, sodaß der legale Anspruch schwach war. Aber der Appell an die Geschworenen, die Zerstückelung des *oikos* zu verhindern, war darauf berechnet, ihre Sympathie zu wecken genauso wie die Tatsache, daß die Prozeßführenden bei dem Erblasser, Kleonymos, ihrem Onkel mütterlicherseits gewohnt hatten, nachdem ihr Vormund, der der Bruder des Vaters gewesen war, gestorben war[11]. Eine Reihe anderer Fälle zeigen, wie sehr man fühlte, daß *oikoi* und Familien besonders eng verbunden waren. Euergos und Theophemos zum Beispiel hatten ihren gemeinsamen Besitz zu Lebzeiten des Vaters geteilt, was der Sprecher durch Befragung des Euergos entdeckte[12]. Euergos lebte bei seinem Vater im Haus der Familie, während Theophemos als Junggeselle andernorts seine Wohnung hatte. Euergos war verheiratet (er hatte nämlich einen Schwager) und hatte (so wurde angenommen) damit die Verantwortung für die Weiterführung der Familie in die nächste Generation hinein übernommen.

Wie neue *oikoi* begründet werden konnten, ersieht man aus der Familie des Buselos, "der fünf Söhne hatte, die alle erwachsen wurden, und ihr Vater teilte seinen Besitz für sie auf. Nachdem sie diesen geteilt hatten, nahm jeder von ihnen eine Frau nach den Gesetzen Athens, und alle hatten Kinder und Enkelkinder. Fünf *oikoi* sproßten aus dem einen *oikos* des Buselos. Jeder lebte getrennt im Besitz des eigenen Eigentums und zeugte seine eigenen Nachkommen". Weil sie heirateten und Kinder hatten, kam es zur Gründung von fünf *oikoi*[13].

Euktemon mag auch versucht haben, mehrere *oikoi* für seine Sprößlinge zu errichten, obgleich er durch Todesfälle gehemmt wurde. Während seines Lebens überschrieb er Besitz (unter Einschluß von Liegenschaften) auf seinen Sohn Philoktemon, vielleicht bei dessen Heirat, denn wir wissen, daß dieser geheiratet hat, aber kinderlos blieb. Der Besitz gehörte dem Philoktemon im vollen Wortsinn, denn dieser diente dem Staat nicht nur als Reiter und Trierarch (was beides beträchtlichen Wohlstand voraussetzt), und veranstaltete noch weitere Leiturgien, sondern er verfaßte auch ein eigenes Testament. In diesem vermachte er seinen Besitz einem der zwei Söhne seiner Schwester, den er adoptierte, "damit nicht sein *oikos* ohne Erbe bleibe". Später wurde ein Versuch unternommen, einen der besagten Schwestersöhne in Philoktemons *oikos* einzuführen und den anderen in den *oikos* eines Bruders (des Philoktemon), alles nach dem Tode dieser beiden, aber zu Lebzeiten ihres Vaters Euktemon. Man versuchte, von den Archonten die Genehmigung zur Pacht aus den *oikoi* zu erreichen mit der Begründung, sie gehörten Waisen (d.h. Minderjährigen), obgleich ihr Großvater noch lebte[14]. Wie es geschehen konnte, daß Söhne einen eigenen *oikos* getrennt von dem ihres Vaters noch zu seinen Lebzeiten haben konnten, wissen wir nicht. Wir können es aus dieser Rede nicht entnehmen, weil der von Philoktemon testamentarisch adoptierte Sohn bei seinem Tod den Besitz nicht beansprucht zu haben scheint[15].

Euktemon war jedoch bei seinem Tod 96 Jahre alt und über 80, als sein letzter überlebender Sohn, Philoktemon, starb[16]. Wie zum Beispiel aus Aristophanes' *Wespen* deutlich hervorgeht, übernahmen Söhne manchmal ihren *oikos* zu Lebzeiten des Vaters in so wörtlicher Bedeutung und bis zu einem solchen

Grad, daß der Vater sich als ein Kind darstellen konnte, das noch nicht alt genug war, gesetzliche Handlungen zu vollziehen[17]. Solange er einen Sohn hatte (Philoktemon), scheint Euktemon angenommen zu haben, daß dieser ihm nachfolgen würde. Und er hat wohl mit ihm als Erben eine Vereinbarung getroffen, daß ein Stück Besitztum einem Kind vermacht wird, von dem der Sprecher behauptete, es sei der Bastard einer Prostituierten, der aber wahrscheinlich der Sohn Euktemons mit einer mittellosen *epikleros* namens Kallippe gewesen ist[18]. Als Philoktemon aber starb, hat Euktemon seine Verabredung widerrufen und seinen eigenen Realbesitz in Barvermögen verwandelt in der Absicht (so sagt unser Sprecher), es unter der Hand dem "Bastard" und seinem Bruder zukommen zu lassen. Er hat aber keinen Versuch gemacht, durch Verkauf über den Besitz in den *oikoi* seiner verstorbenen Söhne zu verfügen[19]. Der in Frage stehende Besitz muß folglich formell in den *oikoi* dieser letzteren Söhne registriert gewesen sein.

Verallgemeinerungen, die sich auf diese Rede stützen, sind besonders gefährlich, denn unser Sprecher scheint ein ungewöhnlich ausgekochter Lügner zu sein[20]. Man gewinnt aber den Eindruck, daß es eine Verbindung gegeben hat zwischen dem *oikos* eines Mannes — im Sinne des *kleros* — als seinem Besitz, also allem, was er vom Vater ererbt hat, und dem *oikos* im Sinne des Ortes seiner Registrierung als Bürger im *demos*, also dem *oikos* in dem *demos*, in dem seine Vorfahren zur Zeit des Kleisthenes eingetragen worden waren, oder dem *demos*, in dem er selbst eingetragen worden wäre, wenn er, wie Pasion, ein Metöke, das Bürgerrecht verliehen bekommen hatte. Es mag sich so abgespielt haben, daß ein Mann, wenn er sich seiner *dokimasia* unterzog und angenommen wurde, in seinem *demos* als Bürger im *oikos* des So-und-so eingetragen wurde, und dies ihm den Status eines Bürgers und den finanziellen Standard, den sein *oikos* zur betreffenden Zeit hatte, verlieh[21]. Wenn ein Mann wie Buselos mehrere Söhne hatte, wurden sie alle als "Söhne des Buselos" eingetragen, aber deren Söhne wurden als "Sohn des entsprechenden Vaters, Sohn des Buselos".eingetragen, so daß auf diese Art neue *oikoi* geschaffen wurden, wie Isaios sagt (s.o.). Auch Euktemon hatte mehrere Söhne, alle waren in den *demos* als "Sohn des Euktemon" eingetragen, und jedem war vermutlich ein gleicher Anteil am Vermögen des Euktemon übertragen worden. Keiner von ihnen hatte jedoch Erben hervorgebracht, sodaß keiner ihrer *oikoi* je mit der Eintragung von Söhnen als voller, getrennter *oikos* im *demos* registriert worden ist. Nur Philoktemon hatte zu Lebzeiten eine formal gültige Adoption vollzogen, sodaß beim Tod des Euktemon der einzige *oikos*, der in dem *demos* mit einem Erben eingetragen war, der des Philoktemon war. Aber die *oikoi* seiner Brüder, die keine Erben hatten, blieben Provisorien.

Außerdem erweckt die Rede den Eindruck, daß bei einer Teilung des Besitzes zu Lebzeiten eines Mannes die Söhne tatsächlich (als *kyrioi*) Kontrolle über den ihnen zugewiesenen Anteil erlangten. Wie viel dies (im Verhältnis zum Gesamtbesitz) war, wissen wir nicht. Ein sehr wohlhabender Mann mag den überwiegenden Teil seines Besitzes zurückgehalten haben[22], indem er seine Söhne gerade so weit zu *kyrioi* machte, als es ihre *philotimia*[23] befriedigte. Aber bei ärmeren Leuten mußte wohl praktisch (oder sogar wirklich) der ganze Besitz überantwortet werden, damit die Söhne die Möglichkeit erhielten, in der Besitzklasse registriert zu werden, zu der ihr Vater gehörte. Kein Grieche würde weniger für annehmbar gehalten haben.

Diese Vermutung wird in gewisser Weise durch eine Aussage des Pollux gestützt, wonach ein Mann, wenn er in die Bürgerrolle eingeschrieben wurde, gewöhnlich die Verfügung über sein väterliches Erbe erlangte, und daß vom Vater ererbter Besitz auch als der zugeteilte Anteil[24] bezeichnet wurde. Das von Pollux verwendete Wort (λῆξις) wird anderweitig benutzt, wenn vom Anteil am Landbesitz die Rede ist. Dies läßt sich nur als ein Hinweis darauf deuten, daß ein Mann nach dem Bestehen der *dokimasia* in jene Vermögensklasse eingetragen wurde, zu welcher ihn der Wert des *oikos* seines Vaters berechtigte. Der wesentlichste Bestandteil dieses *oikos* war dann wohl Land, und zwar landwirtschaftlich genutztes Land, besonders ein Erbhof. Es ist charakteristisch für das attische Gesetz, daß es verbot, irgendwelche Olivenbäume des eigenen Besitzes in größeren Mengen zu fällen, oder auch Bäume, die für heilig erklärt worden waren, selbst wenn es sich nurmehr um abgestorbene Stümpfe handelte[25].

Es ist auch möglich, daß die Eheschließung eines Mannes den Zeitpunkt angab, zu dem ein Mann die *kyrieia* über seinen *oikos* erlangte[26]. An einer Reihe von Stellen scheint Platon zu glauben, daß ein Alter von dreißig Jahren einer der Einschnitte im Leben eines Mannes sei; dies entsprach dem Alter, in welchem Männer das passive Wahlrecht erlangten, als Ratsmitglieder und Geschworene zu wirken, und dem Zeitpunkt, in dem die meisten Männer anscheinend geheiratet haben[27] – und folglich ihre Väter über das Militärpflicht-Alter hinaus waren. Im *Staat* spricht Platon von denjenigen, die sich mit Philosophie beschäftigen, als Leuten, die "gerade dem Status der Kinder entschlüpft sind, in der Zeitspanne zwischen Kindheit und dem Zeitpunkt, wenn sie die Verwaltung ihres *oikos* und den Erwerb eines Unterhalts aufnehmen", aber wir können aus dem Kontext heraus nicht bestimmen, ob er dabei an den Beginn des ersten Wehrdiensttrainings oder an das Alter der Eheschließung dachte[28].

Da Vergreisung die Handlungen eines Mannes ungültig machte, indem man ihn für "unzurechnungsfähig" erklärte (man möge beispielsweise beachten, wie der Sprecher von Isaios VI auf Euktemons seniler Unfähigkeit herumreitet)[29], hat das Gesetz den Menschen möglicherweise einen Anreiz gesetzt, ihren Besitz den erwachsenen Söhnen zu übergeben. Eine weitere Ermutigung mag dadurch gegeben gewesen sein, daß die Söhne zur Versorgung gesetzlich verpflichtet waren. In seiner Erörterung der Frage, wie ein Bürger zu definieren sei, sagt Aristoteles, daß dieser weder durch seinen Wohnsitz noch durch seine Verantwortlichkeit aktiv oder passiv gegenüber dem Gesetz bestimmt sei, denn auch einige ansässige Ausländer hätten diese Rechte, einige voll, andere mit Einschränkungen, aber, "so wie Kinder, die wegen ihres Alters noch nicht in die Bürgerrolle eingeschrieben sind, und alte Männer, die daraus entlassen sind. Man muß von beiden sagen, sie sind in gewissem Sinne Bürger, aber nicht ohne Einschränkungen, man muß 'minderjährig' hinzufügen für die ersteren und für die letzteren 'im Ruhestand' oder eine entsprechende Einschränkung"[30]. Dabei dürfte Aristoteles an solche Leute gedacht haben, deren Söhne ihren Platz im *demos* und der Phratrie als *kyrios* des *oikos* eingenommen hatten. Sie konnten daher auch weder klagen noch verklagt werden bezüglich des Besitzes. Denn weder Anspruch noch Abwehr von Ansprüchen lag innerhalb ihrer Kompetenz.

Dies bedeutet nicht Rückzug aus dem öffentlichen Leben. Aristoteles sagt, daß jener ein Bürger sei, der das Recht hat, die Versammlungen zu besuchen, und der als Geschworener über seine Landsleute zu Gericht sitzen darf. Er macht keine Andeutung, daß die Männer sich von diesen Tätigkeiten zurückzogen, und es wird deutlich, daß zumindest im fünften Jahrhundert die alten Männer sich nicht von den Geschworenenbänken oder der Versammlung zurückzogen, wie auch Philokleon keine Absicht bekundete, sich vom Geschworenenamt zurückzuziehen, ebensowenig wie jene fürchterlichen Acharnier, mit denen sich Dikaiopolis herumzuschlagen hatte[31]. In der ernsteren Stimmung von Perikles' Leichenrede werden auch die Väter der Gefallenen fortfahren, die Versammlung zu besuchen und über die öffentliche Politik abstimmen[32], obgleich der tiefere Sinn der Bemerkung, daß Bürger mit aktiv kämpfenden Söhnen mehr Beachtung erführen, vielleicht bedeutsam ist. Wie wir wissen, trat Sokrates nicht in den Ruhestand, er war Ratsmitglied im Jahre 406, als er etwa 65 Jahre alt war[33], aber seine Söhne waren zum Zeitpunkt seines Todes im Jahre 399 noch nicht erwachsen. Platon wollte jedoch, daß seine Beamten in Pension gingen. In den *Gesetzen* "sollen die Gesetzeshüter mit siebzig Jahren ausscheiden, nachdem sie nicht vor fünfzig Jahren gewählt werden und dann soviele Jahre dienen, wie ihnen noch auf siebzig fehlen". Im *Staat* war er weniger genau: "Wenn die Kräfte des Bürgers zu schwinden beginnen und er unfähig wird, mit seinen militärischen und politischen Pflichten fertig zu werden, dann sollten wir ihm die Freiheit geben, sich mit Philosophie zu beschäftigen". Diese Anweisung hat, wie wir einem späteren Buch entnehmen, anscheinend nicht ausgeschlossen, daß voll ausgebildete Stadtväter "jeder der Reihe nach die Stadt und die privaten Leute und sich selbst für den Rest ihres Lebens lenkten..... indem sie sich ab dem fünfzigsten Lebensjahr in politischen Pflichten und Amtsgeschäften um der Stadt willen abmühten"[34].

Testamente

Das Gesetz über Testamente, so wie es überliefert ist[35], scheint auszusagen, daß ein Mann mit seinem Besitz nach Gutdünken verfahren kann, wenn er keinen legitimen Sohn gezeugt hat (und im Rückschluß, daß er nicht über seinen Besitz verfügen kann, wenn er Söhne hat); so einfach war es aber nicht. Erstens mußten Töchtern, wenn es welche gab, ihre Rechte als *epikleroi* zugebilligt werden, sonst wäre das Testament für ungültig erklärt worden[36]. Zweitens konnte ganz sicher ein Mann mit einem oder mehr unmündigen Söhnen ein Testament machen, so wie es der Vater des Demosthenes getan hatte[37]. Er war ein wohlhabender Mann, sein Vermögen betrug bei seinem Tode nahezu vierzehn Talente, und zweifellos war sein Motiv dafür, ein so außerordentlich detailliertes Testament zu machen, den Wert seines Besitzes, der für seinen Sohn von Treuhändern verwaltet werden mußte, festzuschreiben, bis dieser ein Alter erreicht hatte, in welchem er selbst die *kyrieia* darüber fordern konnte[38]. Das Testament sollte den Besitz für den Minderjährigen sichern, nicht etwa diesen seiner Einkünfte berauben — wobei Demosthenes nicht behauptet, sein Vater hätte das nicht tun dürfen, sondern, er hätte es nicht getan[39].

Selbst Männer mit erwachsenen Söhnen haben tatsächlich gelegentlich Testamente gemacht. Pasion hatte zwei Söhne, davon war einer erwachsen; aber er hinterließ seiner Witwe eine großartige Mitgift und einigen Besitz als Geschenk. Konon hat nicht nur die Hälfte seines gigantischen Vermögens Apoll und Athene vermacht, sondern auch Geschenke an seinen Neffen und seinen Bruder verteilt[40]. Diese Verfügungen scheinen für uns im Widerspruch mit dem Gesetz des Solon zu stehen. Wahrscheinlich bestand dieser aber in Wirklichkeit gar nicht. Im Falle des Konon behauptet man, daß Konon vermutlich seinen Sohn Timotheos mit "genügenden Mitteln" in Athen ausgestattet hat und den Rest unter Eigenkontrolle in Zypern behalten hat, so daß vor dem Tod des Konon sein Sohn "nicht einmal vier Talente" wert war. Zypern war, so sagt Lysias, ein ebenso sicherer Platz wie Athen für das Horten von Geld oder die Unterstützung einer

Familie. Konons Wille widersprach also nicht dem Solonischen Gesetz, da das Geld in Zypern, das an andere Leute und nicht an Timotheos ging, nicht dem athenischen Gesetz unterstand, und das Archontengericht daher keine Anordnungen bezüglich seiner Verwendung treffen konnte. Was in Athen war — der *oikos* des Timotheos in der Stadt, siebzehn Talente —, war entschieden groß genug, um die Leiturgien und anderen Auflagen, die der athenische Staat machen wollte, auszuführen. In dieser Hinsicht war also dem Solonischen Gesetz Genüge getan.

Im Falle des Pasion ist die Situation äußerst kompliziert, denn er hatte zwei Söhne, einen erwachsenen mit vierundzwanzig Jahren, einen minderjährigen, zehn Jahre alt[41]. Pasion war sehr reich; er hatte zwanzig Talente an Realbesitz und mehr als fünfzig Talente in Anleihen. Davon waren elf Talente Anleihen von seiner Bank, aber in seinem Namen. Dies war nötig, weil der Pächter der Bank, Phormion, der zu dieser Zeit noch Metöke war, solche Schuldverschreibungen nicht pfänden konnte, die in Land gegeben waren. Daß Pasion das Recht hatte, auf dem Totenbett ein Testament zu machen, beruhte auf der Tatsache, daß er einen minderjährigen Sohn hatte, für den er Vormünder einsetzen wollte (klugerweise, wenn Demosthenes' Unterstellungen einen wahren Kern haben), und er bestellte diese auch[42]. Einer davon war Phormion, der Freigelassene, der vor Pasions Tod dessen Geschäftsführer gewesen war. Pasion hatte offensichtlich die Vormünder des unmündigen Sohnes angewiesen, diesem Phormion die zwei Geschäfte zu überlassen, bis der Sohn großjährig war. Dem Phormion wurde auch die Witwe des Pasion zur Ehe gegeben; offensichtlich lebte Phormion im Haus zusammen mit der Familie des Pasion, und die Hochzeit hat bald nach Pasions Tod stattgefunden[43]. Pasion benutzte also sein Testament, um zu versuchen, die Stellung seines jüngeren Sohnes zu sichern, was vielleicht besonders schwer zu erreichen war, weil sein erwachsener Sohn und Erbe sich zu dieser Zeit nicht in Athen aufhielt. Dieses Testament hat folglich auch nicht Solons Gesetz gebrochen, obgleich es auf eine grundlegende Schwäche darin verwies, weil ein Sohn erwachsen war (und dem Vater daher die Abfassung eines Testamentes untersagt war) und einer minderjährig war (und ihn damit zur Abfassung eines Testamentes berechtigte). Möglicherweise hat gerade die Tatsache, daß der ältere Sohn zur Zeit von Pasions Tod nicht in Athen war und sich daraus die Notwendigkeit ergab, so weit wie möglich die Unantastbarkeit des *oikos* zu schützen, die Gültigkeit des Testamentes bewirkt.

Sklaven als Besitz

Sklaven bildeten eine weitere und sehr besondere Kategorie von Besitz. Der Sklave selbst konnte verkauft werden und konnte folglich eingeschätzt werden, aber er (oder sie) produzierten auch Wohlstand. Dadurch wurden sie auch unter diesem Gesichtspunkt wertvoll; wie Demosthenes es ausdrückte: "mein Vater hinterließ zwei Fabriken, beide in gutem Geschäftszustand; die eine beschäftigte zweiunddreißig oder dreiunddreißig Messerschmiede, jeder bis zu fünf oder sechs Minen wert, keiner weniger als drei Minen, von denen er eine jährlichen Reingewinn von mindestens dreißig Minen bezog"[44]. Männliche Sklaven arbeiteten in solchen Fabriken, die in einem Teil des Hauses oder anderweitig untergebracht waren, oder sie waren auf den Landgütern beschäftigt. Die weiblichen Sklaven einer Familie waren produktive Arbeitskräfte als Spinnerinnen und Weberinnen und als Haushaltshilfen. Andere wurden aufgezogen oder gekauft, um als Gesellschafterinnen, Kurtisanen usw. zu dienen, und dann von ihren Besitzern vermietet. Jede Familie scheint weibliche Sklaven gehabt zu haben, aber in einer Familie des unteren Mittelstandes wie der des Euphiletos gibt es keine Anzeichen für männliche Sklaven. In wohlhabenderen Häusern, wie dem von Xenophon, gab es eine Reihe von Sklaven, deren Ausbildung und Einteilung Sache des Hausherrn war[45]. An der gleichen Stelle erläutert Xenophon auch, warum die Frauen- und Männerquartiere durch eine abgeschlossene Tür getrennt waren — nämlich um Gelegenheitsdiebstahl und unerwünschten Geschlechtsverkehr der Sklaven zu verhindern. Allerdings betrachtete er die Genehmigung, Kinder zu haben, als einen wertvollen Anreiz für gute Sklaven[46]. Xenophon scheint die Trennung der Frauengemächer von denen der Männer eher als eine Maßnahme gesehen zu haben, die die Männer fernhalten sollte, als eine, die die Frauen einsperren wollte. In einem anderen einigermaßen wohlhabenden Haushalt fanden Eindringlinge die Sklaven bei der Landarbeit außer Haus. Die Herrin und ihre Kinder, sowie eine Freigelassene aßen ihre Mittagsmahlzeit im umhegten Garten, und die Sklavinnen arbeiteten in einem Gebäude, das der Erzähler "einen Turm" nennt, den man absperren konnte. Es heißt, daß sie dort ihre Zeit verbrachten[47]; sie nähten Kleider.

Die Anleitung der Sklaven war ein wichtiger Bestandteil der Haushaltsführung, und die Sorge um kranke Sklaven wird als eine der wichtigen Pflichten der Ehefrau bezeichnet[48]. So groß war die wirtschaftliche Bedeutung der Sklaven, daß 'Sokrates' sie gemeinsam mit Häusern und Ländereien, Haustieren und landwirtschaftlichem Gerät als Dinge aufzählt, die man mit Sorgfalt erwirbt und behandelt, und er kritisiert seine Zeitgenossen dafür, daß sie ihren Sklaven mehr Beachtung schenken als ihren Freunden, wobei er bemerkt, daß man sich Haushaltssklaven als Mitarbeiter erwirbt, Verbündete aber mit der Begründung, sie bräuchten Gefährten[49].

Da der Sklave einen wirtschaftlichen Wert darstellte, konnte über ihn testamentarisch verfügt werden oder er konnte verkauft werden, was das Geschenk der Freiheit einschloß, oder den Nachlaß eines Teils der Summe, mit der er sie sich kaufen konnte. Demosthenes' Vater, so wissen wir, entließ einen Sklaven namens Milyas testamentarisch in die Freiheit, und die Testamente der Philosophen, die in den Büchern des Diogenes Laertius auf uns gekommen sind, enthalten alle Vorkehrungen für die Freilassung von Sklaven mit wechselnden Bedingungen [50]. Sklaven wurden auch von noch lebenden Herren freigelassen, wobei wir die bekanntesten Beispiele unter den Bankiers finden; sowohl Pasion als auch Phormion bekamen zuerst ihre Freiheit und dann das wesentlich schwerer erreichbare Privileg — die athenische Staatsbürgerschaft. Ein gewisser Sokrates, selbst ein Freigelassener, ließ seinen Sklaven Satyros frei; weitere Beispiele können aus Athen und Aigina zitiert werden, und den Berichten zufolge könnten noch viele andere erwähnt werden [51].

Das Eigentum der Frauen

Das Eigentum einer Frau blieb immer getrennt von dem *oikos* ihres Mannes. Ihr Ehemann hatte zu seinen Lebzeiten die Kontrolle darüber, und diese Kontrolle ging an ihre gemeinsamen (erwachsenen) Kinder über oder an deren Vormünder, wenn er starb. Aber solange er lebte, war er immer der Familie seiner Frau gegenüber dafür verantwortlich, da er ja verpflichtet war, es zurückzuzahlen, wenn sie aus irgendeinem Grund aufhörte, seine Frau zu sein, ohne ihm Kinder zu hinterlassen. Wenn ein Mann zwei Ehefrauen hatte, und beide hatten Kinder, dann erbten die Kinder den Besitz ihrer jeweiligen Mutter unabhängig vom Besitz des Vaters [52]. Dieserart konnte ihr Eigentum in keiner Weise veräußert werden, obgleich sie selbst es nie in dem Sinne besaß, daß sie darüber hätte verfügen können. Auch der Familie ihres Vaters konnte es nicht entzogen werden, es sei denn über ihre Kinder; soweit wir es überblicken, konnte es jederzeit in ihre Familie zurückgelangen, es sei denn, daß sie erwachsene Nachkommen gehabt hat. In diesem Zusammenhang muß bemerkt werden, daß wir vor den Solonischen Wirtschaftsreformen zwar davon hören, daß Männer sich selbst und ihre Kinder wegen Schulden in die Sklaverei verkaufen mußten, aber nirgendwo erfahren, daß sie ihre Frauen verkaufen mußten [53]. Wir dürfen annehmen, daß sie dies nicht konnten, weil ihre Frauen (in besitzrechtlicher Hinsicht) ihren eigenen Familien zugehörten.

Die athenische Gesetzgebung versuchte aber sicherzustellen, daß Frauen nicht leicht große Besitztümer ansammeln konnten. Die Berechtigung von Frauen, Ansprüche auf den Besitz von Verwandten der Nebenlinien anzumelden, war auf Schwestern beschränkt. Diese Frage wird in Eupolis' Familie voll entfaltet: Er hatte zwei Töchter gehabt. Als er starb, hinterließ er eine Tochter ohne Kinder, die andere war verstorben, hatte aber einen erwachsenen Sohn. Die über-

130

lebende Tochter und ihr Neffe traten die Nachfolge gleichberechtigt an. Aber als ihr Vetter ersten Grades starb, konnte die überlebende Tochter keine Ansprüche anmelden (so argumentiert der Sprecher). Der Besitz wäre voll an den Sohn der verstorbenen Schwester gegangen, hätte der Vetter, namens Apollodoros, nicht einen Sohn adoptiert[54].

Die Epikleroi

Töchter hatten jedoch ein unantastbares Recht, den *oikos* ihres Vaters zu erben, wenn sie keine Brüder hatten. Mädchen dieser Kategorie waren unter der Bezeichnung *epikleroi* in der demokratischen Periode Gegenstand eines ganzen Gesetzeskomplexes, der dazu bestimmt war sicherzustellen, daß die Familien oder *oikoi* nicht aus Mangel an Nachkommen ausstarben, und daß *oikoi*, die nur weibliche Nachkommen hatten, nicht ausgelöscht wurden, wenn dies irgend zu vermeiden war; trotzdem geschah es wohl manchmal. Die gesetzliche Regelung sah, kurz gesagt, vor, daß eine *epikleros* ihren nächsten Angehörigen der männlichen Linie zu heiraten hatte, der seinerseits gesetzlich verpflichtet war, sich einen Gerichtsbescheid zu seinen Gunsten zu verschaffen. Das Paar galt dann als gesetzlich gemäß Gerichtsbeschluß verheiratet; dieser Vorgang hieß *epidikasia*[55]. Diese Verhandlungen wurden vor dem Archontengericht vollzogen, und man traf Maßnahmen, um Sorge zu tragen, daß jeder, der Ansprüche an das Besitztum möglicherweise anzumelden hätte, davon informiert wurde[56]. Ganz offensichtlich war jedoch der *oikos* wichtiger als die *epikleros*, denn das Gesetz verbot die Übernahme des Besitzes, ohne auch gleichzeitig das Mädchen zu nehmen. Und es sah genau die gleichen Erbregeln vor wie bei Gütern, zu denen keine *epikleros* gehörte[57]. Die Tatsache, daß diese Güter vor dem Gesetz als *kleroi* bezeichnet wurden, bestärkt die Vermutung, daß Liegenschaften, also Landbesitz, der wesentliche Teil des Besitzes waren.

Der nächste Angehörige mußte das Mädchen nicht unter allen Umständen heiraten. Einem bei Sositheos zitierten Gesetz zufolge lag die Verantwortung für die Bereitstellung einer den Richtlinien entsprechenden Mitgift für Töchter der *thetes* (also der ärmsten Schicht), die zu *epikleroi* geworden waren, bei ihren Angehörigen, sofern diese nicht selbst die *epikleros* heirateten. Dieselbe Regelung wird in dem hypothetischen Vorschlag des Redners vorausgesetzt, der erklärt: "Wenn unser Onkel gestorben wäre und mittellose Töchter hinterlassen hätte, wären wir auf Grund unserer engen Verwandtschaft gezwungen gewesen, sie entweder selbst zu heiraten oder sie mit einer Mitgift auszustatten und anderen Männern zur Ehe zu geben. Das ist es, was unser Verwandtschaftsverhältnis, die Gesetze und unsere Selbstachtung uns zu tun auferlegt hätten, bevor ihr uns dazu gezwungen hättet, widrigenfalls wir schärfster Bestrafung und bitterster Kritik ausgesetzt gewesen wären". In einem anderen Fall kennen wir leider nicht die Ausmaße des Besitzes, den Leagros übergab, als er seine *epikleros* an Kallias oder dessen Sohn übergab. Da man ihm nachsagte, er sei für seine Dienste bezahlt worden, hat er seinen Besitz vermutlich ungeschmälert übergeben und seinen Gewinn aus der Zahlung und nicht aus der Verkleinerung desselben gezogen[58].

Die große Anzahl verschiedener Prozeßverfahren, die für *epikleroi*, Waisen, Unmündige und selbst Ungeborene[59] angestrengt werden konnten, enthüllt uns die große Bedeutung, die der athenische Staat dem Schutz der Familien ohne männlichen Erben beimaß. Dabei spielte sicher die Berücksichtigung der Interessen des Staatswesens als militärischer Einheit eine Rolle. Die Soldaten des Staates wollten gewiß sein, daß der Staat die Absicht und die Mittel besaß, die von ihnen abhängigen Angehörigen zu schützen, wenn sie in der Schlacht fielen, so wie Thukydides in Perikles' Grabrede sagt: "was die Kinder der Erschlagenen betrifft, wird die Stadt sie aus öffentlichen Mitteln unterstützen von jetzt an bis zu ihrem Mündigwerden. Sie bietet solcherart ein Zeichen der Ehre an, das den Gefallenen einen Dienst anstelle einer Belohnung erweist und den verschont Gebliebenen zeigt, daß es eine Belohnung für Einsatz dieser Art gibt"[60]. Ebenso spielten Überlegungen bezüglich der religiösen Gemeinschaftsveranstaltungen sicher eine Rolle, aber Hauptzweck war die Erhaltung der *oikoi*, der kleinsten wirtschaftlichen und politischen Einheiten des Staates.

Unter den Prozessen finden sich solche wegen falschen Verhaltens. Sie gehören alle zu der Kategorie, die jeder beliebige Bürger einbringen konnte, ohne die üblichen Sanktionen befürchten zu müssen, die über solche Leute verhängt wurden, die weniger als ein Fünftel der Geschworenenstimmen für sich bekamen[61]. Andere Anträge galten der Bestellung des Vormundes, der für alle Unmündigen die Sorge über einen *oikos* übernahm, wieder andere der Entscheidung zwischen rivalisierenden Anspruchberechtigten. Der Archon war auch für das Wohlergehen (ἐπιμελεῖσθαι) der Waisen, *epikleroi* und Witwen, die schwanger zu sein behaupteten, verantwortlich[62]. Er hatte sich auch um die Verpachtung des Besitzes der Waisen zu kümmern, und den der *epikleroi* bis zu einem Alter, das in der *Ath. Pol.* gewöhnlich als vierzehn Jahre ergänzt wird[63]. Dazu gehörte auch, Bürgschaften für sie anzunehmen und sicherzustellen, daß Vormünder ihre Mündel angemessen unterhielten[64]. Prozesse um das Anrecht auf eine *epikleros* und Besitz waren auch die einzigen Aktionen, die ein Jungbürger im Rekrutstand zur Zeit des Aristoteles anstrengen durfte[65].

Die Verpflichtung, eine *epikleros* zu heiraten, oblag ihrem nächsten Verwandten auf der Männerseite (dem nächsten agnatisch verwandten Mann), andernfalls mußte er sie wie eine Tochter mit einer Mitgift in die Ehe geben. Das hat offensichtlich zu Schwierigkeiten geführt, wenn entweder die *epikleros* oder ihr nächster Verwandter bereits verheiratet waren. An einer gut bekannten Stelle[66] behauptet Isaios kategorisch, daß verheirateten Frauen, die *epikleroi* werden, gerichtlich eine Trennung verordnet werden kann (ἐπίδικοι), und daß auf diese Weise viele Männer ihre Frauen verloren haben. Diese Behauptung hat heftige Diskussionen ausgelöst. Man kann sich nur schwer vorstellen, daß dies das automatische Ergebnis war, wenn eine Frau ihren Vater oder Bruder verlor — etwa in einer Schlacht oder bei einem Schiffsunglück —, was wir anzunehmen gezwungen wären, wenn das wörtlich gemeint und immer und überall wahr gewesen wäre. Es gibt tatsächlich Hinweise, daß es Auswege gab. Diese sind allerdings eher indirekt, denn die Wahrheit wird verhüllt und verdunkelt durch die verzerrten Darstellungen der Redner.

Eine Situation, in der kaum Ansprüche an eine *epikleros* gestellt worden sein dürften, ergab sich, wenn sie bereits einen erwachsenen Sohn besaß, denn der Besitz des Großvaters würde in dem Fall auf ihn übergehen, und die *epikleros* wäre nur die Brücke, über die hinweg der Enkel in diesen Besitz eintrat. Ihr neuer Ehemann konnte ihren Reichtum sowieso nicht sich selbst aneignen. Isaios scheint an einer Stelle zu meinen[67], daß der nächste Verwandte väterlicherseits einer *epikleros* diese für sich hätte beanspruchen können, ihren Besitz aber nicht, da diesen ihr Sohn (der Sprecher) bereits geerbt hatte. Das Gleiche kann auch (wenn auch nicht so deutlich) gegolten haben, wenn die *epikleros* einen unmündigen Sohn hatte. Die Kinder eines neuen Gatten konnten diesem Sohn seinen Anteil nicht entwinden, obgleich jemand, der Ansprüche anmeldete, noch immer denken mochte, daß eine Teilnahme an ihrem Besitz den Anspruch lohnte. Eine *epikleros* in einer solchen Situation konnte jedoch auf ihren Besitztitel verzichten und derart in der Lage sein, bei ihrem früheren Gatten zu bleiben. Das soll, einer der Reden des Isaios zufolge, vorgekommen sein[68]. Möglicherweise entspricht dies der Wahrheit in jenem Prozeß, den die Gegner des Sprechers von Isaios III anstrengten. Unser Sprecher lehnt natürlich ab, das zur Kenntnis zu nehmen[69].

Es ist nicht ganz sicher, ob ein bereits verheirateter Mann daneben eine *epikleros* zu sich nehmen durfte, ohne sich von seiner Frau scheiden zu lassen. Da die Griechen in Monogamie lebten, scheint dies *prima facie* unwahrscheinlich. Ein Beispiel für eine Scheidung aus diesem Grund ist, daß Protomachos sich von der Mutter des Euxitheos scheiden ließ, als er berechtigt wurde, eine reiche *epikleros* zu ehelichen. Aber ein höchst interessanter Zug dieser Scheidung ist die Schilderung des Sprechers, wie die Sache zustande kam: "Protomachos war ein armer Mann; als er das Recht bekam, die Hand und die Güter einer reichen *epikleros* zu gewinnen (κληρονομήσας), überredete er in der Absicht, meine Mutter in eine andere Ehe wegzugeben, meinen Vater Thukritos (der ein Bekannter von ihm war), sie zu nehmen. Und mein Vater fand sich bereit, meine

Mutter aus der Hand ihres Bruders Timokrates von Melitos in Gegenwart seiner beiden Onkel und anderer Zeugen entgegenzunehmen"[70]. Man möge beachten, daß der scheidungswillige Ehemann seiner Frau einen neuen Partner fand und nicht der Bruder der Frau, obgleich es dem Bruder zufiel, sie tatsächlich in die Ehe zu geben, da er in dem Moment wieder ihr *kyrios* war, in dem ihr Mann sich von ihr schied und einen anderen Mann für sie gefunden hatte. Wir sollten auch genau den Ausdruck beachten, den Euxytheos zur Beschreibung des standesrechtlichen Status bei Protomachos benutzt — er bezeichnet ihn als jemanden, der "das Anrecht auf die Güter einer *epikleros* bekommen hatte", bevor er seine Scheidung eingeleitet hatte. Das setzt voraus, daß er die gerichtliche Zuerkennung der *epikleros* bereits erlangt hatte, bevor er um Scheidung eingereicht hatte, was heißt, daß ein athenisches Gericht eine *epikleros* einem verheirateten Mann zuerkannt hat, und ein verheirateter Mann eine *epikleros* erwerben konnte, ohne sich von seiner Frau scheiden zu lassen. Man könnte eine solche Unterstellung kaum aus dem Gebrauch eines Verbs in einer Zeitform in einer Rede herauslesen, aber dies ist nicht der einzige Beleg für die Tatsache, daß Athener zu gewissen Zeiten und unter gewissen Bedingungen mehr als eine rechtmäßige Ehefrau haben konnten.

Weitaus die einfachste Erläuterung des Hintergrundes der Fälle, die von den Opponenten des Mantitheos in den zwei Demosthenes-Reden Nr. 39 und 40 ebenso wie in der Rede Nr. 6 des Isaios für den Freund des Chairestratos vertreten werden, ist die, daß jeder der beiden Väter Mantias und Euktemon sowohl eine Frau hatten, die sie im normalen Verlauf einer Verlöbnis-Vereinbarung (*engye*) gewonnen hatten, als auch eine weitere Gemahlin, deren Kinder Anspruch auf Bürgerrecht und zumindest auf den Besitz der Mutter hatten. Im Fall des Euktemon wissen wir, daß Kallippe die verwaiste Tochter eines Atheners war, der bei der Sizilischen Expedition umgekommen war, und dessen *kleros*-Land, da auf Lemnos gelegen, als Folge des Peloponnesischen Krieges verlorengegangen war. Sie war daher eine *epikleros* der ärmsten überhaupt möglichen Klasse, eine, die buchstäblich mittellos war. Natürlich gibt unser Gewährsmann nicht zu, daß Euktemon eine *epidikasia* erlangt hat. Folglich können wir auch nicht sagen, ob er sie erhalten hat oder nicht. Aber die Handlungsweise des Philoktemon, der unter Druck den Sohn der Kallippe in seine Phratrie aufnehmen ließ, und ihm (als Erben) einen kleinen Teil seines Landbesitzes zugestand, würde in voller Übereinstimmung sein mit der Situation, in welcher ein voll legitimierter einziger Sohn es kaum durchsetzen könnte, die Ansprüche eines verarmten Halbbruders zurückzuweisen, der der Nachkomme einer verwaisten *epikleros* war. Das galt vermutlich selbst dann, wenn kein formeller Rechtsbeschluß vorlag, und deshalb entschloß er sich, zu einem Vergleich mit ihnen zu kommen[71]. Im Falle des Mantias scheint es so, daß die Kinder der

Plangon von einem athenischen Gericht für legitim erklärt wurden, als ihre Mutter einen Eid bezüglich deren Vaterschaft geschworen hatte. Wir wissen, daß Plangon keine *epikleros* war, denn sie besaß drei Brüder. Wir wissen auch, daß ihr Vater Pamphilos ein Athener und zugleich Schulder gegenüber dem Staat war. Unser Gewährsmann unterstellt nun, daß ihr Sohn argumentieren werde, Mantias habe vom Magistrat jene Summe empfangen, die über die Staatsschuld hinausging, als der Besitz verkauft wurde — vermutlich als eine Art von Mitgift für Plangon. Diese Regelung konnte durchaus gesetzlich gewesen sein, nämlich dann, wenn Mantias der nächste Angehörige der Plangon war, abgesehen von ihren Brüdern, und er sie zu sich genommen hatte, wie wenn sie eine mittellose *epikleros* gewesen wäre. Dennoch ist auch hier möglicherweise keine formelle Zuerkennung erfolgt, da die Tochter eines verstorbenen, dem Staat verschuldeten Atheners nicht Gegenstand von starkem Wettbewerb gewesen sein wird, selbst wenn sie eine hübsche Frau war[72].

Wir können hier zu keiner Gewißheit kommen. Einerseits haben sicher moderne Vorurteile über das, was die Griechen hätten tun sollen, einige Gelehrte dazu veranlaßt, nach einer gescheiten Entschuldigung dafür zu suchen, der schlichten Bedeutung des Textes nicht glauben zu müssen; andererseits, da wir ja in beiden Fällen nur die Version der Opponenten haben, ist es besonders schwierig, die Tatsachen mit Sicherheit herauszufiltern. Kein athenischer Redner würde gezögert haben zu unterschlagen, daß tatsächlich eine *epidikasia* stattgefunden hatte. Es ist jedoch äußerst unwahrscheinlich, daß ein begüterter Mann den Anspruch auf eine reiche *epikleros* durchgesetzt hätte, wenn er schon verheiratet war. Daß die eine Seite reich und die andere arm war, hat unzweifelhaft athenische Geschworenengerichte beeinflußt, ebenfalls die Annahme, ein Mann sei im Besitz oder trachte nach dem Besitz von zwei *oikoi*[73].

Es galt als rühmlich für einen unverheirateten Mann, eine *epikleros* zu ehelichen, wenn es seine Pflicht war, ganz besonders rühmlich, wenn sie nicht über eine große Mitgift verfügte. Der Mann, der die Güter des Kleonymos beansprucht, streicht seine angeblichen Pflichten groß heraus, und ein noch deutlicheres Beispiel dafür gibt uns Andokides. Obgleich er vermutlich bezüglich der Armseligkeit des Besitzes der von ihm geehelichten *epikleros* lügt (er hat sich nämlich intensiv bemüht, Kontrolle über das Gesamtgut zu erlangen, als seine *epikleros* starb und ihre Schwester in den Besitz beider Hälften gelangte und für eine *epidikasia* noch zur Verfügung stand), dennoch kann es nur seine Absicht gewesen sein, Eindruck auf die Geschworenen zu machen und in ihren Augen Ansehen zu gewinnen, als er behauptete: " 'Es ist nicht recht', sagte ich mir, 'wenn wir das Geld oder die hohe Position eines Mannes anstreben, und dadurch die Töchter des Epilykos verachten. Denn, wenn Epilykos am Leben gewesen wäre oder unter Hinterlassung eines reichen Besitzes gestorben wäre, hätten wir als nächste Anverwandte das Recht beansprucht, die Mädchen zur Frau zu nehmen. Na, und das wäre entweder aus Rücksicht auf Epilykos selbst geschehen oder wegen des Geldes – aber wie die Dinge liegen, tun wir es eben aus Ehrgefühl. Beanspruche du deshalb das eine Mädchen vor Gericht und ich werde das andere fordern' "[74].

Adoption

Für einen Vater mit einer Tochter und ohne Söhne war die einfachste Form, ihr das Los einer *epikleros* zu ersparen, ihr einen Gatten zu besorgen und diesen oder einen seiner Söhne zu adoptieren. Da der Vater solcherart bei seinem Tode einen Sohn haben würde, konnte seine Tochter nicht zu einer *epikleros* werden. So handelte Polyeuktos[75]. Für uns ist hier interessant zu bemerken, daß es dabei kein Erstgeburtsrecht gegeben zu haben scheint: Es war die jüngere Tochter, die er seinem Schwager vermählte, den er in der Folge adoptierte. Wir können weiters eine Reihe von Beispielen bringen, bei denen Männer ihre Enkel und Neffen adoptiert haben[76].

Adoption bereitete keine Schwierigkeit; sie konnte entweder *inter vivos* oder per Testament erfolgen. Im ersten Fall wurde der Adoptivsohn den *phrateres* und den Angehörigen des *demos* des Adoptivvaters vorgestellt; im anderen Fall mußte der Adoptivsohn seine Rechte geltend machen, indem er im Archontengericht darum einkam (*epidikasia*) wie ein Anspruchsberechtigter im Falle einer *epikleros*. War er erfolgreich, wurde er gleichzeitig Sohn und Erbe[77]. Selbstverständlich kümmerte sich das Gericht darum, daß für die Töchter der Familie ordentlich gesorgt wurde[78].

Adoptivsöhne wählte man gewöhnlich innerhalb der eigenen Familie aus. Der Adoptivsohn des Menekles (der kein Anverwandter war) strengte sich sehr an, zu erklären, warum Menekles nicht einen seiner Blutsverwandten gewählt hatte. "Er sah, daß mein Gegner (der Bruder des Menekles) nur einen Sohn hatte, daher erschien es ihm unehrenhaft, seinen Bruder zu einem Mann ohne männlichen Erben zu machen, wenn er ihn dazu veranlaßt hätte, seinen Sohn für die Adoption freizugeben. Er hat daher niemanden gefunden, der ihm näher stand als wir"[79]. – Tatsächlich war der Redner Bruder der zweiten Frau des Menekles, von der dieser sich in Frieden getrennt hatte. Es kann als Zeichen von Böswilligkeit gegenüber Angehörigen genommen werden, wenn man einen Adoptivsohn außerhalb der Verwandtschaft wählte, und Apollodoros unterstellt dem Phrastor sogar, er habe versucht, einen Bastardsohn zu legitimieren, um seine Verwandten, die er haßte, seiner Güter zu berauben. Dieser war auch ein Handwerker[80], nicht einmal ein reicher. Man darf unterstellen, daß niemand einen Sohn adoptiert haben würde, wenn er selbst legitime Söhne gehabt hat, aber wenn man einen Sohn adoptiert hatte, und später ein legitimer Sohn gezeugt wurde, behielt der Adoptivsohn das Anrecht auf den entsprechenden Anteil am Besitz des Vaters[81].

Adoptivsöhne unterschieden sich von anderen Söhnen dahingehend, daß sie kein Testament machen und folglich den *oikos* ihres Vaters nur durch direkte Nachkommen weiterführen konnten. Wenn sie aber einen Sohn gezeugt hatten, durften sie in ihre eigene Familie zurückkehren, vorausgesetzt daß sie diesen Sohn (oder einen davon, wenn es mehrere gab) in der Familie des Adoptivvaters beließen. Der solcherart zurückbelassene Sohn wurde dann als der Adoptivsohn des ursprünglichen Adoptivvaters eingetragen und wurde seinerseits verantwortlich dafür, diesen mit Nachkommen zu versorgen. Dem Sohn des Aristodemos zufolge wurde dieser Prozeß einmal drei Generationen lang durchgezogen, und Leokrates, dessen Sohn und Enkel wurden der Reihe nach als Adoptivsöhne des Archiades eingetragen, der der Großonkel des Leokrates gewesen war. Erst als der Enkel des Leokrates ohne legitimen Erben starb, konnten die Verwandten des Archiades Schritte unternehmen, den Besitz zu erwerben, den unser Gewährsmann immer noch als den *oikos* des Archiades bezeichnet. Adoptivsöhne unterschieden sich darin, daß man sie leichter abweisen konnte. So wurde ein anderer Leokrates verstoßen von Polyeuktos, obgleich er sein Schwager, Schwiegersohn und Adoptivsohn war[82].

Nur Bürger konnten von privaten Individuen adoptiert werden[83]. Die Gründe dafür mögen teilweise sentimentaler Natur gewesen sein, aber die praktische Notwendigkeit, Nachfolger für die *oikoi* zu beschaffen, hatte vermutlich Vorrang. Nur Bürger konnten *oikoi* besitzen und *oikoi*, die dem athenischen Staat zugehörten, erben. Wenn Nicht-Athener berechtigt gewesen wären, sich adoptieren zu lassen, wären Außenstehende nicht nur zum Ahnenkult an den Familienschreinen zugelassen worden, sondern beim Tod des Adoptivvaters wäre der *oikos* selbst an den nächsten Blutsverwandten weitergegangen und der ganze Zweck der Adoption derart verfehlt worden. Man kann es für sicher halten, daß bisweilen Ausländer illegal adoptiert worden sind. Dies ergibt sich sowohl aus den Streichungen von den Listen, die in Revisionszeiten stattfanden, als auch aus den Bemerkungen über korrupte Vorgänge, bei denen Leute für Geld adoptiert worden waren[84]. Da jedoch der Hauptzweck dieser Regelung war, die Verschmelzung verschiedener *oikoi* durch die Adoption zu vermeiden, bietet die Adoption einen weiteren Beleg für die Entschlossenheit der Athener, ihre *oikoi* ungeschmälert in der eigenen Hand zu behalten.

Das alles bedeutet nicht, daß Metöken und andere Nicht-Athener keine Rechte gehabt hätten. Sie hatten volle Rechte über allen beweglichen Besitz, der nicht Bestandteil der *oikoi* der Athener war, also Geldsummen in bar oder auf Leihe, Sklaven, Töpfereiartikel usw.. Und wir wissen, daß der Polemarch in ihrem Interesse auf die gleiche Art und Weise fungierte, wie es der Archon für die Bürger im Falle von Erbschaft und *epikleroi* tat[85]. Sie konnten auch vor Gericht zitieren und vor das städtische Gericht zitiert werden, wo sie von einem Patron vertreten wurden. Sie hatten die Verpflichtung, sich solchen zu unterstellen, und wir kennen aus unseren Quellen zumindest einen solchen erfolgreichen Prozeß [86].

Die Erhaltung der Oikoi

Die Entschlossenheit, mit der die Athener die Anzahl ihrer *oikoi* in der *polis* zu erhalten trachteten, hatte, im Falle der Adoption, zur Folge, daß die Trennung eines Adoptivsohnes von seiner ursprünglichen Familie total war und, wenn er nicht einen eigenen Sohn besaß, auch unwiderruflich war; wie es ein Sprecher formuliert: "Kyronides.... wurde in einen anderen *oikos* hinein adoptiert, und folglich gehörte ihm nichts mehr aus dem Besitz", und ein anderer Gewährsmann erklärt: "Als sein Vater zum *demos* der Eleusinianer zurückkehrte, hatte er keinerlei gesetzliche Verwandtschaft mehr mit seinem Sohn"[87]. Wenn der athenische Staat es in irgendeiner Weise verhindern konnte, sollte kein Bürger Besitzer zweier *oikoi* sein. Die Appelle an das Gefühl der Geschworenen weisen in dieselbe Richtung: "Bedenken Sie, meine Herren Geschworenen, daß dieser Bursche hier als Bittsteller vor Ihnen steht für die Nachkommen des Hagnias, und daß er euch, Geschworene, flehentlich bittet, nicht zu dulden, daß ihr *oikos* ausgelöscht wird durch die Handlungen dieser schrecklichen Kreaturen, die aus dem *oikos* des Stratios stammen und nie zu irgendeiner Zeit dem *oikos* des Hagnias angehört haben.... und gestattet nicht, daß seine Vorfahren noch mehr verachtet werden, als sie jetzt schon verachtet sind, wenn solche Kerle ausführen, was sie vorhaben"[88].

Religiöse Pflichten

Ein anderer, ähnlicher Appell legt mehr Gewicht auf die religiösen Pflichten: "Dieser Kerl will mir nun meines Vaters Erbteil (*kleros*) rauben.... und dadurch verursachen, daß der Vater ohne Sohn und ohne Namen tot sein soll, daß niemand in seinem Auftrag den Ahnenschreinen Ehre erweist oder Jahr für Jahr an seiner Statt die jährlichen Opfer darbringt, und daß ihm die Ehrenbezeugungen geraubt werden, auf die er Anspruch hat"[89]. Diese religiösen Pflichten gegenüber den verstorbenen Mitgliedern der Familie waren äußerst wichtig. Denn für die Familie hatte die Pflege der Familiengräber den gleichen Rang wie die Verehrung der Stadtgottheiten. Die *polis* zeigte ihre Anteilnahme an den Familienkulten dadurch, daß die Frage "wo sind deine Ahnengräber?" eine der Fragen war, die bei der *dokimasia* (der ersten Überprüfung eines Amtsanwärters) gestellt wurden[90]. Diese Sorge mag zum Teil dazu gedient haben, die Gültigkeit des Anspruchs eines Kandidaten auf das Bürgerrecht zu gewährleisten. Aber im Totenkult beruhte der größere Teil dieser Anteilnahme auf dem Gefühl, daß die Toten nicht ganz weggegangen waren. Diese Empfindung schwang auch im Fest der Anthesteria[91] mit. Man stellte sich vor, daß die Toten herüber kämen. Sie spiegelte sich ebenfalls in den Maßnahmen, die getroffen wurden, um den Zorn eines Mannes zu besänftigen, der durch Gewalt gestorben war. Man betrachtete die Racheforderung seiner Seele gegenüber dem Mörder als ein Motiv von ebensolcher Wichtigkeit wie den Zorn der Götter, wenn man Blutschuld zu bereinigen trachtete[92].

Unter den religiösen Pflichten der Blutsverwandten (οἱ προσήκοντες) werden auch das Begräbnis aller verstorbenen Familienmitglieder und die Ausführung der Begräbnisriten[93] angeführt (Abb. 26. 27). Das Recht, diesen Pflichten nachzukommen, wurde eifersüchtig gehegt; und da keine abgeneigte Person die Durchführung haben sollte[94], fielen die Pflichten und das Privileg dem Erben zu. Das Begräbnis vollzogen zu haben, war Teil seines Erbanspruchs, wenn er ein Adoptivsohn war, so daß wir in einem Fall einen Streit darüber finden, wer denn ein Begräbnis ausrichten sollte, und es kam sogar zu einem Handgemenge am Grab[95]. Bei einem Begräbnis schritten die Männer vor der Bahre, die Frauen folgten, und wenn sie unter sechzig Jahre alt waren, hatten nur jene weiblichen Verwandten, die innerhalb des anerkannten Verwandtschaftsgrades standen, die Erlaubnis teilzunehmen[96]. Jede einzelne Familie hatte ihre Grabstätte durch Denkmäler verschiedenen Typs gekennzeichnet (Abb. 23. 28-30). Die Beerdigung innerhalb des Familiengrabbezirkes wurde als Beweis für Verwandtschaft angeführt, ebenso wie ein Begräbnis außerhalb derselben als ein Beweis dagegen[97].

Mindestens seit der Mitte des fünften Jahrhunderts wurde es üblich, die Gebeine oder die Asche von Athenern, die in Übersee verstorben waren, heimzubringen, damit die einzelnen in der Familiengrabstätte beigesetzt werden konnten, die Toten des Staates (die alle gemeinsam eingeäschert worden waren) kamen in ein Gemeinschaftsgrab[98]. Das Begräbnis war jedoch nur die erste Pflicht gegenüber dem Toten, es folgten die Zermonien des dritten und neunten Tages[99]. Am Ende der dreißig Tage stand ein Fest an, das Kathedra genannt wurde, zu Ehren des Toten, und danach die Jahresgedächtnisfeste[100]. Die letzteren schlossen die Verehrung an den Grabstätten der Vorfahren mit ein, wodurch sie zu einem Mittelpunkt wurden (Abb. 30). Wir sehen, daß die Pflege der Grabstätten eine Verpflichtung war. Die angemessene Ausführung der Zeremonien galt als eine Tugend, das Versäumnis bot Gelegenheit, den Gegner zu schmähen[101].

Der Staat unterstützte diese Andachten mit einem Staatsfest, den Genesia, und ein Teil der Apaturia war auch den verstorbenen Mitgliedern der Phratrien gewidmet[102], aber es ist höchst wahrscheinlich, daß die privaten Feste unmittelbarer im Bewußtsein der Einzelnen hafteten. Es ist der Erinnerung wert, daß von Solon bis Demetrios Poliorketes Gesetzgeber es für notwendig hielten, die Übertreibungen anläßlich privater religiöser Bräuche einzuschränken, während kein Gesetzgeber jemals einschreiten mußte, um die Beiträge der Leute zu öffentlichen städtischen Festen zu begrenzen[103].

Feste, die der Förderung der Fruchtbarkeit und des Wohlstandes dienten, wurden ebenfalls sowohl vom Staat als auch von der Familie ausgerichtet. Das große Dionysos-Fest spielte sich in der Stadt ab. Dabei wurden Tragödien und Komödien aufgeführt. Aber die Familien der Demen feierten die ländlichen Dionysia auf ihren eigenen Ländereien in den Landbezirken. Von diesen wissen wir wenig, außer durch die Szene in den *Acharnern* des Aristophanes, deren Inhalt die Durchführung dieses Festes ist[104]. Wir hören aber auch, daß im vierten Jahrhundert einige Leute die Stadt um ihres Landbesitzes willen verließen, und die Kinder mitnahmen, und daß der *Demarchos* des *demos* Myrrhinoos die mit diesem Fest verbundene Organisation zu leisten hatte[105].

Ein anderes Familienfest war das des Zeus Ktesios, des Gottes der Vorratskammer, den Dionysios von Halikarnaß mit den römischen *Dii Penates* (Penaten-Göttern) verbindet, denen in einigen Familien nur durch Familienmitglieder geopfert werden durfte, während dies in anderen Familien auch Außenstehenden erlaubt war. Zeus Ktesios hatte auch eine öffentliche Zeremonie[106], aber die Verehrung des Zeus Ktesios der jeweiligen Familie war sicher lebensnotwendiger, da das Leben schlechthin, abgesehen vom Wohlstand der Familie, vom wirtschaftlichen Überleben des *oikos* abhing. Menophanes, Gegenstand eines satirischen Epigramms des ersten Jahrhunderts nach Christus, trifft die Bemerkung: "Menophanes kaufte sich einen Besitz, und hängte sich mit Hungern an den Eichbaum eines anderen, es gab nicht genug Erde auf seinem Besitz, um seinen Leib zu decken, deshalb wurde er gegen eine Gebühr auf Nachbarland begraben. Hätte Demokrit das Landstück des Menophanes gekannt, dann hätte er nicht gesagt, die Welt sei aus Atomen gebildet, sondern sie setze sich aus Eigenland zusammen"[107]. Menophanes' Ländereien waren zu klein, um einen *oikos* zu er-

140

halten, bei anderen Männern mochten die Ernten kaputt gehen, dann mußten auch sie hungern, kein Wunder also, daß die Seelen der Ahnen und ihr Land eine Macht besaßen, die weit länger anhielt, als die Fähigkeiten der olympischen Gottheiten, die Verehrung durch den kleinen Mann für sich warm zu halten und, wie die pagani, die Kraft, die hartnäckigste Gegnerschaft für das Christentum zu bilden.

KAPITEL VII

Die Frau im demokratischen Athen

Die Stellung der Frau

Das gesellschaftliche Leben einer Familie in Athen — oder, wie oft gesagt wird, die Stellung der Frau — ist das Thema, das zu heftigen Auseinandersetzungen geführt hat[1]. Zunächst einmal läßt sich das wohl damit begründen, daß man versäumt hat zu erwägen, ob es nicht innerhalb der einzelnen sozialen Schichten und historischen Abschnitte große Unterschiede gegeben hat. Noch schwererwiegend war aber das Versäumnis, statt der üblichen, isolierten Behandlung zu versuchen, dieses Thema im Kontext der Stellung der Gesamtfamilie im Staat zu betrachten.

Selbst innerhalb sozial vergleichbarer Familien sollten uns aber die Belege der Redner eine Warnung dafür sein, daß schlichte Verallgemeinerungen uns in die Irre führen werden. Diese Reden, die in der Tat sowohl feindliche als auch wohlmeinende Bilder des Familienlebens enthalten, bieten uns ein Spektrum von so großer Spannweite, wie man es sich nur irgend vorstellen kann. Für den Forscher ist nicht die Überlegung wichtig, ob eines dieser Bilder richtig oder falsch ist (denn das bedeutete dem griechischen Redner sehr wenig), sondern welche Gefühle sie in den Geschworenen hervorrufen sollten — ob also Sympathie oder deren Gegenteil. Um eine der beiden Reaktionen hervorzurufen, müssen sie — das sollten wir bedenken — glaubhaft erschienen sein.

Einerseits hören wir von einem gewissen Polyeuktos und seiner Frau (die nur zwei Töchter, aber keinen Sohn hatten), die ihren Besitz zum Vorteil ihrer Töchter verwalten[2]. Dabei waren Spudias, der Prozeßgegner, und unser Sprecher, die beiden Ehegatten der Mädchen. Unser Sprecher erklärt, daß er und Spudias zahlreiche Besitzanteile von den Schwiegereltern empfangen oder erworben hätten: Spudias habe eine Summe Geld von seiner Schwiegermutter geliehen bekommen, auch eine flache Schale (φιάλη) und einige Juwelen, die er und seine Frau verpfändet hätten. Einige Zeltbahnen und ähnliche Gegenstände finden auch Erwähnung. Und bei ihrem Tode hinterließ die Schwiegermutter Unterlagen, in denen all ihre Geschenke und Leihgaben aufgelistet waren.

Auch die Töchter nahmen an der Verwaltung des Familienvermögens Anteil. Sie waren bei der Abfassung von Polyeuktos' Testament anwesend, und unser

Sprecher vertritt den Standpunkt, daß beiden Töchtern der Inhalt bekannt war und behauptet, daß die Frau des Spudias sich bei ihrem Gatten beklagt haben würde, wenn sie nicht ihren gerechten Anteil erhalten hätte. Spudias habe wegen anderer Geschäfte abgelehnt, bei der Testamentsabfassung anwesend zu sein. Er habe dabei gesagt, die Anwesenheit seiner Frau genüge. Auch wird uns mitgeteilt, daß die Frau des Spudias nie, weder damals noch später, irgendwelchen Protest eingelegt habe und daß beide Schwestern als Zeugen für die Echtheit der versiegelten Papiere des Polyeuktos fungiert hätten. In der Folge wird von der Frau des Sprechers noch gesagt, sie habe aus ihrem eigenen Anteil noch eine Mine in Silber gezahlt, und zwar für die Zeremonien zum Gedächtnis ihres Vaters.

Wir haben hier ein Bild von Frauen in einer Familie, die voll über deren finanzielle Angelegenheiten informiert sind, und die bei vielen, wenn nicht allen wichtigen rechtlichen Transaktionen anwesend sind. Sie wirken dabei als Zeugen mit und verfügen sogar über ihren Besitz, offensichtlich ohne dabei ihren Gatten untergeordnet zu sein, obgleich sie nach dem Gesetz kein uneingeschränktes Recht darauf hatten, solche Verfügungen zu treffen. Wir dürfen natürlich nicht vergessen, daß diese beiden Damen keine Brüder hatten und daher ohne Zweifel unabhängiger waren als viele andere. Aber das Bild eines Familienrats, der gemeinsam die finanziellen Verhältnisse seiner Mitglieder regelt, könnte, so scheint es, in einer modernen Welt durchaus bestehen.

Andererseits werden wir in dem ungefähr gleichzeitigen Bild, das Aischines von Timarchos zeichnet[3], darüber informiert, wie dieser einem gewissen Hegesander geholfen habe, das Hab und Gut einer *epikleros* zu verschleudern, die Hegesander geheiratet hatte. Anschließend habe er sein eigenes Erbe verschwendet, in dem er es Stück für Stück verkauft habe — ein Haus, einige Sklaven, einen Besitz in der Vorstadt und einen Besitz auf dem Lande. Von diesem soll er (so wird uns berichtet) selbst jenen Anteil nicht unverkauft gelassen haben, der benötigt wurde, damit seine Mutter darauf begraben werden konnte, obgleich diese ihn angefleht und angebettelt habe, wenigstens einen Teil davon nicht zu verkaufen. Ein ebenso unfreundliches Bild zeichnet sich am Ende des fünften Jahrhunderts ab mit dem Porträt, das Andokides von Kallias entwirft[4]. Er heiratete ein Mädchen, nahm aber nach noch nicht einem Jahr auch deren Mutter zur Frau und hielt beide, Mutter und Tochter, im gleichen Haus. Darüber war die Tochter so beschämt, daß sie versuchte sich aufzuhängen und anschließend wegrannte. Dann wurde Kallias der Mutter überdrüssig und entfernte sie aus dem Haus, obgleich diese (sie behauptete, von ihm) schwanger war, und wies den Sohn zurück, als er von ihren Verwandten bei den Apaturia zwecks Einschreibung präsentiert wurde. Anschließend spürte er ein Bedürfnis, sie wieder bei sich zu haben, brachte sie mit dem Knaben zusammen in sein Haus zurück und ließ ihn in sein eigenes *genos* der aristokratischen, priesterfähigen Kerykes einschreiben. All diese geschilderten Fälle und viele andere, die weit auseinanderklaffende geistige Haltungen beleuchten, kann offensichtlich keine Verallgemeinerung umspannen. Unsere Aussage muß sich darauf beschränken, daß es, wie man ohnehin erwarten darf, Familien gab, in denen die Männer verantwortlich und rücksichtsvoll handelten, und daß es auch das Gegenteil gab.

Sinnvolle Vergleiche

Die Gelehrten haben die homerischen Frauen neben diejenigen des klassischen Athen gestellt, zum Nachteil der letzteren. Genauso gut könnte man die Herrin eines mittelalterlichen Herrensitzes mit einer Hausfrau der viktorianischen unteren Mittelklasse — oder einer modernen Fabrikarbeiterin — vergleichen; die Kriterien ihrer Lebensprogramme sind total verschieden. Die Frau des Heroen genoß große gesellschaftliche Freiheit innerhalb des Hauses ihres Gatten und seines Herrschaftsbereiches, aber ihre Stellung hing ausschließlich von seinem Erfolg als Krieger ab und von seiner Fähigkeit, seiner Familie in einer wetteifernden, eifersüchtigen Welt die Unabhängigkeit zu erhalten, wobei ein Versagen Sklaverei und Verelendung bedeutete, oder beides. Im Verhältnis zu ihrem Gatten war ihre Stellung auch die einer totalen Abhängigkeit von seiner Willkür oder der Fähigkeit und Bereitschaft ihrer Verwandtschaft, auf ihn Druck auszuüben. Im Athen des aristokratischen Zeitalters haben die oberen Klassen einzelne Züge dieses heroischen Rasters beibehalten. Den großen Familien war eine vergleichsweise große Freiheit des gesellschaftlichen Umgangs möglich, die mindestens bis zur Zeit des Kimon und der Elpinike in der Mitte des fünften Jahrhunderts dauerte. Aber die homerische Elite, die oberste Schicht der Gesellschaft wurde gestützt von einer namenlosen vergessenen Bevölkerung von Sklaven und anderem halbfreien, armen Volk, die an der Grenze des Hungers lebten, und die in der Literatur nur selten aufscheinen[5], und in der Geschichte nur bei Anlässen, wenn die Elite, wie im vor-solonischen Athen, einen so übergebührlichen Anteil am Wohlstand der Gemeinschaft für sich in Anspruch genommen hatte, daß der kleine, unabhängige, waffenfähige Mann, der trotz allem das Rückgrat des Staates bildete, darunter zu leiden begann.

Die Auswirkungen der Demokratie

Bis zur Mitte des fünften Jahrhunderts hatte die athenische Demokratie den Lebensstil dieser Elite unterhöhlt. Die Gesetze und die Gerichtshöfe, die diesen Gesetzen Geltung verschafften, unterwarfen die Handlungsfreiheit der Elite auf vielen Gebieten einer Kontrolle, zum Beispiel in der Vermehrung ihrer Güter, oder dem Erwerb von Frauen und Konkubinen nach Gutdünken, oder der Freiheit, wen man wollte, zum Erben zu bestimmen. Späterhin fügte der Peloponnesische Krieg den älteren, begüterten Familien ungeheure Verluste zu, weil er gewaltige Ansprüche an die Geldbeutel seiner Bürger stellte, ihnen für ein Jahrzehnt die Einkünfte aus ihren Ländereien nahm, und wegen der Verschwendung, die üblicherweise dem Tod eines Familienvaters in militärischem Dienst folgte [6].

Auch hatten am Ende dieses Krieges die Herrschaft der Dreißig Tyrannen und die Revolutionen, die sie begleiteten, eine weitere Anzahl von Familien verarmen lassen. Andererseits hat der auswuchernde Ehrgeiz der wiederhergestellten Demokratie ständig Forderungen nach Steuern und Trierarchendienst[7] hervorgerufen. Zusammen mit den üblichen Leiturgien aller Art brach dies Breschen nicht nur in die Einkünfte, sondern auch in das Kapital der wohlhabenderen Bürger[8]. Auch die Haltung der Geschworenen innerhalb der Demokratie mit ihrer Bevorzugung des ärmeren Prozessanten gegenüber dem, der den besseren Rechtsanspruch verfocht, und ihre Entschlossenheit, die Verschmelzung von *oikoi*, wenn irgend möglich, zu verhindern, trugen dazu bei, eine wirtschaftliche Angleichung innerhalb der Bürgerschaft zu fördern[9]. Andere Dinge beschleunigten den Prozeß; hohe Strafgebühren und Beschlagnahme von Besitz scheinen die Strafe für zahllose Verstöße gewesen zu sein, von denen manche uns äußerst belanglos erscheinen[10]. Männer, die ein wichtiges militärisches oder seemännisches Kommando übernahmen, setzten sich der Verarmung aus, wenn sie den Auftrag nicht ausführen konnten, selbst wenn die Demokratie es versäumt hatte, sie angemessen auszustatten[11]. Selbst Trierarchen konnten sich in einen Prozeß verwickelt sehen, wenn sie außergewöhnliche Auslagen zurückerstattet bekommen wollten, zu denen sie veranlaßt worden waren[12]. Der Staat hingegen versagte völlig darin, die Ausführung der Gerichtsbeschlüsse sicherzustellen. Das galt ebenso bei reinen Privatklagen, wie beispielsweise in den für Demosthenes erfolgreichen Unternehmungen gegen seine Vormünder[13].

Das soll nicht heißen, daß es im demokratischen Athen keine reichen Leute gegeben habe; solche gab es ganz sicher, sowohl im fünften als auch im vierten Jahrhundert. Aber es war im allgemeinen nicht der alte begüterte Adel, denn dessen Einkünfte hatten mit der Inflation nicht Schritt halten können[13a], weil er nicht die Mittel (oder möglicherweise die Fähigkeit und Neigung) besessen hatte, bessere Agrartechniken einzuführen. Eine Versorgung mit reichlich, und folglich einigermaßen billigem Getreide war aber der Eckstein staatlicher Politik. Wir treffen auf Glücksritter wie Konon, dessen Vermögen enorm groß war, und wir hören, daß ähnlich erfolgreiche Abenteurer sich schnell Wohlstand erwerben konnten[14]. Der Vater des Demosthenes, der von seiner Mutter ein beachtliches Vermögen ererbt hatte, vermehrte dieses durch das erfolgreiche Management zweier mit Sklaven belegter Fabriken[15]. Ein gewisser Komon erwarb sein Geld ebenfalls durch Fabrikbesitz. Auch er setzte Sklavenarbeiter ein und eine Anzahl von Leuten, die in Xenophons Geschichten erwähnt werden[16], machten es ebenso. Bankiers und Geldverleiher hatten möglicherweise fließende Vermögen, wie die Familien von Kephalos, Lysanias, Protomachos und Lysias[17], aber manche scheinen erfolgreich gewesen zu sein, wie Phormion und Pasion. Ihre Stellung als Metöken kann tatsächlich eher ein Vorteil als ein Nachteil gewesen sein[18]. Aber Geld, das man sich in Geschäften erworben hatte, ist oft genug später in Ländereien angelegt worden, denn Land war die beste und auch ehrenwerteste Form der Vermögensanlage[19]. Auch wenn die Anlage des Vermögens in Ländereien bewirkte, daß eine Geheimhaltung erschwert war, und der Besitzer dadurch für die Ausrichtung von Leiturgien oder den Dienst als Trierarch[20] in Erwägung gezogen werden konnte, so hat doch das Bedürfnis des Atheners, Staat zu machen[21] (*philotimia*), und sein gleichzeitiges Verlangen nach größter Sicherheit meist den Sieg über seine Unwilligkeit, Steuern zu zahlen, davongetragen.

Eigenhilfe

Die athenische Demokratie erwartete von ihren Bürgern auch ein hohes Maß an Selbst-Hilfe. Das Gesetz bestätigte das Recht auf Nachforschung und Beschlagnahme, die manchmal mit Gewalt erfolgen mußte, wie in einem von Isokrates erwähnten Fall, als ein Prozessant ein dringend benötigtes Beweisstück in die Hand bekommen wollte[22]. Im Gericht gefällte Urteile mußte man persönlich vollziehen[23]. Der Bürger als Privatmann mußte sich Zeugen verschaffen, wenn er in Situationen verwickelt wurde, die in aller Wahrscheinlichkeit ein gerichtliches Nachspiel haben würden. (Wir kennen einen Fall, wo ein Streit zu bezeugen war, der sich im Anschluß an eine Forderung gegenüber einem zögernden Trierarchen abspielte[24], und einen weiteren Fall, wo man zu bezeugen hatte, daß ein Ehebrecher in flagranti überrascht worden war[25].) In jedem Fall ging es darum, sich ein Aufgebot von Freunden zusammenzuholen, die als Verbündete handeln konnten, wenn Gewalt notwendig wurde. Einige der komischen Chorgesänge bei Aristophanes bieten Beispiele für solche Aufgebote[26] und es gibt genügend Hinweise bei den Rednern über das Eindringen in Häuser[27], über betrunkene Zecher, die auf den Straßen herumbrüllten (Abb. 31)[28] und Überfälle auf Passanten[29] anscheinend ohne den geringsten Eingriff von seiten der Polizei oder anderer Ordnungshüter, sodaß wir daraus schließen dürfen, daß die Demokratie sich nur sehr halbherzig um die Bewahrung von Ruhe und Ordnung kümmerte.

So konnte folglich der Bürger seinen Interessen am besten dienen, wenn er freundliche Beziehungen zu einem großen Kreis von Leuten aufrechterhielt, der Freunde, Nachbarn und Verwandte einschloß[30]. Das hat ihn natürlich mehr in Verbindungen und gesellige Zusammenkünfte mit diesen Freunden als in solche mit seiner Familie hineingezogen. So bildete die Familie im Normalfall nicht den Mittelpunkt des geselligen Lebens eines Bürgers. Bei einer solchen geselligen Zusammenkunft benahm man sich manchmal mehr, manchmal weniger gesittet, wie uns Platons *Gastmahl* verdeutlicht. Manche dieser Verbindungen (besonders unter den Wohlhabenderen) haben bekanntermaßen auch politische Ziele gehabt, wie etwa die *hetaireiai*, die der Hauptrückhalt oligarchischer Angriffe auf die Demokratie waren, die aber auch das Ziel hatten, sich für die Verteidigung ihrer Mitglieder gegen gerichtliche und andere Angriffe zusammenzuschließen[31].

Konformismus

Der Wahlspruch athenischer Demokratie lautete "leben, wie es behagt". Aber das war nicht so liberal, wie es klingt, und konkret erzwang die Demokratie durch ihre Gerichte ein beachtliches Maß an Anpassung an die numerisch vorherrschende Mittel- und untere Mittelklasse[32]. In den Personen der Denunzianten stellte sie auch das Instrumentarium zur Verfügung, das die Begüterten zwang, sich nach der allgemeinen Linie auszurichten. Zurschaustellung jeglicher Art setzte sie dem Neid und der Bosheit aus; die Karriere des Alkibiades beleuchtet den Haß und das Mißtrauen, das ein brillanter Aristokrat hervorrief, der nicht anpassungsbereit war[33]. Ein halbes Jahrhundert später griff Demosthenes den Meidias mit den Worten an: "Alkibiades soll auf der väterlichen Seite ein Alkmaionide gewesen sein — und man sagt, daß diese von den Tyrannen verbannt worden waren, weil sie die Partei des Volkes ergriffen hatten.... und die Söhne des Peisistratos hinausgeworfen hatten — mütterlicherseits soll er dem Haus des Hipponikos entstammen, großen Wohltätern des Volkes. Ferner hat er selbst zweimal die Waffen auf seiten der Demokratie in Samos ergriffen und einmal hier in der Stadt, womit er seine Zuneigung nicht mit Worten oder Geld, sondern unter Einsatz seiner Person gezeigt hat. Darüberhinaus hat er bei Olympia mit seinen Pferden am Wettkampf teilgenommen, war der beste Kommandant und hatte offensichtlich den Ruf, der beste Redner zu sein. Aber selbst mit all diesen Meriten waren eure Vorfahren nicht bereit, irgendeine Handlung seines aufgeblasenen Stolzes zu dulden.... sondern verbannten ihn.... und hielten alles für eher annehmbar, als ein solches Benehmen ertragen zu müssen"[34]. Davor schon kann das Privatleben des Perikles die Art von Beschuldigungen beleuchten, die ein

Mann der Öffentlichkeit hervorrief, wenn er auf seiner Unabhängigkeit von den üblichen gesellschaftlichen Normen bestand[35]. Aristophanes wiederum hielt es im Jahr 422 für angebracht zu leugnen, daß der Erfolg ihn stolz gemacht habe oder verleite, auf Jagd in Palaestren zu gehen oder der Sodomie zu frönen, Handlungen, die man offensichtlich mit den aristokratischen Gegnern des Kleon in Verbindung brachte[36].

Der Prozeß des Sokrates im Jahre 399 dient als ein Beispiel sowohl für einen Menschen, dessen geistige Unabhängigkeit ihm Verdächtigung eintrug, als auch für die Gefahren, die Leuten drohten, die sich zu den oberen Schichten gesellten, welche für die Demokratie immer eine Zielscheibe des Argwohns und Opfer ihres Justizsystems blieben[37].

Auch galt Anpassung als Tugend; eine Reihe von Klienten des Lysias erachtete es als notwendig festzustellen, daß sie ein anständiges Leben führten[38]. Verdächtigungen bezüglich der Moral des Gegners gehörten zum Handwerkszeug eines Aischines und Demosthenes und ihrer Zeitgenossen[39].

Homosexualität

Bisweilen hört man, daß die Griechen vollkommen bisexuell gewesen seien und sowohl homosexuellen als auch heterosexuellen Geschlechtsverkehr gehabt hätten, und daß man bei romantischer Liebe in Griechenland an die Zuneigung zu Knaben dachte und nicht an diejenige zu Mädchen. Mag diese letztere Behauptung nun wahr sein oder nicht, so kann kein Zweifel bestehen, daß in Athen, bei aller ehrlichen Bewunderung der Griechen für die physische Schönheit des jungen männlichen Körpers doch die Praxis der Homosexualität vom Gesetz streng abgegrenzt war. Knaben im Schulalter waren durch ein Gesetz (das bis auf Drakon und Solon zurückdatieren soll) gegen sexuelle Angriffe geschützt[40], und wir hören diesbezüglich von strengen Vorschriften für die Schulen. Schulbuben hatten immer einen *paidagogos*, der sie begleitete. In der Kunst wird der *paidagogos* immer als Mann dargestellt, der einen langen, kräftigen Stock trägt (Abb. 32-33); wozu sollte dieser gedient haben, wenn nicht zum Schutz der ihnen anvertrauten Schützlinge[41]? Erwachsene Bürger (solche, die in den Demen-Registern geführt waren), die Lustknaben waren, oder als Erwachsene Lustknaben gewesen waren, erlitten eine Verminderung ihrer bürgerlichen Rechte[42]. Leute, die freigeborene Knaben für Homosexualität beschafften, konnten, so heißt es, gesetzlich belangt werden[43]. Diese Belege mögen einen Hinweis auf die wahre Situation geben. Vielleicht sah diese so aus, daß freie Athener Homosexualität nur während einer kurzen Zeitspanne ihres Lebens ausübten — zwischen der Zeit, wo sie ihr Haar schnitten (etwa um sechzehn herum) und begannen, die Sporthalle und die

Ringerschule zu besuchen als Teil jener Entwicklung, die ihren Körper für die militärische Ausbildung kräftigte (wo sie das Ziel der Liebhaber waren), ferner während dieser Ausbildung und eine kurze Zeit danach (wenn sie die Liebhaber waren). Für ältere Männer galt Homosexualität als tadelnswert, selbst wenn der Buhlknabe kein Bürger war, das geht deutlich aus einer Rede des Lysias hervor[44], aber es war nicht ungesetzlich. Wir dürfen annehmen, daß das Gesetz auf diesem Gebiet wahrscheinlich demjenigen über illegalen Geschlechtsverkehr ähnelte. Was mit Sklaven und anderen Nicht-Bürgern durchaus erlaubt war, war mit Bürgern verboten, und das Gesetz achtete auf die private Moral des Einzelnen und bestrafte Übertretungen.

Knabenliebe war teuer; ob das nun so war, weil die Bewunderer der Jugendlichen einander im Wettbewerb um die Gunst der Jugendlichen an Großzügigkeit übertreffen wollten, oder weil die Jugendlichen in der Lage waren, das Gesetz praktisch zur Erpressung ihrer Bewunderer zu benutzen, war sicher in jedem individuellen Fall unterschiedlich; es führte aber zu dem Ergebnis, daß Knabenliebe eine Gewohnheit der oberen Klassen wurde und solcher Leute, die sie nachahmten. Sie war daher dem einfachen Volk verdächtig und Mittel, in Auseinandersetzungen vor Gericht Vorurteile zu wecken[45]. Platons Angriff gegen die Homosexualität, besonders in den *Gesetzen*, enthüllt uns, daß der Vorgang ihm nicht unbekannt war, und daß er seinen Idealvorstellungen mehr zuwider war als außerehelicher heterosexueller Verkehr. Denn letzterer galt in den *Gesetzen* (wenn er geheim gehalten wurde) als geduldete Alternative zum Ideal der Jungfräulichkeit bis zur Ehe und des Geschlechtsverkehrs nur innerhalb der Ehe mit dem Ziel der Zeugung von Kindern[46].

Der Schutz für Frauen

Das Bürgerrechtsgesetz des Perikles, das unter dem Archontat Eukleides im Jahr 403/2 v. Chr. wieder in Kraft gesetzt worden war, verband sich mit der Prozeßsucht und Begehrlichkeit der Athener sowie der Regsamkeit der Denunzianten, um die Freiheit der Frauen in ihrem gesellschaftlichen Umgang einzuschränken. Es war von so beherrschender Wichtigkeit, daß auch nicht der geringste Hauch eines Verdachts aufkam, ein junges Mädchen könnte keine Jungfrau sein oder eine junge Frau könnte etwa ihr Kind nicht richtig in der Ehe empfangen haben, daß man sie in einem für unsere Vorstellungen völlig unsinnigen Ausmaß beschützte. Die Braut ·des Ischomachos hatte "unter strengster Aufsicht gelebt, damit sie so wenig sehen könne als möglich, so wenig hören könne als möglich, und so wenig entdecken könne als möglich..... sie verstand nur, selbst die Wolle zu bearbeiten und das, was man von einem Sklaven erwarten durfte..., aber sie war auch gründlich in der Behandlung der Nahrung ausgebildet worden, und das ist für mich die wichtigste Fähigkeit, die ein Mann und seine Frau besitzen müssen"[47]. So schreibt Xenophon. Ein Sprecher kann behaupten, daß seine Schwester und die Nichten im Frauengemach seines Hauses "mit soviel Sorge um ihren Anstand gelebt hatten, daß es sie sogar verlegen machte, wenn sie nur von ihren männlichen Verwandten gesehen wurden"[48]. Andere führen wieder an, daß die Ehefrauen nicht mit ihren Gatten auswärts essen gehen und nicht einmal mit ihren Gatten gemeinsam essen, wenn diese männliche Besucher bewirten, es sei denn, es handle sich um Verwandte[49].

Letzteres mag nicht einmal so unsinnig gewesen sein, wie es auf den ersten Blick erscheinen mag; männliche Gesellschaften waren nicht immer so stubenrein wie eine moderne gemischte Abendgesellschaft; bei den Rednern finden sich Erzählungen von Festen, an denen Frauen zweifellos nicht hätten teilnehmen wollen[50]. An anderen Stellen wird von Streitereien gesprochen, die "durch Trunkenheit, Streitsucht oder spielerisch, aus Hänseleien, hervorgegangen oder aus dem Kampf um ein Mädchen" entstanden seien (Abb. 19)[51], und Athenaios zitiert einige Auszüge zu diesem Thema[52]. Auch leugnen die Redner, je auch nur im Hause ihrer Gegner gewesen zu sein, aus eben diesen Gründen. Einer streitet ab, je einer von diesen jungen Männern gewesen zu sein, die sich für Spiele und Zechgelage interessieren[53]. Wir sehen, daß man sich selbst im Kreise des Platon auf eine philosophische Diskussion zum Thema Liebe einigte, zum Teil deshalb, weil alle Teilnehmer diese Symposions außer Sokrates als Ergebnis vorausgegangener Exzesse noch einen schweren Kopf hatten[54]. Man möge sich ferner erinnern, daß, da fröhliche Feste und Ständchen als Kennzeichen für eine Geliebte galten[55], dies ein weiterer Grund für eine Ehefrau war, daran nicht teilnehmen zu wollen.

Aber Frauen von Bürgern nahmen an solchen geschäftlichen Tätigkeiten teil, wie es die Herstellung eines Testaments war. Abgesehen von der Frau und den Töchtern des Polyeuktos, die wir oben erwähnten, erzählt uns Lysias in einer bemerkenswerten Stelle, wie die Tochter des Diogeiton in einem Familienrat aufstand, um mit ihrem Vater wegen der Behandlung ihrer beiden Söhne zu rechten, die gleichzeitig seine Neffen und Enkel waren: "Die Mutter der Kinder", so sagt der Redner, "flehte und bettelte mich (als Gatten von deren Schwester) immer wieder an, eine Versammlung einzuberufen aus ihrem Vater und ihren Freunden, wobei sie sagte, daß selbst wenn sie vorher üblicherweise nicht zu Männern gesprochen habe, so zwinge sie doch das extreme Ausmaß von deren Unglück dazu, alle Einzelheiten der Ungerechtigkeiten zu offenbaren, die sie erlitten hatten.... Und als wir versammelt waren, fragte sie ihn, was für ein Mann er denn sei, wenn er es für richtig hielte, den Knaben gegenüber so zu handeln, wie er es getan habe; er wäre der Bruder ihres Vaters, so sagte sie, 'und mein Vater und sowohl ihr Onkel als auch ihr Großvater, und wenn du dich nicht schon vor jedem Mann schämst, solltest du wenigstens die Götter fürchten; du hast, als dein Bruder fortsegelte, von ihm fünf Talente anvertraut bekommen. Und ich bin bereit, um diese Behauptung zu stützen, meine Kinder vorzuschieben, sowohl diese beiden Knaben als auch diejenigen aus meiner anderen Ehe, und einen Eid auf ihre Köpfe zu leisten, wo auch immer du mir anzugeben gewillt bist. Und du weißt, daß ich kein so verworfenes Wesen bin, noch so gierig auf Geld, daß ich als verfluchte Kreatur sterben will, weil ich Flüche auf meine Kinder herabgerufen habe, noch meinen eigenen Vater um den Besitz bringen will gegen das Gesetz'. Dann wies sie ihm nach, daß er 7 Talente und 40 Minen auf Bodmerei (Schiffsschuldbriefe) erhalten habe, und wies dafür schriftliche Belege vor. Denn als sie in das Haus des Phaidros (vermutlich ihres neuen Gatten) umzog, waren die Kinder zufällig auf das Abrechnungsbuch gestoßen, das man weggeworfen hatte, und hatten es ihr gebracht. Und sie zeigte, daß er noch gewisse andere Summen von Geld erhalten hatte.... 'und dann', sagte sie, 'hattest du die Kühnheit zu behaupten, obgleich du all dies Geld bekommen hattest, daß ihr Vater nur zweitausend Drachmen und dreißig Statern hinterlassen hätte, jene Summe, die mir überschrieben wurde und die ich dir übergab, als er tot war' ''. Offensichtlich haben wir hier eine andere athenische Frau vor uns, die voll über die finanzielle Situation des Hauses informiert ist, obgleich sie, natürlich, nicht selbst die Sachwalterin ihres Vermögens war. Lysias fährt dann fort mit dem Bericht von ihrem empörten Appell an ihren Vater. Am Ende davon, sagt der Redner, "waren alle Anwesenden so angerührt von dem, was dieser Mann getan hatte, und von den Dingen, die sie ihm gesagt hat. Als wir die Knaben sahen und das Unrecht, das man ihnen angetan hatte und uns an den Verstorbenen erinnerten, und daran dachten, was für einen unwürdigen Sachwalter er für seinen Besitz zurückgelassen hatte, und als wir darüber nachdachten, wie schwer es ist, einen Mann zu finden, dem man wirklich anvertrauen konnte, was man ihm eigentlich anvertrauen können sollte, konnte niemand von uns Anwesenden auch nur ein Wort hervorbringen, meine Herren Geschworenen, wir konnten nur ebenso bitterlich wie die Opfer dieser Geschehnisse weinen und uns still entfernen" [56]. Ein anderer Bericht über die Anwesenheit von Frauen bei der Testamentsabfassung ihrer Ehemänner findet sich in Lysias' Bericht darüber, wie die Opfer der Dreißig Tyrannen nach ihrer Verurteilung zum Tode im Gefängnis nach ihren weiblichen Angehörigen schickten, "einer nach der Schwester, einer nach der Mutter, einer nach seiner Frau, einer nach irgendeiner weiblichen Verwandten, die er zufällig besaß. Dionysodoros schickte nach seiner Frau und machte in ihrer Gegenwart Testament und letzte Verfügung, wie es ihm richtig schien.... und verpflichtete seine Frau, von der er glaubte, sie sei von ihm schwanger, falls sie einen Sohn gebären sollte, diesem zu sagen, daß Agoratos der Mörder seines Vaters gewesen sei, und von ihm die Rache für seinen Vater zu fordern"[57].

Eine andere Folgeerscheinung des Bedürfnisses, Frauen abzuschirmen, war, daß man leicht ein Vorurteil gegen einen Mann aufbauen konnte, indem man ihm unterstellte, er habe die Frauengemächer eines Hauses ohne Wissen des Hausherrn betreten. In einer Reihe von Reden soll dies ein wichtiger Bestandteil jener Kränkungen sein, die einem der Gegner zugefügt hatte[58]. Das war hauptsächlich deshalb so, weil es Auswirkungen auf die betroffenen Frauen hatte, wie aus den Unterstellungen in der Rede gegen Euergos deutlich wird. Euergos und sein Bruder Theophemos waren in das Haus des Sprechers und bis vor dessen Ehefrau gedrungen, während er sich außer Hauses befunden hatte; Passanten, die Zeugen dieser Missetat geworden waren, weigerten sich, das Haus in Abwesenheit des Hausherrn zu betreten; der Sprecher selbst wollte durchaus nicht vor Euergos' Vater und Mutter, die bei diesem lebten, treten. Dennoch hat er, wie er sagt, das Haus des Theophemos betreten, nachdem er sich bereits informiert hatte, daß Theophemos nicht verheiratet war, und dort hatte er keine Bedenken, der Dienerin Anweisungen zu geben, ja er drohte sogar, sie als Sicherstellung für eine geforderte Schuld davonzutragen[59]. Für unsere Vorstellungen ist der bezeichnendste Punkt innerhalb der Anklage gegen Lykophron, daß er, als er die Erlaubnis erhalten hatte, im Hause seines Freundes zu kommen und zu gehen, wie wir das als normal empfinden würden, und mit dessen Frau zu reden, sich vor Gericht mit der Anklage auf Ehebruch konfrontiert sah[60]. Eben diese Empfindung erklärt auch, warum Diebe und Einbrecher Gefahr liefen, getötet zu werden und, so sagt Euphiletos, "wenn man Ehebrecher nicht mit dem Tode bestraft, werden sie so frech, daß selbst Diebe behaupten werden, sie seien Ehebrecher, weil sie wissen, daß.... wenn sie dies als Grund für ihre Anwesenheit im Haus angeben, niemand sie anrühren wird"[61].

Jungfräulichkeit und Heirat

Das politische Erfordernis der Jungfräulichkeit sorgte auch dafür, daß Mädchen sehr jung verheiratet wurden. Wir haben keine statistischen Nachrichten über das übliche Alter; wir können nur sagen, daß das Gesetz über die *epikleroi* ihnen das Recht auf ihren Besitz, (soweit sie dieses je in Wahrheit besessen haben) im Alter von vierzehn Jahren eingeräumt hat, und dieses Alter muß mit der Eheschließung übereingestimmt haben[62]. Xenophons Ischomachos, der selbst ein voll erwachsener Mann von etwa 30 Jahren war, heiratete ein Mädchen von vierzehn[63], aber Xenophon, wie Hesiod, Platon, Aristoteles und Plutarch (oder dessen Quelle) waren der Meinung, daß das übliche Heiratsalter zu jung war, und das in Sparta übliche Alter (achtzehn bis zwanzig) wesentlich vernünftiger[64] (Abb. 24. 25).

Wie schon in Kapitel V vermerkt wurde, ergriff gewöhnlich der *kyrios* eines Mädchens die Initiative dafür, einen Ehemann zu finden. Wenn der zukünftige Gatte einer ihrer Verwandten war, wird sie wahrscheinlich, wenn auch sehr flüchtig, mit ihm bekannt gewesen sein, und sie wird sicher von ihm gehört haben. Wenn er kein Angehöriger war, können wir nicht sicher sein, daß sie ihm je vor dem Verlöbnis von Angesicht zu Angesicht gegenübergestanden hatte; und das ist auch äußerst unwahrscheinlich. Auch im modernen Griechenland kann es durchaus vorkommen, daß ein Mädchen seinem zukünftigen Gatten nicht begegnet, bevor er mit dem Familienoberhaupt übereingekommen ist[65]. Zwar spricht Xenophon davon, daß es wünschenswert sei, ein schönes Mädchen zu heiraten, und es gibt dafür einen Hinweis, daß ein Mädchen, welches nicht einmal halbwegs passabel anzuschauen war (ὁπωστιοῦν μετρίαν......ὄψιν), möglicherweise keinen Ehemann bekam, was, natürlich, nur festzustellen war, wenn der zukünftige Gatte sie persönlich gesehen hatte, aber eine Personenbeschreibung der Braut mag gut und gerne zu den Pflichten des Heiratsvermittlers gehört haben, wie das noch heute in Indien der Fall ist[66].

Vom Standpunkt der Gesellschaft und des geselligen Lebens war ein unvermeidliches und schlimmes Ergebnis der Unreife athenischer Bräute und des normalerweise üblichen großen Altersunterschiedes zwischen Mann und Frau, daß gemeinsame Freunde höchst unwahrscheinlich waren. Als Aristoteles dieses Thema behandelte, hat er diesen Aspekt der Freundschaft überhaupt nicht in seine Erwägungen einbezogen[67]. Es gibt mehr als nur einen Hinweis, daß die ganze Art und Weise, wie Xenophon das zu seiner Zeit übliche Verhältnis zwischen Mann und Frau behandelt, mehr von Paternalismus als von Partnerschaft geprägt ist[68].

Die Mädchenerziehung

Athenische Mädchen wurden auch weniger gut erzogen als die Knaben. Während es reichlich Belege dafür gibt, daß viele Lesen und Schreiben lernten[69], wurde nur wenigen eine bessere Erziehung zuteil, selbst als die Knaben anfingen, eine solche zu erhalten, also von etwa der Mitte des fünften Jahrhunderts an. Die meisten der besser ausgebildeten Frauen, von denen wir hören, waren Nicht-Bürgerinnen wie Aspasia, oder sie gehörten dem hellenistischen Zeitalter an wie Hipparchia, die als Frau des Kynikers Krates lebte, und deren Verhalten vermutlich das Einschreiten des Gesetzes selbst im Großbritannien des zwanzigsten Jahrhunderts hervorgerufen hätte[70]. Xenophon schreibt den Mangel an

Erziehung bei den Ehefrauen ihrem extrem niedrigen Heiratsalter zu. Der oft zitierten Frage: "Gibt es jemanden, mit dem du dich seltener unterhältst, als mit deiner Frau?" und der Antwort "falls überhaupt, jedenfalls nicht viele" geht die Feststellung (anhand von Schafen und Pferden) voraus, daß es der für ein Objekt verantwortlichen Person zuzuschreiben ist, wenn das ihr anvertraute sich in schlechtem Zustand befindet, und der Hinweis, daß ein Mann seine Frau lehren muß, seinen Besitz zu verwalten, da sie an seinem wertvollen Vermögen mehr Anteil hat als irgendjemand sonst. "Und", so sagt sein Sokrates, "hast du sie denn nicht als blutjunges Mädchen geheiratet, die so wenig wie irgend möglich gehört und gesehen hatte? Muß man sich dann nicht vielmehr darüber wundern, wenn sie irgendetwas von dem, was sie sagen oder tun soll, versteht, als wenn sie versagt?" Und er fährt fort "Und ich halte dafür, daß eine Ehefrau, die ein guter Partner im *oikos* ist, in jeder Hinsicht genauso wichtig für dessen Wohlstand ist wie ihr Gemahl"[71]. Obgleich diese Behandlung herablassend ist, weil er ja annimmt, daß eine Braut keine Erziehung hat und daher nötig hat, unterwiesen zu werden, begründet er diese Notwendigkeit doch mit ihrer Jugend, nicht mit ihrer Lernfähigkeit, und steht daher im Sinne moderner Gedankengänge Platon voraus, der ohne Umschweife die Ansicht vertritt, daß die Lernfähigkeit einer Frau geringer ist als die eines Mannes[72].

Beschränkung der Familien, wirtschaftliche Gesichtspunkte

Man muß auch die wirtschaftlichen Gegebenheiten und Forderungen eines athenischen *oikos* in Rechnung stellen. Zwischen der wirtschaftlichen Stellung jener homerischen Familien, von denen wir etwas hören, und denen der athenischen Familien herrscht ein deutlicher Gegensatz. Die homerischen Familien hatten Vorrat im Überfluß. Sie konnten es sich leisten, stattlich zu bewirten, reiche Mengen an Fleisch zu verzehren (obgleich man festhalten sollte, daß alle Feste irgendeinem Zweck dienten außer jenen im Haus des Odysseus, die ihrer ganzen Definition nach Verschwendung waren)[73], und sie mußten nicht darüber nachdenken, wo das nächste Essen herkam. Viele der Bürger des demokratischen Athens, von denen wir erfahren, hatten einen viel geringeren Spielraum zwischen genügend Nahrung und Mangel[74]. In der Komödie gilt der Verlust eines Tageslohnes als eine ernste Angelegenheit, da die Familie ihre Hauptmahlzeit von dieser lächerlichen Summe bestreiten mußte[75]. Die Bedürfnisse des *oikos* setzten daher der Freiheit der Familie, ihren Lebensstil zu wählen, enge Grenzen.

Zunächst einmal diktierten wirtschaftliche Bedingungen die Größe einer Familie, d.h. die Anzahl der Kinder, die von den Eltern aufgezogen werden konnten. Es unterliegt keinem Zweifel, daß im gesamten Altertum überzählige Kinder ausgesetzt wurden. Allerdings haben zu viele Diskussionen über dieses Verhalten es unterlassen, die Möglichkeit zu berücksichtigen, daß verschiedene Schichten in verschiedenen Gesellschaften in verschiedenen Zeitepochen in der Anwendung dieser Praxis sich unterschiedlich verhalten haben können[76]. In Athen kann irgendetwas wie eine verläßliche Einschätzung, bis zu welchem Ausmaß Aussetzung allgemein üblich war, nur aus einer Betrachtung der *oikoi* herauswachsen, sowie aus den einander entgegengesetzten Forderungen nach genügend Kindern, um ihr Weiterbestehen zu garantieren, und hinreichend wenig, damit der *oikos* in der Lage war, sie zu erhalten.

Man darf kaum daran zweifeln, daß das erste Kind einer Ehe (gleich welchen Geschlechtes) nie ausgesetzt wurde, wenn es gesund war (oder zu sein schien), obgleich es zurückgewiesen werden konnte, wie in der Geschichte des Herodot über Hippokrates, den Vater des Peisistratos. Wir können dagegen aus den Familien, deren Geschichte uns durch Redner überliefert ist[77], zumindest einen Mann mit angeborenem Gebrechen nennen. Es ist ebenso unwahrscheinlich, daß das zweite in Familien mit Kindern verschiedenen Geschlechts ausgesetzt wurde. Ebenso ist es unwahrscheinlich, selbst wenn beides Mädchen waren, da der Wunsch nach Nachkommen so groß war, und das Leben so risikoreich. Wenn jedoch beide Babies Knaben waren, werden manche der Armen die Ansicht des Hesiod geteilt haben[78], daß ein Sohn genug ist, und die Gefahr, den einzigen Sohn zu verlieren, derjenigen vorgezogen haben, den *oikos* teilen zu müssen, wenn mehr als einer das Säuglingsalter überlebte. Sicher müssen, wenn die Kinderzahl über zwei hinauswuchs, die wirtschaftlichen Mittel einer Familie ein wichtiger Faktor bei der Entscheidung gewesen sein, ob oder ob nicht weitere Kinder aufgezogen werden sollten. Fünf Kinder sind nicht ungewöhnlich bei jenen Familien, die die Redner, deren Werke auf uns gekommen sind[79], für sich beschäftigt haben. (Ihre Reden, das müssen wir bedenken, wurden meistens in Auftrag gegeben, weil einer Familie ein Erbe fehlte, und ihre Güter daher zu einem Streitobjekt wurden.) Alle Familien außer einer, nämlich der von Buselos, der fünf Söhne hatte, hatten sowohl Söhne als auch Töchter. Wir kennen das Geschlecht der fünf Kinder der Soldatenwitwe in Aristophanes' *Thesmophoriazusae*, einer armen Frau, nicht[80], aber vor dem Tod ihres Gemahls war die Familie vermutlich begüterter gewesen.

Man hat die Meinung vertreten, daß Mädchen mit größerer Wahrscheinlichkeit ausgesetzt wurden als Knaben. Das wurde auf zweierlei Weise begründet, einmal durch Übertragung aus der hellenistischen Epoche, als dies anscheinend so gewesen ist, andererseits durch ein *argumentum ex silentio* − weil wir nur von den Söhnen, die berühmten Athenern geboren wurden, hören − doch ist letztere Beweisführung wertlos, wenn wir das Beispiel von Kleomenes zitieren können, über den Herodot sagt, "er starb ohne Kinder, da er nur eine Tochter mit Namen Gorgo hinterließ", und beobachten, daß im heutigen Griechenland ein Mann gewohnheitsmäßig seine Töchter unberücksichtigt läßt, wenn er seine Kinder aufzählt[81]. Darüberhinaus muß eine Entscheidung, ob ein Baby aufzuziehen war oder nicht, im klassischen Athen, als die Familienbande noch sehr stark waren, auf Grund von wirtschaftlichen Überlegungen getroffen worden sein. Hier konnte ein Mädchen stärkere Ansprüche zur Aufzucht gehabt haben als ein Junge, weil es selbst mit kleiner Mitgift noch einen Gatten finden konnte, wohingegen ein Knabe seinen vollen Anteil am Familien-*oikos* in Anrechnung stellen konnte, was zu einer für den *oikos* nicht vertretbaren Teilung geführt hätte. Auch mögen die Gefühle einer Mutter durch die Tatsache etwas erleichtert worden sein, daß ein ausgesetzter Knabe größere Chancen hatte, als untergeschobenes Kind erworben zu werden, weil ein Vater, der einen Sohn herbeisehnte, sich leichter täuschen ließ als andere.

Doch das sind Spekulationen; die Familien, um deren Güter es bei den Klienten der Redner geht, geben keine Andeutung einer Bevorzugung in irgendeiner Richtung — noch, in der Tat, davon, daß überhaupt Aussetzung üblich gewesen war. Darüber hinaus scheint es merkwürdig, wenn Aussetzung offen geübt wurde, daß eine solche Art, über die Kinder zu verfügen, niemals Gegenstand jener Tiraden geworden ist, die von weiblichen Rollen unserer literarischer Quellen, etwa der *Medea* des Euripides oder der *Lysistrata* des Aristophanes und anderen[82] den Männern entgegengeschleudert worden sind. Es könnte immerhin sein, daß nur sehr wenige gesunde, legitime Kinder von Bürgern tatsächlich ausgesetzt worden sind, obgleich möglicherweise im Meinungsklima im vierten Jahrhundert ein Umschwung eingetreten ist, wie das sicher in der Epoche nach Alexander der Fall war[83].

Es gab andere Mittel, die Familiengröße zu beschränken. Natürliche Sterilität hatte ihren Anteil, ebenfalls Sterilität, die durch antike gynäkologische Methoden erreicht wurde, und Abtreibung, die auch praktiziert wurde; man vermied überzählige Kinder wohl auch durch sexuelle Enthaltsamkeit. Natürlich gibt es dafür nur indirekte Belege, aber sie stimmen überein. Xenophons Bemerkung, daß Männer nicht um des sexuellen Vergnügens willen heiraten, sondern zur Zeugung von Kindern, wird bestärkt durch den Rat, mit etwa dreißig Jahren zu heiraten, also in einem Alter, wenn die schweifendsten Sexualbegierden abgeklungen sind. Auch sprechen die Schriftsteller davon, daß Ehefrauen mit zuviel Sex nicht wünschenswert seien; handelte es sich bei diesen Schriftstellern nur um die Komödiendichter, dann könnten solche Behauptungen als Wunschdenken beiseite gelegt werden oder als bloßer Scherz, aber dem ist nicht so. Aristoteles betrachtet es als erwiesen, sowohl in seinen biologischen Schriften als auch in seiner *Politik*, daß zu früh verheiratete Mädchen in sexueller Hinsicht anspruchsvoll sind[84]. Es entspricht der Logik, daß eine Ehefrau, die häufig sexuelle Befriedigung von ihrem Mann fordert, des öfteren Gefahr läuft, schwanger zu werden. Eine Frau, die gewillt ist, eine kleine Familie zu haben und dann ihrem Gatten zu gestatten, seine darüberhinausgehenden Sexualbedürfnisse anderswo zu stillen, ermutigt nicht die Zeugung legitimer Kinder, die dann ausgesetzt werden müßten [85].

Wir müssen dies allerdings als den Standard der herrschenden Mittel- und unteren Mittelklasse ansehen; die Armen müssen sowohl einen größeren Anteil ihrer Babies aus natürlichen Gründen und mangels Hygiene verloren haben, als auch wahrscheinlich häufiger auf die Aussetzung ausgewichen sein. Aber sicher war die größte Anzahl und auch der höchste Anteil der ausgesetzten Säuglinge unter denjenigen, die durch Verbindungen außerhalb der Ehe gezeugt worden sind, die Bastarde der Sklavinnen, Kurtisanen und Prostituierten aller Ränge, obgleich nicht einmal diese alle notwendigerweise ausgesetzt wurden. Wir wissen z.B., daß Neaira drei ihrer Kinder behalten haben soll[86]. In späterer Zeit enthüllt uns der letzte Wille des Aristoteles, daß seine unehelichen Kinder von Herpyllis aufgezogen worden waren[87]. Die Handlungen vieler Stücke der Jüngeren Komödie — wie man aus den Fragmenten und überkommenen lateinischen Versionen erschließen muß — erwachsen aus dem Überleben von Kindern, die entweder bei der Geburt ausgesetzt worden waren, oder deren man sich entledigt hatte. Doch scheint das zumeist der Nachwuchs aus außerehelichem Geschlechtsverkehr gewesen zu sein, entweder durch Vergewaltigung (wie in Menanders *Epitrepontes*) oder Verführung (wie in Menanders *Hero*)[88]. Es muß immerhin eine beachtliche Anzahl weiterer gegeben haben, denn eine legale Festschreibung des Begriffes Bastard wäre höchst unwahrscheinlich, wenn nicht wirklich einige Leute gelebt hätten, die man richtig als solche bezeichnen konnte. Unter den Sklaven müssen sehr viele Findlinge gewesen sein, die von ihren Besitzern aufgezogen und ausgebildet worden sind, oft um als Hetären zu arbeiten[89].

Unter den Kindern, die innerhalb der Ehe von Vollbürgern geboren wurden, war das Verhältnis und selbst die absolute Zahl derer, die ausgesetzt wurden, vermutlich sehr niedrig, aber jede Schätzung muß von der Annahme ausgehen, daß die Bedürfnisse des *oikos* im Vordergrund standen, wenn die Entscheidung, ob ein Säugling aufzuziehen sei oder nicht, getroffen wurde.

Das Leben der verheirateten Frau

In der Aufzucht wurden Mädchen weniger großzügig behandelt als Knaben. Xenophon berichtet, daß sie bei knapper Kost großgezogen wurden, mit sehr wenig Eiweiß (und wir brauchen kaum hinzuzufügen, daß dies kein oder so gut wie kein Fleisch bedeutete) und fast keinem Wein, außer wenn er reichlich gewässert war[90]; dies wurde sicher durch die wirtschaftlichen Zwänge der Familie diktiert, von deren Standpunkt aus es wichtiger war, daß die Knaben stark würden und fähig, den *oikos* zu unterhalten, wenn sie erwachsen waren. Auch bei verheirateten Frauen finden wir, daß in solchen Familien Borg, Hypotheken und Pfändungen auf Besitz in ihrem (und ihrer Ehegatten) täglichen Familienleben an der Tagesordnung waren[91]. In diesem Punkt ist die Komödie ein glaubwürdiger Zeuge. Folglich galten als die Kardinaltugenden einer Frau gutes Management, Wirtschaftlichkeit und Sparsamkeit[92], die Verhinderung von Diebstahl[93], die Herstellung der Unabhängigkeit der Familie in der Erzeugung von Kleidung und die Bildung von Rücklagen. Alle diese Tätigkeiten erforderten ihre Anwesenheit zuhause[94]. Als Antwort auf die bürgerliche Pflicht und die wirtschaftlichen Forderungen ihrer Familien blieben manche athenischen Frauen in solchem Ausmaß in ihren Häusern, daß es für Redner ohne Skrupel sogar möglich war vorzugeben, sie existierten gar nicht. Unter den Gerichtsreden, die uns überliefert sind, gibt es zwei, in denen der Redner Beweise anführt, um zu belegen, daß eine Frau, die geheiratet und Kinder geboren hatte, tatsächlich gelebt hatte. Offenbar hatten die Gegner Zweifel über ihr Vorhandensein genau auf die gleiche Art erweckt, wie der Freund des Chairestratos in der sechsten Rede des Isaios die Existenz der Tochter des Pistoxenos in Frage gestellt hatte, oder wie Apollodoros in seiner Rede gegen Neaira den Stephanos bezüglich der Mutter seiner Kinder herausfordert[95].

Das heißt nicht, daß Frauen niemals außer Haus gingen. Die Komödie mag Klage führen, daß es für eine Frau schwer ist, aus dem Haus herauszukommen, und es hat den Anschein, daß sie normalerweise nicht den Einkauf besorgte (Abb. 36). Aber wir hören, daß Frauen auf Spaziergänge mit ihren Mägden gingen; sie trugen Spinn-Körbe und hatten Sonnenschirme[96]. Sie gingen zu ihren Nachbarinnen, um etwas auszuborgen und um sich ein Licht zu holen, wenn das eigene ausgegangen war[97]. Ältere Frauen besuchten auch Frauen, um bei der Geburt zu helfen[98]. Aber hauptsächlich wurden die Frauen von den Männern bei religiösen Festen wahrgenommen, wo sie sich in ihren besten Kleidern zeigen konnten, etwa bei den großen Prozessionen mit ihren jungfräulichen Teilnehmerinnen (Abb. 40. 41), aber auch auf den einfachen, ländlichen Dionysien[99] und bei anderen Familiengelegenheiten, wie Hochzeiten[100] (Abb. 24) und Begräbnissen, obgleich wir für letztere zumindest wissen, daß teilnehmende Frauen entweder enge Angehörige des Verstorbenen oder ältere Frauen über sechzig sein mußten[101]. Aber die Athener nahmen an, daß das Leben einer Frau weitgehend zuhause verbracht würde und folglich oft ohne große Bequemlichkeit, da Stadthäuser klein und wahrscheinlich oft dunkel waren, wenn wir von dem Haus des Euphiletos ausgehen dürfen[102]. Das Haus des Trierarchen in den Vorstädten war jedoch sehr viel angenehmer, da es einen Hofgarten hatte, in dem die Herrin des Hauses und ihre Kinder die Mahlzeiten einnahmen und möglicherweise auch Spiele spielten (Abb. 34). Der weitaus reichere Xenophon, der auf dem Lande lebte, hatte eine geräumige und bequeme Villa[103].

Während des Tages pflegte eine Frau wenig von ihrem Mann zu sehen, da er am Tage gewöhnlich außer Haus war — Xenophon zumindest betrachtete es als unehrenhaft für einen Mann, im Hause während des Tages zu verbleiben, und darin scheint er keine Ausnahme gewesen zu sein[104] —, und zur Gesellschaft waren sie daher weitgehend abhängig von den Sklaven des Haushalts, deren Arbeiten sie verantwortlich überwachen mußten. Sie hatten aber oft auch ältere Verwandte im Haus leben, und die Frau eines bestimmten Trierarchen brachte eine alte treue Gefolgsfrau, eine Freigelassene, zu sich ins Haus, damit sie bei ihr wohnen könne, solange ihr Gatte Militärdienst leistete, und als Haushälterin arbeiten könne[105].

Die Frau hatte auch ihre Kinder bei sich, solange sie klein waren. Und selbst Platon wollte (in den *Gesetzen*) die Kinder nicht ihrer Mutter berauben. Sowohl er als auch Aristoteles wollten, daß Frauen erzogen würden, da sie "die Hälfte der freien Bevölkerung" ausmachten[106]. Daß darüber hinaus der Einfluß der Frauen auf ihre Kinder nicht mit dem Schuleintritt endete, wird durch eine von Xenophons Vignetten illustriert, die uns mit einem Text versorgt, in dem er den Sokrates der Mutterschaft einen überzeugenden Tribut zollen läßt: Lamprokles, der Sohn des Sokrates, beschwerte sich, daß seine Mutter so hart zu ihm sei; Sokrates erwiderte, wobei er seine Beweisführung auf typisch praktische Art letztlich auf die Verpflichtungen aufbaute, demjenigen Gutes in Gegenleistung zu erbringen, von dem man es empfangen habe. Dankbarkeit sei man der Mutter schuldig, "die den Samen (ihres Gatten) empfängt und ihn in sich trägt und unter der Last desselben gebeugt geht und ihr Leben für ihn einsetzt und ihm einen Anteil von der Nahrung gibt, die sie selbst ernährt. Und nach dem Gebären unter viel Mühen und Wehen nährt sie ihn, kümmert sich um ihn, eine Tätigkeit, die nicht in Antwort auf eine erbrachte Leistung erfolgt. Und noch weniger ist das Baby sich der Quelle der Wohltaten bewußt, die es empfängt, oder in der Lage, seine Wünsche anzudeuten, sondern die Mutter selbst hat im Blick, was angemessen ist oder dem Kind gefällt und versucht, seine Wünsche zu befriedigen. Und sie nährt es für eine lange Zeit, und sie führt ihre Arbeiten aus, Tag und Nacht, ohne zu wissen, welche Dankbarkeit sie als Gegenleistung ernten wird". Und als Lamprokles sich nicht überzeugen lassen wollte, wies ihn Sokrates darauf hin, daß all ihr Tadeln zu seinem Nutzen bestimmt sei[107].

Der hohe Wert, den man Kindern beimaß, gab auch einer fruchtbaren Frau einen hohen Wert. Die Beschreibung, die Euphiletos von seinem Verhältnis zu seiner Frau gibt, spricht Bände: "Als ich heiratete, war mein Benehmen ihr gegenüber eine Zeitlang, sie zwar nicht zu unterdrücken, aber ihr doch nicht zu sehr zu überlassen, nur das zu tun, was ihr Spaß machte; ich schaute auf sie, so gut ich konnte, und war ihr gegenüber aufmerksam, wie es vernünftig war. Aber als ein Kind geboren war, begann ich, ihr vollkommen zu vertrauen und übergab ihr alles, was ich besaß"[108]. Er erwartete ganz offensichtlich, daß die Geschworenen seine veränderte Haltung gegenüber seiner Gattin nach der Geburt seines Sohnes als völlig normal hinnehmen würden. Es ist da kein Wunder, daß wir von untergeschobenen Kindern hören, die von unfruchtbaren Frauen eingeschmuggelt wurden oder nach Fehl- oder Totgeburten oder auch, wenn ein Kind unmittelbar nach der Geburt gestorben war[109].

Euphiletos behauptet, er sei auch den Bedürfnissen seiner Frau als junger Mutter gegenüber aufgeschlossen gewesen, er räumte ihr die Zimmer des Erdgeschosses ein, damit sie nicht jedesmal ihren Hals riskiere, wenn sie nach dem Baby schauen mußte, und sie schlief oft unten, um das Baby zu säugen, wenn es schrie, und nicht oben mit Euphiletos. Ja, als sie ihn eines Nachts nach einem gemeinsamen Nachtmahl verließ, und das Baby schrie, schloß sie ihn in dem oberen Raum ein und sagte ihm zum Scherz, er habe sich an die Magd herangemacht — und Euphiletos behauptet, er habe dieses Stück groben Unfugs gutmütig hingenommen. Das Bild kann trügen, Euphiletos kann gut und gerne nicht so nett und rücksichtsvoll gewesen sein, wie er behauptet, aber das Bild sollte einem athenischen Gericht gefallen, es muß doch in der Absicht gemalt worden sein, in den Köpfen der Geschworenen die Vorstellung zu erwecken, daß hier ein vernünftiger, freundlicher Mann war, und deshalb ist es wohl ein wichtiges, ja eines der wichtigsten Zeugnisse, die wir von der Welt der unteren Mittelklasse haben[110].

Abb. 36   Pelike, att. rf.
Toilette-Artikel wurden in solchen kleinen Gefäßen geliefert, wie sie etwa der Sitzende auf ▷
diesem Vasenbild in der Hand hält. Bei dem Mädchen handelt es sich um eine Sklavin, die im
Auftrag ihrer Herrin Öl und Parfüm einkauft, oder um eine 'hetaira', die sich für eine Verabredung vorbereitet. Haartracht und Kleidung deuten an, daß es sich nicht um eine Freie
handelt. Photo: Thames & Hudson, Archiv

161

Eine der typischen Tugenden dieser Klasse ist, daß ihr Ehemann es sich leisten kann, seine Frau so zu erhalten, daß sie nicht zur Arbeit außer Haus gehen muß. Diese Haltung war auch in Athen vorherrschend, wo ärmere Frauen außer Haus arbeiteten. Die Erzählung des Aristarchos in Xenophons *Memorabilia* fängt diese Haltung konzentriert ein[111]. Als seine Schwestern, Nichten und Cousinen in einer Krise sich zu ihm flüchteten, kam es ihnen nie in den Sinn, daß sie etwa helfen oder arbeiten könnten, da sie aufgezogen worden waren, "wie es freien Leuten zukommt". Da es immerhin vierzehn waren, war die wirtschaftliche Belastung seiner Einkünfte beträchtlich, und Aristarchos war am Verzweifeln. Sokrates erinnerte ihn daran, wie nützlich es die Leute fänden, Sklaven für sich arbeiten zu lassen, und wies ihn an, da freie Männer und Frauen besser arbeiteten als Sklaven, solle er seine Familie an die Arbeit setzen. Sie wüßten ja alle, wie man Wolle bearbeitet, also arbeiteten sie morgens und nachmittags als Entgelt für ihren Unterhalt und waren zufrieden. Die Erzählung ist ebenso bezeichnend darin, daß sie die Solidarität einer Familie schildert, da Aristarchos alle diese Frauen in seinem Haus aufnahm, wie sie bezeichnend ist für den Mangel an Unabhängigkeit bei diesen Frauen, die einen männlichen Verwandten suchten, um ihnen in der Situation des Bürgerkrieges 404-403 v.Chr. Unterschlupf zu geben. Außerdem stellt die Geschichte die Sklaven anderer Männer, die selbstverständlich arbeiteten, und das Herrenvolk, das nicht daran dachte zu arbeiten, bis es dazu aufgefordert wurde, einander gegenüber. Darüber hinaus kritisiert Xenophon die Athener, weil sie ihre Mädchen dazu bringen, den ganzen Tag still zu Hause zu sitzen und mit Wolle zu arbeiten; er fordert seine junge Frau auf, nicht still den ganzen Tag zuhause zu sitzen, sondern an der Hausarbeit teilzunehmen und ihre jugendliche Schönheit durch Übung zu erhalten, durch Mehlsieben, Teigkneten (Abb. 43), das Aufschütteln der Decken, und das Stehen am Webstuhl. Sie solle diejenige sein, die zeigt, wie man es macht (Abb. 38. 39), und diejenige, die selbst von anderen Sklaven lernt, die etwas besser können als sie; das fördert den Appetit, sagt er, und macht sie anziehender (als die Sklavinnen) für ihren Gatten — ein verräterischer Satz[112].

Arme Frauen gingen zur Arbeit außer Haus[113]. Bürgerfrauen waren meistens im Einzelhandel beschäftigt und scheinen wenn schon nicht ein Monopol, dann zumindest eine privilegierte Position am Marktplatz gehabt zu haben. Die Kriegerwitwe flocht und verkaufte Girlanden, die Mutter des Euxitheos (des Sprechers in Demosthenes LVII) verkaufte eine Zeitlang Bänder und arbeitete zu einer anderen Zeit als Kinderfrau (Abb. 44). Euxitheos betont ihre Armut[114]. Alle Arten von Lebensmitteln wurden von Frauen verkauft, sowohl im Einzelhandel als auch als 'Cafe-' und Gasthauswirtinnen[115]. Von diesen hatte man allgemein keine so gute Meinung wie von den Wollarbeiterinnen, von denen man die meisten für arm, aber ehrlich hielt. Wir kennen eine Vasenmalerin (Abb. 42), aber ebenso wie bei den Marktfrauen können wir bei ihr nicht sicher sein, ob sie eine Bürgerin war[116]. Man hat argumentiert, daß Handel für Bürgerfrauen nicht möglich war, weil die Grenze ihrer Vertragsfähigkeit bei einem *medimnos* an Gerste lag; man hat aber mittlerweile nachgewiesen, daß dies keineswegs eine geringfügige Summe war, sondern im Wert mehr entsprach, als ein armer Kleinhändler an Ware liegen hatte, und genug, um einer Familie Nahrung für mehrere Tage zu verschaffen[117]. Auf dem Land halfen natürlich Bauersfrauen auf dem Feld, wie sie es seit Hesiods Tagen bis zum heutigen Tag tun (Abb. 45).

Nicht-Bürgerinnen, sowohl Fremde als auch Sklavinnen, arbeiteten als Unterhalterinnen, etwa Flötistinnen oder Kurtisanen, die die weibliche Gesellschaft bei den Herrengesellschaften und Trinkgelagen stellten[118] (Abb. 16. 18. 19), auch als Frauen, die auf verschiedene Weise ausgehalten wurden, angefangen bei der regulären Konkubine, bis hin zur Prostituierten niedrigster Sorte. Die erfolgreichen unter ihnen waren in der Lage, ihre Freiheit zu erlangen, sich zurückzuziehen und Bordelle oder Schulen zur Ausbildung anderer Kurtisanen zu leiten, und wir hören von einer dieser Frauen, die sich als Vermittlerin in Geschäftsangelegenheiten der Männer betätigte[119]. Eine verarmte Freigelassene, eine Witwe, wurde wieder in die Familie ihres vormaligen Herrn aufgenommen, als ihr Mann starb, weil der Sohn, den sie gestillt hatte, sich verpflichtet fühlte (so sagt er), dafür zu sorgen, daß sie nicht in Not war[120]. Von anderen Freigelassenen des vierten Jahrhunderts wissen wir aus den Inschriften. Sie sind meistens Wollarbeiterinnen, Kinderwärterinnen und Kleinverkäufer, obgleich überraschenderweise auch eine Schuhmacherin dabei ist[121].

Der Einfluß der Frauen

Viele Frauen waren ohne Zweifel von ihren Männern beherrscht, unzweifelhaft waren viele vernachlässigt, und andere waren unzufrieden mit ihrem Los. Manche reagierten, indem sie anfingen zu trinken, andere nahmen sich Liebhaber[122], einige wurden Zankdrachen, so wie Sokrates von seiner Frau angekeift worden sein soll, obgleich, wenn man aus dem Alter der Kinder zurückschließt, sie sehr viel jünger gewesen sein muß als er[123]. Die Frau des alten Euktemon klagte — vielleicht nicht allzu unbegründet — über sein Betragen, weil er davonging, um bei seinen Kindern von Kallippe zu wohnen und der alten Freigelassenen, einer ehemaligen Prostituierten, die sich um sie kümmerte[124]. Die Frau des Alkibiades, so wissen wir, ging gegen ihn an, weil er Kurtisanen ins Haus brachte, während sie darin war. Als Gegensatz dazu hören wir, daß Lysias sich schämte, eine Hetäre in sein eigenes Haus zu bringen, wegen seiner Frau (die auch seine

Abb. 37—39   *(37) Oinochoe, att. wgr., Umkreis Brygos-Maler; um 490—80 v. Chr.; London,*
Brit. Mus. Inv. D 13; (38. 39) Lekythos, att. sf., Amasis-Maler; um 540 v. Chr.;
New York, Metr. Mus. Inv. 31.11.10.

Das Verfertigen von Kleidung beanspruchte den überwiegenden Teil der Zeit aller griechischen Frauen. Das Herunterspinnen von einer herabhängenden Spindel (links) ist heute noch
in ländlichen Bezirken zu sehen. Die Weberinnen am Webebalken, von dem die Kettenge-
wichte herabhängen (oben), mußten hin und her gehen, während sie ihre Weberschiffchen
durch die Kettenfäden führten. Das Schütteln und Zusammenlegen der Decken (unten) erforderte damals wie heute Kraft. An den Seiten dieser Szene vom selben Gefäß stehen andere Frauen beim Spinnen und Vorrichten des Garns. Photos: (Abb. 37) Thames & Hudson,
Archiv; (Abb. 38. 39) New York, Metr. Mus.

Nichte war) und seiner alten Mutter, die bei ihm wohnte[125]. Daß Apollodoros, ein verheirateter Mann, einer Hetäre die Freiheit erkauft und einer anderen eine Ehe arrangiert hat, wird ihm abwertend unterstellt, und als ebenso abwertend gilt es, wenn man überhaupt nicht geheiratet, sondern sich eine *hetaira* in Luxus geleistet hat[126].

Aber einige Frauen hatten doch die Gewohnheit, ihren Willen durchzusetzen. Aristophanes zeichnet die hochwohlgeborene Ehefrau des Strepsiades als eine Dame, die viel Einfluß darauf hatte, wie ihr Sohn benannt werden sollte, und die entscheidende Stimme bezüglich seiner Erziehung und Aufzucht[127]. In der Familie des Makartatos hatte das Interesse seiner Mutter daran, daß ihre eigenen Blutsverwandten in der Familie eines verstorbenen Verwandten nachfolgen sollten, mehr Gewicht als die Haltung der Gesamtfamilie, die der väterlichen Seite zuneigte[128]. Das athenische Recht hielt es für geboten zu verfügen, daß Überredung durch eine Frau ein Grund war, die gesetzlichen Handlungen eines Mannes ungültig zu machen, ebenso wie Vergreisung, Drogen, Krankheit oder Nötigung[129]. Beide, Platon und Aristoteles[130], vertraten die Auffassung, daß die Förderung von Glück in der Absicht einer Ehe lag, und das ist in Wahrheit auch das von der Komödie vermittelte Bild trotz gelegentlicher frauenfeindlicher Bemerkungen[131] und grober Verzerrungen zum Zweck der Komik. Andererseits gab es Streit zwischen Mann und Frau, wie in jeder Gesellschaft. Mantitheos kann behaupten, daß "wenn ein Mann und seine Frau streiten, es viel wahrscheinlicher ist, daß sie sich um der Kinder willen wieder versöhnen, als daß sie wegen gegenseitigen bösen Willens auch noch ihre Kinder hassen"[132]. Das Fluchen vor Frauenohren war eine jener Beschuldigungen, die von Rednern aufgestellt wurden, wenn sie Vorurteile erzeugen wollten[133]. Und was sollen wir aus der Bemerkung gegenüber Alkibiades machen, als er mit Nägeln und Zähnen kämpfte, daß er gebissen habe "wie eine Frau"?[134]

Verheiratete Frauen hielten auch Sozialkontakte mit ihren Nachbarinnen aufrecht. Die Frau des Euphiletos sagte, daß sie sich nachts ein Licht von ihren Nachbarinnen borgen gegangen ist[135]. Aristoteles spricht davon, daß man sich Gewänder, Schmuck, Geld, Trinkbecher lieh — alles noch dazu ohne Zeugen[136]. Auf dem Land hören wir, daß die Mütter eines Sprechers und seines Kontrahenten ein gemeinsames gesellschaftliches Leben gehabt hatten und sich gegenseitig besucht hätten und ihr geselliges Beisammensein genossen hätten, bis die Söhne zu streiten begonnen hatten[137]. Vielleicht hat die Tatsache, daß sich dies auf dem Land abspielte, den größeren Grad an gesellschaftlicher Freiheit bedingt, den diese Frauen genossen, oder vielleicht die Tatsache, daß sie, offensichtlich, Frauen reiferen Alters waren.

Auf irgendeine Weise wußten die Frauen in Stadt und Land genug von anderen Frauen ihres *demos*, um eine Präsidentin für ihre Thesmophoria[138] zu wählen. Geschah dies nun mittels der geselligen Zusammenkünfte miteinander, oder wußten sie durch ihre Männer, wer die hervorragendsten Männer in dem *demos* waren? Das wissen wir nicht, aber wir können den Nachweis führen, daß die Frauen ein Interesse an öffentlichen Angelegenheiten hatten. "Einige Frauen gestatten ihren Männern nicht, falsches Zeugnis abzulegen", sagt ein Redner[139]. "Also, eure Frauen werden mit euch wüten, wenn ihr heimgeht und sagt, daß ihr Neaira freigesprochen habt", so sagt Apollodoros (in Wirklichkeit)[140]. Solche Belege können nur bedeuten, daß Frauen mit ihren Männern über öffentliche Angelegenheiten redeten und daran Anteil nahmen, wie uns auch Aristophanes bestätigt[141].

Rechtliche Faktoren

Auch gesetzlich genoß die verheiratete Frau in Athen eine Sicherheit, die nicht jede verheiratete Frau heute hat. Ihr Besitz war ihr sicher vermacht, und wenn sie ihr eheliches Heim verließ, was sie konnte, wenn sie wollte, mußte ihr Gatte ihren Besitz zurückgeben oder Zinsen darauf bezahlen; wenn sie ihr Heim nicht verließ, mußte der Gatte sie erhalten[142]. Zugegeben, dies war keine Garantie dagegen, mittellos zu werden, falls ihr Gatte alles verlor und starb[143], aber es gab einen Schutz gegen den widerspenstigen Ehemann moderner Scheidungsgerichte, der seine Familie unterhalten könnte, sich aber weigert, es zu tun. Das antike Athen versuchte auch (ob bewußt oder nicht), mit dem Problem der Einsamkeit fertig zu werden. Die Mutter, die allein leben muß, ist ein unbekanntes Phänomen allein schon wegen der Verordnung für den Unterhalt ($\delta i \kappa \eta \ \sigma i \tau o v$), und auch die unverheiratete Tante ist fast unbekannt, es sei denn, ihr Vater wäre wirtschaftlich bankrott gegangen. Nur Kurtisanen lebten als Frauen wirklich allein[144].

In Rechtsverfahren erlaubten die Athener ihren Frauen, Zeugnis zu geben, und zumindest in einem Fall wurde dieses Zeugnis dem eines Mannes vorgezogen[145]. Dieses Zeugnis wurde im Falle einer angezweifelten Vaterschaft am Delphinium beschworen, aber wir können andere Fälle zitieren, in denen das Zeugnis von Frauen als gültiges Zeugnis bewertet wurde, besonders bei Ereignissen, die im Rahmen der Familie stattfanden[146]. Einmal werden Stieftöchter angeführt[147], da sie über die Vorgänge innerhalb einer Familie informiert seien. Und es ist völlig unsinnig anzunehmen, daß, wenn Verwandte erwähnt werden[148], die die Familienangelegenheiten kennen sollen, Frauen nicht einbezogen sein sollen, zumal da sogar Sklaven einige Male erwähnt sind[149] als Leute, die wissen, ob oder ob nicht eine Hochzeit stattgefunden habe und eine Braut existiere. Die Familie war in Wirklichkeit ihr eigenes Archiv[150], und auf diesem Gebiet scheint

Abb. 40. 41 Athen, Akropolis, Parthenonfries Platte Ost V (40) und Ost VIII (41); 442–38 v. Chr.
In der Mitte des Frieses sind Priester und Begleiter (oben) dargestellt, wie sie das neue Gewand für Athena falten. Eine Priesterin nimmt von einem Mädchen den ersten von zwei Schemeln in Empfang. Mädchen schritten auch am Anfang der Prozession (unten) auf dem Weg zur Feier; die in diesem Abschnitt des Frieses dargestellten Mädchen tragen die Opfergeräte, einen Weihrauchständer, Gefäße und flache Schalen. Photos: DAI Athen

Abb. 42—44   (42) Hydria, att. rf., Le-
              ningrader Maler; um
              460 v. Chr.; Mailand,
              Slg. Torno, Inv. C 278;
              (43. 44) Terrakotta-
              statuetten; (44) Würz-
              burg, Martin-von-Wag-
              ner-Museum Inv. HA
              3831.
Das Detailbild oben zeigt eine Szene
aus einem Töpferladen; ein Mädchen
bemalt einen Volutenkrater. Ihr Haar
deutet auf eine Freie, die ihren Lebensunterhalt verdient.
Zwei Terrakottafigürchen zeigen andere Tätigkeiten. Unten links eine Bäcke-
rin, die ihren Teig knetet (aus Rhodos)
und eine Kinderfrau. Photos: (Abb. 42)
nach A. Winter, Die antike Glanzton-
keramik; (Abb. 43) London, Brit.
Mus.; (Abb. 44) Würzburg, Martin-von-
Wagner-Mus.

ein athenisches Gericht das Zeugnis von Frauen für ebenso wertvoll gehalten zu haben wie das von Männern.

Ältere Frauen

Frauen, die älter wurden, wurden unabhängiger, besonders wenn sie verwitwet waren. Die Ankläger des Lykophron unterstellten [151] — und ob ihre Anschuldigungen nun wahr waren oder nicht, sie müssen glaubhaft geklungen haben —, daß eine Witwe geschworen habe, ihn zu heiraten, und daß er sie gedrängt habe, dem neuen Ehemann, mit dem sie jetzt verheiratet war, den Geschlechtsverkehr zu verweigern. Die Situation setzt voraus — soviel ist richtig —, daß ihre Wünsche bezüglich der zweiten Heirat übergangen worden sind, aber sie setzt auch voraus, daß es für eine Frau nicht außerhalb ihres Vorstellungsvermögens lag, eheliche Rechte zu verweigern. Dieselbe Frau soll auch beim Tod ihres Mannes die Herrin des Hauses gewesen sein und in der Lage, ihre Sklaven zu bestrafen [152].

Noch ältere Frauen hatten Bewegungsfreiheit innerhalb der Stadt [153]. Ihr Alter schützte sie vor Übergriffen [154] und die Familie hatte hinsichtlich der Kinderbereitstellung ihr Interesse an ihnen zugunsten der folgenden Generation verloren, so daß sie sich frei bewegten als Hebammen [155] und Botengängerinnen, und wenn sie über sechzig Jahre alt waren, durften sie auch an Begräbnissen von Personen teilnehmen, mit denen sie nicht eng verwandt waren, vielleicht als berufliche Klageweiber [156].

Appelle an das Gefühl

Redner konnten Appelle an das Gefühl stellen, indem sie sich der Ehefrauen und Mütter bedienten ebenso wie der Kinder, und Angeklagte brachten ihre Frauen ebenso wie ihre Kinder mit vor Gericht, um Mitleid zu erregen. Demosthenes bestürmt das Gericht "bei euren Kindern, bei euren Frauen, bei allem Guten, das ihr besitzt", und Lysias bringt sie in Allianz mit den Erinnyen, den Göttinnen des Areopag [157]. Apollodoros, der den Polykles angreift, versucht, Sympathie für den hilflosen Status seiner Familie zu erwirken: "Meine Mutter war krank und am Rande des Grabes.... auch meine Frau, die ich sehr hoch einschätze, war während meiner Abwesenheit in einem sehr kränklichen Zustand und meine Kinder waren sehr klein.... wie, glaubt ihr, habe ich mich gefühlt, als ich mich danach sehnte, meine Kinder, meine Frau und meine Mutter wieder zu sehen, da ich doch kaum Hoffnung hatte, sie je wieder lebend zu sehen? Was gibt es für einen Mann Begehrenswerteres? Oder wofür lohnt sich das Weiterleben, wenn ein Mann diese verliert?"[158] Andere sprechen von ihrer mittellosen Mutter, wenn das Gericht ihnen die Güter beschlagnahmt hatte, appellieren an das Mitleid unter Hinweis auf Waisen und *epikleroi*, Alter und das Fehlen von Mitteln, um eine Mutter zu unterstützen. Und Demosthenes erklärt, daß er Gefahr laufe, schlechter dran zu sein als Leute, die gesetzlich verurteilt worden sind, da ihnen wenigstens etwas aus der Barmherzigkeit der Geschworenen bleibe[159].

Frauen als Teil des Oikos und der Polis

Wenn wir zusammenfassen, kann man sagen, daß die Normen der Mittelklasse, wie sie von der Demokratie gefordert wurden, den aristokratischen Familien die Freiheit des geselligen Verkehrs raubten, den sie vorher in der homerischen Gesellschaft und anderen aristokratischen Gesellschaften wie Sparta und sogar in Athen vor den Tagen des Perikles besessen hatten. Innerhalb der Mittelklasse waren jedoch Frauen vermutlich genauso gut durch das Gesetz geschützt wie in irgendeinem anderen Jahrhundert vor unserem, und, einen vernünftigen Gatten oder Vater vorausgesetzt, genossen sie ein Leben, das nicht viel enger und nicht viel weniger interessant war, als das der Frauen in vergleichbaren Gesellschaftsklassen anderswo. Emanzipierte Frauen heute haben natürlich sehr viel mehr persönliche Freiheit, aber weniger Schutz gegen Männer ohne Skrupel.

Man sollte auch nicht vergessen, daß in mancher Hinsicht athenische Männer auch wesentlich weniger Freiheit hinsichtlich ihrer Familien hatten als moderne Männer. Scheidung und außereheliche Liebesgeschichten waren für den Athener leichter, aber ihre Auswahl an Ehefrauen beschränkte sich auf die Töchter von Bürgern, das Gesetz zwang sie, die Eltern zu versorgen, sie konnten nur unter größten Schwierigkeiten ihren Sohn enterben, sie konnten möglicherweise gezwungen werden, eine Cousine oder Nichte zu heiraten oder sie mit einer Mitgift zu versorgen, damit sie jemanden anderen heiraten konnte, und man darf bezweifeln, ob selbst moderne Besteuerung, besonders der Mittelklasse, so hart ist, wie die der Athener in Krisenzeiten[160]. Athenische Frauen wurden ebenso wie athenische Männer als Teil der Stadt betrachtet. Man erwartete folglich von ihnen, daß sie ihre Pflicht gegen sich selbst der Pflicht gegenüber dem Staat unterordnen würden, ebenso wie gegenüber jenem *oikos*, dem sie durch Heirat zugehören würden, oder schon eingegliedert waren. Zu dieser Pflicht gehörte das Gebären der nächsten Generation von Kriegern, Ehefrauen und Müttern, die Partnerschaft mit dem Gatten in der Erhaltung der wirtschaftlichen Kraft des *oikos* und die Weiterführung des religiösen Lebens. Platons Staat war nicht ein solch gigantischer geistiger Sprung hinweg von der Gesellschaft, in der er lebte, wie man manchmal glaubt.

Abb. 45. 46 (45) Schale, att. sf., 6. Jb. v. Chr.; (46) Fragment einer Inschrift-Stele, attisch; 414–13 v. Chr.

Die Reichen und die Armen. Oben pflügt ein Bauer mit einem Stier, während die Frau sät. Beide scheinen nackt zu sein, möglicherweise eine Ungeschicklichkeit des Künstlers. Unten sind Verkäufe von beschlagnahmtem Eigentum von Aristokraten aufgezeichnet worden, die man im Jahr 415/14 v. Chr. wegen Gottlosigkeit verurteilt hat. Links, Zeile 3, können wir lesen "…. im Lande in …."; Zeile 11–12 "Sklaven von …. von Alkibiades". Die drei erstgenannten sind alle als Thraker bezeichnet, zwei weiblich, einer männlich. Auf der rechten Seite ist das Mobiliar aufgelistet, "kli[ne]" = Bett kommt fünfmal vor. Photos: (Abb. 45) Thames & Hudson, Archiv; (Abb. 46) American School of Archaeology at Athens

Abb. 47. 48 (47) *Bronzefigur; 6. Jh. v. Chr.;*
(48) *Schale, lakonisch sf.;*
6. Jh. v. Chr.
Die Bronzefigur zeigt die eine Brust ent-
blößt und hält während des Laufens den
Rock hoch über die Knie. Obgleich sie in
Albanien gefunden wurde, wird sie meist als
Spartanerin bezeichnet. Die Schale unten,
auf der ein Gefallener zum Begräbnis weg-
getragen wird, ist sicher in Lakonien herge-
stellt worden. Die Soldaten haben die stets
für Spartaner üblichen langen Haare. Photos:
(Abb. 47) London, Brit. Mus.; (Abb. 48)
American School of Archaeology at Athens

KAPITEL VIII

Die Familie in Platons Staat, in Sparta und auf Kreta

Platons Staat

Die antike Welt kannte zumindest zwei Gesellschaftsordnungen und wahrscheinlich mehr[1], in denen die Familie nicht den zentralen Platz einnahm. Eine davon, Sparta, hat als Gemeinschaft wirklich existiert, andere waren das Erzeugnis einer spekulativen Philosophie, wie der Staat Platons (gemäß der Überlieferung 427-347) und der Staat des Kynikers Diogenes (ca. 400-325). Der Staat des letzteren ist so wenig bekannt, daß keine Gewißheit erreicht werden kann, aber daß er auf der Familie begründet war, scheint sehr unwahrscheinlich, weil Plutarch bemerkt, er sei Sparta nachgebildet gewesen[2]. Wir wissen ferner, daß Diogenes Promiskuität im gegenseitigen Einverständnis[3] als befriedigendste Regelung des sexuellen Lebens betrachtete und den eigentlichen Sexualakt als etwas, das keinen besonders privaten Charakter hatte (wenn das Verhalten von Krates und Hipparchia die Lehre der Schule wiedergibt). Die meisten der erhaltenen Aussprüche der frühen Kyniker reflektieren ihre Unzufriedenheit mit den Beschränkungen, die einem Mann durch seine Mitgliedschaft bei einer *polis* auferlegt sind, und es gibt keine Anzeichen, daß ihr "natürlicher" Mensch mit seiner Totalhingabe an den Individualismus irgendjemand anderem als sich selbst und seinen ebenfalls "weisen" Gefährten verpflichtet war[4].

Platon, etwas älter als Diogenes, wies in dem Idealstaat seiner Schrift 'Der Staat' die Familie auch zurück, aber aus diametral entgegengesetzten Gründen. Die Familie, so dachte er, erzeuge, da sie die Männer dazu bringe, Dinge für sich zu beanspruchen, nämlich Frauen und Kinder und die Mittel zu ihrem Unterhalt, Streit zwischen den Bürgern und Prozeßsucht, sowie Nöte und Ängste des Herzens, die untrennbar mit der Aufzucht von Kindern und der Vorsorge für die realen Bedürfnisse eines *oikos* verbunden sind[5]. Aber selbst aus dem *Staat* geht nicht klar hervor (und Aristoteles, der Platon gekannt haben sollte, wußte nicht, was dessen Absicht war[6]), ob nur die Vorstände oder alle Bürger alles Gut einschließlich der Ländereien und Häuser gemeinsam besitzen und heilige Ehen auf Zeit nach Angabe der Behörden eingehen sollten[7]. Als darüber hinaus Platon als alter Mann sich anschickte, die Gesetze für seinen Staat zu schreiben, lehnte er seine früheren Vorstellungen über die Ehe und das Familienleben ab und

174

machte die patriarchalische Familie zur Grundeinheit seines Staates. Es war aber nur eine teilweise Wiederherstellung, die der Familie eine wesentlich verkürzte Stellung gegenüber derjenigen in Athen gab.

Unsterblichkeit durch die Familie

Am Ende des IV. Buches der *Gesetze*, wo Platon beschreibt, wie der Gesetzgeber seine Arbeit anpacken würde, vergleicht er ihn mit einem Arzt, der Verschreibungen, die mit bestimmten Krankheiten fertig werden sollen, mit Mahnungen an den Patienten verbindet, die das Ziel haben, seine Krankheit zu erklären und ihn zu ermutigen, die Behandlung anzunehmen. Daher entscheidet er sich, den Gesetzen seines Staates einige empfehlende Diskurse für den Bürger beizugeben. Das erste Gesetz, das niedergelegt werden soll, reguliert "dem Gesetz der Natur folgend" den Ausgangspunkt aller Zeugung, "welcher in der Verbindung und Partnerschaft der Ehen liegt"[8]. Dann werden uns beispielhaft zwei mögliche Arten der Ehegesetzgebung vorgeführt, die eine in Form eines entschiedenen Befehls, die andere vermittels einer empfehlenden Bestimmung, die auf dem angeborenen menschlichen Verlangen nach Unsterblichkeit aufbaut. Sie "berücksichtigt, daß es einen Weg gibt, auf welchem die menschliche Rasse von Natur aus an der Unsterblichkeit teilnimmt, wonach das Begehren zutiefst in jedem Menschen eingepflanzt ist. Denn berühmt zu sein und nicht als ein vergessener Niemand zu sterben enthält eben diesen Bestandteil in irgendeiner Form. Die menschliche Rasse ist also etwas, das mit der Ewigkeit von gleicher Dauer ist.... sie erreicht Unsterblichkeit, indem sie immer wieder Kindeskinder hinterläßt, und indem sie mit Hilfe der Reproduktion immer dieselbe bleibt, so nimmt sie an der Unsterblichkeit teil" (721 B-C), und ein Mann handelt gegen das göttliche Gebot (οὐχ ὅσιον), wenn er sich freiwillig dieses Erbes beraubt[9].

Nach diesem Beispiel von Gesetzgebung fährt Platon fort, sich mit der Seele zu beschäftigen. Er kehrt zur Familie zurück mit seiner praktischen Verfassung für "Leute mit der Erziehung, die seine Kolonisten haben werden". Diese soll so nahe wie möglich beim Ideal liegen, bei dem das Wort "privat" aus jedem Teil desselben mit jedem denkbaren Mittel vollkommen ausgerottet ist (die im *Staat* skizzierte Verfassung), (*Gesetze* 739A-740A).

Die Erhaltung der Kleroi

Die Basiseinheit ist die Familieneinheit, die einen Soldaten erhält[10], davon soll es 5040 geben, jeder mit seinem eigenen Stück Land, der *kleros* ist weder ganz

176

Privateigentum, da er weder verkauft noch weggegeben werden kann, noch ganz öffentlich, denn der Staat kann ihn auch nicht wegnehmen, und der Besitzer des *kleros* hat das Recht festzulegen, welcher seiner Söhne, wenn er mehr als einen hat, ihm nachfolgen soll, oder welchen der Söhne anderer Leute er adoptiert, falls er selbst keine hat. Die Anzahl von 5040 ist auf Dauer gedacht und wird von Männern erhalten, die jeweils einen und nicht mehr Söhne als Nachfolger hinterlassen, wobei sie irgendwelche überzähligen Söhne in Freundschaft an Männer ohne Söhne weggeben und ihre Töchter als Ehefrauen für andere Männer. Es soll eine öffentliche Liste der *kleros*-Inhaber geführt werden, damit der jeweilige Besitzer jedes *kleros* bekannt ist (741C). Man muß in eine Kolonie ausweichen, wenn der Bevölkerungsüberschuß unkontrollierbare Ausmaße annimmt. Eine Serie von Naturkatastrophen mag es erforderlich machen, Leute von außen trotz ihrer "Bastard-Erziehung" (740A-741A) aufzunehmen. Platon wendet sich dann verschiedenen finanziellen Anordnungen zu, die das Ziel haben, was den Wohlstand anbetrifft, eine grobe Gleichheit zu erhalten — oder eine extreme Ungleichheit zu vermeiden. Letztere bewirkt, seiner Meinung nach, in einem Staatswesen *stasis*, genauer sein Auseinanderbrechen (744D). An einer späteren Stelle (Buch VI), wo Platon zu seinen Ehevorschriften zurückkehrt, ist sein erstes Anliegen, die gegenseitige Fremdheit zu veringern, sowohl die des Mannes bezüglich des Mädchens und der Leute, von denen er es empfängt, als auch die des *kyrios* des Mädchens bezüglich des Mannes und seiner Angehörigen, denen er sie gibt; dies sollte durch spielerische Tänze für Jünglinge und Mädchen erreicht werden, jede nur in soviel gekleidet, wie es der Anstand erfordert (771E-772A). Der Zweck war, zu sehen und gesehen zu werden, um als Ergebnis davon seine Wahl zu treffen.

Heirat und Kinder in den 'Gesetzen'

Männer sollen nach dieser Form der Wahlprüfung mit 25 heiratsfähig werden[11], und dann zehn Jahre Frist bekommen, innerhalb derer sie heiraten müssen. Danach werden sie strafbar in Form von Geldbußen und Verlust an öffentlichen

◁ *Abb. 49   Votivrelief, Terrakotta; um 470–60 v. Chr.; London, Brit. Mus. Inv. B 488. Die Bewohner von Lokroi in Süditalien hatten einen Persephone-Schrein, wo man Opfergaben in der oben abgebildeten Form darbrachte. Die Vordere der Verehrerinnen lehnt sich vor, um Opferkuchen darzubringen, die entweder für einen Altar oder für eine Grube bestimmt sind. Die Frau dahinter trägt einen Hahn für ein Opfer, dazu einen Korb mit anderen Opfergaben. Photo: London, Brit. Mus.*

Ansehen (772D-E, 774A-C). In seinen Mahnungen bezüglich einer Wahl drängt Platon die Männer, eine Braut nicht auf Grund von Armut oder Reichtum auszusuchen, sondern ein Mädchen mit einem Temperament zu wählen, das das eigene Temperament ergänzt, sowie mehr im Hinblick auf den Staatsnutzen als auf das eigene Vergnügen zu wählen. Aber er fügt hinzu, dies sei eine Angelegenheit, zu der Gesetzgebung unmöglich sei (773A-E). Dann wendet sich Platon der Mitgift zu. Eine solche hatte er bereits verbannt (742C), und hier wiederholt er seine Anordnung, wobei er Anweisungen bezüglich der Ausstattung hinzufügt. Ein bezeichnender Hinweis ist, daß eine Mitgift nicht notwendig sei, weil alle Einwohner der Stadt ja hinsichtlich ihrer Bedürfnisse bereits versorgt seien [12]. Ihre Abschaffung werde ferner die eitle Unverfrorenheit der Frauen vermindern und die demütige und kleinliche geldbedingte Kriecherei, die ihren Ehemännern aufgenötigt wird (774C).

Der *kyrios* eines Mädchens wird angewiesen, sie durch *engye* zu verloben, wobei die Reihenfolge in etwa der in Athen gebräuchlichen entsprechen sollte (774 E-775A). Den Heiratskosten (besonders denen des Festes) ist eine Grenze gesetzt, und "niemand darf mehr ausgeben, als er sich leisten kann" — das ist sicher eine bezeichnende Bemerkung (775A-B). Braut und Bräutigam werden ermahnt, nüchtern zu bleiben, da sie die volle Selbstkontrolle haben sollten, wenn sie "einen nicht gerade unbedeutenden Wechsel in ihrem Leben" vollziehen, und da Platon glaubte, daß ein Kind betroffen sein würde, wenn seine Eltern während der Zeugung ausschweifend waren (775B-E). Junge Ehepaare sollten darüber hinaus nicht mit den beiderseitigen Schwiegereltern leben, sondern für sich, im anderen Teil des *kleros* (von denen jeder zwei Häuser hatte [745E][13]), weil zu enge Nachbarschaft zu Streit führt (776A). Aus der kursorischen Behandlung wird allerdings klar, daß Platon wenig Interesse an den Häusern selbst hatte (778B-779D). Er fügt dies nämlich nur als Nachsatz seiner Diskussion über Sklaven an, welche "gerecht" (ὀρθῶς) behandelt werden sollten. Denn "in der Behandlung, die ein Mann denen widerfahren läßt, die er leicht kränken kann, erweist sich, ob er wirklich gerecht ist oder ein Heuchler" (777D).

Das Eheleben vor der Geburt der Kinder ist dann so zu regeln, daß Männer und Frauen weiterhin die öffentlichen Eßsäle benutzen, wie vor der Ehe. Platon erwähnt nirgendwo, wie lange das weitergehen soll, weil er voll beschäftigt ist mit der Schwierigkeit der Vorstellung gemeinsamer Speisesäle für die Frauen (779D-781C)[14]. Von Essen und Trinken geht er dann weiter zur Regelung des Sexualverhaltens, "des letzten der dreierlei Begehren, die in einem Menschen aufbrechen, und das größte und heftigste im Hinblick auf das Verlangen, das es hervorruft" (782Ef.). Die Zeugung von Kindern sei genauso etwas wie alles andere, was in Partnerschaft getan wird — nur wenn Leute das, was sie tun, beachten, können sie Gutes und Hervorragendes erzeugen —, der Bräutigam wird also gedrängt, sich seiner Braut und der Zeugung von Kindern in Aufmerksamkeit zuwenden, und die Braut ebenfalls, besonders solange sie keine Kinder haben. Sie sollen von weiblichen Aufsehern überwacht werden, die Männer und Frauen im fortpflanzungsfähigen Alter melden sollen, die mit ihren Interessen anders ausgerichtet sind[15]. Dieses Zeugungsalter und die Beaufsichtigung sollen zehn Jahre dauern — nicht länger, wenn Kinder reichlich vorhanden sind —, und wenn sie nach zehn Jahren keine Kinder haben, sollen die Paare geschieden werden (783B-784B).

Wenn Kinder geboren sind, sollen sie bei den Ahnenschreinen registriert und von Geburt an in den Listen der Phratrien eingetragen werden (785A). Eltern, die dabei entdeckt werden, daß sie die Regeln brechen, erleiden Bestrafungen, die auf eine teilweise Entrechtung hinauslaufen. Nach dem Zeugungsalter werden Männer und Frauen für Ehebruch mit einer Person, die noch im Fortpflanzungsalter ist, bestraft, aber Männer und Frauen, die sich enthalten, gelobt. Platon lehnt es ab, dies Gesetz festzuschreiben, solange die meisten Leute sich vernünftig verhalten, obgleich er sich vorstellen kann, daß Gesetze in Kraft treten, wenn ein ungeordnetes Verhalten vorkommt (784E-785A).

Erziehung und Sexualverhalten

In Platons Erziehungssystem ist das einzige, was ihn daran hindert, Kinder durch Gesetzgebung von der frühesten Kindheit an zu erfassen und Gesetze zu machen, um das zu zügeln, was üblicherweise in der Privatsphäre des Heims geschieht, die Einsicht, daß es das Gesetz lächerlich machen würde (788A-B). Dennoch wünscht er, daß Kinder bereits mit drei Jahren beginnen sollen, an den religiösen Zeremonien des Staates teilzunehmen (794A). Die Geschlechter sollen mit sechs Jahren getrennt werden (794C). Erziehung soll verpflichtend werden, weil Kinder "der Stadt noch mehr gehören, als ihren Eltern" (804D), und sie soll für Knaben und Mädchen gleich sein (805C-D usw.), weil Frauen die Hälfte der Bevölkerung bilden.

Nach einer vollen Darlegung der Erziehung kehrt Platon zum Sexualverhalten zurück, wobei er (durchaus vernünftig) beobachtet, daß junge Männer und Frauen sich sexuellem Verlangen zuneigen werden, wenn man sie ohne andere Aufgaben als zu tanzen und zu feiern zusammensteckt (835D-E). "Andere Wünsche", sagt Platon, "können unter Kontrolle gebracht werden; das Beseitigen von extremem Wohlstand würde beträchtlich dazu verhelfen, die Selbstkontrolle zu fördern (weil dies den Erwerbstrieb unterdrückt), ebenso sind Erziehung und die Überwachung der Jugend wirksame Hilfen, um die anderen menschlichen Bedürfnisse (etwa nach Essen und Trinken) unter Kontrolle zu halten, nicht aber jene Wünsche, die von den Sexualinstinkten hervorgerufen werden" (835E-836B). Er riet, die Jugend zu erziehen aus dem Glauben heraus, daß sie sich darin übe, Selbstkontrolle durch Verzicht auf das eigene Vergnügen zu erlernen. Sie sollen sich mit Athleten vergleichen, die sich freiwillig der sexuellen Vergnügungen enthalten, um die physische Fitness zu erhalten, die ihnen den Sieg in den Spielen ermöglicht (839E-840C). Für jene, die sein Ideal nicht erreichen können — Enthaltsamkeit von allen Sexualakten, die nicht der Kinderzeugung dienen (die für ihn als ein "Naturgesetz". galt — 840D-E) —, empfahl er das gerade Gegenteil der Vorstellungen des Diogenes; strengste Diskretion und Bestrafung durch Entzug des Bürgerrechts nicht nur für Homosexualität und Blutschande (die unnatürlich sei) und für Ehebruch und Unzucht mit Bürgerinnen, sondern auch für Sexualakte mit Sklavinnen, die Konkubinen waren, ob sie nun von einem Mann oder einer Frau entdeckt wurden (841C-E).

Diese Erziehungsgesetze und jene, die das Sexualverhalten betreffen, machen es sehr deutlich, daß die Wiedereinsetzung der Familie nicht in erster Linie aus Interesse an der Familie geschah. Platons Familien waren nur Einheiten innerhalb des Staates. Der *kyrios* jeder Familie war in einem gewissen Sinn nur der Beauftragte des Staates mit der Verantwortung, die eigene Familie dazu zu benutzen, um die Interessen des Staates zu sichern. Selbst sein *kleros* Land war "Allgemeinbesitz des Gesamtstaates" (740A). Die Hochzeit eines Bürgers, seine Kinderzeugung und seine anderen Sexualakte wurden ausschließlich im Interesse des Staates geplant und dessen Bedürfnisse nach einer Folgegeneration von Bürgern. Auch die Erbfolgegesetze engten die Möglichkeiten, einen Erben zu wählen, sehr ein. Erfolge über die weibliche Linie war nicht möglich, denn es gab keine *epikleroi*, zu deren Verheiratung man nicht Söhne adoptiert hätte.

Die wirtschaftlichen Grundlagen der 'Gesetze'

Im Bereich der Wirtschaft würde, nach Platon, der nicht veräußerbare *kleros* eines Bürgers diesem seine Versorgung mit Nahrung sichern, und die Gemeinschaftsspeisungen für Männer und Frauen stützten diese Garantie ab. Schon die strengen Kontrollen über jede Gelegenheit, sich zusätzliche bewegliche Habe über ein gewisses Maß hinaus zu erwerben, scheinen viel von der gierigen Erwerbssucht des zeitgenössischen Athens auszuschalten. Aber selbst in der Verwaltung seines eigenen *kleros* wurde der Bürger genau kontrolliert. Die Verlegung von Grenzsteinen war verboten. Eingriffe, die verhinderten, daß man anderer Leute Bienenschwärme erwarb, Verbote, durch Baumpflanzung andere zu beinträchtigen oder Schaden zufügen, weil Feuer nicht kontrolliert wurden, strenges Verbot, die Wasserversorgung zu unterbinden oder die Benutzung eines Brunnens demjenigen Mann zu verbieten, dessen Land keine angemessene Was-

180

serversorgung hatte, oder ihm den Zugang zum Markt zu verbieten, alle diese Regeln sind natürlich und überraschen nicht (842E-844D), aber das Verbot, seine eigenen Trauben zu pflücken, wann es gefällt (844D), scheint eine unnötige Einmischung besonders dann, wenn das Stehlen von Äpfeln, Birnen und Granatäpfeln unentdecktermaßen überhaupt nicht entehrend war und entdecktermaßen nur eine Prügelstrafe (ohne Wunden) nach sich zog, und ein Mann über dreißig sich zu dem verhelfen durfte, was er auf der Stelle verzehrte (845B-D).

Kein Staatsbürger soll ein Handwerker sein, da der Dienst am Staat und dessen Erhaltung seine ganze Aufmerksamkeit erfordert, kein Handwerker soll mehr als einem Gewerbe nachgehen, er soll auch nicht versuchen, irgendein anderes Handwerk außer dem eigenen zu beaufsichtigen (846D-847B). Ähnlich steht für einen Mann auch die Vermarktung und Verfügungsgewalt über seinen Besitz unter strenger Kontrolle (847Eff.), und Bürger dürfen unter keinerlei Vorwand irgendeine Form des Einzelhandels treiben. Wer sich im Einzelhandel beschäftigt, wird angeklagt, sein *genos* zu "entehren", und wenn er verurteilt wird, dann geschieht es, weil er "den Herd seiner Vorväter besudelt hat". Er wird eingesperrt, damit eine Fortführung dieser Tätigkeit unterbunden wird (916E).

Erbfolgeregelungen in den 'Gesetzen'

Hier im XI. Buch kam Platon der Auffassung näher, daß die Familie doch noch mehr beanspruchen darf als nur, Zelle im Staat zu sein. Der Kontext ist Platons Behandlung von Testamenten und der Nachfolge solcher Männer, die ohne Hinterlassung eines erwachsenen Sohnes sterben (922Aff.). Platon nimmt den Standpunkt ein, daß ein Mann, der erst an der Schwelle des Todes sein Testament macht, in der Regel nicht die volle Kontrolle über seine Möglichkeiten hat. Daran knüpft Platon die Ermahnung, zu bedenken, daß "ihr selbst, meine Freunde, und dieses euer Eigentum nicht euch selbst, sondern eurem ganzen *genos* gehören, dem vergangenen und zukünftigen; und noch mehr ist euer ganzes *genos* und sein Besitz Eigentum des Staates" (923A), deshalb sollte die Anerkennung für jüngst erwiesene Wohltaten nicht in letzter Minute das Übergewicht haben über das, was "das Beste" ist. Ein Testament darf bestimmen, welcher der Söhne den *kleros* und seine Ausstattung erben soll, wobei ein Mann nicht mehr als einen Sohn nennen darf, damit die Teilung des *kleros* verhindert wird. Aber er darf den Rest seines Besitzes den anderen Söhnen geben, er darf auch Söhne anderen Männern zur Adoption abtreten. Er darf einem Sohn, der schon einen *kleros* hat (nach Adoption), nichts anderes mehr geben, auch nicht einer Tochter, die einem Mann zur Ehe versprochen ist, oder die nach Abfassung des Testaments verlobt wurde. Wenn er keine Söhne hat, darf er einen Sohn adoptieren und ihn seiner Tochter vermählen, wenn er nur eine hat, und einer seiner Töchter, wenn er mehrere hat. Wenn er seinen Erben verloren hat, soll er einen anderen Erben an seiner Statt adoptieren. Wenn er ganz kinderlos ist, soll er einen Erben adoptieren und ist dann frei, ihm über den *kleros* und dessen Ausstattung hinaus noch ein Zehntel seines Besitzes zu vermachen. Er darf einem unmündigen Erben einen Vormund bestellen. Wenn er versäumt, dies zu tun, sind die nächsten Angehörigen väterlicher- und mütterlicherseits gesetzliche Vormünder, zwei auf jeder Seite, dazu ein Freund des Verstorbenen (924B).

Wenn ein Mann ohne irgendein Testament stirbt und nur Töchter hinterläßt, wird der Staat einen Erben bestellen (und damit einen Gatten für eine der Töchter), wobei er "zwei der drei Dinge beachten wird, die auch ein Vater erwägen würde — Nähe der Verwandtschaft, Erhaltung des *kleros* und die Eignung des Mannes bezüglich Charakters und Verhaltens" —, und sich dabei um die ersten beiden dieser Gesichtspunkte kümmern. Eine Erb-Reihenfolge wird aufgestellt, die bei Halbbrüdern beginnt, man trägt durch eine physische Untersuchung (Männer nackt, Mädchen bis zur Taille entblößt) dafür Sorge, daß die Altersstufen miteinander harmonieren, und man stellt sicher, daß nur solche, die keinen *kleros* haben, in Betracht kommen. Wenn Verwandte nicht zur Wahl stehen, sollen das Mädchen und der Vormund jemanden außerhalb der Verwandtschaft wählen, der geneigt ist, sie zu heiraten und Erbe zu sein. Die Wiedereinbürgerung solcher Leute, die in die Kolonien hinausgegangen sind, weil sie keinen *kleros* hatten, ist als letzte Möglichkeit gestattet, wobei Blutsverwandte bevorzugt werden (924C-925C). Entsprechend werden, wenn jemand ohne Testament und ohne irgendwelche Nachkommen stirbt, ein Mann und eine Frau in den *oikos* und auf den *kleros* gebracht und miteinander vermählt, wobei Mitglieder der Sippe bevorzugt werden (925 C-D). Einspruch ist solchen Leuten gestattet, die per Gesetz gezwungen würden, jemanden zu heiraten, der ihnen wegen körperlicher oder geistiger Mängel total widersteht (925D).

Aber trotz all dieser Legitimation ist die Familie nur teilweise rehabilitiert, da, wie beobachtet wurde, "das ganze *genos* und sein Besitz Eigentum des Staates" sind (923A). Außerdem hat die Unantastbarkeit des *kleros* absoluten Vorrang. Die Familie ist das Mittel zu diesem Zweck — der *kleros* ist aber nicht das Mittel zum Zweck, die Familie zu erhalten.

Religion in den 'Gesetzen'

Im religiösen Bereich kann man am klarsten beobachten, daß die unausrottbaren Denkansätze der athenischen Herkunft Platons mit seinen philosophischen Ideen im Widerstreit liegen, und die Familie kriecht sozusagen zur Hintertür wieder herein und unterminiert so sein Ziel, so nahe wie möglich an jenen Zustand heranzukommen, wo das Wort 'privat' endgültig augerottet ist. Wo er Tötung behandelt, sowohl intentionelle als auch akzidentelle, sollte die Familie Verantwortung übernehmen ähnlich der, die die athenischen Familien auf sich nahmen (865A-874D). Platon sah den ganz besonderen Widerwillen, den man gegenüber Totschlag innerhalb der Familie empfand, als natürlich an, ebenso die Ansicht, daß ein Mann berechtigt war, in Verteidigung seiner Familie Diebe und Wegelagerer zu töten. Gleiches gilt im Hinblick auf die Ehre der Familienmitglieder bei Vergewaltigung oder sexuellen Angriffen auf Frauen und Kinder, oder Angriffen gegenüber Eltern, Ehefrau und Kindern (874B-D). Im Zusammenhang mit Überfällen wird sogar einmal Zeus Patroos erwähnt[16] (881D).

Natürlich sorgt Platon für einen Platz für die Familiengötter, wozu auch die toten Ahnen gehören, aber das kann kaum Erstaunen wecken, wenn wir die Unzahl Götter bedenken, mit denen Platons Staat es zu tun hat. Es fehlt jede Andeutung, daß einer der Stämme, die nach jedem der zwölf olympischen Götter genannt sind, in der jeweiligen Verehrung seines namengebenden Gottes irgendeinen besonderen Platz einnähme[17], und die täglichen Opfer, die von dem diensthabenden Beamten zu vollziehen sind, gelten den Interessen der Stadt, nicht der kleineren Einheiten[18]. Die Möglichkeit, das Priesteramt erblich sein zu lassen, wird sehr nebenbei zurückgewiesen: "Priester und Priesterinnen von Heiligtümern sollten sich nicht gestört fühlen, wenn irgendwelche (der Kolonisten) erbliche Priesterämter hätten, sondern — wie es nur zu wahrscheinlich ist bei solchen, die erstmals in einer Gemeinschaft aufgestellt werden — wenn entweder niemand oder nur wenige Leute da sind, die diese Ämter schon haben, müssen wir diejenigen (sc. in unserer Stadt) heimisch machen, die bereits vorhanden sind" (759 A-B). In den Priesterschaften des Platonischen Staatswesens gibt es jedoch keine Art von Erbpriestertum; alle Ernennungen sollen durch Los erfolgen und für kurze Zeiträume von höchstens einem Jahr und einer Art *dokimasia* unterworfen, die sich mit der Familie des Amtsinhabers befaßt, allerdings nur insoweit, als es um seine Reinblütigkeit und die seiner Eltern geht. Das Hervorheben der Hestia[19], der Göttin der Heimstatt, enthüllt dieselbe Betonung des *kleros* gegenüber der direkten Abstammung des Besitzers, sei sie nun echt oder unecht. In die gleiche Richtung zielen das Nichtaufscheinen der Götter der Phratrien und des *genos*, das Fehlen des Zeus Ktesios und der attischen Apaturia, der Genesia[20] und der Anthesteria, und die strengen Beschränkungen für Begräbnisse, Grabstätten und die Denkmäler (958D-960B)).

Unter den Göttern, die dem selbstverantwortlichen (σώφρων) Kolonisten zur Verehrung empfohlen werden, erscheinen die Familiengötter an ziemlich letzter (und damit auch rangniedrigster)[21] Stelle, gleichbedeutend mit jenen Vorfahren, die noch leben (717B-718A). Und bei der Landaufteilung wird dem

Inhaber eines *kleros* für die Familienkulte nur in dem gleichen Maß Verantwortung auferlegt, wie er sie auch für die Bebauung ($\theta\epsilon\rho\alpha\pi\epsilon\acute{u}\epsilon\iota\nu$) seines Landes hat; dieses Land ist "eine Gottheit" ($\delta\acute{\epsilon}\sigma\pi o\iota\nu\alpha$). Verantwortung trägt er auch für die einheimischen ($\acute{\epsilon}\gamma\chi\acute{\omega}\rho\iota o\iota$) Gottheiten und Geister (*daimones*) und dafür, daß für alles ein Nachfolger zur Übernahme bereit steht (740A-C)[22]. Platons Wunsch, daß der Halter eines *kleros* immer einen Sohn oder ein Adoptivsohn des Vor-Halters diese *kleros* sein sollte, dürfte in seiner Sorge wurzeln, einige Geister und Dämonen könnten wegen unzureichenden Kultes verärgert sein. Der Glaube, daß ihre Verehrung von seiten des Bürgers dessen Fruchtbarkeit fördere, beruhte auf der Annahme, sie würden ihm helfen wollen, diejenigen Menschen zu zeugen, die ihnen den Kult in Zukunft angedeihen lassen würden[23]. So interessierte sich Platon eigentlich nur deshalb für diese Familienkulte, weil sie für jedes Individuum die Mittel verkörperten, mit welchen, ihrer Natur nach, die menschliche Rasse die Möglichkeit zur Teilnahme an der Unsterblichkeit bekommen hatte (721B).

Der Mythos der Spartaner

Es gibt viele Stellen, an denen Platons Ideen die spartanische Gesellschaft zu reflektieren scheinen. Üblicherweise behauptet man, Platon sei von Sparta beeinflußt gewesen. Das wird auch von Plutarch bestätigt[24], und vielleicht war es wirklich so. Aber es dürfte der Wahrheit näher kommen, daß Platon sich mehr von einem idealisierten Sparta beeinflussen ließ als von dem wirklichen Sparta. Auch dürfte der Bericht, den wir über Sparta, speziell über das 'Sparta des Lykurg' haben, eher einer idealisierten als der wirklich vorhandenen Gesellschaft entsprechen.

Die Bewunderung für Sparta reichte in den oberen Klassen mindestens bis in das fünfte Jahrhundert zurück[25]. Der Sieg bei Plataiai ebenso wie der von Salamis hatten Griechenland vor den Persern gerettet, und Aristophanes macht sich über die Sparta-Mode der oberen Klassen lustig[26]. So schrieb Kritias, der einer der Dreißig Tyrannen geworden und ein Mitglied des Sokrates-Zirkels gewesen war, eine Eulogie auf Sparta[27]. Das taten auch zahlreiche andere einschließlich Xenophon, obgleich er auch Schwächen wahrnahm[28]. Dennoch wurden diese Fehlhaltungen — selbst wenn man sie bemerkte — als persönliche angesehen[29], nicht als etwas, was wesentlich wertmindernd die höchste Errungenschaft der Spartaner, die *eunomia* beeinträchtigte, jenes System von Gesetzen und Ausbildung, das man mit Lykurg verband, das ihnen für Jahrhunderte die Möglichkeit gab, die bedrängenden Sünden der griechischen *poleis* zu überwinden, militärische Schwäche und inneren Zwist[30], *stasis*, den andauernden Klassenkampf zwischen

Oligarchen und Demokraten, oder, in einfacheren Ausdrücken, zwischen reich und arm[31].

Im späten fünften Jahrhundert in Athen hatte das Mißvergnügen an der eigenen Demokratie auch seinen Anteil an dieser Bewunderung. So war etwa — nach Thukydides in zwei jener Beurteilungen, die den modernen Kritikern die meisten Schwierigkeiten verursacht haben — der verheerendste Fehler der Athener, die Sizilianische Expedition, auf politische Rivalität daheim zurückzuführen. Ebenso sei der endgültige Zusammenbruch im Peloponnesischen Krieg dem Eigennutz und dem Verlust an innerer Einigkeit in Athen zuzuschreiben gewesen[32]. All dies hätte die spartanische *eunomia* vermieden. Perikles wurde von den Kritikern beschuldigt, er habe die Athener redselig und faul gemacht[33]. Die Spartaner waren sprichwörtlich lakonisch. In Athen hatte diese Unzufriedenheit zu Forderungen nach der Wiederherstellung der "Verfassung unserer Ahnen" geführt; was diese war, ist von geringer Bedeutung, wichtig ist die Tatsache, daß sie zu einem reichen Fluß propagandistischer Pamphlete führte, weil Demokraten und Oligarchen in gleicher Weise versuchten, für die jeweils erstrebte Wunschverfassung das Siegel der Ahnenzustimmung in Anspruch zu nehmen[34]. Im Blick über die Grenzen brachte dies die Athener dazu, Sparta zu bewundern und sich literarisch zu betätigen, um diese Bewunderung zu rechtfertigen[35].

Im frühen vierten Jahrhundert erschien Sparta als außergewöhnlich erfolgreiche Stadt. Die Spartaner hatten das attische Imperium gestürzt, das als die unvergleichlich stärkere Macht im Peloponnesischen Krieg gegolten hatte (und Thukydides zumindest war überzeugt, daß es das auch gewesen war)[36]. Und kein Spartaner konnte sich an irgendwelche politischen Aufstände im Staat erinnern, die jemals seit der Errichtung des Lykurgischen Systems stattgefunden hätten, wenn man von den Versuchen der Heloten und Messenier zu revoltieren absieht[37]. (Dabei scheint man Kinadon bequemerweise vergessen zu haben[38].) In dieser ganzen Zeit, so erzählte Demaratos dem persischen Großkönig, waren die Gesetze ihre Herren gewesen[39].

Im Jahre 371 aber ereignete sich die Schlacht von Leuktra, in welcher der thebanische General Epameinondas den Spartanern eine vernichtende und entscheidende Niederlage zufügte, und er vervollständigte sie, indem er das spartanische System zerbrach. Er brachte die spartanische Liga, die die kleineren, landeinwärts liegenden Staaten der Peloponnes eingeschüchtert hatte, zum Zusammenbruch, indem er die arkadische Liga organisierte. Er beschlagnahmte das Gebiet von Messenien und befreite dessen Einwohner, die drei Jahrhunderte lang im halbfreien Status von Heloten gehalten worden waren und mit ihrer Arbeit den Spartanern die Möglichkeit geschaffen hatten, ihre gesamte Aufmerksamkeit der Kriegskunst zuzuwenden. Die griechische Welt war vor den Kopf gestoßen, und die Leute begannen zwangsläufig zu fragen, wie und warum das spartanische

System versagt hatte. Vom Standpunkt der Familie aus ist die Antwort von besonderem Interesse. Man argumentierte, die Stärke des Lykurgischen Systems habe darin bestanden, daß die Familie von ihrer zentralen Position innerhalb der Gesellschaft ausgeschlossen und auf den Rang eines staatlich kontrollierten Apparats zur Zeugung und Aufzucht der nächsten Soldatengeneration und deren Gefährtinnen beschränkt worden war. Wie weit das von den Spartanern selbst unterstützt wurde, besonders von den ärmeren Spartanern, wissen wir nicht. Sicher aber steigerte sich in dieser Epoche die Kritik an Sparta. Dabei gehörten Platon in seinen *'Gesetzen'* und Aristoteles in seinen *'Politica'* zu den strengsten Kritikern[40]. So verschwor sich die Verurteilung der "gegenwärtigen Entartung" mit der Bewunderung des vorher erfolgreichen Systems dazu, das Lykurgische System mit einer Vielzahl von Zügen zu schmücken, die eine distanzierte historische Untersuchung vermutlich nicht entdeckt hätte. Uns muß der Verdacht kommen, daß die Quellen für den *Lykurgos* des Plutarch sich mehr auf quasi-philosophische Theorien stützten als auf Versuche, die Sache wirklich zu erforschen.

"Lykurgs" Anordnungen und die Familienstruktur

Nach Plutarch, dessen Zuverlässigkeit allerdings stark bezweifelt werden muß, hatte Lykurg ganz Lakonien in neuntausend gleichgroße *kleroi*[41] für Spartiaten, — Bürger, die als *homoioi* oder "Gleiche" bezeichnet wurden — eingeteilt, ferner in dreißigtausend für die *perioikoi*, die freien Einwohner Lakoniens, die nicht Spartiaten waren. Diese genossen persönliche Freiheit und eine autonome örtliche Selbstverwaltung, aber hatten keine unabhängige Außenpolitik. Wenn ein Kind geboren wurde, wurde es vom Vater den Ältesten vorgestellt, die das Recht hatten zu entscheiden, ob es weiterleben durfte oder nicht. Wurde es angenommen, so wurde es einem der *kleroi* zugewiesen[42]. Vermutlich (obgleich Plutarch das nicht sagt) war dies eine Erbanwartschaft[43], und diese Untersuchung bezog sich nur auf männliche Kinder, denn aus Plutarchs Bericht über Lykurgs Königsherrschaft[44] geht hervor, daß die weiblichen Babies nur den Frauen des Hauses zur Betreuung übergeben wurden. Knaben wurden bis zum siebenten Lebensjahr zuhause aufgezogen. Von diesem Alter an bis zum dreißigsten Lebensjahr wurden sie ständig überwacht und für den Krieg trainiert, sie aßen in den gemeinsamen Speisesälen (*syssitia*) und schliefen in Kasernen in Altersgruppen. Dabei wurde ihre Erziehung und ihr Heranwachsen[45] in jedem Stadium von den älteren, verheirateten Bürgern überwacht, ferner von den jungen "Liebhabern", von ihren eigenen Führern und von den Mitgliedern des eigenen *syssition*, die zu ihrer Aufnahme ihr Einverständnis geben mußten. Diese Anerkennung war wichtig, weil die Mitgliedschaft bei einem *syssition* für das volle Bürgerrecht unerläßlich war[46]. Das *syssition* war auch ein wichtiges Instrument der Gleichschaltung hinsichtlich des Wohlstandes der Bürger. Man mußte daran teilhaben und einen Beitrag zum Gemeinschaftstisch beisteuern. Das beeinträchtigte natürlich die Verfügungsgewalt, die ein Bürger über die Produkte seines *kleros*[47] hatte. Die Verpflichtung zur Teilnahme am *syssition*, es sei denn, man war noch nicht von der Jagd heimgekehrt, brachte mit sich, daß ein Spartaner unmöglich auf seinem Gut leben konnten. Diese Tatsache begründet vielleicht die Einrichtung der *krypteia*, der geheimen Polizei, die sich aus jungen Leuten im Rekrutentraining zusammensetzte, zu deren Pflichten es gehörte, von Zeit zu Zeit eine Terroraktion gegen die Heloten durchzuführen und ohne Gericht jeden zu erschlagen, der möglicherweise der Anführer einer Revolte sein konnte[48]. Dieses Verfahren und die Jagd waren die Methoden, mit denen die Spartaner in der Stadt die Ansichten und den Grad an Loyalität in dem Land, das sie regierten, überprüften.

Hochzeit in Sparta

Für Spartaner war die Ehe vorgeschrieben, und sie mußten ein spartanisches Mädchen heiraten[49], hartnäckige Junggesellen wurden mit teilweisem Verlust der Bürgerrechte bestraft (*atimia*)[50]. Wie die Ehen zustandekamen, ist ganz ungewiß. Der Theorie nach geschah dies durch Raub, und es ist uns eine blumige Geschichte überliefert, wie Jünglinge und Mädchen in einem dunklen Raum zusammengeschlossen wurden, und jeder heiratete, wen er fing[53]. Aber schon aus der Zeit des Herodot hören wir von Verlobungen (obgleich in einem anderen Fall es einem anderen gelang, die Braut zu stehlen)[54]. Plutarch sagt nur, daß die Mädchen davongetragen wurden (vermutlich in das Haus der Schwiegereltern, obgleich Plutarch das nicht sagt), die Braut wurde als Knabe verkleidet. Die Brautjungfer schnitt ihr das Haar kurz, und sie zog Männerkleidung an. Dann wurde sie allein gelassen und von ihrem Gatten besucht, nachdem er im Speisehaus gegessen hatte. Er vollzog dann den Geschlechtsverkehr und kehrte für den Rest der Nacht zu seinen Kameraden zurück. Das verheiratete Paar konnte, bis der Bräutigam dreißig Jahre wurde, sich für sein Intimleben nur solche kurzen Zwischenspiele herausschlagen, indem es sich für jede Zusammenkunft neu verabredete[55].

Wenn dieser Bericht der Wahrheit entspricht, zeigt er einen Zug der Probeehe, die auch in anderen Gesellschaftsordnungen bekannt ist[56]. Das Ziel war sicherzustellen, daß keine der beiden Parteien mit irgendeiner Ehrminderung belastet war, falls es nicht zu einer Schwangerschaft des Mädchens kam. Beide Familien konnten so vorgeben, es habe nie eine Ehe existiert. "Manche Männer", so sagt Plutarch, "sind Väter, bevor sie jemals ihre Frau bei Tageslicht sehen". Diese Geschichte ist vermutlich apokryph, aber sie belegt deutlich, daß die Gefährtenschaft in der Ehe nicht der Grund war, warum die Spartaner ihren Mädchen die gleiche Erziehung angedeihen ließen wie ihren Knaben und sie als voll erwachsene[57] Menschen mit Männern entsprechenden Alters verheirateten. Letzteres müssen wir aus der Erzählung schließen, daß die Spartaner die sexuellen Instinkte junger Männer ermutigten, indem sie ihnen erlaubten, die Mädchen beim Tanz und auf Prozessionen in sparsamster Kleidung zu beobachten (Abb. 47) und *vice versa*, Veranstaltungen, die die entschiedenen Junggesellen nicht beobachten durften[58]. Das Interesse des Staates an der Förderung der Ehen war, Kinder zu erhalten, die die Reihen der Bürger auffüllten. In Sparta waren vielleicht mehr als irgendwo sonst die Kinder "nicht der Eigenbesitz der Väter, sondern der gemeinsame Besitz des Staates"[59].

Dies wird besonders deutlich bei den Königen (von denen Sparta immer zwei hatte). Anaxandridas, der König von Sparta im ausgehenden sechsten Jahrhundert, hatte keine Kinder. Die Ephoren (Beamte) drängten ihn, sich von seiner Frau scheiden zu lassen mit der Begründung: "Wenn du schon keine Vorausplanung für dich selbst hast, dann dürfen wir immer noch nicht die Tatsache übersehen, daß die Rasse des Eurysteus damit ausstirbt". Anaxandridas weigerte sich, weil er seine Frau liebte. Die Ephoren und der Rat drohten daraufhin, gegen ihn vorzugehen, es sei denn, er heirate eine andere, die sich als fruchtbar erweisen würde. "Wir verlangen nicht, daß du dich von deiner Frau scheiden läßt", sagten sie, "sondern fahre fort, deine Frau so zu behandeln, wie du es immer mit ihr getan hast, und nimm daneben eine andere Frau, die dir Kinder gebiert". Das akzeptierte er laut Herodot, und "hatte zwei Frauen und lebte in zwei Häusern in einer durch und durch unspartanischen Art und Weise"[60]. In der Folge empfingen beide Frauen und gebaren zwei Söhne. Ein gleichzeitiger König, Ariston, hatte von seinen ersten beiden Frauen keine Kinder. Offensichtlich scheint er sich von der ersten Frau getrennt zu haben und man darf annehmen, daß er sich von der zweiten scheiden ließ, als er in einem betrügerischen Verfahren die dritte von ihrem Mann bekam[61]. Obgleich Herodot nicht ausdrücklich so sagt, kann dies ein Fall gemeinsamen Besitzes einer Ehefrau sein. Abgesehen von ihrer außerordentlichen Schönheit hatte die Dame möglicherweise außerdem das Verdienst, ihrem ersten Mann einen Sohn geschenkt zu haben.

Belege für die Sitte, eine Ehefrau gemeinsam zu besitzen, ein Vorgang, der eher einen Gemeinschafts- als einen privaten Aspekt in der Haltung gegenüber der Ehe betont, gibt es so unzweideutig, daß man ihnen unmöglich jeden Glauben verweigern darf. Plutarch[62] erwähnt sowohl alte Männer mit einer jungen Frau, die einen jungen Mann aussuchen, der ihnen einen Erben geben soll, als auch, daß ein Mann, dessen Frau unfruchtbar war, sich von dem Vater von Söhnen die Genehmigung holte, mit der fruchtbaren Frau einen Sohn zeugen zu dürfen. Letzteres scheint wahrscheinlicher als das erste, es sei denn, die junge Frau war eine zweite Frau, vielleicht eine *epikleros*[63], da ja, wie festgestellt wurde, die Spartaner im Gegensatz zu den Athenern Mädchen von etwa gleichem Alter, wie sie selbst waren, heirateten. In einer späteren Epoche stellte Polybios sogar fest, daß es spartanische Sitte war, aus den Feldzügen Leute bester Zeugungsfähigkeit heimzuschicken, damit sie Kinder zeugen konnten, wobei er voraussetzte, daß dies sich nicht auf die eigenen Frauen beschränkte[64]. Spartanische Frauen galten als sinnlich[65]. Sicher machte die Sitte, eine Braut in Erwartung ihres Gatten allein im Dunkeln liegen zu lassen, einem Kuckuck die Gelegenheit leicht, das Nest zu betreten. Die Erzählung des Herodot[66] von der Geburt des Demaratos zeigt, daß Ehebruch nicht so schwierig war, wie wenn die jungen Frauen im Frauenhaus geborgen waren. Immerhin müssen wir beachten, daß der vorgebliche Gatte die Frau des Ariston betrügerisch glauben machte, er sei ihr Gatte. Wie die Mädchen in den ersten paar Monaten nach Beginn der Ehe lebten, wissen wir nicht. Ihr kurzgeschorenes Haar hat ihren verheirateten Zustand offensichtlich verraten, wenn sie sich in der Öffentlichkeit zeigten, ebenso die Identität ihres Gatten, wenn sie in seinem Haus erschienen. Vielleicht haben sie etwa einen Monat oder länger allein gewohnt, bis sie wußten, daß sie schwanger waren; oder sie lebten im Haus der Eltern und gingen nur abends zu den Treffen mit ihren Männern weg[67] (für die Geheimhaltung kam ihnen dabei die Tatsache zu Hilfe, daß in Griechenland die Wintermonate die Heiratsmonate waren). Vielleicht sind sie in der Öffentlichkeit erst in schwangerem Zustand erschienen. Wenn jedoch ein Baby geboren worden war, müssen sie sicherlich im *oikos* ihres Ehemannes eingezogen sein, obgleich man von Plutarch den Eindruck gewinnt, daß spartanische Frauen Ammen (vermutlich Heloten-Frauen oder Sklavinnen) anstellten, um die Babies zu beaufsichtigen[68].

Besitz und die spartanischen Familien

Plutarchs Bericht über die Besitzvereinbarungen ist voller Probleme und Auslassungen. Trotz seiner Theorie von ganz gleichgroßen *kleroi* von Land und der Nachfolgetheorie, die im *Lykurg* entwickelt ist, bemerkt er im gleichen Werk, daß Lykurg außerstande war, eine gleichmäßige Verteilung der beweglichen Habe durchzusetzen[69] (wobei wir unterstellen dürfen, daß er es vielleicht gar nicht versucht hat), und sagt dann, daß er deshalb alles Gold und Silber aus dem Staat verbannt hat. Er verbot den Spartiaten es zu besitzen, und hielt damit alle Fremden, die Handel zu treiben wünschten, vom Staat fern, wie etwa "Sophisten,

Wahrsager, Zuhälter, Gold- und Silberschmiede". Das Vorurteil, das aus dieser Liste spricht, ist offenkundig, ebenso, daß sie nicht für das siebente Jahrhundert Geltung haben kann oder für eine frühere Zeit[70], aber es ist gut belegt, daß die Spartaner sich Fremden gegenüber, die in Sparta leben wollten, abweisend verhielten[71]. Spartanische Bedürfnislosigkeit drückte sich auch in ihren Häusern aus, die unbequem ausgelegt waren, ebenso in der strengen staatlichen Kontrolle hinsichtlich der Leichenbegängnisse, die äußerst einfach und ungewöhnlich kurz waren (Abb. 48). Die Familie war davon in ungewöhnlichem Maß ausgeschlossen, alle Beerdigungen wurden nämlich in der Stadt und nicht auf den privaten Gütern vollzogen[72].

Kleroi und Bürgerzahlen

Bei zwei Gelegenheiten hören wir davon, daß möglicherweise die Anzahl der Bürger zuviel wurde. Nach dem Ende des Messenischen Krieges (trad. 708) wurde Taras (Tarentum), die einzige nachweisliche Kolonie der Spartaner, gegründet, indem man eine Truppe aussandte, die angeblich aus Bastarden bestand, aber der Vorschlag, daß es sich in Wirklichkeit um überzählige Bürger handelte, für die in Messenien kein *kleros* zur Verfügung stand, ist anziehend[73]. Im späten sechsten Jahrhundert, als Kleomenes König wurde und nicht Dorieus, bat der letztere "um Leute und führte Spartaner für eine Koloniegründung fort"[74]. Natürlich war Dorieus auf die Unterstützung seines Halbbruders angewiesen. Es kann gut sein, daß er keinen *kleros* besaß. Es scheint aber, daß er einen Sohn hatte, dessen Anspruch auf die Königswürde gelöscht worden sein muß, denn dieser Sohn wurde von seinen beiden Vettern, den Söhnen des Leonidas und des Kleombrotos nach dem Tod des letzteren in der Nachfolge überrundet[75]. Plutarch stellt auch fest, daß Lykurg keine Gesetze für Verträge gemacht hat. Er gibt vor zu wissen, was Lykurg sich dabei gedacht hat — nämlich, daß Leute, die richtig erzogen worden sind, auch wissen, was sie bei wechselnden Umständen zu tun haben[76]. Das könnte bedeuten, daß es eine Verfügung gab, derzufolge es keine schriftlichen Gesetze geben sollte, oder es könnte bedeuten, daß die Gesetzgebung des Lykurg, die ganz im Hinblick auf die Erhaltung der Armee ausgerichtet war, einfach solche Dinge nicht beachtet hat, wie sie anscheinend auch die Frage unbeachtet ließ, welche Rechte Frauen am Besitz und der Nachfolge auf *kleroi* hatten, eine Lücke, die nach Aristoteles' Meinung den wichtigsten Grund für die Unterminierung des Sparta-Systems bildete[77].

Aus Herodot wird klar, daß das System der Zuweisung von *kleroi* nach Stämmen bei der Geburt, wenn es je so existiert hat, sich nicht lange gehalten hat. Er erzählt uns, daß die Könige bei der Adoption von Söhnen den Vorsitz innehatten,

– vermutlich bei Leuten, die keinen Sohn hatten oder den ihren verloren hatten[78]. Das Recht zur Adoption von Söhnen ist verständlicherweise natürlich in einer militaristischen Gesellschaft – kein Mann konnte sicher sein, daß er lebendig zurückkehrt von einem Feldzug – und Rom kann als Parallele zitiert werden[79]. Aber dieses Recht ist ebenfalls charakteristisch für ein auf der Familie ruhendes Gesellschaftssystem, also eine Gesellschaft, die in Begriffen wie Familienerbe denkt und den Platz eines Mannes in seiner Gesellschaft mit dessen Familie und Abkunft verbindet[80]. Auch die Zuweisung dieser Aufgabe an die Könige ist bezeichnend. Denn die Hauptaufgabe eines Königs war die eines Oberkommandierenden. Ihm lag daher daran, die die Soldaten bereitstellenden *kleroi* in größtmöglicher Anzahl zu erhalten[81]. Als in den Perserkriegen eine spartanische Truppe ausgewählt wurde, um die Thermopylen zu verteidigen, wurde diese von dem König Leonidas angeführt. Aber er hatte einen Zwillingsbruder und beide hatten Söhne, sodaß die Königslinie bei Leonidas' Tod nicht ausgelöscht sein würde, und seine Truppe war zusammengesetzt aus dreihundert Hopliten, alles Männer, die Söhne gezeugt hatten[82]. Diese Bestimmungen kennzeichnen den gefährlichen Charakter dieser Expedition, wie ihn die Spartaner sehr wohl erkannten. Sie trafen Vorsorge, daß, selbst wenn der gesamte Verband aufgerieben würde, ihr königliches Geblüt nicht aussterben und auch keine *kleroi* ohne Eigentümer hinterlassen würden.

Klassen in Sparta

Auch der Erbcharakter des Königtums und die große Sorge, daß die Königshäuser in dieser Zeit nicht aussterben sollten, spiegelt eine familien-orientierte Gesellschaft wider[83]. Daß die Könige oft innerhalb der eigenen Verwandtschaftsgruppen heirateten[84], weckt stark den Eindruck, es habe immer eine spartanische Aristokratie gegeben. Zur Zeit des Thukydides ist ihr Vorhandensein deutlich belegt[85]. In späterer Zeit wird sie noch überzeugender belegt durch die Methode, nach der ein *Mothakes* oder ein *Kasen* in die spartanische Gesellschaft als Gefolgsmann eines Adeligen hinzugewählt wurde, und innerhalb der *syssitia* durch das System der *Boagoi* und *Synepheboi*. Obgleich diese Verfahren erst aus späterer Zeit bekannt sind, können sie durchaus schon aus sehr primitiven Zeiten stammen. Eine Wohlstandsaristokratie ist mindestens seit dem sechsten und während des ganzen fünften Jahrhunderts[86] bekannt, und andere Züge von Aristokratie finden sich zu allen Zeiten.

Auch sind erbliche Gewerbe in Sparta bekannt. Herolde und Flötisten waren einer Kriegerkaste durchaus angemessen, da die Spartaner in die Schlacht zum Klang einer Flöte marschierten, aber Köche wurden gewöhnlich in der Antike weniger geschätzt, selbst wenn sie Feldzüge mitmachten[87]. Andere Handwerker, Töpfer etwa, haben möglicherweise der Periöken-Klasse[88] angehört, ebenso die Hersteller spartanischen Mobiliars, dessen Einfachheit und hervorragende Qualität Plutarch preist[89]. Und ein Kriegerstaat muß auch Schmiede für die Waffen- und Rüstungsproduktion besessen haben, ebenso wie Lederarbeiter für die Herstellung von Schuhen, Pferdeharnischen und anderer notwendiger Ausstattung. Das müssen alles Periöken gewesen sein, wenn die Behauptung des Agesilaos stimmt, daß die Spartaner nur ein Gewerbe kannten, den Krieg[90].

Epikleroi und die Nachfolge in Sparta

In Sparta konnten Frauen zumindest seit Herodots Zeiten Anrecht auf Landbesitz geltend machen, da die Könige für die Verheiratung jungfräulicher *epikleroi* zu sorgen hatten, wenn der Vater sie nicht mehr verlobt hatte[91]. Solche Mädchen mußten Waisen gewesen sein. Wir wissen nicht, ob ein Vater, der sein einziges Kind in die Ehe gab, die Möglichkeit zur Gattenwahl hatte. Zur Zeit des Aristoteles hatte er sie[92]. Wir registrieren auch, daß es sich nur um unverheiratete Mädchen handelt, und müssen daraus schließen, daß die Heirat die Ansprüche eines Mädchens auslöschte. Aber das Vorhandensein von *epikleroi* hat das lykurgische *kleros*-System, wie es bei Plutarch beschrieben ist, ausgehöhlt, denn es konnte ja keinen jungen Spartaner ohne *kleros* geben, der in der Lage war, in üblicher Form eine *epikleros* zu heiraten, ohne daß dabei eine Verschmelzung beider *kleroi* stattfand, die erst nach der Geburt zweier Söhne berichtigt werden konnte, wobei ein Sohn jeweils einen *kleros* seiner Eltern zugewiesen erhielt. Die einzige Lösung wäre gewesen, sie an einen älteren Mann zu verheiraten, der bereits einen Sohn für seinen eigenen *kleros* gezeugt hatte, in der Hoffnung, er werde jetzt einen weiteren für ihren *kleros* zeugen oder zumindest in den Besitz eines solchen (Sohnes) gelangen mit Hilfe eines jungen Mannes, den er bewunderte. Möglicherweise hat Lykurg dieses beabsichtigt, und es erklärt vielleicht das 'alter Mann-junge Frau'-Motiv in jenen Geschichten, in denen sich zwei Männer den Besitz einer Frau teilen, obgleich in diesem Zusammenhang *epikleroi* von Plutarch nicht erwähnt werden[93].

Spartanische Frauen

Das ausschließlich kriegerische Leben spartanischer Männer und die Befreiung spartanischer Frauen von den Hauptaufgaben der Frauen im übrigen Griechenland (Kleiderherstellung und die Aufzucht von Kindern)[94] deuten darauf hin, daß spartanische Frauen tatsächlich immer die Geschäfte ihrer Ehegatten geführt haben, wie Aristoteles sagt[95], und mit Sicherheit waren zu diesem Zeitpunkt Frauen wohlhabend[96]. Er berichtet, daß zwei Fünftel aller Ländereien in ihrem Besitz waren, und daß Männer ihren Töchtern üblicherweise eine Mitgift gaben[97]. Plutarch berichtet, im nächsten Jahrhundert hätten die Frauen den Versuch des Königs Agis, "das Lykurgische System wiederherzustellen", vereitelt, und seine eigenen weiblichen Familienangehörigen seien die wohlhabendsten innerhalb des Staates gewesen. Er spricht auch von Pfandbriefen[98]. Mitgiften weisen klar auf eine Ehe im Anschluß an eine Verlobung, nicht auf eine Raubehe, und sie zeigen an, daß hinsichtlich der Partner eine gewisse Wahlfreiheit auf beiden Seiten bestand. Eine Eheschließung nach Wahl ist auch die Voraussetzung für Xenophons Bericht aus dem vierten Jahrhundert über die Demütigungen, welche überführten Feiglingen angetan wurden[99] — daß sie nämlich für ihre Töchter keine Eheversorgung sicherstellen und für sich keine Ehefrau gewinnen konnten.

Spartas Versagen und die Familie

Nach spartanischer Überlieferung hat das Lykurgische System Sparta groß und mächtig gemacht, weil es die Interessen seiner Bürger auf das öffentliche Leben gelenkt hat. Es machte die Gewalt öffentlicher Meinung zum Hauptmittel jener Sanktionen, die das Verhalten aller Bürger steuerten. Plutarchs *Lykurg* betont wiederholt[100], daß in Sparta der gesamte Ehrgeiz eines Bürgers darauf gerichtet war, bei seinen Gefährten ein hohes Ansehen zu genießen, und er stellt fest, daß Lykurg der Meinung war, solche Dinge wie die Vertragsgesetzgebung würden am besten dann geregelt, wenn sie entstehen. Er habe sich geweigert, diesbezüglich Gesetze zu erlassen[101]. Plutarch hat diese Ansicht nicht erfunden. Sie war offensichtlich den Zuhörern des Aischines im Jahr 345 vertraut[102] ebenso wie Aristoteles, der zustimmend sagt, daß Lykurg den Kauf oder Verkauf von Land (oder auch Besitz allgemein) ehrenrührig gemacht hat[103]. Es erlitten alle, sowohl der Käufer als auch der Verkäufer, Schaden an ihrem Ruf. Solange ein Käufer durch die öffentliche Meinung daran gehindert wurde, sich im Aufkauf von Land zu versuchen, hatte ein potentieller Verkäufer es nicht leicht, Land zu verkaufen. Es bestand folglich keine Notwendigkeit, für den Erwerb von Besitz eine obere Grenze zu setzen. Und eine solche Grenze hat es tatsächlich auch nicht gegeben.

Aber am Ende des fünften Jahrhunderts hatte die Zeit doch einige spartanische *homoioi*, also "Gleiche", etwas weniger gleich gemacht als andere. Das verheerende Erdbeben von 464 und die starken Verluste, die man in den großen Kriegen des sechsten und fünften Jahrhunderts erlitten hatte, müssen die Zahl der *homoioi* stark vermindert haben. Es gibt eindeutige Beweise für den Mangel an einsatzfähigen Menschen. Die Spartaner haben sich nämlich große Sorge gemacht, als sie auf Sphakteria im Jahr 425 eine unbedeutende Anzahl der *homoioi* verloren. Auch schlug der Versuch fehl, die Überlebenden auf Dauer der Ehren zu berauben, vielleicht deshalb, weil dies zu einer nicht wünschenswerten weiteren Verminderung der dem Staat zur Verfügung stehenden Männer geführt hätte[104].

Tote hätten ersetzt werden können, wenn man die Überlebenden angewiesen hätte, für die Familien ohne Nachfolger Kinder zu zeugen, aber dies haben die Spartaner unterlassen. Die Bestimmungen des Lykurg haben nach Aristoteles vorgesehen, daß man aus freiem Willen Ländereien weggeben und jemandem vermachen durfte[105]. Mit dem Entzug des königlichen Vorrechts, die Zustimmung zu Adoptionen zu geben und die Verheiratung von jenen *epikleroi*, die von ihrem Vater nicht verlobt worden waren, zu übernehmen, hatte man jede Kontrolle über die väterliche Entscheidung verloren. Der Vater konnte somit seine Töchter nach Gefallen vermählen und seinen Schwiegersohn adoptieren, ein Vorgang, der die Nachfolge im *kleros* mit der Tochter verband. Einige Familien hatten dadurch sehr große Güter angesammelt, und wenn diese Familien nur weibliche Kinder hatten, waren die Töchter Alleinerben.

Ein allen Gesellschaftsformen gemeinsamer Zug scheint zu sein, daß reiche Männer ihre Töchter (besonders einzige Töchter) den Söhnen reicher Männer in die Ehe geben wollen, und die Spartaner scheinen diesbezüglich keine Ausnahme. Eine Verknappung an wählbaren Männern führte zu Wettbewerb um einen Gatten. Mädchen, die *epikleroi* waren, waren begehrenswertere Bräute als solche ohne Güter als Beigabe. Sie hatten es folglich leichter, einen Mann zu finden. Daher mußten Väter von Söhnen für eine Mitgift für ihre Töchter sorgen. Aristoteles zufolge war es in seiner Zeit üblich geworden, daß Väter ihren Töchtern eine große Mitgift mitgegeben haben[106]. Eine solche Sozialstruktur ermutigt die Begrenzung der Familien, und in dem Maße, als Familienbeschränkung mehr und mehr üblich wird, wirkt sich der Prozeß der Verkleinerung der Größe der Bürgerschaft kumulativ und beschleunigend aus. Außerdem tragen reiche Frauen gewöhnlich nicht viele Kinder aus, besonders wenn sie, wie in Sparta, unabhängig und nicht ihren Gatten unterworfen sind. Wie auch immer die Situation im vierten Jahrhundert gewesen sein mag, schon vor der Zeit des Cicero, so hören wir, waren spartanische Frauen nicht geneigt, Kinder auszutragen[107].

Die Sorge um eine Mitgift brachte den Erwerb von Gold und Silber mit sich. Spartaner im Ausland waren immer für Bestechungen empfänglich gewesen, zumindest laut Herodot[108]. Platon betrachtete das spartanische Erziehungssystem als fehlerhaft, weil es nur die Tugend des Mutes anerzog und versäumte, die wichtigere Tugend der Selbstzucht einzupflanzen[109], und Aristoteles kritisierte das System, weil es nur militärisches Können und Ausdauer hervorbringe[110]. Die Spartaner des vierten Jahrhunderts wurden von Isokrates etwa folgendermaßen charakterisiert: "Geneigt zur Ungerechtigkeit, Trägheit, Gesetzlosigkeit und Geldgier"[111]. Am Anfang des vierten Jahrhunderts wollte der spartanische Staat alles Gold und Silber verstaatlichen, aber die öffentliche Meinung hat diese Maßnahme nicht gestützt, und so scheiterte sie[112]. Dieser Zufluß von Gold und Silber in die private Hand wurde von Plutarch neben dem Gesetz des Epitadeus, das dem Bürger erlaubt haben soll, testamentarisch seinen *oikos* und *kleros* nach Wunsch zu vermachen[113], als Ursache für das Versagen des spartanischen Systems angesehen.

Letzteres Gesetz ist möglicherweise nichts weiter gewesen, als eine nachträgliche Legalisierung einer bereits bestehenden Situation. Aber Plutarch erwähnt hier etwas, das andernorts (also bei Aristoteles) nicht belegt ist[114], nämlich daß Epitadeus Vater eines Sohnes war − und diese erwähnte Geschichte setzt voraus, daß es sich um einen erwachsenen Sohn handelte − und daß er diesen Sohn enterben wollte. Plutarch fügt hinzu, daß diesem Beispiel weitere folgten, die verhindern wollten, daß ihre Verwandten ihre Güter erbten. Wenn Plutarchs Erzählung und die darin gemachten Unterstellungen verläßlich sind (was man bezweifeln darf), dann brachte das Gesetz eine wichtige Neuerung und muß zeitlich dem frühen vierten Jahrhundert zugeordnet werden. Es ist aber offenkundig, daß ein Gesetz (welchen Datums immer), das einem Mann die Möglichkeit eröffnete, sein Land wegzugeben, den Weg für den Verkauf von Land freimachte, wenn man vereinbarte, daß der Käufer das Land unter dem Deckmantel eines Geschenks empfängt oder, nach dem Tod des Verkäufers, als ein Legat. Eine solche Übereinkunft würde jedoch wenig sinnvoll sein, bis der Besitz von Geld den Käufer in die Lage versetzte, dem Verkäufer etwas anzubieten, das er erstrebenswert genug fand, um es gegen sein Geld einzutauschen.

Aristoteles führte das Versagen des spartanischen Systems darauf zurück, daß der Gesetzgeber versäumt hatte, die Frauen unter Kontrolle zu halten. Er sagt, daß sie die Hälfte der freien Bevölkerung umfaßten, und in der Zeit des spartanischen Reiches (404-371) hatten sie die Kontrolle über viele Dinge, einschließlich ihrer Ehemänner. Ihre Unabhängigkeit in der Verwaltung ihrer Geldangelegenheiten habe in jener Zeit zu der Raffgier der Spartaner beigetragen. Weil die Frauen zwei Fünftel des gesamten Lakonien besaßen, kam es dazu, daß es weniger als 1000 spartanische "*homoioi*" gab, obgleich das Land fähig gewesen wäre, 1500 Mann Reiterei und 30.000 Hopliten aufzustellen[115]. Im nächsten Jahrhundert soll die Zahl auf 700 zurückgefallen sein, von denen viele ihre Ländereien mit Schulden belastet hatten[116]. Der Verlust ihrer Kriegsstärke hinderte die Spartaner daran, in der griechischen Welt nach der Schlacht von Leuktra,

371, eine bedeutende Rolle zu spielen; vielleicht hat er auch materiell zu der Niederlage beigetragen. Man nimmt allgemein an, daß die schrumpfende spartanische Heeresstärke auch ein Schrumpfen innerhalb der Gesamtbevölkerung von Lakonien einschloß, was aber keineswegs sicher ist. Selbst zu einem so frühen Zeitpunkt im vierten Jahrhundert wie der Revolte von Kinadon waren die vollberechtigten spartanischen *homoioi* nur eine Minderheit selbst auf dem Marktplatz von Sparta, da doch Xenophon sagt, daß nur ein Spartaner auf 100 Leute der anderen, minderrangigen Klassen kam[117].

Im nächsten Jahr hob König Agesilaos eine Streitmacht von 2000 *neodamodeis* [118] ohne Mühe aus, was beweist, daß sie zahlreich gewesen sein müssen. Sicher ist, daß Nicht-Bürger in den spartanischen Militärmethoden ausgebildet wurden, weil sie fähig waren, in der Phalanx der Spartaner mitzukämpfen. Aristoteles behauptet, daß bei irgendeiner Gelegenheit (er sagt nicht wann) solche Freiwilligen die Möglichkeit gehabt hatten, spartanische Vollbürger zu werden[119]. Anscheinend sind die Spartaner im vierten Jahrhundert absichtlich eine exklusive Kaste geworden und haben zum vollen Bürgerrecht nur solche Leute zugelassen, die durch Geburt berechtigt und in der Lage waren, zu den *syssitia* beizutragen, wobei dieses letztere Kriterium nach der Katastrophe von Leuktra und dem Verlust von Messene wesentlich gewichtiger wurde, weil diese Katastrophe die Zahl der verarmten Bürger erheblich vergrößert haben muß. Möglicherweise stammt die Verpflichtung zu Beiträgen aus dieser Zeit, denn Xenophon, der am Beginn des vierten Jahrhunderts schreibt, erklärt, daß jene, die sich dem Training unterziehen, unabhängig von Wohlstand oder physischen Kräften *homoioi* werden konnten[120]. Hingegen sagt Aristoteles, der nach Leuktra schreibt, daß jene das Stimmrecht verlieren, die nicht zu ihrem *syssition* beitragen konnten[121].

Die Verpflichtung zur Mitgliedschaft in einem *syssition* machte es den Spartanern möglich, ihre Anzahl zu begrenzen, wenn sie das wünschten. Falls das Auswahlsystem so war, wie Plutarch es schildert[122], dann hatten es reiche Männer leicht, Bewerber zurückzuweisen, und wenn es so war, wie in Kreta und im Sparta der Römerzeit, war es ebenso einfach für die reichen Leute, sich zu weigern, junge Leute in die Ränge des *syssition* zu "adoptieren" oder hinzuzuwählen[123].

Für eine Untersuchung der Familie in Sparta wird aber deutlich, daß unter den antiken Schriftstellern die übereinstimmende Meinung vorherrscht, der Erfolg der Spartaner habe an ihrer Bereitschaft gehangen, die Familie im Interesse des Staates zu unterdrücken, und daß der entscheidende Faktor bei der Zerstörung dieses erfolgreichen Lebensstils der Wechsel des Volksempfindens gewesen sei, der es den Familieninteressen des Bürgers gestattete, die Bedürfnisse des Staates hintanzusetzen, und der zur Anhäufung von Privatvermögen geführt hat, oft genug in Frauenhand. Und doch ist es vielleicht das interessanteste

Phänomen dieser übereinstimmenden Ansichten, daß sie aller Wahrscheinlichkeit nach irren. Die Familie der großen Epoche Spartas war immer stark. Wenn es das Gesetz des Epitadeus wirklich gegeben hat, gab es schon vor seinem Inkrafttreten eine Familiennachfolge, und das System der *epikleros* sowie die Adoptionsmöglichkeiten zeigen ein ähnlich gelagertes Bedürfnis, die Familienkontinuität zu bewahren. Nur im religiösen Bereich war die spartanische Familie schwach. Den Spartanern scheint der religiöse Kult frommer Familien mit ihren Ahnen, der für die Athener so charakteristisch ist, abgegangen zu sein. Die Religion hat zu Spartas Untergang insofern beigetragen, weil sie, wäre sie stark ausgeprägt gewesen, möglicherweise einen Anreiz für die Familien geboten hätte, ihre sich abgrenzende Identität zu bewahren.

Wahrscheinlicher ist, daß der wirkliche Grund für das Zerfallen des spartanischen Systems politischer Natur war. Es war die Gefahr für den Staat gewesen, die die Spartaner veranlaßt hatte, sich eine äußerst strenge Disziplin aufzuerlegen und zu erhalten, und die sie dazu geführt hatte, sorgfältig auf die Erhaltung eines reichlichen Reservoirs von Hopliten zu achten. Der Sieg über Athen im Jahre 404 und in dessen Gefolge der Ausgleich mit Persien verführten die Spartaner dazu, in ihrer Disziplin nachzulassen. Nachdem sie diese aber einmal gelockert hatten, sahen sie sich außerstande, sie wieder herzustellen, als ihre Reichspolitik versagte und große Opfer notwendig gewesen wären, um den Staat in seiner alten führenden Stellung in Griechenland wieder einzusetzen.

Kreta und das Recht von Gortyn

In der Vorstellungswelt der Griechen, insbesondere aber in der von Platon und Aristoteles war mit Sparta auch Kreta eng verknüpft[123a]. Die Kreter waren ebenso wie die Spartaner die Abkömmlinge einer dorischen Erobererelite, die eine unterjochte, halbfreie Bevölkerung beherrschte[124]. Fremden gegenüber waren sie feindlich eingestellt[125]. Ihre Erziehung war darauf abgestimmt, kriegerische Tüchtigkeit und Macht hervorzubringen, nicht aber, den Verstand zu schulen, obgleich die kretischen Soldaten auf die Kunst des Bogenschießens und eher auf leichtbewaffnete Infanterie spezialisiert waren als auf den Kampf in der festgefügten Phalanx der Schwerbewaffneten[126]. Im politischen Leben genossen sie den Ruf, gesetzestreu veranlagt zu sein, und ihre Gesetze galten — zumindest in späterer Zeit — als Quelle der Inspiration manch eines griechischen Gesetzgebers[127]. Die Bestimmungen eines kretischen Rechtskodex sind uns überliefert worden in der bemerkenswerten Reihe der Inschriften von Gortyn, jener kretischen Stadt, die die Heimat des Thaletas gewesen sein soll, und von der Platon behauptet, sie sei die angesehenste kretische Gemeinde gewesen[128]. Die Inschriften selbst gehören dem fünften Jahrhundert an. Aber da die Bestimmungen selbst hinreichend ausgefeilt sind, um zu zeigen, daß diejenigen, die sie aufstellten, keine ungeübten Verfasser von Gesetzestexten waren, und eine Reihe von ihnen deutliche innere Beweise enthalten, daß das Ganze eine Überarbeitung einer früheren Gesetzessammlung ist, bietet das 'Recht von Gortyn' durchaus Gründe für die Annahme, daß die Tradition des Gesetzemachens in Kreta tief verwurzelt war[129].

Das Recht von Gortyn (eine recht mißverständliche Bezeichnung, die aber handlich ist) umfaßt eine Reihe von Gesetzen, die sich mit üblichen oder außergewöhnlichen Umständen befassen. Es handelt sich um Meinungsverschiedenheiten über Sklaven, sittliche Attentate, Scheidung, Besitzteilung, Lösegeldzahlung, Kinder aus Mischehen, Heirat und Besitz einer *epikleros*, Darlehen, Begrenzung von Legaten (vermutlich Legaten am Totenbett), Adoption und einige ergänzende Anordnungen, die vermutlich später hinzugefügt worden sind. Man muß daher unbedingt beachten, daß es wenig oder gar nichts zu sagen hat über das, was bezüglich der Familie als normal zu gelten hat. Das Normale kann nur im Rückschluß erfahren werden, indem man vom Anormalen weg argumentiert, und nicht immer kann Sicherheit gewonnen werden.

Klaroi und Andreia

Die Gesellschaft beruht deutlich auf dem Besitz von Ländereien, die in *klaroi* (d.h. *kleroi*) eingeteilt waren. Die Größe dieser *klaroi* ist gänzlich unbekannt, und aus dem Kodex geht deutlich hervor, daß es — ob nun geschrieben oder nicht — eine vollkommen getrennte Reihe von Bestimmungen gegeben haben muß, die sich mit den *klaroi* befaßt hat. Die Schriftsteller sprechen auch von Ländereien im Allgemeinbesitz, von deren Produkten und von Herden, von denen der Kodex nichts erwähnt[130]. Wodurch Familie und Staat miteinander verbunden waren, ist auch höchst dunkel. Auf welche Art die Familie mit dem *klaros* verknüpft war, wissen wir nicht — etwa, wenn Besitz zwischen zwei Söhnen aufgeteilt werden mußte. Dabei war alles genau bestimmt, was zu teilen war, aber niemals der *klaros*; sogar für den Fall des Fehlens von Geld ist Vorsorge getroffen, aber nie für das Fehlen des *klaros*[131]. Wir kennen auch den Umfang der Verwandtschaftsgruppen nicht, "die zur Nachfolge Berechtigten" (*epiballontes*) scheinen regelmäßig als Nachfolger auf[132], aber wir haben keine Gewißheit, ob sie ihren Anspruch von einem gemeinsamen Ur-Ur-Großvater mit dem Verstorbenen herleiten (was die Verwandtengruppen auf Vettern zweiten Grades um ein bis zwei Ecken beschränken würde), oder von einem entfernteren Urahn. Aber es ist wahrscheinlich, daß, nach Schwestern und deren Kindern, die Nachfolge sich auf die männliche Linie und — so nehmen wir an — auf Personen männlichen Geschlechts beschränkte[133].

Das hilfreichste Beweisstück ist, obgleich nicht von Gortyn stammend, das sogenannte Testament von Epikteta, das aus einer dorischen Stadt kommt, wahrscheinlich auf der Insel Thera und aus dem zweiten Jahrhundert datiert[134]. Diese Inschrift, deren vornehmlicher Zweck religiöser Art ist — das ewige Gedächtnis an Epikteta, ihren Gemahl und ihre Söhne (die alle vor ihr gestorben waren) —, enthüllt trotzdem, daß die Gesellschaftsgruppe, die diese Absicht ausführen mußte, "das *koinon* des *andreion* der Angehörigen"[135] schon vor ihrem Tod bestand, da sie diese zusammenrief. Die Mitglieder dieses *koinon* (eines inneren Kreises) waren diejenigen, die gewisse Besitztümer im Erbrecht besaßen, entweder Männer mit eigenen Rechtstiteln oder die Ehegatten von *epikleroi* auf Grund der Rechte ihrer Frauen. Außerhalb des *koinon* waren die "Angehörigen" des *andreion*. Das sind manchmal erwachsene Männer (was beweist, daß die bloße Tatsache, daß man ein erwachsener Mann war, nicht ausreichend für die Mitgliedschaft im *koinon* qualifizierte), manchmal Schwestern, Ehefrauen und Kinder von Mitgliedern (was beweist, daß nicht alle Mitglieder einer Familie zu einem *koinon* dazugehörten), manchmal die Ehegatten von *epikleroi*, die ihr Erbe noch nicht angetreten haben, weil ihr Vater noch lebte. Niemand aber gehört sowohl zum *koinon* als auch zu den "Angehörigen": wenn Brüder vorkommen, sind sie entweder alle im *koinon* oder alle bei den "Angehörigen", und da Väter und Söhne alle im *koinon* sein können, war das *koinon* offensichtlich nicht auf solche Männer beschränkt, die Familienoberhäupter waren.

Diese Bestimmungen stehen im Einklang mit den Bedingungen, die sich in dem in Gortyn niedergelegten Gesetz spiegeln; dieses sieht vor, daß Söhne ein Nachfolgerecht auf den angemessenen Anteil am Familienvermögen zu Lebzeiten ihres Vaters hatten — obgleich man nicht zur Teilung verpflichtet war — und daß eine verwitwete *epikleros* das Recht zur Nachfolge und zur Verfügung über ihren Besitz hatte[136], wenn gewisse Bedingungen gegeben waren. Von der Inschrift hat man rückgeschlossen, daß das *koinon* eine aristokratische Verwandtschaftsgruppierung von solchen erwachsenen Männern war, die das Nutzungsrecht auf einen gemeinsamen Besitz hatten; außerhalb des *koinon* befand sich eine größere Gruppe von "Anverwandten", die aber innerhalb des *andreion* zusammengeschlossen waren, und diese Gruppe umfaßte auch Frauen. Welcher Art der Besitz war, den sie gemeinsam besaßen, wissen wir nicht, aber es fällt schwer, sich darunter etwas anderes vorzustellen als Land[137]. Wenn es Landbesitz war, und wenn echte Parallelen zwischen den Einrichtungen der dorischen Staaten bestanden, war dieses Land vermutlich ein *klaros*, und wenn das richtig ist, dann war ein *klaros* ein der Familie im weiteren Sinne, nicht der Familie im engen Sprachgebrauch der modernen britischen Gesellschaft zugewiesenes Stück

Land, und das hat wohl nicht nur für Epiktetas Staat, sondern auch für Sparta, Kreta und andere Gebiete gegolten.

Hetairoi und Andreia

Die Gesellschaft von Gortyn war ihrem Wesen nach aristokratisch, wobei die Zulassung auf öffentlichem Ansehen beruhte. Der Familiensitz war, wie in Sparta, nicht das Zentrum des männlichen Lebens, da der Vollbürger (bekannt als Gefährte – *hetairos*) einer *hetaireia* oder einem *andreion* (Plural: *andreia*) angehören mußte, was der in Gortyn übliche Name für ein *syssition* war, nachdem er die Formationen der Knabenorganisationen durchlaufen hatte (der *agelai*). In diese wurden, wie uns berichtet wird, die Knaben von den Söhnen der einflußreichsten und hervorragendsten Bürger hineingeholt[138]. Die Aufgabe der *agelai* muß das paramilitärische Training gewesen sein, da die *agelai* an bestimmten Tagen gegeneinander kämpften[139]. Das Mindestalter für die Zulassung scheint sechzehn gewesen zu sein[140]. Davor, von der Pubertät an, also nominell etwa ab zwölf, hießen die Knaben Jugendliche[141]. Von dieser Periode wird uns nur gesagt, daß "sie das Schreiben lernten und ihre Heldensagen, die ihre Gesetze enthielten und gewisse Musikformen". Wir müssen daraus schließen, daß sie zusammen lebten und schliefen wie die Mitglieder der *agelai* und der *hetaireiai*. Waren die Knaben noch jünger, besuchten sie das *andreion* ihres Vaters, wo sie am Boden kauerten unter der Aufsicht eines Vorstehers (*paidonomos*) und an den Tischen der Männer bedienten. Das mag etwa mit sechs Jahren begonnen haben, also dem Alter, in dem in Sparta das Training begann. Davor lebten sie in den Frauengemächern und waren, so scheint es, als *skotioi* bekannt[142], weil sie vermutlich nicht einmal gesehen wurden.

Die jungen Leute in den *agelai*, die unter der Bezeichnung *apodromoi*[143] liefen, wurden von den voll erwachsenen *hetairoi* meistens getrennt gehalten (denn es wird uns berichtet, daß als *apodromos* jemand bezeichnet wird, der sich noch nicht auf den Exerzierplätzen der Männer aufhalten darf). Aber sie wurden aus den *agelai* von erwachsenen *hetairoi* rekrutiert, die als "Liebhaber" bekannt waren. Der "Liebhaber" teilte einer *agele* mit, daß er einen namentlich genannten Jugendlichen zu rauben gedenke; war der betreffende Jüngling der *agele* recht, dann leistete sie nur einen Scheinwiderstand, wenn der Jüngling in das *andreion* des "Liebhabers" weggeschleppt wurde. Dessen Mitglieder gingen dann alle gemeinsam mit ihm jagen und feiern, maximal zwei Monate lang. Dann wurden dem Jüngling ein Militärmantel und andere Geschenke übergeben (diese sind nicht aufgeführt, aber sie sollen sehr reichhaltig gewesen sein), sowie ein Ochse, den er bei einem Fest am Ende der Expedition opferte. Von allen edlen

200

Jünglingen erwartete man, daß sie auf diese Weise einen "Liebhaber" fanden (sagt Strabo), und danach wurden sie "Waffengefährten" ihrer "Liebhaber" und unterschieden sich bei öffentlichen Zusammenkünften durch ihre besondere Tracht[144]. Wenn sie ihre *agelai* verließen, wurden die jungen Krieger *hetairoi* und Mitglieder eines *syssition* oder *andreion* und Vollbürger, wie in Sparta.

"Jedes *syssition* hatte zwei angrenzende Gebäude, eines, in dem die Mitglieder aßen, das *andreion* genannt wurde, und eines, in dem sie den *xenoi* ein Bett gaben" heißt es bei Athenaios. Dies würde (*ex silentio*) bedeuten, daß die Mitglieder nach dem Abendessen heimgingen, aber das ist unwahrscheinlich; viel wahrscheinlicher ist, daß das gesamte *andreion* zusammen schlief (wie in den spartanischen Gemeinschaftshäusern bis zum Alter von 30 Jahren) bis zu einem uns unbekannten Alter[145]. Unterstützt wird diese Vermutung durch Aristoteles' Behauptung hinsichtlich des kretischen Systems, daß es der "Sicherstellung der Trennung der Frauen von den Männern diente, damit sie nicht eine zu große Zahl Kinder gebären"[146].

Heirat

Das Recht von Gortyn war aber sehr darauf bedacht sicherzustellen, daß *epikleroi*, die in dem Gesetz als *patroïokol* verzeichnet sind, verheiratet waren. Das Heiratsalter ist mit zwölf festgelegt[147], aber ob das nur "Pubertät" heißt oder tatsächlich zwölf Jahre, wissen wir nicht. Druck in Form von Verlust an Besitz oder Einkommen wurde auf die *epikleros* und ihren gesetzmäßigen Gatten ausgeübt, wenn sie sich weigerten, obgleich alt genug, die Ehe zu vollziehen[148]. Die Heirat von Mädchen, die nicht *epikleroi* waren, fand vermutlich nicht ganz so früh statt. Wir haben diesbezüglich keine Belege, obgleich zu bemerken ist, daß das kretische Heiratssystem, wie das spartanische, die Männer dazu brachte, viel früher als in Athen zu heiraten, da, nach Ephoros, die Kreter zur Heirat gezwungen wurden, wenn sie aus den *agelai* herausgewählt wurden, um einem *andreion*, also einem Gemeinschaftshaus für Männer beizutreten. Die Heirat hat aber nicht bedeutet, daß man nun zusammenlebte. Ephoros sagt: "sie nehmen die von ihnen geehelichten Mädchen nicht sofort in ihre Häuser". Das Recht von Gortyn setzt Geldstrafen aus für Männer, die Ehebruch verüben im Hause "des Vaters einer Frau, oder ihres Bruders oder Gatten", eine Regelung, die deutlich vor Augen hat, daß eine Ehefrau woanders leben könnte als im Hause ihres Gatten[149]. Ephoros fügt hinzu, daß die Mädchen in das Haus ihres Gatten erst gehen, "wenn sie fähig sind, die Geschäfte ihres *oikos* zu verwalten". Das wieder läßt vermuten, daß das Normalalter, wenn schon älter als zwölf, zumindest nicht viel darüber hinausgegangen ist. Es unterstellt auch, daß die Frauen einen großen Anteil an der Führung des *oikos* hatten, wie in Sparta[150].

Epikleroi und die Erbfolge

Aus den Bestimmungen, die die Nachfolge in dem Recht, eine *epikleros* zu heiraten, regeln (die natürlich das Werkzeug waren, mit dessen Hilfe eine Familie ohne männlichen Erben mit einem Erben in der nächsten Generation versorgt werden konnte), wird deutlich, daß das Verbindungsglied zwischen dem gesetzmäßigen Gatten und den gesetzlichen Nachfolgern (*epiballontes*) der Stamm war. Sie mußten "aus der Gruppe der Bewerber ihres Stammes einen erwählen", wie es an verschiedenen Stellen heißt[151]. Dabei ist es interessant zu beobachten, daß sie nicht außerhalb ihres Stammes heiratete, es sei denn, es hätte sich niemand beworben. Im letzteren Fall wurde sie als zur Ehe verfügbar für dreißig Tage von ihrer angeheirateten Verwandtschaft ausgerufen, also von der Verwandtschaft mütterlicherseits (da Verwandte väterlicherseits *ex hypothesi* fehlten), und heiratete dann "wen immer sie konnte". Andererseits konnte Besitz nicht außerhalb der gesetzlich zur Erbfolge Berechtigten (*epiballontes*) vererbt werden, "diejenigen einer *oikia*, die den *klaros* bilden", erbten das Geld eines Mannes, der keine *epiballontes* besaß, also seine Knechte, verschiedentlich bekannt als "Diener des Hauses" und *aphamiotai*[152], ein anderweitig unbekanntes Wort. Der *klaros* ging natürlich nicht auf sie über, weil sie Diener waren; wir wissen nicht, an wen er ging, möglicherweise wurde er dem öffentlichen Land zugefügt, das im Gesetzestext nicht erwähnt wird.

Adoption

Die Rechtssammlung trifft keine Vorsorge für Testamente, aber sie gestattet die Adoption durch *hetairoi*. Der Adoptivsohn wurde von der *hetaireia*[153] aufgenommen. Das Recht macht deutlich, daß nicht nur die Versorgung eines sonst freien Erbes mit einem Nachfolger beabsichtigt war, denn es erkannte an, daß Adoptivsöhne möglicherweise als Folge der Adoption Brüder und Schwestern bekämen[154]. Wir können darüber nachdenken, ob dies vielleicht ein weiteres Mittel war, wodurch reiche Adelige ihr Gefolge für den Krieg erweitern konnten. Da es keine Belege gibt, daß der Adoption irgendwelche restriktiven Grenzen gesetzt waren[155], war es möglicherweise eine Methode, mit deren Hilfe man in die Bürgerschaft solche Leute aufnehmen konnte, die Außenseiter oder Kreter waren, die kein Geburtsrecht besaßen[156]. R. F. Willetts hat darauf hingewiesen, daß, wenn ein Adoptivsohn anschließend relegiert wurde, dies vor dem Xenios Kosmos, der kretischen Behörde, die sich mit Nicht-Bürgern befaßte, geschah[157]. Der Vorgang muß also den enterbten Sohn betroffen haben, der aus der Bürgerschaft ausgestoßen wurde. Da dies seinen Ausschluß aus der *hetaireia* einbezog, muß diese Ansicht stimmen.

Hetaireia und Andreion

Hier können wir hinsichtlich des Besitzes von Eigentum die Verbindung zwischen der *hetaireia* und dem *andreion* entdecken. Die *hetaireia* umfaßt das *andreion* (im Sinne einer adeligen Verwandtschaftsgruppe) und zusätzlich die dieser Gruppe zugewachsenen Mitglieder, sei es durch Adoption oder durch Sammlung einer *agele* und durch Rekrutierung von "Waffenbrüdern". Alle Mitglieder waren *hetairoi* und Vollbürger, und da sie alle gemeinsam in einem *andreion* aßen, waren die *hetairoi* als Verband unter dem Namen *andreion* bekannt. *Andreion* hatte daher zwei Bedeutungen, und das mag als Erklärung für einige der *prima facie* recht verwirrenden und widersprüchlichen Aussagen gelten, die wir bezüglich der Frauen hören, daß sie einem *andreion* zugehörig waren (was hinsichtlich der Verwandtschaftszugehörigkeit stimmte), und daß sie von den *syssitia* erhalten wurden (das stimmt, denn sie wurden von den Produkten des Landes ernährt)[158]. Aber sie wurden von den Männern getrennt gehalten (was stimmt, denn sie gehörten dem *andreion* in seiner Bedeutung als *hetaireia* nicht an).

Die Stellung der Frau

Bezüglich ihres Verhaltens hatten kretische Frauen nur wenig mehr Freiheit als die Frauen Athens. Ein Angriff auf ihre Ehre konnte nicht mit dem Tod gerächt werden. Vergewaltiger und Ehebrecher, die ihre Strafe zahlten, wurden nur mit Geldstrafen belegt[159]. Die Aussagen einer Frau, daß man versucht habe, sie zum Geschlechtsverkehr zu zwingen, waren ohne Zeugen ungültig[160] — auf diesem ganzen Gebiet wird die Frau von dem Recht von Gortyn nicht anders als ein Knabe behandelt. Wenn eine geschiedene Frau ein Kind gebar, mußte sie das Kind ihrem früheren Ehegatten vorstellen, der das Recht hatte, es anzunehmen oder zurückzuweisen. Die Macht, das Schicksal des Kindes zu entscheiden, ging dann — aber nur dann — an sie über. Wenn sie das Kind unterschlug, ohne den Gatten zu befragen, wurde sie bestraft[161]. Die Plazierung dieser Anordnungen nach jenen über Ehebruch und vor jenen bezüglich Kindern, deren Stellung fraglich war, und Bastarden, läßt es sehr wahrscheinlich erscheinen, daß Ehebruch als Hauptgrund dafür angesehen wurde, wenn ein Mann sich scheiden ließ[162]. Die Gründe, wann man sich von einem Ehemann scheiden lassen durfte, sind nirgendwo angegeben, aber das Recht von Gortyn sagt aus, daß ein Mann, wenn er für die Scheidung verantwortlich war, seiner Frau über ihren Besitz hinaus die (vergleichsweise lächerliche) Summe von fünf Statern zahlen mußte — das ist die Hälfte der Summe, die ein freier Mann als Entschädigung für die Vergewaltigung eines Sohnes oder einer Tochter eines *apetairos* (also eines freien Nicht-Bürgers) zu zahlen hatte[163].

Der Besitz der Frau

Aus dem Recht von Gortyn wird ein Bemühen ersichtlich, den Besitzstand der Frauen zu erhalten. Man hat sich angewöhnt zu argumentieren, daß diese Vorsorgeregelungen den privilegierteren Status der Frauen von Gortyn gegenüber den Athenerinnen belegen, und es stimmt natürlich, daß sie hinsichtlich ihres Besitzes mehr Vollmacht besaßen. Eine *epikleros* konnte sich zum Beispiel von einem gesetzlich zugewiesenen Gatten freikaufen, indem sie einen Teil ihres Erbes diesem übergab. (Hingegen hätte eine athenische *epikleros* von ihrem Anspruch als Ganzem zurücktreten müssen.) Auch hatte ein Mädchen einen Anspruch auf einen Pflichtanteil an ihres Vaters Gütern, aber mehr nicht[164], in Athen dagegen stand die Mitgift eines Mädchens im Ermessen ihres Vaters. Darüber hinaus konnte ihr Anteil im Nutzbrauch der Feldfrucht oder der Herden oder vielleicht in zu Zinsen ausgeliehenem Geld bestehen, da das Recht von Gortyn von der Vorstellung ausgeht, daß daraus Einkommen oder Produkte[165] herrühren können (das griechische Wort καρπός ist für beides dasselbe). Außerdem war der Besitz ihr Eigentum und wurde auch im Recht immer als solches bezeichnet[166]. Es blieb dies, solange sie lebte, und war getrennt von dem ihres Gatten, wenn er in Schulden starb, oder wenn einer von ihnen mit einer Geldstrafe belegt wurde[167]. Aber eine Frau hatte kein Verfügungsrecht. Es gab, so scheint es, keine Testamente, und sie durfte nicht jemanden adoptieren[168]. Wenn sie Kinder hatte, traten sie die Nachfolge von ihrem Besitz an. Hatte sie keine, dann erbten ihre gesetzlichen Nachfolger in der väterlichen Familie[169]. Es scheint darüber hinaus keine gesetzliche Vorsorge für den Unterhalt einer Witwe gegeben zu haben. Wenn sie das Haus ihres verstorbenen Ehegatten verließ, bekam sie ihr Eigentum zurück, wobei die einzige zulässige Hinzufügung das war, was ihr Gatte ihr vor drei Zeugen gegeben hatte[170]. Auch das war streng begrenzt auf einen Betrag von zwölf Statern, später erhöht auf 100 Statern oder Objekte dieses Wertes[171].

Kurz, in der Gesellschaft war die Stellung einer Frau nicht höher als in Athen. Ihre Stellung kann sogar weniger geachtet gewesen sein, wenn die Mitgliedschaft bei einem *andreion* ein ganzes Mannesleben hindurch andauerte. In einer solchen Ehe ergaben sich nur sehr wenige gegenseitige Beziehungen, aus denen sich starke Bindungen entwickeln konnten und ohne Zweifel auch entwickelt haben. Die den Besitz regelnden Bestimmungen des Rechts von Gortyn sahen keine Kompromisse vor hinsichtlich der Vorstellung, daß die Aufgabe einer Frau war, Werkzeug zu sein, damit ein Mann seiner Familie Erben zeugen könne[172]. Hatte sie einmal geboren, dann war der Anspruch ihrer eigenen Familie an ihren Besitz ausgelöscht, solange das Kind am Leben war[173].

Religion

Über die Familienreligion ist nur wenig bekannt. Daß es Feste gab, die der Erbe zu feiern verpflichtet war, wird aus den Adoptionsgesetzen deutlich[174]; auch das Testament der Epikteta deutet darauf hin. Es wäre überraschend, wenn es sich dabei um etwas anderes als das Gedächtnis der Vorfahren handeln würde, das wir in Athen und in Platons idealisierter Gesellschaft angetroffen haben.

So unterlag auch in Gortyn die Familie der von *andreion* und *hetaireion* bestimmten Struktur, und das, obgleich die beiden letzteren der Familie deutlich entgegenstanden. Außerdem deuten die engen Entsprechungen zwischen Sparta, Gortyn und der unbekannten Heimat der Epikteta darauf hin, daß dies ein Standardmuster derjenigen dorischen Gesellschaften war, in denen die dorische Aristokratie ihren Zugriff zu der Macht behielt — den Zugriff einer Klassengesellschaft, in der die ausschließliche Grundlage für alle gesellschaftlichen und politischen, rechtlichen[175] und wirtschaftlichen Strukturen in der Familie der aristokratischen Führer verankert war.

KAPITEL IX

Die Familie in anderen Staaten

Ein übliches Muster

Uns steht nicht genügend Beweismaterial zur Verfügung, das uns gestatten würde, von irgendeinem anderen griechischen Staat vor der Alexanderzeit einen systematischen Bericht zu geben. Teils fehlt uns literarisches Material, teils haben sie sich —so scheint Aristoteles gedacht zu haben — vielleicht die anderen Staaten alle nach einem Standardmuster gerichtet außer jenen, die im Buch II der *Politica* behandelt werden, also die tatsächlich bestehenden Verfassungen von Sparta, Kreta und Karthago, und die gedachten Verfassungen eines Platon, Hippodamos von Milet und Phaleas von Chalkedon. Am Ende des Buches gibt Aristoteles eine knappe Zusammenfassung der ungewöhnlichen Einzelheiten, und der von den verschiedenen Gesetzgebern eingebrachten Neuerungen — Charondas, der Gesetzgeber der Kolonien von Chalkis in Italien und Sizilien, hat als erster den Meineid zu einem Verstoß gegen das Gesetz gemacht, und Androdamas von Rhegion (Regium) gab den Kolonien von Chalkis in der Nordwest-Ecke der Ägäis (Chalkidike) die Gesetze. Er war auch der Verfasser von Gesetzen, die den Mord und die *epikleroi* betreffen. Aristoteles vertritt die Meinung, wenn auch etwas undeutlich, Androdamas habe als erster jene Gesetze formuliert, die allgemein gebräuchlich wurden.

Als "ungewöhnlich" finden Erwähnung: Die Grausamkeit der von Drakon in Athen festgesetzten Strafen, die Gesetze des Pittakos von Mytilene auf Lesbos, der Trunkenheit zum Anlaß verschärfter und nicht gemilderter Strafen nahm, sowie die Gesetze des Philolaos, des Gesetzgebers von Theben, über die Beschaffung von Kindern, die man als 'Unterbringungs'-Gesetze bezeichnete, und die der Erhaltung der Anzahl von *kleroi* dienten[1].

Die Gesetze Drakons — und hier kann Aristoteles nicht nur das athenische Gesetz über Totschlag gemeint haben — "hatten keine ungewöhnlichen Züge" und auch in denen des Solon werden keine Eigentümlichkeiten erwähnt. Demosthenes behauptet, daß viele griechische Staaten das athenische Recht angenommen hatten[2], was das Schweigen des Aristoteles darüber erklären könnte. Wir sollten also erwarten, daß die meisten *poleis* ein Rechtsmuster hatten, das dem athenischen ähnlich war, wie es in Kapitel I und IV beschrieben worden ist.

Denn an ihrem Anfang standen die Besetzung des Landes durch Familien und Verwandtschaftsgruppen, die durch Heirat zwischen Nachbarn entstanden waren, sowie *poleis*, die, ihrerseits auf einer Grundlage von Verwandtschaftsgruppen errichtet, miteinander eine *polis* bildeten.

Familien, Ländereien und Kulte

Poleis waren ausschließende Einheiten, keine offenen Gesellschaften. Volkswirtschaftlich formuliert waren sie letztlich die Gesamtsumme der sie formenden Familien-Besitztümer (d.h. hauptsächlich ihrer Ländereien und deren Produkte); nach gesellschaftlichen Begriffen waren sie der Gesamtverband aller Mitglieder der einzelnen Familien (also aller, denen die Verehrung des Herdes und der Ahnenkult gemeinsam waren). Da die Familie und ihr Land, ihr Herd und der Ahnenkult untrennbar waren, waren die wirtschaftlichen und sozialen Einheiten genau deckungsgleich, ihre Verteidigung war die Aufgabe jedes Mannes, jeder Frau und jedes Kindes, denn die Verteidigung der Stadt war die Verteidigung der gesamten Gemeinschaft[3].

Aus dem Vorhandensein dieses Standardmusters ergaben sich zwei Folgen. Die erste war eine gemeinsame Haltung gegenüber Familiensitten, etwa der Einehe und die Weigerung, die orientalische Sitte eines Harem zu übernehmen[4]. "Hellene" und "Barbar" (also Nicht-Grieche) werden von Herodot oft einander gegenübergestellt, wenn er die Absonderlichkeit solcher Dinge festhält, wie die Hochzeits- und Begräbnisriten mancher Nachbarn der Griechen[5], und in gelegentlichen Bemerkungen wie der, daß "die persische Haltung den Frauen gegenüber mehr Verachtung zeigt als die griechische", oder daß es "persische Sitte war, ein Kind seinem Vater nicht zu bringen, bevor es fünf Jahre alt geworden war, damit der Vater nicht traurig wird, wenn er es verlieren sollte"[6]. Wir finden andererseits bei Herodot auch Geschichten wie die über Geburt und Aufzucht des Kyros, in der sich Harpagos, Astyages und Mandane alle in einer durch und durch griechischen Art und Weise verhielten, oder die Erzählungen über Kroisos, dessen Verhältnis zu seinen Kindern griechisch war, und dessen Sohn entsprechend wahre *"philotimia"* bewies, als er sich nicht von der Jagd auf einen wilden Eber, der das Königreich verwüstete, abhalten ließ. "Wie würde seine Frau ihn wohl als Mann einschätzen, wenn er nicht hinauszöge, um einen Eber zu stellen?"[7].

Die zweite Übereinstimmung in der Haltung betraf eine fanatische Anhänglichkeit an das Land, den Herd und die Heimat. Das kam teilweise daher, weil in der Frühzeit das Bürgerrecht mit dem Landbesitz gekoppelt war — wie Aristoteles erläutert, daß in manchen Gemeinden Leute, die kein Land hatten, keine

Bürgerrechte besaßen, und in Theben Handwerker sich politisch nur betätigen durften, wenn sie ihr Gewerbe aufgegeben hatten[8]. Aber ein angesiedelter Landwirt zu sein, war für Herodot auch ein Zeichen griechischen Verhaltens, etwa wenn er von den Gelonern spricht, die unter den Budinern wohnen. Letztere ''sind autochthon und Nomaden.... wohingegen die Geloner den Boden bearbeiten, Brot essen und Gärten besitzen''. Sie waren niedergelassene Nachkommen jener Griechen, die von den Küstenansiedlungen des Schwarzen Meeres aus landeinwärts geflohen waren[9]. Darüber hinaus hatte diese fanatische Hingabe eine religiöse Grundlage in der innigen Verbindung zwischen dem Ahnenkult und dem Besitzrecht an dem Land. Diese Verbindung wurde beispielsweise von Fustel de Coulanges überbetont, aber sie ist wahrscheinlich in einigen der jüngeren Werke unterschätzt worden. Gut dargestellt worden zu sein scheint sie mir von Burckhardt, der sagt: ''Das Recht des Eigentums an Grund und Boden steht mit der Verehrung des Herdes und der Gräber in ursächlichem Zusammenhang.... Auch das Erbrecht knüpft an die durch den Ahnenkult bedingten Pflichten an.'' Folglich ''muß schon allein die Entfernung von den Gräbern der Ahnen für den Griechen ein Unglück gewesen sein''[10]. Und zumindest bei einer Gelegenheit wird uns gesagt, daß diejenigen, die kein Recht besaßen, an einem bestimmten Ort geboren oder bestattet zu werden, keine Berechtigung hatten, das Land ihre Heimat zu nennen, selbst wenn sie ihr ganzes Leben dort gelebt haben [11].

Auf den ersten Blick mag diese Hingabe paradox erscheinen bei einem Volk, das sich so energisch für die Kolonisation einsetzte wie die Griechen, aber es gab da andere Überlegungen, die mit ins Spiel gebracht wurden. Erstens einmal waren nicht alle Griechen Landbesitzer, und diejenigen, die nicht Landbesitzer waren, konnten nicht die gleiche Gelegenheit oder das gleiche Motiv für die Verehrung der Familiengräber haben; Handwerker etwa waren bereits im homerischen Zeitalter beweglich. Zweitens konnte die Eroberung durch einen stärkeren Feind zum Verlust des Landbesitzes geführt haben, und dann wird die Auswanderung eine Alternative gewesen sein, die dem Verbleib als landloser Arbeiter vorzuziehen war. Drittens bedeutete ein Bevölkerungsüberschuß bisweilen eine Wahl zwischen Auswandern und Verhungern oder Quasi-Verhungern. Gewöhnlich wird dann die Auswanderung als das Erstrebenswertere erschienen sein, obgleich selbst unter solchen Bedingungen die Inselbewohner von Thera einige ihrer Bürger zwingen mußten, in ihre neue Kolonie zu gehen (ca. 630)[12], trotz der Tatsache, daß dann immer noch einige Mitglieder jeder Familie auf Thera zurückblieben, die den Ahnenkult fortführen konnten.

Kolonisten schickte man also nach Übersee. Gewöhnlich nahmen sie die Kulte der Vaterstadt mit sich. Das hat in einem solchen Ausmaß Gültigkeit, daß es modernen Gelehrten gelungen ist, die Ursprünge mancher Kolonien anhand der Kulte nachzuweisen, obgleich die Vaterstädte uns unbekannt waren[13]. Zumindest in einem Fall, dem der Kolonie der Lokrer in Naupaktos im frühen fünften Jahrhundert[14], genossen die beiden Gemeinden ein gegenseitiges Recht auf Erbe, und ein Kolonist durfte in seine lokrische Heimatstadt zurückkehren, wenn er einen erwachsenen Sohn oder Bruder für seinen Haushalt in der Kolonie zurückließ[15], eine Anordnung, die, wie A. J. Graham vorsichtig bemerkt, "vielleicht unterstellt, daß die Griechen weniger klar und endgültig meinten, ein Kolonist habe vollkommen aufgehört, ein Bürger seiner Vaterstadt zu sein, als einige neuere Forscher dies annahmen"[16]. Innerhalb der Kolonien waren nach den Untersuchungen der Wissenschaftler verschiedene rassische Einheiten auf lange Strecken getrennt[17]. Eine solche Trennung wurde durch ihre Familienkulte erleichtert, wenn nicht gar unvermeidbar. Darüber hinaus stellt Aristoteles es als eine allgemeine Regel dar, daß Leute, die nicht der gleichen Nation (*phyle*) entstammen, miteinander streiten, wenn sie in der gleichen *polis* angesiedelt werden. Und wir bemerken zumindest in zwei Kolonien, daß bei der Organisation oder Reorganisation der Stämme nach rassischen Gesichtspunkten getrennt wurde[18]. Auch dies wird durch das Vorhandensein gemeinsamer Kulte, wie sie von den Siedlern aus ihren Heimatländern mitgebracht worden waren, noch ermutigt worden sein.

Die Unzerstörbarkeit des Anrechts

Besiegte griechische Volksstämme beharrten mit geradezu unvorstellbarer Zähigkeit auf ihrem Anrecht auf ein Land und ihrer Nationalität — nach der Schlacht von Leuktra mußte Epameinondas im Jahr 371 die Nachkommen der Messenier nur auffordern, zurückzukehren und eine neue Hauptstadt zu bauen, da kamen sie schon scharenweise in das Land ihrer Ahnen zurück, obgleich einige von ihnen mehr als drei Jahrhunderte lang über die ganze griechische Welt verstreut gewesen sind. Es gibt andere Beispiele in Fülle: Die im Jahre 427 vertriebenen Plataier waren von den Athenern im Jahre 421/20 in der Gegend von Skione angesiedelt worden. Von dort wurden sie nach 404 von den Spartanern vertrieben und im Jahr 386 wieder im eigenen Land angesiedelt. Im Jahr 373 wurden sie von den Thebanern erneut vertrieben, kehrten aber auf Philipps Einladung wieder zurück, um ihren Anspruch auf ihre Länder anzumelden, nachdem die Thebaner nach der Schlacht von Chaironeia im Jahre 338 gestürzt worden waren. Als die Sybariten, deren Stadt durch die Leute von Kroton im Jahre 510 dem Erdboden gleichgemacht worden war, 446/5, zwei Jahre vor der im Jahr 444/3 erfolgten Gründung von Thurioi, zurückkehrten, versuchten sie, für religiöse Bräuche und Landzuweisungen Vorrang zu beanspruchen[19]. Man muß billigerweise sagen, daß Griechen niemals ihren Anspruch auf ein Stück Land aufgaben, selbst Grenzländer haderten mit ihren Nachbarn. Als die Argiver Thyrea verloren, schworen sie, ihr Haar nicht lang zu tragen wie edle Krieger und auch ihren Frauen nicht zu gestatten, Gold zu tragen, bis sie es wieder zurückgewonnen hätten[20].

Siegreiche Griechen wußten das; darin liegt ein Grund, warum die Sieger manchmal die Männer erschlugen und die Kinder gemeinsam mit den Frauen in die Sklaverei verkauften; und man siedelte, wenn die Stadt neu besiedelt werden sollte, neue Einwohner an, wie etwa die Athener in Skione im Jahr 420. Wenn keine Wiederbesiedlung geplant war, wurde das Land oft irgendeinem Gott geweiht, so wie die Ebene von Krisa nach dem ersten 'heiligen' Krieg, (ca. 582) dem Apoll von Delphi geweiht wurde. Diese Tatsache erklärt vielleicht auch, warum Sieger, die nicht die gesamte Feindbevölkerung niedermetzelten, eine untilgbare Feindschaft gegenüber solchen Überlebenden aufrechterhielten, die versuchten, eine gemeinsame Identität zu bewahren. So vertrieben die Athener im Jahr 431 die Bewohner von Aigina aus ihrer Heimatstadt und nochmals 424 aus ihrem Zufluchtsort Thyrea, als sie auch diesen erobert hatten[21]. Die gleiche, nicht absterbende Forderung nach Wiederherstellung und nach Rache gegenüber einem erfolgreichen Feind herrschte auch in den Streitigkeiten zwischen Familien und Städten; "Der ist ein Dummkopf, der den Vater tötet und den Sohn leben läßt", war eine griechische Maxime, denn nichts war sicherer, als das der Sohn eher sterben würde, als die Gelegenheit zur Rache zu versäumen[22]. Nach politischen Auseinandersetzungen versichert Isokrates im vierten Jahrhundert dem Timotheos von Herakleia, daß ein humaner Fürst "die Vertriebenen zurückbringt, ihnen ihr Eigentum zurückgibt und die, die es gekauft haben, entschädigt"[23]. Dies war die einzige Möglichkeit, wie eine Feindschaft gelöscht werden konnte, und wir können Gelegenheiten anführen, wo so gehandelt wurde[24].

Stadtrechte und Familienbesitz

Daher hatten alle griechischen Staaten Bodengesetze, und die meisten hatten Gesetze, die eine unzulässige Anhäufung von Landbesitz verhinderten. Sparta war wohl fast das einzige Gemeinwesen, dem etwas Derartiges fehlte[25]. Wie bereits erwähnt, hatten die Thebaner Gesetze, die eine Verminderung der Anzahl an Häusern, *oikoi*, verhindern sollte, und man stützte sie weiter ab mit Gesetzen über Zeugung und Adoption von Kindern. Als Gastgeber fungierte ein Korinther, dessen Heimatstadt von ihrem ersten Gesetzgeber Pheidon ähnliche Gesetze bekommen haben soll. In Leukas gab es ein Gesetz, mit dem das

Verfügen über alte *kleroi* verhindert werden sollte, und ein weiteres, das Landverkäufe erschwerte, gab es bei den Einwohnern von Lokroi[26]. Abgesehen von Platon haben auch jene beiden Theoretiker der *poleis*, die von Aristoteles erwähnt werden, für den Landbesitz eigene Gesetze geschaffen. Hippodamos von Milet teilte das Land auf in heiliges Land — um Opfergaben bereitzustellen, öffentliches — um Krieger zu ernähren, und privates für die Bauern. Und Phaleas von Chalkedon schrieb vor, daß reiche Männer bei der Heirat Mitgift geben und nicht bekommen sollten (vermutlich in Form von Land), während die Armen sie bekommen und nicht geben sollten[27]. Das athenische Gesetz bezüglich der Vergeudung von Besitz kann man auch für Abdera beobachten, vorausgesetzt, es stimmt die Erzählung, wonach der Philosoph Demokrit beschuldigt worden war, sein väterliches Erbe zu verschleudern[28]. Soweit Rechtstexte auf uns gekommen sind, bestätigen sie das Bild. In Halikarnassos vor 454/3 wurden Bodenstreitigkeiten in einer vieldiskutierten Inschrift geregelt. Im nächsten Jahrhundert bestätigen zwei benachbarte Städte die Verkäufe von Boden und Besitz, der den politischen Gegnern des Mausolos von Karien weggenommen worden war: Letztere werden auf immer verbannt, die Käufer und Preise werden festgehalten, und die Gültigkeit der Handlungen bestätigt[29].

Zwei Jahrhunderte davor scheint man in Argos, wenn ein säumiger Schuldner in Verbannung ging und seine Güter verkauft wurden, den Behörden und den Verwandten des Exilierten das Vorkaufsrecht gegeben zu haben. Die Bürger insgemein waren nur kaufberechtigt, wenn weder Beamte noch Verwandte bereit waren, den Besitz zu erwerben[30].

Der öffentliche Charakter des Bodens bedingte, daß die Bewilligung des Bürgerrechts und das Recht, in einer Stadt Land zu besitzen (*enktesis*), Hand in Hand gingen. In der gesamten griechischen Welt wurden die Bewilligung des Bürgerrechts und der Rang eines *proxenos* von dem Privileg der *enktesis* begleitet. Die meisten Beispiele finden sich aus der nachklassischen Zeit, aber es gibt genügend davon aus der Zeit vor Alexander, sodaß wir sicher sein können, daß es sich dabei nicht um eine Neueinführung der hellenistischen Zeit handelt[31].

Die Aufnahme von Fremdlingen

In ihrer Haltung gegenüber der Gewährung des Bürgerrechts an Auswärtige unterschieden sich die Städte sehr. Herodot macht eine Bemerkung zu Spartas Exklusivität und zu der großzügigen Handhabung in Delphi[32]. Vielleicht war letzteres naturgegeben an den griechischen Nationalheiligtümern. Als Demosthenes die Athener wegen ihrer Großzügigkeit in dieser Angelegenheit kritisierte, verglich er sie zu ihren Ungunsten mit den viel kleineren Städten Megara, Aigina und

Oreos auf Euboia. Diese alle, so sagt er, schlossen sich mehr ab und mit weniger Grund. Im vierten Jahrhundert scheint es zu einer beträchtlichen Lockerung der Exklusivität gekommen zu sein, da etwa Isokrates erklärte, einige Städte hätten berühmten Künstlern das Bürgerrecht verliehen[33].

Gewöhnlich wurde die Aufnahme von Neubürgern mit dem Verteidigungsbedürfnis, also dem Zwang, die Armee zu verstärken, begründet. Das geschah häufig in den sizilischen Städten seit der Zeit des Gelon von Syrakus, der die Kriegerklassen von Gela, Camarina, Megara Hyblaia und des sizilischen Euboia in Syrakus aufnahm, um der karthagischen Bedrohung 480 begegnen zu können[34], ebenso Timoleon im vierten Jahrhundert, der für die zerstörten Städte Siziliens aus ganz Griechenland, Italien und Sizilien[35] Siedler warb, und noch einmal später. Aber solches geschah auch in den griechischen Heimatländern. So wurden etwa in Korkyra, vierzehn Jahre nach den von Thukydides beschriebenen blutigen Aufständen, Sklaven freigelassen und fremde Ansiedler (*xenoi*) zu Bürgern gemacht aus Angst vor der Rache der Familien der hingemordeten Adeligen[36]. Wir hören von Argos nach dem entsetzlichen Verlust an Soldaten, den man bei der fürchterlichen Niederlage bei Sepeia (ca. 494) erlitten hatte, daß die Stadt vorübergehend an Nicht-Bürger übergeben wurde[37]; Herodot nennt sie Sklaven, aber es können auch nur Dienstknechte[38] gewesen sein. Das Nachspiel dieses Debakels ist von besonderem Interesse; nach Plutarch bekamen die Neubürger die Frauen der Getöteten zugewiesen. Herodot hingegen sagt, daß die Söhne der Gefallenen, als sie aufgewachsen waren ($\dot{\eta}\beta\eta\sigma\alpha\nu$), ihre Stiefväter vertrieben, die dann Tiryns eroberten. Das Ende der Geschichte war, daß einige Zeit später die Argiver ihre 'Sklaven' in einer Schlacht besiegten, vielleicht in jenem Krieg, der zur Zerstörung von Tiryns und Mykene etwa dreißig Jahre später geführt hat[39]. Es gibt keinen klaren Hinweis darauf, daß diese eingebürgerten Fremdlinge mehr waren, als die vorübergehend eingesetzten Vormünder für die Kinder der Argiver, oder daß etwa die von ihnen selbst gezeugten Kinder argivisches Bürgerrecht erhielten. Ebenso fehlt ein klarer Beleg, daß ihre Vertreibung seitens der als Bürger geborenen Stiefsöhne mehr war als ein erzwungener Rückzug in die Landbezirke der Güter argivischer Adeliger.

Wenn Städte zum zweiten Mal gegründet wurden, wurden natürlich neue Siedler herbeigerufen, wie in Sybaris, wo neue Bürger dazukamen, um sich mit den Nachkommen der Überlebenden bei der Gründung von Thurioi zu vereinigen. Neubürger müssen sich auch mit alteingesessenen beim Wiederaufbau der vom Feind zerstörten Städte zusammengetan haben, etwa Milet, Melos und Aigina, und wir wissen, daß Kolonien oft durch neue Siedlerschübe aus der Vaterstadt verstärkt wurden[40].

Gleichartigkeit von Gesetzen

Auf vielen anderen Gebieten des Privatrechts (bürgerlichen Rechts) hat man insgesamt den Eindruck, als habe in den griechischen öffentlichen Einrichtungen eine generelle Gleichartigkeit bei vielen lokalen Unterschieden bestanden. Mangel an Beweismaterial macht es uns unmöglich, positiv zu beweisen, daß irgendeine Einzelheit in allen Fällen Anwendung fand, und solange positive Beweise fehlen, muß Zweifel daran billigerweise als Gegenposition akzeptiert werden. Vorsicht ist besonders begründet, da zumindest in einem Fall unabweisbare Belege vorliegen, daß es verschiedene Nachfolgebestimmungen für Landgüter in einer Gruppe von Städten gab von der Größenordnung von Lokroi, von dem aus die Kolonie Naupaktos gegründet wurde[41]. Weitere, allerdings weniger zuverlässige Unterstützung kommt von einer Rede, die Isokrates geschrieben hat, um sie in Aigina zu halten. Darin erklärt Isokrates unzweideutig, daß die Gesetze verschiedener Städte in vielen Punkten voneinander abweichen[42].

Aber einige Gesetze hatten ortsübergreifend Gültigkeit; einige Städte bedienten sich der Gesetze anderer Städte. Man kann die Feststellung des Demosthenes, die wir schon erwähnten, daß viele Städte die athenischen Gesetze übernommen hätten, nirgendwo voll erhärten. Aber die Insel Amorgos hat nachweislich eine Reihe athenischer juridischer und kommerzieller Einrichtungen übernommen, die man auch an Orten antrifft, die zu irgendeinem Zeitpunkt einmal unter direkter athenischer Herrschaft gewesen sind[43]. Die Gesetze von Keos waren, wie wir von Isokrates wissen, auch auf der Insel Siphnos in Gebrauch[44]. Die Gesetze von Charondas fanden in einer Reihe von Städten der Westgriechen Anwendung. Wie auch immer die Gültigkeit der zwei überlieferten Berichte zu bewerten ist — und das Vorwort bei Stobaios XLIV, 24 ist fast mit Sicherheit eine Fälschung —, kann man doch unmöglich annehmen, die Gesetze hätten nie bestanden. In ihrer Form dürften sie den bei Diodoros überlieferten ähnlich gewesen sein. Dennoch müssen wir uns hüten, allzu vertrauensvoll anzunehmen, eine bestimmte Einzelheit habe schon vor der hellenistischen Ära Gültigkeit gehabt[45].

Ehegesetze

Bezüglich der Ehegesetzgebung scheint das Material darauf hinzudeuten, daß eine Hochzeit nach vorausgehender Verlobung die in allen Staaten übliche Form war. So hat Polykrates von Samos in seinem Bemühen, die Ängste seiner Tochter hinsichtlich seiner Sicherheit zu beschwichtigen, gedroht, er werde sie lange Jungfrau bleiben lassen, wenn sie nicht aufhöre. In Epidamnos hat einmal ein Beamter für richtig befunden, dem Vater der Verlobten seines Sohnes eine Geldbuße aufzuerlegen. In Delphi verweigerte ein Bräutigam den Vollzug der Ehe, weil es bei der Hochzeit ein schlechtes Omen gegeben hatte. Ein Bankier in Aigina soll erst seine Frau und anschließend seine Tochter einem Sklaven "anvertraut" haben, dem er vertraute (vermutlich nach dem Tod der Frau)[46]. Alle diese Geschichten setzen voraus, daß den Hochzeiten eine Verlobung vorausgegangen war.

Der Brauch, eine Mitgift mitzugeben, enthüllt auch, daß die Ehen das Ergebnis einer vorausgegangenen Vereinbarung zwischen den beiden Familien gewesen sind. Die reichen und wohlhabenden Leute von Agrigent, wie der Philosoph Empedokles, sollen im fünften Jahrhundert regelmäßig den Töchtern armer Männer eine Mitgift gegeben haben, und in den Gesetzen des Charondas soll sich die Anordnung befunden haben, daß einer armen *epikleros*, deren nächster Verwandter sie nicht heiraten wollte, eine Ausstattung zu geben sei[47]. Ausstattungen können auch durch das Auffinden von Steinen, sogenannten *horoi*, auf Inseln wie Amorgos, Lemnos, Naxos und Skyros belegt werden, die man sonst nur in Attika gefunden hat[48]. Diese *horoi* sind Steine mit eingemeißelten Inschriften, die als Beleg dafür dienten, daß ein übergebenes Stück Land oder anderer Realbesitz als Sicherheit für eine Geldsumme gegeben worden ist, oder daß ein Teil davon in dieser Art verpfändet ist; und die fragliche Geldsumme ist sehr oft eine Mitgift oder ein Teil davon[49]. Zwei weitere Inseln, Mykonos und Tenos, haben Aussteuerinschriften aus der Zeit nach Alexander hervorgebracht und Ephesos eine aus dem dritten Jahrhundert[50]. Unter den Theoretikern hat Phaleas vorgeschlagen, daß die Aussteuern dazu benutzt werden sollten, den Wohlstand der Bürger einander anzugleichen — was voraussetzt, daß er die Bereitstellung einer Aussteuer zu seiner Zeit für üblich hielt[51]. Selbst in unserer Zeit hat jüngst eine Partei vor Gericht den Standpunkt vertreten, daß die in ganz Griechenland gültige Praxis ihn dazu berechtige, mit der Ehefrau auch eine Mitgift zu bekommen[52].

Doch war eine Mitgift nicht unabdingbar. Herodot berichtet, daß der griechische Arzt des Königs Darios, Demokedes (ein Mann aus Kroton), so darauf aus war, die Tochter des berühmten Milon von Kroton zu ehelichen, daß er dem Vater ein beträchtliches Geldgeschenk für sie gab, eine Vereinbarung, die vielleicht das Überleben jenes Doppelmusters anzeigt, das wir in der homerischen Gesellschaft antreffen[53].

Zumindest im vierten Jahrhundert scheint die Heirat zwischen Angehörigen verschiedener Städte nicht so ungewöhnlich gewesen zu sein. Isokrates behauptet[54], daß Ehen zwischen kyprischen Teilnehmern von Salamis und griechischen Frauen "heutzutage" allgemein üblich waren. In seiner in Aigina gehaltenen Rede sagt ein Klient des Isokrates, ein Aristokrat aus Siphnia habe bei seiner dritten Ehe eine Frau aus Seriphos "mit mehr Haltung, als man von

214

einer Seraphinierin erwarten durfte"[55] genommen; die Kargheit der Insel war Thema von Standardspäßen, daher hieß eine verhutzelte Jungfer "eine Frau von Seriphnos". Er hatte auch Freunde und *xenoi* auf Paros. Es galt als Zeichen der Heftigkeit der Parteienkämpfe auf Samos, daß die verbannten Adeligen, deren Ländereien beschlagnahmt worden waren, mit dem siegreichen Volk nicht einmal mehr Ehen eingehen durften[56]. Wie viele Staaten strenge Gesetze hinsichtlich der Legitimität ihrer Kinder unterhielten, wissen wir nicht. Aber offensichtlich hat man an verschiedenen Orten für vorübergehende Verbindungen Anspruch darauf erhoben, sie als Ehen gelten zu lassen. Der Klient des Isokrates versucht nicht, zu leugnen, daß Thrasyllos, ein fahrender Seher (μάντις), eine Reihe von Kindern mit Frauen (vielleicht Ehefrauen) gezeugt hat, die er in vielen Städten besaß, obgleich keine, nach Isokrates, von ihm als legitime Frau betrachtet wurde. Doch steckt in dieser Aussage mit Sicherheit die Andeutung, daß die letzte dieser Frauen sich für die legitime Ehefrau hielt. Das muß sie getan haben, sonst hätte ihre Tochter es nicht für richtig halten können, Anspruch auf seinen Besitz zu erheben[57]. Die Ehen der Thargelia von Milet, die vierzehn Ehemänner gehabt hat, waren vielleicht in der Mehrzahl informellen und vorübergehenden Charakters[58].

Die Gesetze des Charondas sollen Männern das Bürgerrecht entzogen haben, die legitime Kinder hatten und dann erneut heirateten. Diodor sagt dazu, es sei seine Absicht gewesen, die Schwierigkeiten, die durch Stiefmütter hervorgerufen werden, zu vermeiden. Aber das scheint unwahrscheinlich. Wenn das Gesetz richtig überliefert ist, was man bezweifeln darf, war die Hauptüberlegung höchstwahrscheinlich das Bedürfnis, den *oikos* der Kinder der ersten Frau zu sichern. Das wird um so wahrscheinlicher, wenn wir bemerken, daß eben diese Gesetze auch raffinierte Bestimmungen zum Schutz der Waisen enthielten, Gesetze, die vorsahen, daß eine Waise der mütterlichen Familie anvertraut wurde, ihr Besitz aber der väterlichen, und daß diese allein Erbe würde, falls die Waise das Erwachsenenalter nicht erreichen sollte[59].

Diese Gesetze sahen auch sowohl die von Frauen als auch die von Männern ausgehende Scheidung vor, aber Diodor fügt hinzu, daß die Gesetze später so geändert wurden, daß ihre ursprüngliche Absicht zunichtegemacht wurde, indem derjenige, der die Scheidung einreichte, keinen Partner in zweiter Ehe heiraten durfte, der jünger war als der erste.

Gesetze bezüglich Ehebruch

Ehebruch galt allgemein als ein Vergehen mit Öffentlichkeitscharakter und nicht nur als privat zugefügtes Unrecht. Das war so, wie oben ausgeführt (Kap. V), weil der Ahnenkult ernsthaft verletzt wurde, wenn ein Außenseiter in die patrilinear aufgebaute Gruppe eingeführt wurde, und deshalb war die Unkeuschheit der Frau in einer Art gravierend, wie es diejenige des Mannes nicht war, solange er seine Liebschaften auf Nicht-Bürgerinnen beschränkte. Daher war öffentlicher und feierlicher Entzug der Ehre vermutlich die normale Strafe, und wahrscheinlich wurde sie von Scheidung begleitet. Auch Männer traf die feierliche Entehrung, und an manchen Plätzen sogar heftiger, so im italischen Lokri, wo die Gesetze des Zaleukos vorsahen, daß dem Ehebrecher die Augen ausgestochen wurden[60]. Laut Aristoteles war Ehebruch einer der Gründe für die persönliche Feindschaft, die zu Bürgerkriegen führte, wie in Syrakus, als ein junger Mann, dessen Rivale seine Geliebte weggenommen hatte, sich damit rächte, die Frau des anderen zu verführen. Auch in Theben und in Herakleia in Boiotien, wo zwei Männer für Ehebruch gerecht, "aber in einem parteiischen Geist" bestraft wurden. Eheprozesse werden auch als allgemeiner Grund für Aufruhr genannt[61], und die Unfähigkeit der Tyrannen, ihre Finger von den Bürgerfrauen zu halten, war ein Grund ihrer Vertreibung. Eine der Ursachen des Hasses zwischen Theben und Sparta war der Selbstmord einer Reihe von Mädchen, die von einigen Spartanern vergewaltigt worden waren, und der Haß zwischen Dionysios von Syrakus und den Lokrern ging aus dessen beleidigendem Benehmen gegenüber jungen Mädchen hervor[62].

Frauen in der Gesellschaft

In einigen Gegenden waren in die allgemeine Erziehung auch die Mädchen einbezogen. Diodor berichtet von einer Frau, der es gelang, eine Rolle in der Politik zu spielen, indem sie vor der Versammlung eine Rede hielt. Das war in Thurioi[63]. Die Westgriechen scheinen ihren Frauen mehr Freiheit gegeben zu haben als die meisten anderen Griechen. Im blühenden Agrigent hielten sich reiche Agrigenter Mädchen Lieblingsvögel und bauten ihnen reizende Gedenkstätten[64]. Sie waren jedoch nicht sanftmütig. Als Agrigent wegen der Bedrohung durch einen karthagischen Angriff im Jahre 406 evakuiert wurde, standen die Frauen den Marsch nach Gela durch. Andere sizilische Frauen haben in diesem verzweifelten und blutigen Krieg tatsächlich mitgekämpft, wobei sie entweder die Truppen auf den Wällen dadurch unterstützten, daß sie ihnen Essen und Wurfgeschosse zubrachten oder Wälle wiederaufbauten, die durchbrochen waren, und sich mit in den Kampf warfen, etwa wenn sie sich in Selinus daran beteiligten, Dachziegel auf die in die Stadt einbrechenden karthagischen Streitkräfte zu werfen. Ihre Tapferkeit übertraf entschieden die der spartanischen Frauen, als diese bei der Invasion des Epameinondas im Jahr 369 demoralisiert waren[65].

216

Es ist schwer einzuschätzen, wie unabhängig Frauen allgemein waren. Aristoteles spricht verschiedentlich von "Frauenaufsehern" als einem Amt, das in jenen Staaten tatsächlich existierte, "welche mehr Wohlstand und Muße hatten und sich mit Schicklichkeit befaßten". Sie fanden sich nicht in demokratischen Staaten, erläutert er, da man die Frauen der Armen nicht daran hindern konnte, außer Haus zu gehen, auch nicht in oligarchischen, da man die Frauen der oligarchisch Herrschenden nicht daran hindern konnte, Luxus zu treiben[66]. Daher waren sie vermutlich nicht sehr üblich, und die Absicht war wohl, Übereinstimmung mit irgendeiner Art von Luxus-Gesetzgebung zu erzielen. Vielleicht kann man so etwas auch an den Gesetzen des Zaleukos ablesen, die versucht haben sollen, Zurschaustellung und Unmoralität durch Lächerlichmachung zu unterbinden — eine freie Bürgerin darf nicht mehr als eine weibliche Begleitung haben, es sei denn sie ist betrunken, darf die Stadt nachts nicht verlassen, außer für Ehebruch, darf weder Gold noch teure Kleidung tragen, es sei denn, sie ist eine *hetaira*[67].

Männer scheinen ihren Frauen und Kindern auch recht unterschiedliche Wertschätzung entgegengebracht zu haben. Für Theben gilt Plutarchs *Leben des Pelopidas* (der 364 gestorben ist), wie immer man den Wert dieser Schrift einschätzt, eine Reihe von Illustrationen des Familienlebens, die an Athen erinnern; so von Charon, dessen junger Sohn in den Frauenquartieren hauste, was zeigt, daß diese Einrichtung in Theben bekannt war (IX, 5), von einem wilden Streit zwischen einem Mann und seiner Frau, die das Zaumzeug seines Pferdes, ohne ihn zu informieren, verliehen hatte (VIII, 4-5) — ein Streit, der "mehr als einen Tag anhielt", von dem skandalösen Verhalten oligarchischer Herrscher, die Pläne schmiedeten, wie sie die Ehefrauen anderer Männer zu ihren Orgien herbeischleppen konnten (IX, 2; X, 2; XI, 2). Auch Xenophon zeichnet das Bild eines führenden Bürgers, zuhause, nach der Mahlzeit, der sich ausruhte, während seine Frau bei ihm saß und Wolle bearbeitete[67a]. Auch in Theben lebte die Heilige Truppe, die Elite der Schwerbewaffneten in einem *syssition* oder mehreren *syssitia*, und auch hier fand das System der Zuwahl durch "Liebhaber" Anwendung. Man glaubte allgemein, daß in Theben Homosexualität frei praktiziert wurde, aber ob das wahr ist, oder nur eine falsche Interpretation der Einrichtung der "Liebhaber", wissen wir nicht.

Die Heilige Truppe wurde offensichtlich auf Staatskosten erhalten, und wir hören, daß das System der *syssitia* auch in Thurioi und Milet Anwendung fand. Platon fügt hinzu, daß *syssitia* in Boiotien bekannt waren, aber für ihr Vorhandensein außerhalb von Theben und abgesehen von der Heiligen Truppe gibt es wenig Anzeichen[68]. Wie weit die Ähnlichkeit mit Kreta und Sparta ging, können wir nicht sagen, weil Platon keine Erklärung dazu gibt, aber *syssitia* gelten der allgemeinen Beurteilung nach als familienfeindlich. Jedoch unter

den Theoretikern war die Idee des *syssition* sehr populär, und Aristoteles empfahl sie mehrfach, zweimal in Verbindung mit Landverteilung und der Armee,
einmal als politische Einrichtung, die sich der Tyrannei entgegenstellt, weil sie
"Selbstvertrauen und gegenseitiges Vertrauen einflößt". Er sagt auch, daß sie von
den in Italien ansässigen Volksstämmen übernommen worden sind, als diese sich
vom Nomadenleben zum Bauerntum hin entwickelten[69].

Andererseits hinderte Polykrates von Samos, als er 524 belagert wurde, seine
Truppen mit Erfolg daran, ihm untreu zu werden, indem er die Frauen und Kinder als Geiseln nahm, und Pelopidas versuchte die Frauen und Kinder einiger
Söldner, die fahnenflüchtig geworden waren, in seine Hand zu bekommen, um
die Männer damit zu bestrafen.

Der Athlet Eubotas, so wird uns berichtet, hatte zuviel Achtung vor seiner
Frau, um Lais, eine zauberhafte Kurtisane, die sich in ihn verliebt hatte, nach
Hause nach Kyrene zu bringen, aber in Troizen wurden zu einer gewissen Zeit
die Mädchen so jung verheiratet, daß eine entsetzliche Anzahl von ihnen im
Wochenbett starb. In Keos mußten auch die jungen Mädchen bei einem Fest
die niedrigsten Dienste für ihre eigenen Eltern und Brüder und die anderen Mädchen verrichten[70].

Die Kyrioi der Familien und die Epikleroi

In allen Teilen der griechischen Welt scheinen die Rechtsakte der Frauen eine
Zustimmung eines *kyrios* erfordert zu haben, außer bei den Freilassungen von
Sklaven und Geschenken an religiöse Körperschaften[71]. Die Daten der Eintra-
gungen, die solches andeuten, sind unterschiedlich und meist spät, aber es ist
höchst unwahrscheinlich, daß die Bestimmungen in der hellenistischen und
römischen Zeit strenger wurden, als sie das in der klassischen Zeit gewesen sind.
Und man darf füglich annehmen, daß die Regel allgemein galt und von altersher
rührt. Es kann sein, daß die Bestimmungen über die Rechte der *epikleroi* und
ihrer nächsten Verwandten in Chalkidike erfunden worden sind, wie oben angedeutet, aber sie müssen überall existiert haben, und es gibt Belege aus vielen
Teilen der griechischen Welt. Von Mytilene berichtet Aristoteles, daß die Revolte
gegen Athen vom Jahr 428, von der auch Thukydides berichtet, ihren Ursprung
in einem Streit über *epikleroi* hatte, und fast ein Jahrhundert später begann der
heilige Krieg, der zur Demütigung der Phokier führte (356-46), mit einer Rivalität bezüglich der *epikleroi*. Auch die Gesetze von Charondas befaßten sich
mit *epikleroi*[72].

Eine der griechischen Gemeinschaftsordnungen scheint die mutterrechtliche
Nachfolge als Normalmethode praktiziert zu haben. Es handelt sich um das

italische Lokroi (auch als das westliche oder epizephyrische Lokroi bekannt). Dort leiteten die Einwohner ihre Abkunft in mütterlicher Erbfolge auf die "Hundert Häuser" des Opuntischen Lokroi zurück. Der Hintergrund dieser höchst ungewöhnlichen Tradition ist alles andere als klar, aber es ist, wie schon bemerkt wurde, sicher, daß die lokrischen Städte keine einheitlichen Bestimmungen bezüglich der Nachfolge hatten. Schon im Altertum war dieses Thema Gegenstand von Kontroversen[73], obgleich, da Herodot anscheinend davon nichts wußte, seine uralte Herkunft angezweifelt werden darf. Die Lokrer hatten auch einen berühmten Schrein der Persephone, einer führenden weiblichen Gottheit (Abb. 49).

Waisen und Vormünder

Abgesehen von der Vormundschaft über Waisen unter dem Gesetz des Charondas, über das schon berichtet wurde, bekommen wir von den Gütern der Waisen Kenntnis durch *horoi* aus Amorgos und Naxos[74], und von Vormündern in Ephesos bei zwei Gelegenheiten, die etwa dreihundert Jahre auseinander liegen. In der Mitte des sechsten Jahrhunderts wurde Pindaros von Kroisos von Lydien gezwungen, sich zu unterwerfen, in die Verbannung zu gehen und seinen Sohn und Besitz in den Händen eines Vormundes zurückzulassen. Im dritten Jahrhundert, während einer neuerlichen Notsituation, wurden Vormünder und Treuhänder mittels eines überkommenen Dekrets unter Druck gesetzt, ihren Verpflichtungen nachzukommen, und es wurden ihnen die Konzessionen nicht gemacht, die man Schuldnern und anderen in finanzieller Bedrängnis gab[75]. Es fällt schwer, nicht anzunehmen, daß die Rechtstradition ungebrochen war.

Erbfolge

Es muß überall Erbfolgeregelungen gegeben haben. Das soll nicht heißen, daß es keinen Streit gegeben habe — Aristoteles erwähnt einen als Ursache des Bürgerkrieges[76] —, und die Bestimmungen waren sicher nicht einheitlich. Das Dekret von Naupaktos und die Rede des Isokrates in Aigina machen beide deutlich, daß Nachfolge und Erbgesetzgebung von Ort zu Ort variierten, aber sie zeigen einige einheitliche Züge. Die lokrischen Städte scheinen wie Athen und Gortyn alle einem Mann gestattet zu heben, sein Eigentum zu Lebzeiten unter seine Söhne aufzuteilen, ohne daß diese notwendigerweise in den vollen Besitz desselben gelangten. Isokrates' Klient aus Siphnos behauptete, daß jeder Staat das Recht eines Mannes, einen Sohn zu adoptieren, akzeptiere. Soweit wir Belege von außerhalb haben, bestätigen sie uns dieses, obgleich es in Aigina, diesem Sprecher zufolge, eine örtliche Variante gab, wonach der Adoptivsohn mit dem Vater gleichrangig zu sein hatte. In Theben hat das Gesetz des "Einsetzens" möglicherweise einen Mann sogar gezwungen, einen Sohn zu adoptieren, falls er keinen eigenen hatte. Das wäre dann der Fall, wenn Aristoteles recht hat in seiner Aussage, daß die Absicht dieses Gesetzes war, jegliche Verringerung der Anzahl der *kleroi* zu verhindern[77]. Theben soll auch die einzige griechische Stadt gewesen sein, wo Kindertötung unbekannt war[78].

Totenriten

Die Pflichten gegenüber den Toten erfuhren anscheinend allgemeine Beachtung. In dieser Hinsicht kann die ganze Atmosphäre der Rede des Isokrates in Aigina diejenige von Athen wiedergeben: Thrasyllos (der Vater des Thrasylochos) "begann eine Sehnsucht nach seiner Heimat Siphnos zu fühlen, als er älter und reich geworden war". Den Gegnern wirft man vor, "sie hätten den Wunsch, den *oikos* des Thrasylochos veröden zu lassen"[79]. Sie seien nicht zum Begräbnis gekommen und hätten den Tod von Sopolis, dem Bruder des Thrasylochos, übergangen, als er nach einem versuchten coup d'état gestorben sei — sie hätten geopfert und Feste gefeiert, während der Sprecher um ihn getrauert habe (obgleich er in Lykien gestorben war)[80]. Thrasylochos und der Redner wären gewöhnlich zu allen religiösen Festlichkeiten gemeinsam gegangen und hätten die gleichen Freunde und *xenoi*. Der Redner kümmerte sich um Thrasylochos auf seinem Sterbebett, wo Thrasylochos ihm seine junge Schwester anverlobte. Dabei wird unterstellt, daß bei seiner Hingabe an Thrasylochos der Redner seine eigene Mutter und Schwester verloren habe, als Thrasylochos diese überreden konnte, mit ihm nach Troizen zu kommen, wo sie in der Folge zugrunde gingen "in fremdem Land und unter Fremden"[81]. Letzteres kam allgemein einer Katastrophe gleich, denn es bedeutete fast mit Sicherheit, daß der Verstorbene nicht die angemessenen Kultopfer erhalten würde, es sei denn, daß seine Überreste später in seine Heimat überführt werden konnten. Es war nur dann keine Katastrophe, wenn die Bürger des Landes, in dem ein *xenos* bestattet wurde, es für richtig hielten, ihm kultische Verehrung zukommen zu lassen. Das war nicht unüblich. Die Plataier pflegten die Gemeinschaftsgräber derjenigen, die bei dem großen Sieg von 479 gefallen waren, bis mindestens 431. Im Falle von Individuen wurde die Person, deren man in kultischer Verehrung gedachte, oftmals als lokaler Heros geführt, wie Brasidas in Amphipolis oder Timoleon in Syrakus[82]. Herodot zitiert ein interessantes Beispiel aus Samos, wo ein Spartaner namens Archias im sechsten Jahrhundert wegen überzeugender Tapferkeit ein

Staatsbegräbnis bekam. Sein Sohn wurde in Samios umbenannt, und sein Enkel, so sagt Herodot, wurde auch Archias genannt, "der den Samiern unter allen *xenoi* am meisten Ehre erwies, weil sie dies für seinen Großvater getan hatten"[83].

Bei zwei Gelegenheiten benutzten die Plataier ihre Sorge um die Gräber der im Jahr 479 Gefallenen in einem Appell um besondere Berücksichtigung: Bei den Spartanern, als die Stadt im Jahr 427 fiel, und bei den Athenern, als sie den Wiederaufbau in den Jahren 373-1 beantragten[84]. Bei dem ersten dieser Anlässe, sagt Thukydides, hätten die Thebaner sich dagegen gewendet unter Hinweis auf die Söhne der Toten von Koroneia aus dem Jahre 446, und die Väter, die um jene trauerten, die bei dem glücklosen coup d'état 431 gestorben waren[85]. In Korkyra unterstützten nach unseren Berichten die verbannten Oligarchen von Epidamnos ihre Bitten um Hilfe mit Hinweisen auf die Gräber ihrer Vorfahren in dieser Stadt. Andererseits erfahren wir, daß die Lokrer sich an Dionysios I von Syrakus rächten, indem sie sicherstellten, daß seine Kinder, die sie niedermetzelten, kein ordnungsgemäßes Begräbnis haben konnten[86].

Verbote hinsichtlich übertriebenem Aufwand bei Begräbnissen können wir auch mit Gesetzen belegen. In Iulis auf Keos durften die den Leichnam schmückenden Gewänder nicht mehr als 100 Drachmen wert sein. die Bahre mußte einfach sein, die Prozession zum Grab hatte in Stillschweigen zu erfolgen, nur die traditionellen Gaben durften geopfert werden[87]. Auch in Delphi (ca. 400) mußten die Kosten begrenzt werden, und es war Stille einzuhalten; keine langen Pausen auf dem Weg zum Friedhof, keine Klagen um frühere Tote, keine Klagelieder und Trauergesänge bei den Jahresgedächtnissen[88]. Mehrere Philosophen ordneten an, daß bei ihrem Begräbnis keine ausgesuchten Zeremonien stattfinden sollten[89]. Aristoteles ordnete an, daß man ihm die Gebeine der Pythias (vermutlich seiner Frau) beibetten solle[90]. Jahresgedächtnisse waren ein bedeutender Teil von Epikurs Testament, und sie wurden noch zur Zeit des Plinius abgehalten, mehr als dreihundert Jahre später[91].

Alexander und die Scheidung von Familie und Staat

Alexander des Großen Karriere einer Welteroberung beendete ein Zeitalter, für das der völlig unabhängige Stadtstaat die einzige politische Einrichtung war, die von den Griechen in Theorie und Praxis für annehmbar gehalten wurde. Von da an mußten im griechischen Heimatland selbst die 'autonomen' Städte immer ihre Politik mit einem Blick auf denjenigen Monarchen machen, der in dem Augenblick die Herrschaft zu Wasser und zu Lande besaß. In Übersee, in Ägypten etwa und in Asien, waren die Griechen, denen man Ländereien gab, und die man als Kolonisten ansiedelte, Auswanderer, die ihre Heimatstadt nicht als Ergebnis eines gemeinsamen Bürgerbeschlusses zur Gründung einer Kolonie verlassen hatten, sondern als Ergebnis ihrer eigenen persönlichen Entscheidung. Den Städten, die sie aufbauten, fehlten daher die Familientraditionen und Kulte, die das einigende Band der Bürgerkolonien früheren Datums gewesen waren. Und da die Mehrzahl der Siedler Glücksritter waren, haben sie höchstwahrscheinlich keine Frauen aus ihrer Heimatstadt mitgebracht. Wenn sie daher heirateten, haben sie wahrscheinlich nichtgriechische Frauen geehlicht, und ihre Kinder werden den Kontakt mit den Familientraditionen früherer Generationen verloren haben. Nach Alexanders Feldzügen hatte sich daher das Verhältnis der Familie zum Staat gewandelt. Es war nicht mehr richtig zu sagen, daß ein griechischer Stadtstaat aus der Summe der *oikoi* (menschlich und materiell) bestand, die seinen Bürgern und deren *xenoi* gehörten, und aus nichts sonst.

Aber die Familie lebte ununterbrochen weiter als die grundlegende gesellschaftliche Einheit der Griechen im Mittelpunkt des bürgerlichen Rechts, und das durch Jahrhunderte der Fremdherrschaft, bis sie, so fest verankert wie eh und je, im Griechischen Bürgerlichen Gesetzbuch des Jahres 1946 wieder auftauchte, und dies ist das heute gültige Recht[92].

ABKÜRZUNGEN UND BIBLIOGRAPHIE

Abkürzungen

Für die antiken Autoren und ihre Werke wurden im allgemeinen die Abkürzungen des Kleinen Pauly verwendet. Aristoteles, *Politica* und *Ethica,* sowie Plutarch, *Vitae,* und Strabon werden nach Loeb zitiert. Belege aus Pauly-Wissowas Real Encyclopädie der classischen Altertums-Wissenschaft werden nach Autor, RE-Bandnummer, Jahr und Kolumne zitiert. Für die Fragmente der griechischen Historiker wurden herangezogen: entweder F. Jacoby, Fragmente der Griechischen Historiker, abgekürzt: F. Jacoby, FGH mit Nummer des Fragments (z.B. 90, 61) oder unter Angabe von Bandnummer und Seite (z.B. IIA, 387); oder es wurde benutzt: C. Müller, Fragmenta Historicorum Graecorum, abgekürzt: Müller, FGH, mit Fragment- und Seitenangaben. Dittenberger, Sylloge Inscriptionum Graecarum, 3. Aufl., wird zitiert als: SIG; Schwyzer, Dialectorum Graecarum Exempla epigraphica potiora, abgekürzt als Schwyzer.

Sigel-Verzeichnis

AD	Athenian Democracy, s. Jones, A.H.M.
AF	Attische Feste, s. Deubner, L.
AJA	American Journal of Archaeology
AJP	American Journal of Philology
AS	Ancient Sparta, s. Chrimes, K.M.T.
ASC	Aristocratic Society in Ancient Crete, s. Willetts, R.F.
BCH	Bulletin de Correspondance Hellénique
BSA	British School at Athens
CAF	Comicorum Atticorum Fragmenta (ed. Kock)
CAH	Cambridge Ancient History
CIA	Corpus Inscriptionum Atticarum, in: Inscriptiones Graecae
CIG	Corpus Inscriptionum Graecarum (ed. A. Boeckh)
Comm.Thuc.	Commentary on Thucydides, s. Gomme, A.W.
CPh	Classical Philology
CQ	Classical Quarterly
CR	Classical Review
Crète	La Crète et le Monde Grec, s. van Effenterre, H.

Cults	Cults of the Greek City-States, s. Farnell, L. R.
D. et S.	Droit et Société dans la Grèce Ancienne, s. Gernet, L.
EGD	The Emergence of Greek Democracy, s. Forrest, W. G.
FCG	Fragmenta Comicorum Graecorum (ed. A. Meineke)
FGH	Fragmente der griechischen Historiker (ed. F. Jacoby)
FHG	Fragmenta Historicorum Graecorum (ed. C. Müller)
GHI	A Selection of Greek Historical Inscriptions (ed. M. N. Tod)
HAC	History of the Athenian Constitution, s. Hignett, C.
HGC	History of Greek Culture, s. Burckhardt, J.
Homicide	Athenian Homicide Law, s. MacDowell, D. M.
IG	Inscriptiones Graecae
JHS	Journal of Hellenic Studies
Justice	The Administration of Justice from Homer to Aristotle, s. Bonner, R. J. and Smith, G.
LA	The Lyric Age of Greece, s. Burn, A. R.
LSJ	Liddell and Scott rev. Jones, Greek-English Dictionary
MLAA	Marriage Law and Family Organization in Ancient Athens, s. Wolff, H. J.
OCD	Oxford Classical Dictionary
People	People of Aristophanes, s. Ehrenberg, V.
Pindar	Pindar, s. Bowra, C. M.
RE	Real Encyclopädie der classischen Altertums-Wissenschaft
Schwyzer	Dialectorum Graecarum Exempla epigraphica potiora (ed. Schwyzer)
SI	The Speeches of Isaius, s. Wyse, W.
SIG	Sylloge Inscriptionum Graecarum (ed. Dittenberger)
SL	Sexual Life in Ancient Greece, s. Licht, H.
SLC	Studies in Land and Credit in Ancient Athens, s. Finley, M. I.
Solidarité	La solidarité de la famille dans le droit criminel en Grèce, s. Glotz, G.

Bibliographie

In der folgenden Auswahlliste sind nur jene Werke angegeben, die ich am häufigsten benutzt habe und von denen ich außerdem glaube, daß sie für den Leser von Nutzen sind, wenn er in verschiedenen Richtungen weiterforschen will. Die angegebenen Abkürzungen entsprechen den im Text angegebenen Sigeln.
ANDREWES, A., *The Greeks* (1967)
    Diese Arbeit, die erste Geschichte Griechenlands, die die Bedeutung der Familie, sowie die bei den Griechen vorherrschenden rechtlichen Strukturen würdigt,

erschien erst, nachdem dieses Buch in Druck gegangen war. Wäre es früher erschienen, dann hätte ich es ausgiebig benutzt und in den Anmerkungen oft zitiert. Zu einem Punkt, in dem ich mit dem Autor nicht übereinstimme, verweise ich auf den Appendix nach den Anmerkungen.

BONNER, R.J. and SMITH, G., *The Administration of Justice from Homer to Aristotle* (1930—8) [*Justice*]

BURCKHARDT, J., *History of Greek Culture* (Eng. Übers. 1964) [*HGC*]

BURN, A.R., *The Lyric Age of Greece* (1960) [*LA*]

CHRIMES, K.M.T., *Ancient Sparta* (1949) [*AS*]

DEUBNER, L., *Attische Feste* (1932) [*AF*]

EHRENBERG, V., *People of Aristophanes* (2. Aufl. 1956) [*People*]

— *The Greek State* (Eng. Übers. 1960)

FARNELL, L.R., *Cults of the Greek City-States* (1896—1904) [*Cults*]

FLACELIÈRE, R., *Daily Life in Greece at the time of Pericles* (Eng. Übers. 1964)

FINLEY, M.I., *The World of Odysseus* (1959)

— *Studies in Land and Credit in Ancient Athens* (1952) [*SLC*]

FORREST, W.G., *The Emergency of Greek Democracy* (1966) [*EGD*]

FRANCOTTE, H., *La Polis Grecque* (1907)

GERNET, L., *Droit et Société dans la Grèce Ancienne* (1955) (Eine Sammlung früherer Schriften, durchgesehen und neu herausgegeben) [*D. et S.*]

GLOTZ, G., *La Solidarité de la Famille dans le droit criminel en Grèce* (1904) [*Solidarité*]

— *The Greek City* (Eng. Übers. 1929)

GOMME, A.W., *Commentary on Thucydides* (1945—56) [*Comm. Thuc.*]

GRAHAM, A.J., *Colony and Mother City in Ancient Greece* (1964)

HIGNETT, C., *A History of the Athenian Constitution* (1952) [*HAC*]

JONES, A.H.M., *Athenian Democracy* (1957) (Eine Sammlung von Schriften, weitgehend schon vorher veröffentlicht und neu durchgesehen) [*AD*]

KANELLI, S., *Earth and Water* (1965) (Eine Untersuchung über eine heutige griechische Familie von innen)

'LICHT, H.' (Brandt, P.), *Sexual Life in Ancient Greece* (Eng. Übers. 1932) [*SL*]

LIPSIUS, J., *Das Attische Recht* (1915)

MACDOWELL, D.M., *Athenian Homicide Law* (1963) [*Homicide*]

NILSSON, M.P., *History of Greek Religion* (1925)

SAVAGE, C.A., *The Athenian Family* (1907)

TOD, M.N., *A Selection of Greek Historical Inscriptions* (1933—48) [*GHI*]

VAN EFFENTERRE, H., *La Crète et le Monde de Platon à Polybe* (1948) [*Crète*]

VINOGRADOFF, P., *Outlines of Historical Jurisprudence*, II (1922)

225

WILAMOWITZ-MOELLENDORFF, V. von, *Aristoteles und Athen* (1893)

WILLETTS, R.F., *Aristocratic Society in Ancient Crete* (1955)   [*ASC*]

WOLFF, H.J., *Marriage Law and Family Organization in Ancient Athens* (Traditio II) (1944)   [*MLAA*]

WYSE, W., *The Speeches of Isaeus* (1904)   [*SI*]

ZIMMERN, A., *Greek Commonwealth* (5. Aufl. 1931)

Neuere und ergänzende Literatur in Auswahl für den deutschen Leser

BENGTSON, H., *Griechische Geschichte von den Anfängen bis in die römische Kaiserzeit,* München [5]1977

DAVIES, J.K., *Athenian Propertied Families 600–300 B.C.,* Oxford 1971

EHRENBERG, Victor, *Aristophanes und das Volk von Athen,* Zürich 1968

EHRENBERG, Victor, *Der Staat der Griechen,* 2. erw. Aufl., Zürich 1965

ERDMANN, W., *Die Ehe im alten Griechenland,* München 1934

FINLEY, Moses I., *Die Welt des Odysseus,* Darmstadt 1968

FORREST, William G., *Wege zur hellenischen Demokratie,* München 1966

GOULD, J.P., *Law, Custom and Myth: Aspects of the Social Position of Women in Classical Athens,* Journal of Hellenic Studies 100, 1980, 38–59

KLEES, H., *Herren und Sklaven. Die Sklaverei im oikonomischen und politischen Schrifttum der Griechen in klassischer Zeit,* Wiesbaden 1975

LACEY, W.K., *The Family of Euxitheus (Demosthenes LVII),* in: Classical Quarterly 30 (1980), 57–61

LEFKOWITZ, M.R., und FANT, M.B., *Women in Greece and Rome,* Toronto 1977

LICHT, Hans, *Sittengeschichte Griechenlands,* 2 Bde, Dresden 1926–28

NILSSON, M.P., *Griechische Religionsgeschichte,* 2 Bde, [2]1967

OLIVA, P., *Sparta and her Social Problems,* 1971

von PÖHLMANN, R., *Geschichte der sozialen Frage und des Sozialismus in der Antike,* 2 Bde., [3]1925

POMEROY, S.B., *Goddesses, Whores, Wives and Slaves: Woman in Classical Antiquity,* New York 1975

SCHAPS, D.M., *Economic Rights of Women in Ancient Greece,* Edinburgh 1979

STRASBURGER, H., *Zum antiken Gesellschaftsideal* (Abh. d. Heidelb. Akad. d. Wiss., phil.-hist. Kl., Jg. 1976, Abh. 4), Heidelberg 1976

VOGT, J., *Von der Gleichwertigkeit der Geschlechter in der bürgerlichen Gesellschaft der Griechen,* Wiesbaden 1960

WEILLER, I., *Griechische Geschichte, Einführung, Quellenkunde, Bibliographie,* Darmstadt 1976

WOLFF, H. J., προίς in RE XXIII/I (1957) 133—170

DER KLEINE PAULY, Bd 1—5, Stuttgart 1964—1975

LEXIKON DER ALTEN WELT, Artemis Zürich 1965

ANMERKUNGEN

Kapitel I

Die Familie im Stadt-Staat

1 Politica I, 1, 3-6 (1252 AB). Ich habe die Politica durchgehend nach dem System zitiert, das H. Rackham in der Loeb-Ausgabe (im Nachdruck von 1959) verwendet. Während der ganzen Untersuchung benutze ich das Wort οἶκος, da ich der Meinung bin, daß Aristoteles für seine Belange zwischen οἶκος und οἰκία nicht unterschied; s. Pol. loc. cit. Fustel de Coulanges in: La Cité Antique (2. Aufl. 1866), das ursprüngliche grundlegende Werk, benutzte das Gleichnis einer Reihe konzentrischer Kreise, um die griechische Gesellschaft zu beschreiben, wobei er die Familie in den Mittelpunkt stellte. Für eine kritische Stellungnahme dazu: G. Glotz, The Greek City (englische Übersetzung 1929) 1-5.

2 Er zitiert frühere Schriftsteller, Charondas, der sie ὁμοσίπυοι nannte, Epimenides, den Kreter, der sie ὁμόκαποι nannte − oder möglicherweise ὁμόκαπνοι − was sich nicht auf den gemeinsamen Tisch, sondern auf den gemeinsamen Herd der Familie bezieht, also den kultischen Mittelpunkt einer häuslichen Gemeinschaft. Zur Diskussion dieser Frage s. F. Susemihl und R. D. Hicks in ihrer Ausgabe der Politica des Aristoteles (1894) Anm. ad. loc. (S. 143).

3 Arist., Pol. I, 2, 2 (1253B): ἔστι δέ τι μέρος ὃ δοκεῖ τοῖς μὲν εἶναι οἰκονομία τοῖς δὲ μέγιστον μέρος αὐτῆς...... λέγω δὲ περὶ τῆς καλουμένης χρηματιστικῆς. *Oikos* entspricht der lateinischen *familia*, die eine Gesamtheit sowohl der Menschen als auch der Güter einer Familie umfaßt, M. I. Finley, Studies in Land and Credit (SLC) 40f.

4 Arist., Pol. I, 2, 1 (1253B). Ein vollständiger (τέλειος) *oikos* besteht aus Freien und Sklaven.... und zu seinen Gliedern gehören Herr und Sklave, Gatte und Gattin, sowie Vater und Kinder. Cf. Stobaios LXVII, 25 (wo er Antipater, περὶ γάμου zitiert, 2. Jhdt. v. Chr.): ein Leben im Dienst der Familie ist erst dann voll geglückt (τέλειος οἶκος καὶ βίος), wenn Frau und Kinder da sind; ders. ebenda 21ff. nach Hierokles, Über die Ehe (περὶ γάμου, 1.-2. Jhdt.n.Chr.). W.L. Newman, Politics of Aristotle (1887) II, 131f. Die Vorstellung datiert seit homerischer Zeit; Ilias II, 701 spricht von dem "unfertigen Hauswesen" (δόμος ἡμιτελής) des Protesilaos, der starb, ehe er einen Sohn gezeugt hatte.

5 Zur Frage der Kolonisation als Mittel zur Bewältigung der Überbevölkerung (z.B.) A. Zimmern, Greek Commonwealth (5.Aufl. 1931) 319ff. Griechische Söldner tauchen in Ägypten um die Mitte des siebenten Jahrhunderts auf, Hdt. II, 152, 4; cf. M. N. Tod, GHI I (1946) 4 (frühes sechstes Jhdt.), auch von Ägypten; Alkaios Fr. 350 (E. Lobel & D. L. Page, 1955), in der Rekonstruktion durch C. M. Bowra, Greek Lyric Poetry (1961) 139, hinsichtlich griechischer Söldner derselben Zeit in Babylon. Seefahrt und Kolonisation ergaben sich aus den stadt-staatlichen Niederlassungsformen, N. G. L. Hammond, History of Greece (1959) Kap. 2. Sicher ist von Bedeu-

tung, daß die Städte mit dem geringsten Landbesitz, aber den besten Häfen und Küstenanlagen, zu den frühesten und tatkräftigsten Kolonialmächten gehörten; cf. Thuk. I, 15, 1. Keineswegs alle Kolonisten waren Freiwillige; bzgl. des Drucks auf jede Familie, Siedler für eine Kolonie zu stellen, s. SEG IX, 3 (Kyrene), sowie Hdt. IV, 153: daß hier Hunger der zugrundeliegende Anlaß war, A. J. Graham, Colony and Mother-City (1964) 41 Anm. 3. Bzgl. der Weigerung einer Vaterstadt, Rücksiedler wieder daheim aufzunehmen, s. die Bedingungen von SEG IX, 3 (s. o.), und die Erzählung bei Plutarch, Moralia 293A = Greek Questions 11. Zur Verordnung, daß Siedler nur aus den beiden ärmsten Klassen genommen werden sollten, Tod, GHI I, 44, Z. 40-42 (5. Jhdt., Athen). Zur Entscheidung des Archilochos, sich wegen Armut nach Thasos einzuschiffen, Fr. 105 (F. Lassère und A. Bonnard, 1958), Kritias, Fr. 165 (id. Introduction, cviii), aber dazu auch unten Anm. 12.

6   Zur Welt Homers unten Kapitel II.

7   Thuk. VI, 17, 2–3; sie stecken weder etwas in die Entwicklung ihres Landes, noch setzen sie sich bei vaterländischen Ausgaben (für Waffen) ein; und hinsichtlich der Unlust der Neubürger zu kämpfen, Plutarch, Timoleon XXV, 4. Die Siedler aus Paros auf Thasos waren: "hommes déracinés, livrés à leur seule force, livrés à leurs passions, à leurs haines et à leurs deceptions." J. Pouilloux, Fondation Hardt Entretiens X (1964) 23. Innerhalb der Kolonien versuchte man, die Siedler dadurch an den Boden zu binden, daß man das zugeteilte Land für unveräußerbar erklärte, Arist. Pol. III, 4, 4 (1266B); s. ders. VI, 2, 5 (1319A). Vielleicht haben die Kolonisten im Gegenzug dazu ihre Verbindung mit der Vaterstadt so betont, Graham, op. cit. 14ff. 17ff. (Belege aus Rhegion); vgl. einen Hilferuf zu den Ahnengräbern der Vaterstadt bei Thuk. I, 26, 3.
     Zu der Dauerhaftigkeit der Verbindungen zwischen Kolonie und Vaterstadt vgl. das Naupaktos-Dekret (Tod, GHI I, 24), das die Siedler im weiteren Genuß ihrer heimatlichen Erbrechte beließ, und auch den Familie die Nachfolge in diesen Rechten zugestand, Graham, op. cit. Kapitel IV. Zur religiösen Verbindung s. die athenische Kolonie in Brea, Tod, GHI 44; Graham, op. cit. 62; für andere Beispiele und das Versagen der Einwohner von Korkyra gerade in dieser Sache als Teil ihrer Treulosigkeit, ebenda 159ff.

8   Ein neuerer Bericht über Syrakus in dieser Zeit: A. G. Woodhead, The Greeks in the West (1962) 87ff. Diese Kämpfe und dazu die Umsiedlungen in Syrakus hatten es besonders schwer gemacht, die Bevölkerung fest im Land zu verwurzeln, cf. oben Anm. 7.

9   T. J. Dunbabin, The Western Greeks (1948) 68ff. gibt einen kritischen Bericht über die Gesetzgeber dieses Gebietes.

10 T. J. Dunbabin op. cit. 359ff.

11 Alkaios ist ein Beispiel für einen Dichter, der in der Tradition volkstümlicher Weisen in einem örtlichen Dialekt schreibt (d.h. Dichtung in kurzen und vergleichsweise einfachen metrischen Mustern), C. M. Bowra, Greek Lyric Poetry (1961) Kapitel IV. Für die Bedeutung der Herkunft, Fr. 72 E. Lobel & D. L. Page (= D14), Z. 11, wobei offen bleiben möge, ob nun die Interpretation von Page richtig ist (Sappho and Alcaeus [1955] 171-9) oder die von Bowra (op. cit. 148-9); von den Vorfahren herrührender Besitz — "dasjenige, in dessen Besitz mein Vater und meines Vaters Vater alt geworden sind" — und sein 'rechtmäßiger' Platz in der Versammlung ($\dot{\alpha}\gamma o\rho\acute{\alpha}$) und dem Rat ($\beta\acute{o}\lambda\lambda\alpha$) kommen ihm im Exil ins Gedächtnis, Fr. 130 Lobel & Page (= G2); bzgl. Trinken und Knaben: Bowra loc. cit. Auch Sappho benutzte vorgegebene Tra-

ditionen — Umgangssprache in Hochzeitsliedern (Fr. 111 und 110, Lobel & Page) — aber in dem Hohn auf ein ungeschliffenes Landmädchen drücken sich aristokratische Allüren aus (Fr. 57 Lobel & Page), ebenso in dem Lobpreis für ihren Bruder, weil ihm die Stellung eines Mundschenks im Prytaneion (der Stadthalle) von Mytilene zugeteilt wurde, ein Posten, der nach äußerer Schönheit und Adel der Geburt vergeben wurde, Bowra op. cit. Kap. V; Page, Sappho and Alcaeus 140ff.; A. R. Burn, LA, Kap. XII bezüglich neuerer Diskussionen um Sappho und ihre Gesellschaft.

12 M. I. Finley, The Ancient Greeks (1963) 92; eine auf das Privatleben ausgerichtete Dichtung deutet auf eine Schwäche (oder das Fehlen) von *polis* (d.h. Stadt-Staat-) -Leben. Archilochos bietet uns einen Beleg für ein Zwischenstadium zwischen der homerischen Haltung gegenüber dem Bastard und der Auffassung der klassischen *poleis*. G. Tarditti, "la nuova epigraphe archilochea", Parola del Passato 1956, 124ff. vertrat die Meinung, Archilochos sei kein Bastard gewesen; N. M. Kontoleon und andere in: Entretiens Hardt X (1964) 77-8. 81-2; obgleich er als παῖς weniger gewesen sein mag als ein ὑός, M. Scherer loc. cit.; K. J. Dover (ibid. 199-210) hat auf die Gefahren hingewiesen, wenn man zu bereitwillig annimmt, daß nur in Fragmenten vorhandene lyrische Dichter sich immer in der Ich-Perspektive äußern.

13 Burn, LA, Kap. XIII. Die elegische Dichtung als Instrument politischer Willensäußerung hat eine wohlbegründete Tradition, vielleicht durch Tyrtaios aus Sparta (im späten siebenten Jhdt.), K. J. Dover op. cit. 192-4; vgl. auch Solon in Athen (frühes sechstes Jhdt.); die Gattung ist eng verbunden mit der der Spruchsammlungen (*gnomai*) (Weisheitslehren), die auch eine Tradition gehabt haben muß, wie überhaupt das ganze Vokabular epischer Dichtung in Hexametern, und zwar auf dem griechischen Festland ebenso wie in der gesamten ägäischen Welt; s. J. A. Notopoulos, Hesperia 1960, 177ff., und die dort aufgeführten Belege; vgl. auch D. L. Page's Beitrag in: Entretiens Hardt X und die Diskussion (S. 119ff.).

14 Zum Athen der solonischen Zeit und seiner Gesetzgebung s. Kapitel III.

15 Plut., Themistokles I-III; seine Mutter war sicher keine Athenerin. Wenn ihr Name mit Abrotonon richtig angegeben ist, könnte sie durchaus eine Sklavin gewesen sein; dann wäre Themistokles jener Bastard (νόθος) gewesen, als der er immer beschrieben worden ist. Er lehnte die geselligen Fertigkeiten der Aristokratie, Musik und Gesang, ab zugunsten der öffentlichen Tätigkeiten eines Aristokraten, der Rede und der politischen Aktivitäten. Wenn seine Familie dem *genos* der Lykomedai angehörte, was wahrscheinlich ist, handelte es sich vielleicht um eine untergeordnete Linie, die von Führungspositionen ausgeschlossen war.

16 z.B. Gesetze 923A, wo Platon formuliert, daß "weder die Mitglieder (seines idealen Staates) noch deren Besitztümer sich selbst gehören, sondern der Gesamtheit ihres *genos*, des vergangenen und zukünftigen (σύμπαντος δὲ τοῦ γένους ὑμῶν τοῦ τε ἔμπροσθεν καὶ τοῦ ἔπειτα ἐσομένου); und noch mehr gehört das ganze *genos* mit allen seinen Besitztümern der Stadt" (καὶ ἔτι μᾶλλον τῆς πόλεως εἶναι τό τε γένος πᾶν καὶ τὴν οὐσίαν).

17 Pol. I, 5, 3 (1259B): οἰκονομία befaßt sich mehr mit Menschen als mit dem Unbelebten und eher mit den Freien als mit den Sklaven: πλείων ἡ σπουδὴ...... περὶ τοὺς ἀνθρώπους ἢ περὶ τὴν τῶν ἀψύχων κτῆσιν, καὶ περὶ τὴν ἀρετὴν τούτων...... καὶ τῶν ἐλευθέρων μᾶλλον ἢ δούλων.

18 Pol. I, 5, 1-2 (1259AB).

19 Viele der uns unter dem Namen Demosthenes überlieferten Reden sind ganz sicher

nicht von ihm geschrieben worden, aber bzgl. ihres Wertes als Beleg s. Vorwort.

20 Dem. XXVII 53-5, id. XLV, 74; Hypereides, Ed. Budé 138, Ed. Loeb (Minor Attic Orators II) Lykophron II, Fr. I (= Pap. Oxy. XIII, 1607). Athenische Frauen waren *kyriai* über ein Maß von bis zu einem Medimnos (= ca. 52,5 l) Gerste, zu dessen Wert s. L. J. Th. Janssens, Mnemosyne 1941 (Serie III, 3) 199-214.

21 Für Gortyn war dieses Recht angenommen worden, aber, obgleich die Frucht des Landes (ἐπικαρπία oder καρπός), der bewegliche Besitz (κρήματα) und das von einer Frau Gewebte (κότι ἐνύπανε) von einer Frau veräußert werden konnten, hat man das Haus selbst (στέγα) anscheinend nur zusammen mit ihr veräußern können; s. auch unten Kapitel VIII.

22 V. Ehrenberg, The Greek State (1960) 30; A. H. M. Jones, Athenian Democracy (1957) (in der Folge: AD) Kapitel IV, besonders 79-81; vgl. Dem. XXII, 65 = XXIV, 172 bzgl. der Wohlhabenderen.

23 Zu dem frühesten Zeitpunkt (d.h. der homerischen Zeit) s. unten Kapitel II; Bzgl. der Landverteilung in der athenischen Kolonie Brea, Tod, GHI I, 44, 6-11; "Zur Landverteilung sind zehn Männer auszuwählen, einer von jedem Stamm, sie sollen das Land aufteilen.... und jener Anteil des Landes, der für die Götter abgeteilt worden ist (*temenē*) soll so belassen bleiben, wie er ist, aber es sollen keine neuen *temenē* mehr geschaffen werden".

24 So wie in Korinth, Arist. Pol. II, 3, 7, (1265B). Die *klaroi* (dorisch für *kleroi*) von Sparta scheinen auch nicht von identischer Größe gewesen zu sein. Bzgl. gleich großer *kleroi* s. Platon, Gesetze 744B (als unerreichbares Ideal); dazu Phaleas von Chalkedon, Arist. Pol. II, 4, 1-2 (1266A).

25 Pol. VI, 2, 5 (1319A) q. v. auch für ein Verbot, Geld gegen Sicherstellung durch Land zu leihen; für Verkäufe unter gewissen Bedingungen in Lokri id. II,4,4 (1266B).

26 Id. II, 3,7, (1265B) Korinth, II,9, 7 (1274B) Theben

27 Zu Solon: W. J. Woodhouse, Solon the Liberator (1938) 74ff. 199; Naphtali Lewis, AJP 1941, 144ff. dazu die Stellungnahme von J. V. A. Fine, Hesperia Suppl. IX, 1951, 179ff; zu Kleisthenes, J. H. Oliver, Historia 1960, 505; zum Peloponnesischen Krieg, N. G. L. Hammond, JHS 1961, 98 und Fine, loc. cit. Für die durch die *horoi* gegebenen Belege vgl. M. I. Finley, Studies in Land and Credit (1951) 7, 200, Anm. 26, et. al. H. Swoboda, Zeitschrift d. Savigny-Stiftung 1905, 236-45, vertrat die Ansicht, daß es schon vor Solon die Möglichkeit zur Veräußerung gegeben hatte; so auch W. C. Forrest, EGD 148-9; A. Andrewes, The Greeks (1967); s. Appendix.

28 Später findet sich auch das Verbot von Verkauf oder Pfändung bestimmter Ländereien (z.B. solcher im Besitz religiöser oder anderer Verbindungen), Hammond, op. cit. 87; Platon schlug vor, daß die *kleroi* in seinem Staat unveräußerbar sein sollten, Gesetze 740AB. 741AB. 923Cff.

29 Op. cit. 84-5; q. v. (87) zu den frühesten überlieferten Beispielen einer Konfiszierung und der Erlaubnis, in Attika Land zu erwerben. cf. Abb. 46.

30 Bzgl. Ostrakismos: O. W. Reinmuth/ E. Seewald, RE XVIII, 2 (1942), 1674-85; R. J. Bonner und G. Smith, The Administration of Justice from Homer to Aristotle (in der Folge: Justice) (1930) 193-5; Für weitere Hinweise: RE loc. cit.

31 Platon, Gesetze 923A, nach den Angaben von oben Anm. 16.

32 Diog. Laert. III, 41-2; "Folgender ist der von Platon hinterlassene Besitz und seine Verfügung: Das Land in dem *demos* Iphistiadai.... niemand soll das Recht haben, es zu verkaufen oder es zu veräußern, sondern es soll in jeglicher Hinsicht und Beziehung der Besitz des Knaben Adeimantos sein; auch das Land in dem *demos* Eiresidai,

das ich dem Kallimachos abgekauft habe.... drei Minen Silber, usw." τὸ ἐν Ἰφιστια-
δῶν χωρίον...... μὴ ἐξέστω τοῦτο μηδενὶ μήτε ἀποδόσθαι μήτε ἀλλά ξασθαι ἀλλ'
ἔστω Ἀδειμάντου τοῦ παδίου εἰς τὸ δυνατόν, καὶ τὸ ἐν Εἰρεσιδῶν χωρίον ὃ παρὰ
Καλλιμάχου ἐπριάμην....... Adeimantos war Platons Neffe. Die Verfügung über den
durch Kauf erworbenen Landbesitz ist in der Version des Diogenes nicht klar ausgedrückt – vermutlich ist sie so zu verstehen, daß er an Adeimantos übergehen sollte,
aber ohne die besonderen Verbotsklauseln hinsichtlich Verkaufs oder Veräußerung.
Ich habe den Satz in diesem Sinn übersetzt.

33 z.B. Deinarchos, in Demosthenem 71.

34 z.B. Aischines I, 96-101.

35 Eine Ausnahme dazu ist zitiert worden: in der Mitte des fünften Jahrhunderts auf
Kreta, aber die Inschrift unterscheidet in den entsprechenden Passagen V und VI
zwischen Besitz (χρήματα) und Land (χώρα); Tod, GHI I, 33, 23-6; Zum Eigentums-
begriff gehört die Verfügungsgewalt. Deshalb können nur Erwachsene im waffen-
fähigen Alter in diesem Zusammenhang als Bürger gerechnet werden. Weder eine Frau
noch ein Minderjähriger konnten über Land verfügen.

36 J. H. Lipsius, Das Attische Recht (1915) 482, "steht die Frau in allen rechtlichen
Beziehungen lebenslänglich unter Geschlechtsvormundschaft"; vor der Ehe waren
Mädchen selbstverständlich unter väterlicher kyrieia.

37 Noch, gesondert, in Platons Idealstaat. Bzgl. Sparta s. auch unten Kapitel VIII.

38 Epikleros (ἐπίκληρος) ist das attische Wort; in Gortyn hieß sie πατρῶϊωκος (Rechtskodex VII, 15-16 u. passim), in Sparta πατροῦχος, wenn der Text bei Hdt. VI, 57
korrekt ist. Bzgl. der verschiedenen Bestimmungen in Athen und Gortyn s. die
Kapitel VI und VIII unten.

39 Aischines I, 95; über solche Anklagen: Kapitel III.

40 Ilias IX, 493-5 wird manchmal in diesem Sinn zitiert; dort ist aber keinerlei Andeutung einer Nachfolge im Besitz; es wird gezeigt, wie der kinderlose Phoinix darum besorgt ist, für sein Alter einen Schutz zu erlangen. Sein Erbgut befand sich in seinem
Vaterhaus, von wo er in die Verbannung weggegangen war, ders. 446-80; Besser zu
entsprechen scheint der Fall des Iphidamas. In Athen war schon vor Solon eine Adoption inter vivos möglich; Dem. XLVI, 14. Vgl. L. Gernet, La Loi de Solon sur le testament, Rev.Ét.Gr. 1920, überarbeitet und neu aufgelegt in: Publ. de l'Inst. de droit
romain de l'Univ. de Paris 1955, Droit et Société dans la Grèce Ancienne, (in der
Folge: D.et S.)

41 Dem. XLIV, 36-42. Hier darf nicht vergessen werden, daß es in diesem Fall im Interesse des Sprechers war anzunehmen, daß es sich so verhielt, man muß deshalb die
Wahrhaftigkeit des Sprechers bezweifeln. S. auch unten, Kapitel VIII.

42 Außer für Bordelle und ähnliche Etablissements, aber Frauen dieser Kategorie kamen
in Athen normalerweise nicht aus Bürgerfamilien; selbst diese würden folglich einen
männlichen Beschützer benötigt haben (προστάτης) – Zobia in Dem. XXV, 56-8.
zum Beispiel, oder die Beschützer der Neaira, ders. LIX, 37ff.

43 Dem. XXIV, 107, Diog. Laert. I, 55 usw.

44 Platon, Gesetze, 775E-776B.

45 Harpokration s. v. γεννῆται: οἱ τοῦ αὐτοῦ γένους κοινωνοῦντες...... οὐχ οἱ συγγενεῖς
μέντοι ἁπλῶς καὶ οἱ ἐξ αἵματος γεννῆταί τε καὶ ἐκ τοῦ αὐτοῦ γένους ἐκαλοῦντο,
ἀλλ' οἱ ἐξ ἀρχῆς εἰς τὰ καλούμενα γένη κατανεμηθέντης. Vgl. Pollux VIII, 111 zitiert unten Anm. 50. Für ein genos, das eine rein religiöse Verbindung geworden war:

W. S. Ferguson, Hesperia 1938, 1ff. über die Salaminioi von Heptaphylai und Sunion. Bzgl. *genē*, die auf Samos künstlich durch Revolution hervorgebracht worden waren: G. Busolt, Gr. Staatskunde (1920) 260. Anm. 3, q. v. für Belege.

46 V. Ehrenberg, The Greek State (1960) 13: *"Genos als Ergebnis von Bedingungen der Seßhaftigkeit.... das Instrument, vermittels dessen die Adligen sich politisch betätigten".* Seine grundlegende Bedeutung ging meiner Meinung nach darüber hinaus; vgl. Forrest, EGD 50f.

47 N. G. L. Hammond, JHS 1961, 77f. q. v. ebenso für die Meinung, daß der Begriff allmählich lockerer gebraucht wurde. Eine andere Meinung zu Eupatridae vertritt H. T. Wade-Gery, CQ 1931, 1ff.

48 Für die Ansicht, daß dies eine ursprünglich matriarchalische Gesellschaft widerspiegelt: M. Miller, JHS 1953, 46-52.

49 Odyssee, 21, 214-16; Eumaios und Philoitios wird von Odysseus als Gegengabe für ihre Hilfe bei der Vernichtung der Freier der Penelope in der Schlacht versprochen, daß sie "Brüder und Kameraden" des Telemachos benannt würden (ἑτάρω τε κασιγνήτω τε ἔσεσθον).

50 Pollux, VIII, 111; einige γεννῆται waren γένει μὲν οὐ προσήκοντες ἐκ δὲ τῆς συνόδου οὕτω προσαγορευόμενοι. Ohne Zweifel waren selbst die Sklaven durch ihre Assoziierung voller Bestandteil des *oikos*.

51 Für die homerische Zeit Anm. 49; dazu, daß diese keine wirklichen gennētai waren: Hammond op. cit. 79, obgleich selbst er damit übereinzustimmen scheint, daß sie schließlich *gennētai* genannt wurden. Arme Männer stellten sich um ihrer Sicherheit willen unter den Schutz eines mächtigen Adligen, als Gegenleistungen boten sie Arbeit oder Dienste, Forrest, EGD 150.

52 Athenaion Politeia, Fragm. 5 (in der Folge zitiert als Ath. Pol.). Diese Schrift wurde in der Antike dem Aristoteles zugeschrieben und gehört ohne begründete Zweifel zu der Sammlung von Verfassungen, die zu Lebzeiten des Aristoteles in seiner Schule angelegt worden war. Für die Ansicht, daß sie von einem Schüler stammt: C. Hignett, A History of the Athenian Constitution (1952) (in der Folge: HAC) 28-30. Eine neuere Bibliographie in J. Day und M. Chambers, Aristotle's History of Athenian Democracy (1962). Das Fragment überdauerte in den Schol. zu Platon, Axiochos 371E, Harpokration s. v. γεννῆται usw. Vgl. Hammond, JHS 1961, 77. Diese Meinung über den Text von Ath. Pol. Fr. 5 muß richtig sein, ebenso wie die Angabe bei Harpokration.

53 οἱ ἐγγυτάτω γένους; auch οἱ ἐγγυτάτω γένει, und andere Varianten W. Wyse, Speeches of Isaeus (1904) (in der Folge: SI) 612 (Anm. zu VIII, 33, 3, 4).

54 Dies wird ferner gestützt von der (zugegebenermaßen späten) Formulierung "die *gennētai* des Apollo Patroos und Zeus Herkeios", Dem. LVII, 67, wo die zwei Kulte der Sippe und der Örtlichkeit verknüpft sind. Zur Bedeutung dieser Formel: A. Andrewes, JHS 1961, 3ff. besonders 7f.

55 Ilias II, 362-3 in der Form φρήτρη, als Unterabteilungen des Stammes (φῦλον). Normalerweise wird angenommen, daß das homerische φῦλον und φρήτρη mit der attischen φυλή und φρατρία gleichzusetzen sind, obgleich es Gegenstimmen gibt; in Athen waren, selbst nach der Neuordnung durch Kleisthenes, die φυλαί die Grundlage der Heeresorganisation.

56 oben Anm. 52. Zum Gebrauch von ἀφρήτωρ (der Mann ohne Phratrie, Ilias IX, 63-64) für den Ausgestoßenen: Hignett, HAC, 55, q. v. für eine Besprechung des Ursprungs und der Funktionen der athenischen Phratrien.

57 Hignett, HAC, 58-9.

58 Ehrenberg op. cit. 13; Eine Gruppe *genē*, Forrest, EGD 50-51; eine Gruppe '*patrai*', Schwyzer 323 (Delphi).

59 A. Andrewes, JHS 1961, 14.

60 Man beachte, daß in den Szenen aus dem homerischen Alltag, wie er auf dem Schild des Achill dargestellt wird, die einzige staatsbürgerliche Tätigkeit ein Homizid-Gerichtsverfahren war, Ilias XVIII, 497-508; Hochzeitsfeierlichkeiten bildeten den anderen Teil der Szene, aber die Umstehenden waren Zuschauer, nicht Teilnehmer, ders. 491-6.

61 Tod, GHI I, 87 rekonstruiert aus Dem. XLIII, 57 u. anderen. Für die Beteiligung der Phratrie bei Homizid-Verfahren: D. M. MacDowell, Athenian Homicide Law (1963) 18. 27. 124 (in der Folge: Homicide).

62 Ehrenberg loc. cit. In der klassischen Zeit und auch schon von früher her wurden *hetaireiai* mit politischem Handeln in Verbindung gebracht — G. M. Calhoun, Athenian Clubs in Politics and Litigation (1913). Die politischen Aspekte dieser Clubs sind mehr betont worden als die militärischen, aber das Bedürfnis nach vertrauenswürdigen Freunden als Nachbarn in der Kampflinie muß genauso stark als Anreiz mitgewirkt haben wie politischer Ehrgeiz. Man darf nicht vergessen, daß die ärmsten Schichten nicht im Heer dienten.

63 Thuk. VII, 75, 4; Xen. Anabasis V, 8, 5 und 6 usw. s. auch Liddell & Scott (9. Aufl. in der Folge: LSJ) für weitere Beispiele und epigraphische Belege. Xenophon benutzt auch ähnliche Wörter für das gewöhnliche spartanische Leben, Lacedaimoniorum Politeia (Lac. Pol.) V, 2 und XIII, 1; vgl. Hellenika (Hell.) III, 2, 8; V, 3, 20. Ein Paria, dem niemand σύσκηνος sein wollte, Lysias XIII, 79.

64 Die Organisationsform der ἐφηβία kennt man in Athen nicht vor dem vierten Jahrhundert, Thalheim, RE V (1905) 2737-41. s. v. ἐφηβία; sie wurde nach der Schlacht bei Chaironeia eingeführt, vielleicht 336/335, A. Brenot, Recherches sur l'Ephébie Attique, 1910, 41. Zur Frage, wie sie als περίπολαι im fünften Jahrhundert ihre Aufgaben wahrnahmen: A. W. Gomme, Commentary on Thucydides (1956), (in der Folge: Comm. Thuc.) Anm. zu IV, 67, 2. Es gibt keinen Hinweis zu der Art, wie das Training für "die Jüngsten", die mit Myronides 458-7 gekämpft haben, aufgebaut war, aber wir müssen davon ausgehen, daß irgendeine geregelte Form dafür existierte.

65 Ehrenberg op. cit. 16; vgl. M. P. Nilsson, History of Greek Religion (1925) 202ff. "eine derart innige Einheit, wie wir sie in Griechenland zwischen Staat und Religion finden, hat nirgends sonst existiert.... Staat und Religion waren eins".

66 Zu Zeus Herkeios: Nilsson op. cit. 125; O. Jessen, RE VIII (1913) 686ff.; A. B. Cook, Zeus III (1940), 243; Nilsson op. cit. 123ff. hinsichtlich der Bedeutung des Zeus als Zeus Ktesios für den Familienkult und die Mittel ihres Unterhalts. Vgl. Cook, Zeus II, II, Appx. H. und Nilsson op. cit. 35 und Ath. Mitt. XXXIII, 1908, 279ff. Zu Zeus Meilichios: Cook id. Appx. M; man beachte die Anwesenheit der ganzen Familie während des Kultes, wie Cook anhand zweier Skulpturen erläutert (S. 1106), die auf Abb. 2-3 wiedergegeben sind.

67 Apoll war, allerdings nur in Athen bei den Ionischen Gemeinden, in erster Linie die für den *polis*-Verband zuständige Gottheit; dabei ist er mit den Phratrien verbunden (CIA 2, 1652), sowie mit den *genē* (CIA 4, 1074e), wobei er entsprechend einem Schrein (ἱερόν) und einen *temenos* besitzt. L. R. Farnell, Cults of the Greek States (1907) IV, 152-61.

68 Zeus Phratrios, Platon, Euthydemos 302C: "für die Athener, heimische ebenso wie

ausgewanderte, heißt Zeus nicht Patroos sondern Herkeios und Phratrios". Farnell op. cit. I, 55. Im Kult der Phratrien war er eng mit Athene verbunden, Schol. zu Aristophanes, Acharnenses 146; verbunden mit Zeus Herkeios, Kratinos d. J., Frag. 9 (Edmonds) = Meinecke, Frag. Com. Gr. III, 377. Daß beide Herausgeber die Akzente bei ἐστὶ unterschiedlich setzen, belegt, daß sie den Sinn unterschiedlich deuten. Zeus war Patroos und Poseidon Phratrios in Delphi: Schwyzer 323, B12-16.

69 Ath. Pol. LV drückt nicht deutlich aus, ob diese Form der *dokimasia* nur für Anwärter auf das Archontenamt galt, aber daß sie an dieser Stelle eingeführt wird, scheint darauf hinzudeuten. Alle Amtsträger hatten sich offensichtlich irgendeiner Form der *dokimasia* zu unterziehen.

70 Platon, Euthydemos 302C-D, q. v. bzgl. des Glaubens, daß alle Athener in ihrer Gesamtheit von den Göttern abstammten, so daß man diese "Vorfahren und Herren" (πρόγονοι καὶ δεσπόται) nennen konnte.

71 Obgleich viele Gelehrte heute glauben, daß dies tatsächlich notwendig war. Ehrenberg (z.B.) op. cit. 23, bemerkt, daß die wichtigste Funktion der Phratrien eben jene war, die Aufnahme in die Bürgerschaft zu überwachen; M. P. Nilsson op. cit. 245, geht von der Annahme aus, daß Phratrien notwendig waren. Einen anderen Standpunkt vertritt A. Andrewes, JHS 1961, 1ff.

72 Arist. Pol. VI, 2, 11 (1319B); Nilsson op. cit. 246. "Andere Stämme (φυλαί) müssen größer an Zahl geschaffen werden als die alten (πλείους). Ferner müssen Phratrien (φρατρίαι) und die Riten der Privatkulte (τὰ τῶν ἰδίων ἱερῶν) in einige wenige, allen gemeinsame Kulte verschmolzen werden" (εἰς ὀλίγα καὶ κοινά). Da liegt der Ursprung der attischen Geschlechter, F. Jacoby, CQ 1944, 65-75.

73 Philochoros, Jacoby, FGH 328, 67; Homer A. Thompson, Hesperia 1937, 110. Man beachte, daß dieser Altar mit einem Gebäudekomplex in Zusammenhang gesehen wurde, der zu Zeus Phratrios und Athene Phratria gehörte, Thompson op. cit., 104ff, und ferner die Verbindung der drei Gottheiten in den angegebenen literarischen Quellen.

74 z.B. jene der Elasiadai, IG ii^2, 2602, Gephyraioi, id. 3629-30.

75 Harpokration, Stichwort ἑρκεῖος Zeus, Photios s. v. ἑρκείου Διός, Schol. zu Platon, Euthydemos 302D. Nilsson glaubte, daß die Überlagerung des Zeus Herkeios durch die Götter der Straßen eine Folge des Stadtlebens war, op. cit. 125.

76 IG ii^2, 1237 (= Dittenberger, SIG^3 [in der Folge: SIG], 921). Andrewes loc. cit. bespricht ausführlich, ob sie Phratrien oder *genē* zuzuordnen sind. Für uns ist diese Frage belanglos. Wenn sie ein *genos*, nicht eine Phratrie waren, wird die Einigungskraft des Zeus Phratrios noch deutlicher herausgestrichen.

77 Wir müssen dies schließen aus den Bestimmungen über die Frage, "wo die Leute der Dekeleia sich versammeln" Z. 61-64, 115ff. vgl. Lysias XXIII, 3. Es ist auch keineswegs gesichert, daß eine kleinere Opfer (τὸ μεῖον) an den Apaturia gehalten werden mußte; vgl. Isaios VII, 15 für die Vorstellung eines Adoptivsohnes bei der Thargelia. Schwyzer 323, 23-28 bzgl. der für Delphi geltenden Regeln.

78 Nilsson op. cit. 244-8, besonders 247; vgl. Sterling Dow, BCH 1965, 197ff., wo dieser Vorgang sich in dem *demos* Erchia vollzieht, vgl. ebenda, für den Vorgang in Eleusis.

79 Das Recht von Gortyn V, 10-29. Zu Seitenlinien gehören Angehörige, "die hinsichtlich der Herkunft des Geldes Erbrecht genießen" — οἷς ἂν ἐπιβάλλῃ ὅποθεν ἂν ᾗ τὰ χρήματα. Als letzte Kategorie lesen wir (in attischer Schreibweise) εἰ δὲ μή εἶεν ἐπιβάλλοντες τῆς οἰκίας οἵ τωες ἂν ὦσι ὁ κλῆρος τούτους ἔχειν τὰ χρήματα. Offen-

sichtlich konnte es nicht an einem Versagen der letzteren liegen, denn irgendwer mußte ja den *klaros* (attisch *kleros*) bilden; leider sind aus dem Rechtskodex die Regeln für die Nachfolge für *klaroi* gänzlich unbekannt, was den Grad an Freiheit oder Halbfreiheit der Personen, "die den *klaros* bilden", einschließt; die Fachwelt nimmt aber allgemein an, daß es sich um Dienstleute gehandelt hat; s. unten Kapitel VIII. Es handelt sich offensichtlich nicht um denselben Personenkreis wie bei "irgendeinem Mitglied des Stammes (φυλή), das die Frage erhebt", wer der für ein Mädchen ohne gesetzlichen Erben (ἐπιβάλλοντες) vorgesehene Ehegatte ist, Recht VII, 50-2.

80 ἀνεψιῶν παῖδες, auch als ἀνεψιαδοῖ/αῖ bekannt; letztere Bezeichnungen erscheinen erst Ende des fünften Jahrhunderts bei den Komödiendichtern (LSJ, s. v.).

81 Für die Bestattung, Dem. XLIII, 57-8. Für Totschlag, Dem. loc. cit. XLVII, 72 usw., s. D. M. MacDowell, Homicide, 12-18 usw. Für Platons Wahl, Gesetze 865Aff.

82 Der Besitz des Hagnias (Isaios XI, Dem. XLIII) war sicher an einen Cousin zweiten Grades gegangen (ein Sohn des Cousins ersten Grades des verstorbenen Vaters). Dieser redet ständig derart von sich selbst, als sei er in der *anchisteia*, Isaios XI, 10-11. Wir können nicht mit Sicherheit feststellen, ob dies den geschickten Verdrehungen des Redners, der Begriffsverwirrung und Unaufmerksamkeit der Geschworenen oder einem echten Zweifel hinsichtlich der genauen Bedeutung des Gesetzes zuzuschreiben ist. Die meisten Kommentare nehmen das erste an.

83 Thuc. II, 16-17 bzgl. der zwangsweisen Abwanderung der Landbewohner in die Stadt im Jahr 431; offensichtlich hatten viele in der Stadt keinen Rückhalt (pied-à-terre).

84 Bzgl. d. Pest, Thuk. II, 47-54, besonders für die Verluste 51; Gomme, Comm. Thuc. II (1956) Anm. ad. loc., besonders S. 150ff. für eine neuere Diskussion dieser Frage. Zur Frage der numerischen Größe der athenischen Bürgerschaft: A. W. Gomme, The Population of Athens in the Fifth and Fourth Centuries (1933); A. H. M. Jones, AD, Kapitel IV, the Social Structure.

85 Auch in der Ilias, beispielsweise, hat Agamemnon als oberster Heerführer für dasıHeer als dessen Priester Opfer durchführen lassen, Il. II, 402-418; im Gegensatz dazu stehen die Opfer der Einzelpersonen für sich selbst, id. 400-1; s. auch id. III, 245-313, wo Agamemnon und Priamos, die beiden Könige, Opfer darbringen und Eide schwören.

86 Bonner und Smith, Justice I, 67ff. für eine Zusammenfassung ihrer Tätigkeiten. Daß die Gesetze die Grundlage der Gesellschaft bilden, ist ein beliebter Gemeinplatz der Redner des vierten Jahrhunderts.

87 Ehrenberg op. cit. 79; γραφαί (öffentliche Klagen) unterscheiden sich ganz deutlich von δίκαι (Privatklagen).

88 Aischylos, Agamemnon 1035-8. Kassandra wird innerhalb des Palasts aufgerufen, an einem Libationsopfer der Familie teilzunehmen, "wobei sie zusammen mit vielen (anderen) Sklaven nahe dem Altar des Zeus Ktesios stand", J. D. Denniston und D. L. Page, Aeschylus, Agamemnon (1957) s. Anm. ad. loc.; vgl. Aristophanes, Lys. 1129-30; wer gemeinsam opfert, gehört zur 'Sippe' wegen des Opfers. Da alle Griechen hierin eingeschlossen sind, kann die Bedeutung von 'Sippenangehöriger' (συγγενεῖς) nicht wörtlich gemeint sein.. Zum Libationsopfer als Familien-Kult schlechthin: Sophokles, Oidipus, Tyrannos 240-2, Dem. XX, 158.

89 Dem. XLV, 74, Aristophanes, Plutus 768 und Scholiast ad. loc., Harpokration, Stichwort καταχύσματα.

90 Selbst am Fest des Zeus Ktesios, Antiphon I, 16-18, und bei Isaios VIII, 16 wird dies deutlich vorausgesetzt. Für eine Einführung in die Religion der Familie: M. P. Nilsson, Greek Popular Religion (1940) 65ff., obgleich A. B. Cook, Zeus II, II (1925) bestrei-

tet, daß man sich den Schutzgeist der Familie, den Agathos Daimon bis in die hellenistische Zeit unter dem Bilde einer Schlange vorgestellt habe.

91 Arist. Pol. I, 1, 6 (1252B). Vgl. Exodus XX, 17: "du sollst nicht begehren deines
Nächsten Haus.... noch sein Weib, seinen Knecht oder seine Magd noch seinen Ochsen
oder seinen Esel, noch irgendetwas, das sein ist". Die genannten Dinge sind zusammen mit dem Boden alles das, was im spezifischen Sinn den *oikos* umfaßt.

92 γεωργὸς καὶ τῶν ἐν ἀνθρώποις καμάτων κοινωνός. Aelian, Varia Historia V, 14.

93 Aristophanes, Acharnenses 1018-36.

94 Ehrenberg op. cit. 68. Für die 'göttlichen Gäste', die Dioskuren, Söhne des Zeus,
von denen man annahm, daß sie an jeder Mahlzeit der Familie teilnahmen, Nilsson
op. cit. 124.

95 Aischines III, 224; II, 22 usw. Hinsichtlich des Mannes, mit dem "niemand Feuer,
Licht, Nahrung oder Trank teilen will" s. Dem. XXV, 61.

Für eine Deutung, in der Helena als Verräterin an der ξενία, an den Rechten und
Pflichten eines ξένος gesehen wird — Alkaios Frag. 283 Lobel & Page (= N1) und der
etwa gleichzeitige Stesichoros, und über diesen C. M. Bowra, Greek Lyric Poetry
(1961) Kapitel III. Vgl. — im siebenten Jahrhundert — einen Eid "bei dem Salz",
Archilochos fr. 95 Diehl.

96 Zeus Hikesios, A. B. Cook, Zeus II, III 1093ff.; als Beispiel für eine Darstellung in
der Tragödie, Aischylos, Hiketides (Supplices). Als Beispiel für die Gewährung von
Unterschlupf für eine Göttin in Verkleidung, Homer, Od. 17, 483-7; vgl. aus der
Zeit des Homer: Hymn to Demeter, H. J. Rose, Handbook of Greek Mythology
(1928) 92 und für spätere Bearbeitungen, id. 99 Anm. 57. Für Vorteile aus dem einem Heros gewährten Unterschlupf: Sophokles, Oidipus auf Kolonos usw.

Kapitel II

Die Familie in der homerischen Gesellschaft

1 Dieses Buch geht von der Annahme aus, daß die homerische Dichtung eine Gesellschaft widerspiegelt, von der die Griechen der klassischen Zeit glaubten, es sei diejenige ihrer Vorfahren, auch daß diese Gesellschaft im großen und ganzen einheitliche Wertvorstellungen und Verhaltensweisen hinsichtlich der Familie und ihres Besitzes aufwies. Wo Unterschiede auftauchen, lassen sie sich wohl durch einen Wechsel
der Blickrichtung erklären. Allgemein wird die Familie in der Odyssee mehr von
innen, in der Ilias mehr von außen beschrieben. Die moderne Spezialliteratur über die
homerische Dichtung ist dermaßen umfangreich, daß ich mich dazu entschlossen habe, praktisch alle Hinweise darauf zu unterlassen, da ich der Meinung bin, daß sich die
Studenten Homer selbst zuwenden sollten.

2 Od. 13, 42-6; vgl. ebenda 61-2 (an Arete); um der größeren Klarheit willen werden
Bücher der Ilias mit römischen Ziffern angegeben, Bücher der Odyssee dagegen mit
arabischen.

3   Il. III, 299-301.

4   Phoinix, Il. IX, 453-6; für seinen Versuch, sich einen Krieger zum Schutze seines Alters zu erwerben, ib. 493-5. Vgl. Cisses und Iphidamas, Il. XI, 221-6; Elpenor, Od. 11, 66-8; vgl. den Eid des Odysseus, Il. II, 259-60 "Möge mein Haupt nicht länger auf meinen Schultern mir ruhen, möge ich länger nicht Vater des Telemach heißen", – d.h. möge auch er sterben.

5   Od. 4, 207-11; vgl. Nestors Gebet (Od. 3, 380-1) für sich selbst, seine Frau und seine Kinder; das Gebet des Odysseus, Od. 19, 367-8.

6   Il. XXIV, 534-40; vgl. Priamos, ib. 543-551 mit 493-501, der vor dem Verlust seines gesamten Wohlstandes und seiner Söhne in der Schlacht steht. Vgl. seine Befürchtungen für die ganze Familie XXII, 60-5.

7   Il. XIX, 321-33; vgl. Od. 4, 224-6, der Tod von Mutter oder Vater, oder der Anblick eines Bruders oder Sohnes, erschlagen auf dem Schlachtfeld, stehen der Freude gegenüber, die selbst im Hades noch der Schatten des Achill beim Bericht über die Wehrhaftigkeit seines Sohnes empfindet, Od. 11, 505-40.

8   Od. 11, 489-91.

9   Il. XV 494-9; man beachte, daß Häuser und Ländereien mit inbegriffen sind. Vgl. Il. VIII, 55-8, XXI, 586-9 und IX, 325-7, Männer die ihre Frauen und Kinder verteidigen, sind sprichwörtlich für hartnäckigen Widerstand; der gleiche Gedanke liegt deutlich auch der Kritik Sarpedons an den Trojanern zugrunde, s. Il. V, 472-92; vgl. seinen Hilferuf, ib. 684-8.

10   Il. IX, 590-4; vgl. Andromaches Klage um Hektor (Il. XXIV, 725-38), oder seine Angst um sie, wenn Troja untergehen sollte (Il. VI, 447-465); auch Hyperenor, der "nicht heimkehrte, dem Weib und den Eltern zur Freude"(Il. XVII, 28).

10a   Il. XIV, 484-5 und Anm. 89. Il. V, 152-8 zeigt die Nachfolge von χηρωσταί; s. Anm. 73. Dazu oben (Kap. I, Anm. 46) für die Meinung, daß das *genos* das Produkt eines Lebens in einer seßhaften Gemeinschaft sei.

11   Diomedes beispielsweise erscheint in der Ilias unter dem eigenen Namen 87mal, 98mal wird er Sohn des Tydeus genannt (69mal Tydeide, 29mal Sohn des Tydeus); andererseits erscheint der Name Achilles über 350mal, Sohn des Peleus etwa 110mal. Man darf dies nicht überbetonen, metrische Erwägungen werden die Wahl des Dichters oft genug mitbestimmt haben.

12   Das Verhältnis klafft in verschiedenen Teilen der Ilias weit auseinander. In der Eröffnungsschlacht (IV, 457-V, 84) werden 14 Krieger getötet, von diesen fehlt nur zweien, einem Griechen und einem Trojaner, das Patronym, aber beide bekommen beschreibende Attribute (Leukos war "Gefährte des Odysseus", Odios "Herr der Halizonen"); bei den zwölf mit dem Vatersnamen bezeichneten sind 11 Väter mitgenannt, einmal sogar der Großvater, und der Verlust für die Familien wird bei zweien lebhaft betont. Im Kampf um die Leiche des Patroklos (Il. XVII, 288-355) haben alle fünf Helden, die beim ersten Treffen fielen, den Vatersnamen. Vom ersten heißt es, er habe den Eltern die Aufzucht nicht vergelten können. In dem ersten Treffen des Achill haben drei der vier vor dem tödlichen Duell mit Hektor erschlagenen Helden den Vatersnamen, nach dem Duell sechs von zehn. In zwei Schlachten, dem ersten Kampf des Diomedes (V, 144-165) und in Agamemnons erstem Kampf (XI, 91-144) fehlt den ersten beiden Opfern das Patronym, die anderen (6 bei Diomedes, 4 bei Agamemnon) sind angegeben. In beiden Berichten handelt es sich um Brüderpaare, und beim Tod des zweiten Paares wird auf die Eltern hingewiesen. Bei Patroklos' Aus-

fall (XVI, 283-350) sind in der ersten Aufzählung nur drei von zehn mit biographischen Details ausgestattet, wobei zwei von ihnen (ein Brüderpaar) durch die Söhne des Nestor fielen; ihr Vater wird als der Mann, der die Chimaira aufzog, bezeichnet. Das Opfer des Patroklos war lediglich "Anführer der Paionier". In der zweiten Aufzählung vor Patroklos' Begegnung mit Sarpedon sind es 9 Namen, davon sind 2 mit Patronym angegeben. In diesen Aufzählungen scheint ein ungewöhnlicher Mangel an Interesse für die erschlagenen Opfer oder die Art ihres Todes zu herrschen.

13 Glaukos, Il. VI, 145-211; Aeneas, Il. XX, 200-41.

14 Isaios VIII, 32 für diese Begrenzungen der Sippe.

15 Achilles, Il. XXI, 188-9; Idomeneus, XIII, 448-53; vgl. Krethon und Orsilochos (Opfer des Aeneas), zwei dem Fluß Alpheios Entsprossene, V, 541-9.

16 Diomedes, Il. XIV, 113-27; Telemachos, Od. 16, 117-20, vgl. 14, 180-2; Theoklymenos, Od. 15, 225-56.

17 Zur Katalog-Dichtung als einem der Stränge in der Tradition der Oral Poetry: G. S. Kirk, Songs of Homer (1962) 162f. 223-6 usw.

18 Telemachos, Od. 24, 506-9; Glaukos, Il. VI, 207-10.

19 Zum *agathos* (ἀγαθός) und seinen Maßstäben für Verhalten und Erfolge: A. W. H. Adkins, Merit and Responsibility (1960), besonders Kap. III.

20 Il. VI, 441-6; vgl. VIII, 146-50 (Diomedes), XI, 408-10 (Odysseus), XII, 310-21 (Sarpedon), XIII, 260-73 (Idomeneus und Meriones).

21 Il.XV, 661-6; αἰδώς (aidos) ist die Empfindung, die einen Mann daran hindert, etwas zu tun, worüber er sich im nachhinein schämen müßte oder worüber er verlegen sein würde. Vgl. Il. V, 529-32 (= XV, 561-4).

22 Dies gilt nicht nur für die Ilias, wo man es erwarten durfte (z.B. IX, 328-67, besonders 364-7, XVIII, 28 usw.), auch von den Besitztümern des Odysseus wird gesagt, daß sie durch Raub erworben worden waren, Od. 1, 397-8, vgl. 23, 335-8, wo es heißt, Odysseus werde seinen Reichtum durch Raub wiedergewinnen.

23 Dafür, daß dies für die Erzählung der Ilias ohne Bedeutung ist: D. L. Page, History and the Homeric Iliad (1959) Kapitel IV.

24 Telemachos' Herrschaftsanspruch, Od. 1, 396-8, 402-3 usw.; die Versammlung, Od. 2, 26-9 zusammen mit 1, 372-5 und 384-7; das Königtum und der *oikos* des Odysseus, Od. 1, 389-404, JHS 1966, 61ff.

25 Od. 2, 252-6 und 318-20 als Beleg dafür, daß sie ihn zurückgewiesen hatten; id. 382-7 für den intimeren Charakter des Folgenden; id. 253-6 für die Annahme, daß möglicherweise Mentor oder Halitherses sie erheben könnten, wenn überhaupt jemand und, ebenda 306-8 für die herablassende, vermutlich sarkastische Versicherung des Antenor.

26 Od. 4, 642-72.

27 Aber bei Il. XVII, 220-6 behauptet Hektor, daß er und die Trojaner ihre Verbündeten mit Geschenken und Nahrungsmittelzuschüssen versorgten, "damit sie der Troer Frauen und Kinder schützen vor den Achaiern". In der Odyssee 4, 171-80 erzählt uns Menelaos, wie er den Odysseus gedrängt habe, mit Familie und Habe in sein Herrschaftsgebiet einzuwandern; deutlich wird die lebenswichtige Bedeutung der Mittel zum Unterhalt erkennbar.

28 Priamos' Schwiegersohn, Il. VI, 247-50; Hektors Anspruch, V, 473-4. Zum Rückhalt des Priamos für die Verteidigung Trojas gehörten Imbrios, der Gemahl der Medikaste, einer natürlichen Tochter, XIII, 170-6, und Melanippos, XV, 545-54; Demokoon war ein natürlicher Sohn des Priamos, IV, 499.

29 Orthryoneus, Il. XIII, 365-6; Achilles, Il. IX, 283-9; vgl. Neoptolemos, Od. 4, 5-7; Bellerophon, Il. VI, 191-3; Tydeus, Il. XIV, 119-25; der Kreter, Od. 14, 211-13; Odysseus, Od. 7, 311-16, JHS 1966, 59-61.

30 Il. XI, 221-6 und 241-5, JHS, ibid.

31 Megapenthes, Od. 4, 10-12; Achilles, Il. IX, 393-400. Der Sänger setzt voraus, daß Söhne von Helden, besonders einzige Söhne, heiraten werden, um damit die Fortdauer der Familie zu gewährleisten; vgl. Helenas Annahme, daß der 21-jährige Telemachos heiraten werde, Od. 15, 125-9. Prinzessinnen (etwa Nausikaa) haben nach Darstellung der Odyssee so etwas wie ein Mitspracherecht bei der Wahl ihrer Gatten; Od. 6, 280-4 unterstellt das, obgleich es nur als mögliches Gerede im niederen ($\kappa\alpha$-$\kappa\acute{\omega}\tau\epsilon\rho\varsigma$) Volk erwähnt wird (id. 275); die Zeilen id. 27-30 setzen voraus, daß sie tatsächlich bald heiraten wird.

32 Il. XXI, 82-89 und XXII, 49-51; Altes kam von Pedasos, das im Katalog der Trojaner nicht auftauchte. Page (op. cit. 143f.) hielt es für einen ziemlich wichtigen Ort, aber für die Welt der Ilias eher am Rande gelegen. Vgl. Castianeira, Il. VIII, 304-5.

33 Od. 11, 287-91 und 15, 235-8.

34 Eine Verschwörung Od. 24, 164-9; eine Herausforderung, Od. 19, 572-81; zum Bewußtsein, daß Verschwendung herrscht, Od. passim.

35 W. K. Lacey, JHS 1966, 55ff. Hephaistos wurde Aphrodite von Zeus, ihrem Vater, gegen die *hedna* ($\acute{\epsilon}\delta\nu\alpha$ und $\acute{\epsilon}\epsilon\delta\nu\alpha$ sind dasselbe) übergeben, die er ausfolgte (Od. 8, 318-20), und Neleus erhielt Chloris von Amphion durch "unzählige *hedna*" (Od. 11, 281-4).

36 M. I. Finley, Marriage, Sale and Gift in the Homeric World (Rev.Int. des droits de l'Antiquité) 3, Bd. 2 (1955) 167ff.

37 Es war ein Zeichen des hohen Ranges von Odysseus, daß Laertes $\mu\acute{\upsilon}\rho\iota\alpha$ $\acute{\epsilon}\delta\nu\alpha$ für Ktimene erhalten hatte (Od. 15, 367), und dem Ikarios hätte man $\pi\acute{o}\lambda\lambda\alpha$ zurückzahlen müssen, wenn Penelope gegen ihren Willen heimgeschickt worden wäre (Od. 2, 132-3). Ebenso charakterisiert es Hektors Stellung, daß er $\mu\acute{\upsilon}\rho\iota\alpha$ $\acute{\epsilon}\delta\nu\alpha$ für Andromache machte (Il. XXII, 472). Die Heirat zwischen Hippodameia und Alkathoos ist interessant (Il. XIII, 427-33): Hier stellt es der Sänger als selbstverständlich hin, daß "der vortrefflichste Mann in Troja" das Mädchen heiraten würde, das "in ihrer Umgebung an Schönheit, Intelligenz und Können herausragte". An einer vergleichbaren Stelle in der Ilias (XXII, 126-8) wird eine Art Flirt zwischen Jüngling und Jungfrau beschrieben, was aber nicht notwendig zur Ehe führen mußte.

38 Daß dieses Anerbieten an Achill und Othryneos ohne *hedna* — $\grave{\alpha}\nu\acute{\alpha}\epsilon\delta\nu\sigma\nu$ — gemacht wurde, obgleich in dieser Situation *hedna* zu erwarten gewesen wären, da die Bräute in die Häuser ihrer Ehepartner überwechseln sollten, beweist, daß *hedna* nur da Bestandteil der Eheschließung waren, wo das Mädchen in den *oikos* des Gatten einheiratete.

39 Auch für "andere Mädchen", Od. 21, 159-62; für Nausikaa, Od. 6, 158-9.

40 Wir wollen damit nicht leugnen, daß es eine Zeit gegeben haben mag, als eben das von den Freiern beabsichtigt war; wahrscheinlich hat diese Situation bestanden, aber es wären dann keine *hedna* angeboten worden, außerdem läge diese Situation vor dem Beginn der Odyssee.

41 Laertes, Od. 1, 429-33; Chryseis, Il. I, 111-15; Phoinix, Il. IX, 448-52.

42 Menelaos, Od. 4, 10-14; vgl. Odysseus' Erzählung, er sei ein kretischer Bastard, Od.

43 Il. IX, 336, 663-5 und 340-3. [] 4, 199-213.

44 Briseis war bereits Achills Frau ($\check{\alpha}\lambda\sigma\chi\sigma\varsigma$) im Sinne einer Bettgenossin gewesen, bevor Agamemnon sie wegnahm. Ihre Klage, Il. XIX, 295-9.

45 Il. XVI, 179-92 und 175-8 für Polymele und Polydora, die Mütter der Anführer der Myrmidonen. Weitere Bastardsöhne, die als Krieger hervorragten, alle als Speerwerfer, waren Bukolion (Il. VI, 23-4), Medon, der natürliche Sohn des Oileus (Il. XV, 333-6) und Pedaios (Il. V, 70-1). Telamons natürlicher Sohn Teukros war nur Bogenschütze (Il. VIII, 283-4) im Gegensatz zu seinem großen Bruder Ajax. Isos war der Wagenlenker seines legitim geborenen Bruders (Il. XI, 101-4), ebenso Kebriones, der Bastardbruder des Hektor (Il. XVI, 737-9).

46 Daß dies vollgültige Ehen waren: Finley op. cit. 170-1 für Helena; für Klytaimnestra, Od. 1, 36, W. K. Lacey, JHS 1966, 62-3 bespricht diese Frage und weist darauf hin, daß der Dichter den Ausdruck "er ehelichte sie" ($\check{\epsilon}\gamma\eta\mu\epsilon$) für beide Gatten benutzt und Aigisthos "nahm sie in sein Haus" (Klytaimnestra) ($\dot{\alpha}\nu\acute{\eta}\gamma\alpha\gamma\epsilon$ $\check{o}\nu\delta\epsilon$ $\delta\acute{o}\mu o\nu\delta\epsilon$), Od. 3, 272.

47 Helena, Il. III, 39-57 und 403-12, usw.; Klytaimnestra, Od. 3, 261-75, besonders 265-6 u. a.

48 Od. 8, 321-58: die Göttinnen waren entsetzt; daß eine Entschädigung angezeigt war, wurde nicht in Frage gestellt.

49 Man beachte die ausdrückliche und ganz überflüssige Bemerkung, daß Eurykleia niemals die Geliebte des Laertes gewesen sei, Od. 1, 429-33.

50 Od. 15, 417-81; vgl. 18, 321-5 usw. für Melantho.

51 Od. 19, 498 (= 22, 418); 22, 463-4; 20, 14-21.

52 Od. 22, 431-45ff.; Od. 16, 106-9 (= 20, 316-19), und vgl. 22, 35-41; für das, was von einem Mann in dieser Richtung erwartet wurde, vergleiche man, wie sorgsam Odysseus' Ehebruch mit den zwei Göttinnen Kalypso und Kirke verschleiert wird; Kalypso hat in ihrer Begierde nach ihm die Initiative ergriffen (Od. 1, 13-15; 5, 118-29. 155), zwang ihn zum Verweilen (1, 13-15), und außerdem war er ihr Dank schuldig (5, 130-65); und hinsichtlich der Verführungskünste der Kirke war er von Hermes gewarnt worden, daß er sie hinnehmen müsse, um zu seinem Ziel zu gelangen (Od. 10, 296-301).

53 Od. 16, 73-7; 23, 149-51 usw.; Od. 18, 143-6 und 22, 35-41.

54 Od. 18, 269-70; vgl. 11, 177-9, dort fragt Odysseus, ob sie wieder geheiratet habe.

55 Ein abwesender Gatte wird in den alten keilschriftlichen Gesetzeskodizes erwähnt: "Es gilt das Prinzip, daß eine Ehefrau wieder heiraten darf, wenn ihr Gatte sie ohne Unterhalt zurückgelassen hat oder angenommen werden kann, daß er tot ist; aber sie darf solches nicht tun, solange die Vermutung besteht, daß er zu ihr zurückkehren will oder wird" G. R. Driver und J. C. Miles, The Assyrian Laws (1935) 215-16.

57 Daran kann man nicht ernstlich zweifeln, selbst in der klassischen Periode konnten Frauen das Haus ihres Gatten verlassen und dadurch eine Scheidung herbeiführen.

58 W. K. Lacey, JHS 1966, 61ff.

59 Il. VI, 425-8; Bellerophon, Il. VI, 174-80; Meleager, Il. IX, 566-7; vgl. Autolykos' Anteilnahme an seiner Tochter Antikleia nach der Geburt des Odysseus, Od. 19, 399-409.

60 Od. 14, 96-108; vgl. die unterschwellige Feststellung von Achills Schatten, daß das elendeste Los auf Erden das eines Knechtes bei einem armen Mann sei, Od. 11, 489-91.

61 Z.B. Achilles (Il. XIX, 328-33), Sarpedon (Il. V, 472-92); vgl. die Ermunterungen von seiten Hektors (Il. XV, 494-9), und Achills Gedanken an den Vater (Il. XXIV, 534-40) und an Priamos (id. 543-51).

62 Achilles, Il. XXIV, 488-9 und zum Vergleich Od. 11, 494-7; Andromache, Il. XXII,

489-506; vgl. die Parallele der Männer, die sich um Land streiten, Il. XII, 421-4 und Od. 17, 470-2, ein Mann steckt schon so einiges ein, wenn er seinen Besitz und seine Tiere verteidigt.

63 Zur Verachtung gegenüber dem Schurken Od. 19, 329-34; vgl. die Schmähung Od.

64 Il. VI, 234-6; Od. 1, 316-18. [17, 454-7.

65 Il. II, 226-33; vgl. die Behauptung des Achilles, er habe seine gesamte Beute dem Agamemnon gegeben (Il. IX, 330-3); man könnte von Odysseus behaupten, daß er auf seiner Heimfahrt von den Nachbarvölkern Geschenke eingesammelt hat (Od. 14, 321-6 = [teilweise] 19, 282-95). Vgl. Il. VII, 470-1 für Gaben von Wein an Agamemnon — was ihn wiederum verpflichtete, die Heerführer einzuladen und zu bewirten, IX, 71ff.

66 Die Ausnahme bildet Aretes Geschenk einer Truhe, um die Gewänder hineinzulegen, die man Odysseus geschenkt hatte, Od. 8, 438-9; alle homerischen Frauen spinnen, weben und machen Kleidung, auch Helena (Il. III, 125-8; VI, 323-4 usw. und Od. 4, 125-36), Andromache (Il. VI, 490-2), Penelope (Od. 17, 96-97; 19, 138-56; 24, 129-46), vgl. 21, 350-2; 22, 421-3 usw.) und selbst die Göttinnen Kirke (Od. 10, 221-3) und Kalypso (5, 61-2), und die Herstellung von Dingen (ἔργα) war eine der Fähigkeiten, die man von einer Frau erwartete — z.B. Hippodameia (Il. XIII, 428-33). Es wurde allerdings Stoff auch gekauft (Il. VI, 289), es sei denn, die Weberinnen aus Sidon waren gekaufte Sklavinnen so wie die Amme des Eumaios (Od. 15, 425-9), die eine qualifizierte Arbeiterin war (id. 417-18). So konnte eine arme Frau ohne Ehegatten auch ihren Lebensunterhalt durch Auftragsspinnerei fristen (Il. XII, 433-5).

67 Helena, Od. 15, 125-9; Arete, Od. 8, 441; die Braut, Od. 6, 26-30.

68 Eumaios, Od. 15, 368-70; der Bettler, Od. 17, 549-50 und 21, 338-41; Telemachos' Tadel, id. 344-53.

69 Od. 4, 756-7. "Aus dem Stamm der Arkeisiaden wird immer einer da sein, der die Königshalle mit ihrem hohen Dach und die ertragreichen Felder besitzen wird". Im Gegensatz dazu Od. 1, 115-7; 1, 163-5; 2, 55-61 usw., wo nurmehr die Kraft des Odysseus seine bewegliche Habe und seine Herde erhalten konnte.

70 Od. 2, 335-6 und 16, 384-6.

71 Mentor, Od. 22, 216-23; der Schwur des Odysseus, Od. 22, 61-4; man beachte, daß die Odyssee von der Annahme ausgeht, alle Männer könnten auf dem Feld arbeiten. In dem Rededuell zwischen dem Bettler und Eurymachos (Od. 18, 357-80) setzen beide Sprecher voraus, daß der andere etwas von Feldarbeit versteht. Laertes widmete ihr seine ganze Zeit (Od. 1, 189-93), allerdings wird das Elend seiner Situation sehr betont; andererseits mochte der von Odysseus vorgetäuschte Kreter diese Arbeit nicht, er bevorzugte den Soldatendienst (Od. 14, 222-6).

72 Iphidamas ist vielleicht der deutlichste Fall in der Ilias (Il. XI, 223-6), aber für Alkinoos war die Hochzeit mit Arete sichtlich die Grundlage seines Ranges als König, Od. 7, 63-8. Bellerophon, Tydeus und der vorgetäuschte Kreter waren allesamt Besitzer der Gaben geworden, die sie vom Schwiegervater erhalten hatten.

73 Il. XX, 179-83 und V, 152-8.

74 Z.B. Ilioneus (Il. XIV, 489-505) oder der Verlust für die Mutter beim Tod des Lykaon und Polydoros (Il. XXI, 123-4).

75 Il. IV, 477-9 (= XVII, 301-3); Dolon, Il. X, 317. 378-81.

76 Kirk op. cit. 382ff.

77 Od. 5, 394-7; Il. V, 406-9; vgl. Od. 12, 41-5 und die zwei Parallelen, Il. IX, 481-2, wo große Liebe verglichen wird mir der "Liebe des Vaters für den einzigen Sohn",

und Il. II, 291-4, dort ist die Ungeduld wie "die eines Seemanns, den der Sturm im Winter einen Monat lang festgehalten hat voller Sehnsucht nach seinem Weib".

78 Od. 15, 363-70 und 374-9 – vgl. was der Dichter uns über Melantho berichtet (Od. 18, 322-3).

79 Andromache, Il. VI, 383-4; vertrauliches Geplauder, Il. XXII, 126-8; die Hausfrauen, Il. XX, 252-5; der Schild, Il. XVIII, 495-6 und 514-15.

80 Vgl. P. Demargne, Aegean Art (1964) Abb. 181, 191ff.; vgl. für die attische Kunst des sechsten Jahrhunderts Abb. 14 und 22.

81 Od. 1, 356-9; für den Bogen, 21, 350-3; die Zeilen stimmen überein, außer daß $\tau\acute{o}\xi o\nu$ (der Bogen) $\mu\tilde{v}\theta o\nu$ (die Debatte) ersetzt. Dazu Il. VI, 490-3, wo es um Krieg ($\pi\acute{o}\lambda\epsilon$-$\mu o\varsigma$) geht, und das Ende leicht variiert.

82 Il. XXIV, 35-8; vgl. Od. 24, 292-6; nur die Eltern (besonders die göttlichen Mütter), sei es von Aeneas, sei es von Achill, Il. XX, 206-11; Mutter und Gattin (d.h. Hekuba und Andromache) für Hektor, Il. XXII, 86-9; Vater und Mutter werden dem Sokos die Augen nicht schließen (Il. XI, 452-3). Wenn Diomedes erschlagen wird, wird seine Gattin Klage erheben (Il. V, 412-15). Im Fall des Ilioneus, eines einzigen Sohnes, sind Vater und Mutter mehr berührt als die Gattin (Il. XIV, 501-5); Achill und die gefangenen Frauen werden um Patroklos Klage erheben (Il. XVIII, 339-42), Sarpedon mußte von Brüdern und Verwandten bestattet werden (Il. XVI, 456-7), Feiglinge werden von ihren Angehörigen nicht bestattet ($\gamma\nu\omega\tau o\acute{\iota}\ \tau\epsilon\ \gamma\nu\omega\tau a\acute{\iota}\ \tau\epsilon$) (Il. XV, 348-51).

83 Il. XXIII und Od. 24, 36-94.

84 Z.B. der Vater der Andromache (Il. VI, 416-22), die griechischen Gefallenen (Il. VII, 333-5; vgl. 408-10); vgl. Elpenor, der sehr darauf bedacht war, ein ordentliches Begräbnis sicherzustellen (Od. 11, 52-78).

85 Od. 1, 291-2; vgl. id. 234-40, Odysseus hätte, falls er im Kampf gefallen wäre, ein ordentliches Begräbnis bekommen.

86 Für einen Angehörigen Il. V, 20-1 – die Kritik ist nur unterschwellig; Il. XIII, 463-7 für den Schwager des Aeneas, der ihn aufgezogen hat, und Il. XVI, 495-501; id. 544-7 für Sarpedon, Il. XVII, 120-2. 556-9; XVIII, 176-80 für Patroklos usw.

87 Ilias XI und später ist häufig die Rede davon, die Leichen den Hunden und Geiern zu überlassen; als Strafe für Feigheit (XV, 348-51) oder als Folge einer Niederlage (XI, 816-18, vgl. XVIII, 270-2), oder Bosheit, XIII, 831-2 und passim XVII (Patroklos) und XXII usw. (Hektor). Achill tat Lykaon Schmach an, weil er ihn den Fischen verfütterte, XXI, 122-7, vgl. id. 280-83, wo Ertrinken als ein schmachvoller Tod gilt.

88 Il. XXIV, 46-9; vgl. id. 610-13, selbst Niobe nahm nach neun Tagen wieder Nahrung zu sich.

89 Il. XIV, 484-5; Il. XXIV, 725-38 für Andromache. Bei Il. XIII, 658-9 wird vermerkt, daß der Vater des Harpalion verabsäumte, Rache für ihn zu üben; der Zorn des Ares beim Tod des Sohnes, Il. XV, 115-18, auch der Versuch des Euphorbos, den Bruder zu rächen, XVII, 34-7. Für jene Gefühle, die man beim Heldentod ferner stehender Personen ausdrückte, finden sich aber auch in der Ilias viele übliche Floskeln, z.B. Il. IV, 491-4; V, 669-70; XIII, 202-3; XIII, 660-1; Brüder trauern schmerzlich, XI, 249-50 (Koon); XVI, 319-20 (Maris); XX, 419-22 (Hektor).

90 Od. 3, 195-8.

91 Il. XVIII, 497-500; vgl. "Mancher Mann empfängt ein Sühnegeld für den erschlagenen Bruder und selbst den getöteten Sohn", Il. IX, 632-3; für Odysseus Od. 20, 42-3; vgl. 23, 133-9, wo die Scheinhochzeit verbergen soll, daß die Freier tot sind.

92 Sie sind dazu verpflichtet, Od. 24, 433-5; vgl. das wiederholte Lob für Orest, weil er seinen Vater gerächt hat, Od. 3, 195-8 usw.

93 Od. 16, 376-82 und 23, 118-22, und die Freier hätten den Bettler wegen des Mordes an Antinoos getötet, Od. 22, 27-30.

94 Il. XXIV, 480-3, ein überraschend bei einem Haus auftauchender flehender Fremdling hat wahrscheinlich Totschlag begangen; vgl. Od. 15, 223-5 und 272-4, Theoklymenos floh, nachdem er einen Mann mit vielen Verwandten getötet hatte; Il. XV, 333-6, Medon tötete einen Verwandten seiner Stiefmutter; id. 430-2, Lykophron tötete einen Mann; XVI, 573-4, Epeigeos tötete einen Vetter; XXIII, 85-8, Patroklos tötete einen anderen Knaben im Streit; Od. 14, 379-81, ein Aitolier, der jemanden getötet hatte, hatte mit seiner Lüge Penelope getäuscht.

95 Für eine Parallele aus der klassischen Zeit: Xenophon, Mem. II, I, 14-15.

96 δημιοεργοί — Od. 17, 382-7.

97 Iros, Od. 18, 6-7; der Bettler, Od. 19, 27-8; 17, 20-1; 18, 357-80; trojanische Verbündete, oben Anm. 27.

98 Od. 19, 314-19 und 20, 129-30; vgl. 6, 303-15 und 7, 14-17 usw.

99 Od. 17, 549-50; cf. 16, 78-84; für Klassenbewußtsein, Od. 21, 314-17.

100 Lykaon, Il. XXI, 40-4; Axylos, VI, 14-17; Diomedes, VI, 215-33.

101 Od. 8, 204-11. Achills Wildheit zeigte sich daran, daß er den Lykaon erschlug, der "sein Brot gegessen als sein Gefangener" (Il. XXI, 76-7).

102 Od. 1, 175-7; Telemachos in Pylos, 3, 346-55; Mentes, 1, 187-9; der Kreter, 19, 194-202. 241-3; Laertes, 24, 269-79; Menelaos, Od. 4, 31-5.

103 Od. 19, 134-5; vgl. id. 314ff., was immer σημάντορες genau bedeuten mag.

104 Od. 15, 513-17 und 540-3; cf. 17, 78-83.

105 Od. 14, 257-86; vgl. Nestors Frage Od. 3, 71-4; Seeräuberei galt nicht als unehrliches Gewerbe; homerische Helden wußten sehr gut, daß die Hauptursache dafür der Hunger war, man brachte für die Ansichten des Bettlers über die Bedürfnisse des Leibes volles Verständnis auf (Od. 17, 286-9; vgl. id. 473-4), vermutlich aus eigener Erfahrung.

106 Od. 1, 398; 23, 357; vgl. Il. IX, 406.

107 Paris, Il. XIII, 626-7; der Phoinizier, Od. 15, 459-70; beim Abschied, Od. 15, 49-55.

108 Il. I, 280-1, Agamemnon ist edler (φέρτερος) als Achill, weil er über mehr Völker gebietet; vgl. IX, 37-9. Trojas Reichtum war sprichwörtlich gewesen, Il. XVIII, 288-92.

109 Il. IX, 412-16 usw.

Kapitel III

Die Familie und das Werden einzelner Staaten

1 M. I. Finley, The World of Odysseus (1964), besonders Kap. II; Thuk. I, 12 setzt den Anfang "nach dem Trojanischen Krieg", Gomme, Comm. Thuc. ad. loc.

2 H. Francotte, La Polis Grecque (1907) 95ff. betont die vielen Varianten des *synoikismos* (συνοικισμός) und vertritt die Ansicht, daß das grundlegende Element

eine politische Organisationsform war; A. Zimmern, Greek Commonwealth (5. Aufl. 1931) II, noch immer eines der wertvollsten Bücher in englischer Sprache. Wenn die Siedler die Lebensformen ihrer Vaterstädte mitbrachten, muß die Vaterstadt etwas gehabt haben, was übertragbar war, was den Vorgang in das achte Jahrhundert und die Epoche der Kolonisation zurückverlegt, aber diese Formen waren anfangs nicht schriftlich festgelegt.

3 Für die frühe Einstellung gegenüber dem Richterspruch von "Königen" ($\beta\alpha\sigma\iota\lambda\epsilon\tilde{\iota}\varsigma$): Hesiod, Theogonie 81-97, im Ideal; Werke und Tage 33-41, in der Praxis. Spätere Haltungen gegenüber den Gesetzen: Hdt. III, 80, Tyrannei (Willkürherrschaft) leugnet das Recht; id. VII, 104: "Die Spartaner sind nicht vollkommen frei, sie unterstehen einem höchsten Herren, den Gesetzen" ($\dot{\epsilon}\lambda\epsilon\dot{\upsilon}\theta\epsilon\rho\omicron\iota$ $\gamma\dot{\alpha}\rho$ $\dot{\epsilon}\dot{\omicron}\nu\tau\epsilon\varsigma$ $\omicron\dot{\upsilon}$ $\pi\dot{\alpha}\nu\tau\alpha$ $\dot{\epsilon}\lambda\epsilon\dot{\upsilon}$-$\theta\epsilon\rho\omicron\acute{\iota}$ $\epsilon\dot{\iota}\sigma\iota\nu$. $\ddot{\epsilon}\pi\epsilon\sigma\tau\iota$ $\gamma\dot{\alpha}\rho$ $\sigma\varphi\iota$ $\delta\epsilon\sigma\pi\dot{\omicron}\tau\eta\varsigma$ $\nu\dot{\omicron}\mu\omicron\varsigma$); Euripides, Supplices 429-37 etc.; Platon, Kriton 50Aff.; Xen. Memorabilia (Mem) I, 2 40-6; Arist. Ethika (EN) X, 9, 9 (1180 A) usw. Die Betonung des Gesetzes bringt den Geist der *polis* hervor, Forrest, EGD 143ff.

4 Das Dorf ($\kappa\dot{\omega}\mu\eta$) war die über den Haushalt übergreifende Einheit, von einiger Größe, aber durch Blutsbande genügend eng verbunden, um von einem Mann geführt zu werden, $\beta\alpha\sigma\iota\lambda\epsilon\dot{\upsilon}\varsigma$ oder "König", Arist. Pol. I, 1, 7 (1252B); Thukydides erzählt, daß die frühen Griechen in "*poleis* ohne Schutzwälle und in dörflichen Niederlassungen" lebten, I, 5: $\pi\dot{\omicron}\lambda\epsilon\sigma\iota\nu$ $\dot{\alpha}\tau\epsilon\iota\chi\dot{\iota}\sigma\tau\omicron\iota\varsigma$ $\kappa\alpha\dot{\iota}$ $\kappa\alpha\tau\dot{\alpha}$ $\kappa\dot{\omega}\mu\alpha\varsigma$ $\omicron\dot{\iota}\kappa\omicron\upsilon\mu\dot{\epsilon}\nu\alpha\iota\varsigma$.

5 G. Glotz, The Greek City (1929) 18ff.; Burn, LA 25-6. Ihm verdanke ich viele Hinweise in diesem Kapitel. Cf. Thuk. I, 7-8, Seeräuberei erklärte, warum die Griechen ihre *poleis* nahe der Küste, aber nicht an der Küste bauten. Doch haben möglicherweise, so wie in Makedonien, verschiedentliche Bedrohungen durch Masseninvasion die Aufsplitterung in *poleis* verhindert (so die Anregung von G. T. Griffith).

6 H. D. Westlake, Thessaly in the Fourth Century B.C. (1935), besonders Kap. II.

7 Burn, LA 26.

8 Thuk. I, 5,3-6,3; Cf. id. III, 94, 4, über die Aitolier, die keine *poleis* haben und in Dörfern leben; den Gerüchten zufolge aßen sie sogar rohes Fleisch, ibid. 5.

9 Odyssee, 17, 470-2; Lysias IV, 5-7, verschiedene Angriffsformen; id. III, 40-3, Vorsatz als Grund für Strafe; Platon, Gesetze 845 B-D, unterscheidet zwischen Prügel und einem Überfall.

10 Glotz op. cit. 105-7, bestätigt durch das erste Auftauchen von schriftlichen Gesetzeskodizes in Kolonistensiedlungen; Platon, Gesetze 679Aff.; Arist. Pol. I, I, 9-12 (1253 A) zu den Theorien über das Entstehen der Gesetze in *poleis*.

11 "Ohne Land keine Stadt" — d.h. wo es kein Bauernland gab, gab es auch keine *polis*, Burn, LA 15. "tiefschollig"; $\dot{\epsilon}\rho\iota\beta\tilde{\omega}\lambda\alpha\xi$ ist das homerische Wort: das Königsgut ist auch $\beta\alpha\theta\upsilon\lambda\dot{\eta}\dot{\iota}\omicron\varsigma$ — "mit schweren, hohen Ähren" Il. XVIII, 550; cf. Dunbar, Concordance to the Iliad (revidierte Aufl.1962) s. v. $\beta\alpha\theta\epsilon\dot{\iota}\eta\varsigma$ usw. $\beta\alpha\theta\upsilon\lambda\dot{\eta}\dot{\iota}\omicron\varsigma$ ist eine Lesevariante, die das OCT ablehnt.

12 Thuk. I, 2,3-6 zusammen mit Gomme, Comm.Thuc. Fußnote ad. loc.

13 Köhler (ca. 600) Diog. Laert. I, 104. Die Männer von Acharnai sollen sowohl Schwerbewaffnete als auch Köhler gewesen sein, aber sie besaßen auch Weinberge; Aristophanes, Acharnenses 179-83. 214-5. 230-2. 325ff. etc.; cf. ibid. 271-6 für das Holzholen vom Hügel; Andokides, fr. 4: "mögen wir niemals mehr die Köhler sehen, wenn sie von den Hügeln in die Städte kommen".... (d.h. während der Besetzung von Attika 413-404). In Äsops Fabel 29 (Hausrath, = 59 Halm) versucht der Köhler vergeblich, ein Haus mit dem Tuchwalker zu teilen.

14 Thuk. I, 2,5-6, "Aber für Attika gilt,.... daß das gleiche Volk es immer bewohnte". Hinsichtlich der Gültigkeit dieser Ansicht s. (z.B.) Gomme, Comm.Thuc. ad. loc. q. v. für aristokratische Familien, die behaupteten, sie hätten in Attika Unterschlupf gefunden; cf. Hdt. V, 65 usw. Der Anspruch auf Autochthonie ist demokratische Propaganda des späten fünften und vierten Jahrhunderts; er war aber sehr volkstümlich, Euripides, Erechtheus-Fragment (aus Lykurg, in Leocratem 100), Ion 29, 589 etc., Aristophanes, Wespen 1076, Lysistrata 1082. In der frühen Zeit hatten die aristokratischen Familien ihre autochthone Herkunft eher durch ihre Abstammung als über den Ort abgeleitet, Ed. Meyer, Geschichte des Altertums III, 284. Anm. 2 (1937 Stuttgarter Ausgabe), er zitiert die Spartai in Theben, die Eteoboutadai (von Erechtheus) und die Titakidai (in Attika), die laut Herodot (IX, 73) autochthon waren. Die Athener hielten hartnäckig an ihren Ländereien fest bis zum Peloponnesischen Krieg, Thuk. II, 16; als Gegensatz dazu die Adeligen von Leontini, id. V, 4,3.

15 Francotte op. cit. 119f. vertritt die Ansicht, daß Athen sich von anderen *poleis* unterschied, weil es aus vorgegebenen *poleis* zu einer Einheit verschmolzen sei, und nicht aus Stämmen. Er übersieht dabei aber, daß die von ihm angeführten Parallelen entweder Kolonien sind oder später entstanden oder auch beides: Elis (471), Diodoros XI, 54; Rhodos (408-7), Diod. XIII, 75; Stiris und Medeon (zweites Jahrhundert), SIG 647; Teos und Lebedos (etwa 303) ibid. 344. Aristoteles macht aber in seiner Pol. II, 9 keine Bemerkung, wonach Athen viele nur ihm eigene Besonderheiten in der Gesetzgebung gehabt hätte; s. unten Kapitel IX.

16 Dorer und Nicht-Dorer in Sikyon, Hdt. V, 67-8; in Boiotien beanspruchten die Thebaner, daß sie "Plataiai besiedelt hätten.... und andere Orte... nachdem sie Leute verschiedener Rassen vertrieben hätten" (ἡμῶν κτισάντων Πλάταιαν καὶ ἀλλὰ χωρία μετ' αὐτῆς ἃ ξυμμείκτους ἀνθρώπους ἐξελάσαντες ἔσχομεν), Thuk. III, 61,2; cf. Strabon IX, 2, 3 (C 401) (Zählung nach Loeb). Ephoros, F. Jacoby, FGH 70, 21 erklärt die Beibehaltung der Unterscheidung zwischen Thebaiern und Thebageneis (Θηβαγενεῖς). Die Boiotier hatten auch ihre Sonderkulte in Onchestos und Chaironeia, F. Cauer, RE III (1899) 643ff. s. v. Boiotia. In der dorischen (knidischen) Kolonie von Korkyra Nigra wurden die Siedler noch im vierten Jahrhundert in ihren dorischen Stämmen aufgeführt, SIG 141; auf Kalymna, wo die drei dorischen Stämme für religiöse Belange bestehen blieben, nachdem die ortsansässigen Stämme sie in anderer Hinsicht ersetzt hatten, GDI 3593 und id. 3565, A. J. Graham, Colony and Mother City in Ancient Greece (1964) 14ff. In Rhegium haben sich die Siedler aus Messenien noch lange deutlich von denen aus Chalkis unterschieden, id. 17-19.

17 Über Sparta und Gortyn, unten Kapitel VIII.

18 Aristoteles, Oeconomica I, 2, I, (1343A) (Susemihl), wo er Hesiod anführt.

19 Bevor die Möglichkeit eingeführt wurde, ein Testament zu machen, muß der Familienverband unbeschränkt gewesen sein, denn es muß eine Möglichkeit gegeben haben, für einen kinderlosen Mann einen Erben zu bestimmen, auch wenn die Verwandtschaft noch so weit entfernt war. In Athen sind beispielsweise erst in solonischer Zeit (trad. 594) Testamente eingeführt worden.

20 Eine Theorie des primitiven Kommunismus vertritt George Thomson, Studies in Ancient Greek Society I (1949) 302-3 und Anm. 15. 313ff.; Francotte op. cit. 101 für das sehr frühe Abgehen von einem gemeinsamen Landbesitz der Gesamtfamilie. Bei einigen kolonialen Niederlassungen hatte das Dorf eine Funktion, und Nachbarn mußten bei Landverkäufen Zeugen sein, Stobaios XLIV, 20 (von Theophrast), so in Thurioi; in Ainos in Thrakien gehörte der Schwur bei Apollo κωμαῖος und vor drei

Dorfbewohnern (κώμη) sowohl für Käufer wie Verkäufer dazu; G. Glotz, La Solidarité de la famille dans le droit criminel en Grèce (1904) (in der Folge: Solidarité) 195f. vertritt einen anderen Standpunkt und ist für eine Veränderung der Interpunktion bei Hesiod, W. und T. 340-45 in diesem Sinne. S. auch Appendix.

21 "Crimen" in diesem Zusammenhang bedeutet jede Handlung, die dem Überleben des *genos* abträglich ist, Glotz, Solidarité 22ff.

22 νηποινεὶ τεθνάτω; exakt diese Formulierung erscheint erst relativ spät, SIG 194, 10 (Amphipolis im vierten Jahrhundert), bei den Rednern zitierte Gesetze (Andokides I, 95; Dem. XXIII, 60). Das verwandte νήποινος ("ungesühnt") taucht in der Odyssee von einem Totschläger nur im Zusammenhang eines Fluches auf (I, 380; 2, 145); sonst nur, wenn von Plünderern an Eigentum die Rede ist. Keines dieser Worte kommt in der Ilias vor, was darauf hinzuweisen scheint, daß diese Vorstellung sich mit der Entfaltung des Gesetzes verbindet, und der Vorstellung, daß Totschlag manchmal entschuldbar ist.

23 Die Bedeutung von ἀτιμία — das *genos* mißt seinem Leben keinen Wert (τιμή) mehr bei. Werwolf-Aberglaube war geläufig (e. g. Pausanias VIII, 2, 6; Platon, Staat 415E. 565D; in der Verbannung sagt Alkaios (fr. G2 Lobel & Page, Z. 25) "wie Onomakles.... hause ich einsam im Wolfsdickicht" — D. L. Page, Sappho and Alcaeus (1955) 198ff. (besonders 205 Anm. ad. loc.); L. Gernet, Dolon le loup, in: Mélanges Cumont I (1936) 200; Glotz, Solidarité 23.

24 Zu den Beispielen für versehentlichen Totschlag gehören Peleus (Apollodoros III, 163), Herakles (Diod. IV, 36, 2-3), Oxylos (Pausanias V, 3, 7), Perseus (Pausanias II, 16, 2-3); vgl. auch oben Kapitel II für die Einstellung in homerischer Zeit, und oben Anm. 22 für das Unhomerische an Ausdrücken wie νήποινος, νηποινεί in Verbindung mit Totschlag. Hyattos war der erste Mann, der Ehebruch mit dem Tode bestrafte; auch er floh, Pausanias IX, 36, 6-8. Ares, so heißt es, tötete den Verführer seiner Tochter und war der erste, dem für diese Art des Totschlags ein Prozeß gemacht wurde (ἐπὶ τούτῳ τῷ φόνῳ) Pausanias I, 21, 4.

25 Nikolaus v. Damaskus (Nik. Dam.), Jacoby, FGH 90, 61; hier blieb der Mord in der Familie, weil der Liebhaber der Bruder des Isodemos war; cf. Adrastos, der seinen Bruder versehentlich tötete und floh und "alles verlor", Hdt. I, 35; Plut. Mor. 244 E-F.

26 Hdt. V, 71; Thuk. I, 126; Plut. Solon XII, 3. Bzgl. Sakrileg und göttlicher Zorn, Glotz, Solidarité 560ff. et al.

27 Aischylos, Eumenides 483-4. Burn (LA 23) glaubt, dies diente der Unterbindung von vendetta, also Blutrache. "Rache", so sagt Glotz, (Solidarité 57) "war immer sowohl Vergnügen als auch Pflicht"; Beispiele von vendetta zur Beleuchtung des Familienzusammenhalts op. cit. 56. 76ff. Pausanias IV, 4, 4ff. beschreibt den Areopag für die Zeit um etwa 740 bereits als eine feste Einrichtung.

28 Ath. Pol. LVII, 2.

29 Auf dem Schild des Achill findet sich als einziges Beispiel für das gemeinschaftliche Handeln der Gruppe die Darstellung eines einfachen Prozesses um Totschlag. Il. XVIII, 497-508, oben Kapitel II.

30 Ath. Pol. III, 2-3. Seit 683 kannte man aus der Überlieferung die Namen der Archonten, seit damals gaben sie dem Jahr ihren Namen. Ath. Pol. LVI, 2 (Der Archonteneid) beweist, daß seine Aufgabe der Eigentumsschutz war. Cf. P. Vinogradoff, Outlines of Historical Jurisprudence II (1922) 203.

31 Ath. Pol. III, 4 "viele Jahre später".

32 Ath. Pol. LIX, 2.

33 Hignett, HAC 307ff.

34 Arist. Pol. II, 9, 9 (1274B).

35 Glotz, Solidarité 28f.; für Verschuldung, Solon, ap. Ath. Pol. XII, 4; für Unkeuschheit, Plut. Solon XXIII, 2.

36 Glotz, Solidarité 248ff. wo verschiedene Ansichten zusammengetragen sind. Der Text lautet "die patria (i. e. *genos*) und *genea* (i. e. Familie) und sein Besitz (τὰ αὑτοῦ) sind sicher (vor Beschlagnahme); wenn irgendwer einen Mann aus Elis anklagt, wenn die Hohe Behörde und die *Basileis* (Könige) nicht die Mittel der Rechtswahrung anwenden.... Wenn irgendjemand einen Angeklagten, bevor er verurteilt wurde, binden sollte (oder vielleicht schlagen).... " C. D. Buck, Greek Dialects 259 würde statt "ein männlicher Eliter" lieber lesen "ein **Mann** wie ein Mann aus Elis".

37 Abgesehen von der Absicherung von Familie und Besitz des Beklagten und seiner Person vor physischer Gewalttätigkeit befaßt sich die *rhetra* von Elis stark damit, die Beamten zum Handeln zu zwingen. Zu der Ansicht, daß Stammeskönige geneigt waren, ihre Pflichten zu vernachlässigen s. Hesiod et al. unten Anm. 108ff.

38 W. J. Woodhouse, Solon the Liberator (1938), die Standardwerke zur Geschichte; neueren Datums Forrest, EGD 147f. eine neue Meinung.

39 Periander war nicht der erste Gesetzgeber Korinths, wenn Arist. Pol. II, 3, 7 (1265B) richtig ist; die Gesetze Pheidons würden, wenn sie uns überliefert sind, einer eingegrenzten Bürgerschaft sehr gut entsprechen. Perianders Vater, Kypselos, hatte die vorher gültigen Strafmaßnahmen gemildert, Nik. Dam., Jacoby, FGH 90, 57-9; Aristoteles, fragm. 611, 20 (V. Rose); Periander seinerseits hat sowohl die Oligarchie, als auch deren Zurschaustellung ihres Reichtums unterdrückt. Kypselos tat in Korinth, was Solon in Athen leistete, s. dazu E. **Will**, Korinthiaka (1955) 477ff. 622 et al.

40 Die Datierung des Beginns der spartanischen *eunomia* steht immer noch zur Diskussion; man vergleiche die Darstellung von N. G. L. Hammond in seiner History of Greece (1959) 102ff. mit (z.B.) CAH III, 558ff. und die dort angeführten Arbeiten. Forrest, EGD 128, datiert die Reform etwa um 675. Zu Pittakos, Diog. Laert. I, 74-81.

41 Oben, Kapitel I mit Anm. 9. Man beachte aber in Massilia den Versuch, Neubürger von den höchsten Ämtern fernzuhalten, Strabo IV, I, 5 (C179); Aristoteles Pol. IV, 3, 8 (1290B) berichtet, daß die ersten **Siedler** in Teos und Apollonia eine Oligarchie errichteten, die das Monopol auf die Staatsämter besaß.

42 "In früheren Zeiten bestanden Oligarchien in all jenen Staaten, deren Stärke in der Reiterei lag", Arist. Pol. IV, 3, 2 (1289B); als Beispiele bringt er Chalkis, Eretria, Magnesia am Mäander und viele weitere in Kleinasien; vgl. ibid. 8 (1290B) für Kolophon, id. IV, 10, 10 (1297B), VI, 4, 3 (1321A), daß dies für die frühe Zeit Allgemeingültigkeit hat und immer für jene Landstriche stimmt, die sich für den Reiterkampf eignen. Herakleides Pontikos, Kym. Pol. 6 (Müller, FHG II, 216) für Kyme.

43 Wobei wir (beispielsweise mit Hignett, HAC 101-2 et al.) annehmen, daß die *hippeis*, entsprechendes Geburtsrecht vorausgesetzt, schon in vorsolonischer Zeit Zugang zu den Ämtern und zum Rat hatten. Die dritte Klasse (*zeugitai*) war erst seit 457/6 für das Archontenamt wählbar, Ath. Pol. XXVI, 2.

44 Strabon, X, 4, 18 (C 481-2).

45 Id. X, I, 10 (C 448): die Prozession von 3000 Hopliten, 600 *hippeis* und 60 Kampfwagen wurde überliefert; vgl. SIG 123, wo *strategoi, boule* und *hippeis* aus Eretria mit ihren athenischen Gegenübern im Jahre 394/3 Schwüre austauschten.

46 Cf. die *geomoroi* auf Samos, deren Einfluß bis 412 andauerte, und bis zur Revolution, Thuk. VIII, 21; Boerner, RE VII, I (1912) 1219.

47 Strabon, XIV, I, 3 (C 632-3), F. Cauer, RE III (1899) 909 s. v. Branchidai.

48 M. P. Nilsson, Greek Religion (1925) 205-212 für einen knappen zusammenhängenden Bericht über Dionysos und die Mysterien von Eleusis; bzgl. der Zulassung von Sklaven zu letzteren: L. R. Farnell, Cults of the Greek States III (1907) 155 Anm. 173; Aber selbst bei diesem Fest, bei dem die Betonung auf der Einzelperson lag, weniger auf der Familie, haben im vierten Jahrhundert einige Vertreter von Milet zugleich mit ihren eigenen Frauen und Kindern auch "für die Athener, ihre Frauen und Kinder" gebetet, ibid. 157. Kleisthenes von Sikyon hat auch einen Dionysos-Kult an Stelle eines dorischen Adrastos-Kultes ermutigt. Hdt. V, 67, 5.

49 Burn, LA 33.

50 Die geometrische Periode dauerte in Korinth von ca. 900 bis ca. 725, bis etwa 700 in Athen, und bis 650 in der ägäischen Welt, R. M. Cook, Greek Painted Pottery (1960) 16. q. v. (S. 20), "Leichenzüge, Wagenprozessionen, Land- und Seekämpfe" als Hauptthemen der Künstler im Geometrischen Stil; ibid. 22-3, Pferde auf geometrischer Ware aus Argos.

51 Burn, LA 53; C. T. Seltman, Greek Coins (1955) 46-8; Cook op. cit. Abb. 9c (ca. 650); Léon Lacroix, Études d'archéologie classique I (1955-6) 89ff. lehnte jede sichere Zuweisung heraldischer Embleme an bestimmte Familien ab; wie bei Aischylos, Sieben gegen Theben 377ff. war ihre Absicht, Furcht oder Kränkung zu bewirken, man beachte aber Z. 398, die (laut Schol.) von Alkaios herrührt, daß Wappenschmuck nicht verletzt und Z. 590ff. S. ferner unten, Anm. 53.

52 Die spartanische Phalanx, Burn, LA 282; Photios, s. v. M für Messenier, Σ für Leute aus Sikyon, Xen. Hell. IV, 4, 10; Ψ (=X) für Chalkis, Seltman op. cit. 57; Mantineas Dreizack-Kennzeichen: Lacroix op. cit. 104.

53 Seltman op. cit. 46-8. 52-3; die Ansicht erregte Widerspruch und wird von Vielen zurückgewiesen. Seltmans Belegmaterial war fehlerhaft, aber seine Kritiker haben sich nie mit Stadtwappen auseinandergesetzt (Anm. 52), oder der Tatsache, daß Wappen als erblich bezeichnet werden konnten (οἰκεῖον, Euripides, Phoenissae 1107), oder daß man von Alkibiades erwarten durfte, er werde auf seinem Schild ein Wappen benutzen, das πάτριος war. Plut. Alkib. XVI, 1-2. Daß die Abzeichen adeligen Einzelindividuen zugeordnet wurden, wenn sie nicht den Familien im Erbrecht zuerkannt worden waren, J. H. Jongkees, Mnemosyne 1952, 47ff. Für ähnliche milesische Münzen, Seltman op. cit. 26-8; Freeman, Greek City-States (1950) 133.

54 Für die behelmte Athene: Jongkees op. cit.; für die Eule, (e. g.) Seltman op. cit.; und Tafeln 8. 9.

55 Hdt. II, 160; J. Burckhardt, History of Greek Culture (in der Folge HGC) (1964) 54: *kalokagathia*, das aristokratische Ideal, schloß athletisches Können ein. H. A. Harris, Greek Athletes (1964) 37-8. 42ff. Zwischen den wohlhabenden aristokratischen Bewerbern der vor-klassischen Zeit und dem wachsenden Berufsathletentum der späteren Epochen lag ein sozialer Gegensatz; aber Sokrates unterstellt in Platon, Apologie 36D, daß es Athleten wenigstens wirtschaftlich gut geht. J. K. Anderson, Ancient Greek Horsemanship (1961) 100f. hat bemerkt, daß Jagdszenen nach den Reformen des Kleisthenes aus der athenischen Kunst verschwinden; aber seine Begründung dafür überzeugt nicht. Jagd war eine ihrem Charakter nach aristokratische Tätigkeit, die sicher weiter bestand, wie Xenophon, *Kynegetikos* und andere Quellen belegen.

56 V. Ehrenberg, Society and Civilization (1964) 50-1. q. v. (Abb. 23) zur Illustrierung.

57 Tyrtaios, fr. 9 (Diehl), athletische Meisterschaft, gutes Aussehen, Reichtum, eine berühmte Ahnengalerie, Beredsamkeit — alles ist weniger wert als Mut. Xenophanes, fr. 2 (Diehl), Athleten kommen an zweiter Stelle; später äußert sich Euripides, Autolykos fr. 284 (Nauck) über die Nutzlosigkeit von Athleten und Athletik; beide aus Athenaios X, 413C-414C; Phokylides, fr. 3 (Diehl) aus Stobaios XXXVII, 28 über Adelige ohne entsprechende Qualität.

58 Hdt. III, 142-3, die Arroganz eines Adeligen hat die Wiederherstellung einer verfassungsmäßigen Regierung in Samos unterbunden; Theognis, 183ff. Abneigung gegen *nouveaux riches*, die in adelige Familien einheiraten.

59 Xenophanes, fr. 3 (Diehl), aus Athenaios XII, 526 A-B.

60 Seit ca. 570 sind Jünglinge und Liebhaber Thema attischer schwarzfiguriger Vasen, Cook op. cit. 72; seit Beginn der rotfigurigen Vasen, seit ca. 530, tauchen Darstellungen von Szenen aus den Ringerschulen (*palaestra*) auf, etwa Abb. 17, id. 169. Zum Thema Trinken, Xenophanes fr. 1 (Diehl) aus Athenaios X, 462C; im Lob der Mäßigkeit ist unterschwellig enthalten, daß Exzesse nicht unbekannt waren. Über Alkaios, Page, Sappho and Alcaeus 299ff., aber die Gesetzgebung des Pittakos, die das Strafmaß für betrunkene Missetäter verschärfte (Arist. Pol. II, 9, 9 [1274B]), scheint anzudeuten, daß Trunkenheit auf Lesbos recht häufig war; cf. Theognis 467-510. 627-8. 939-42 et al. Man beachte das (verständliche) Auftauchen von Trink-Szenen auf Trinkgefäßen des 'Hohen Korinthischen Stils' (ca. 625-550) und des attischen schwarzfigurigen Stils (ca. 570-550), Cook op. cit. 58. 72 et al. Krawalle von Betrunkenen sind uns überliefert; Burn, LA 83 und Anm. 85, ein Tumult in Korinth führte zu einem Totschlag und der anschließenden Verbannung der Täter als Kolonisten; auf Naxos, Athenaios VIII, 348A-C, was sich von Aristoteles herleiten soll.

61 Das Gesetz richtete sich allgemein gegen übertriebene Zurschaustellung ($\tau\rho\upsilon\varphi\grave{\eta}\nu$ $\acute{o}\lambda\omega\varsigma$ $\pi\epsilon\rho\iota\alpha\iota\rho\tilde{\omega}\nu$) Aristoteles, frag. 611. 20 (V. Rose).

62 Plut. Solon XXI, 4; Charondas, Stobaios XLIV, 24. Für weiter Beispiele einschl. Delphi s. Proc. Cambridge Philological Society (1964) 49 und Anm. 3.

63 Plut. Lykurgos XXVII, 1-2.

64 Hdt. VI, 126-30; cf. die fragmentarisch überlieferte Werbung um Helena (Hesiod, fragmenta 94 und 96), die Freier waren $\acute{o}\sigma\sigma\iota$ $\sigma\varphi\acute{\iota}\sigma\iota$ $\tau\epsilon$ $\alpha\grave{\upsilon}\tau\sigma\tilde{\iota}\sigma\iota$ $\mathring{\eta}\sigma\alpha\nu$ $\kappa\alpha\grave{\iota}$ $\pi\acute{\alpha}\tau\rho\eta$ $\grave{\epsilon}\xi$$\omega\gamma\kappa\acute{\omega}\mu\epsilon\nu\sigma\iota$; 'Abstammung', die pindarische Deutung der $\pi\acute{\alpha}\tau\rho\eta$ scheint uns wahrscheinlicher als die in LSJ gegebene ('Heimatland'). Hippokleides machte sich bei den Verlobungsfeierlichkeiten lächerlich und verlor seine Braut an den Alkmaioniden Megakles.

65 Diod. XIII, 84 (aus dem Jahr 406); die Wagenprozession erinnert an Geometrische Vasen wie den Dipylon-Krater der letzten Hälfte des achten Jahrhunderts, abgebildet bei Ehrenberg op. cit. Abb. 8.

66 Sie reichten ihre politische Macht innerhalb des *genos* weiter ($\kappa\alpha\tau$' $\grave{\alpha}\gamma\chi\acute{\iota}\sigma\tau\epsilon\iota\alpha\nu$), nicht vom Vater zum Sohn (Burn, LA 20-21), dieses Verfahren entwickelte sich zu einer jährlichen Berufung zu den obersten Ämtern, die auf Grund einer Wahl innerhalb des *genos* der Bakchiadai erfolgte, Diod. VII, fr. 9. In Athen sind die Medontiadai möglicherweise genauso vorgegangen (Burn, LA 23-4). Andere herrschende Familien waren die Penthilidai in Mytilene auf Lesbos, Arist. Pol. V, 8, 13 (1311B), Alkaios fr. 48 (Diehl) (vielleicht), die Basilidai, die in Ephesus und Erythrai am asiatischen Festland herrschten, Arist. Pol. V, 5, 4 (1305B), Suidas (Suda) s. v. Pythagoras Strabon XIV, 1, 3 (C 633), die Neleidai, die in Milet herrschten, Aristoteles, fr. 556 (V. Rose); für andere, G. Glotz, The Greek City (1929) 14f.

250

67 Hdt. V, 92, β-δ; δοκέουσά σφεας φιλοφροσύνης τοῦ πατρὸς εἵνεκα αἰτέειν φέρουσα ἐνεχείρισε αὐτῶν ἑνί. Das Baby wurde nicht getötet, die Mörder konnten beim Lächeln des Säuglings ihr Vorhaben nicht mehr ausführen — eine typisch griechische Lösung des Knotens in dieser Geschichte. Für eine ähnliche Geschichte (über den Perser Kyros) s. Hdt. I, 107-18; man betont, daß ein naher Verwandter den Mord hatte ausführen sollen. Es bestand eine Neigung, den Familien der Tyrannen Züge 'heroischer' Legenden anzudichten; vgl. die Vorhersagen zu der bevorstehenden Geburt des Peisistratos, Hdt. I, 59.

68 Zu den Beispielen kleiner Ratsversammlungen gehören Sparta mit 30 (Hdt. VI, 57, 5 usw.) Argos mit 80 (Thuk. V, 47, 9), Elis mit 90 (Arist. Pol. 5, 8 (1306A), Epidauros mit 180 (Plut. G.Q. 1 = Moralia 291E), obgleich es sich nur um einen sehr kleinen Staat handelt, 60 auf Knidos (Plut. G.Q. 4 = Moralia 292A-B; vgl. Arist. Pol. V, 5, 3 (1305B). Außer Elis sind es nur dorische Staaten; Elis wurde vermutlich zur gleichen Zeit besiedelt, Burn, LA 25. Vgl. die Gamoroi (Geomoroi) in Syrakus und Samos, Hdt. VII, 155, und Macans Anmerkung ad. loc., Thuk. VIII, 21. Gamoroi waren vermutlich die Leute, die das Land in Syrakus ursprünglich aufgeteilt hatten, von denen die meisten aus einem Dorf des korinthischen Bereichs gekommen waren, Strabon VIII, 6, 22 (C380), sie waren also wohl eng miteinander verwandt.

69 Pollux IX, 83; ihr Vater nennt sich König (βασιλεύς) von Kyme.

70 Hdt. I, 92, 3. Die Hochzeit des Melas, Ailianos, Var. hist. III, 26. Für Ehen bei Homer, JHS 1966, 59-60.

71 Hdt. I, 146.

72 Hdt. IV, 108, "Die Gelonoi sind ein Volk, das vor langer Zeit zu den Griechen gehörte, aber sie haben den Handel aufgegeben und sich unter den Budinoi angesiedelt. Ihre Sprache ist teils skythisch teils griechisch". Wie die Griechen des Heimatlandes zogen sie es vor, als seßhafte Bauern zu leben. Id. IV, 78, Ariapeithes, ein Einheimischer, heiratete eine Frau von Istria "auch keine Einheimische, denn sie lehrte ihren Sohn das Griechische in Wort und Schrift"; am Ende des sechsten Jahrhunderts heiratete Miltiades von Athen eine thrakische Prinzessin, Hegesipyle, Hdt. VI, 39, 2; Plut. Kimon 4, usw.; vgl. auch die Kallipidai, Hdt. IV, 17, die Mixhellenes, SIG 495, 114 (drittes Jahrhundert). Die traditionelle Überlieferung sprach auch von Verkehr zwischen Griechen und Einheimischen in Italien und auf Sizilien, obgleich in den meisten Fällen von Verrat auf der einen oder anderen Seite die Rede ist, Polybios XII, 6; Polyainos V, 5; Justin XLIII, 4; laut Aristoteles gab es in Massilia Heiraten zwischen den Hauptfamilien (Athenaios XIII, 576A-B).

73 Thuk. I, 126, 3 usw.

74 Burn, LA 184-5. 188, von Diog. Laert. I, 94; viele Familien leiteten sich von dem messenischen Heerführer Aristomenes ab, Pausanias IV, 24, 1-3. Periander und sein Vater benutzten beide ihre Familien, um ihre imperialistischen Pläne zu fördern, Burn, LA 188-91.

75 Ath. Pol. XVII, 4. Sie war immer noch jung genug, um dem Peisistratos zwei Söhne zu gebären; die Meinung, Peisistratos sei Bigamist gewesen, und die Söhne der Timonassa Argiver und nicht athenische Bürger, vertritt L. Gernet, Mariages de tyrans in: Hommage à Lucien Febvre (1954) 42-4. Peisistratos' ältester Sohn Hippias heiratete zweimal, beide Male athenische Mädchen; Hippias' Tochter heiratete den Sohn des Hippoklos aus Lampsakos am Osteingang des Hellespont, vermutlich in Verfolgung athenischer Interessen in diesem Gebiet, Thuk. VI, 59, 3; Hegesistratos, Hippias' Halbbruder, war Herr über Sigeion am südlichen Vorgebirge, Hdt. V, 94 usw.

76 Timaios in: F. Jacoby, FGH, 566, 93; Schol zu Pindar, Isthmien II; auch diesen
Hochzeiten war eine 'heroische' Vorstellung eigen, denn nur ein Tyrann war genügend *agathos*, um die Tochter eines Tyrannen heiraten zu dürfen, Gernet op. cit.
44ff. q. v. zu der Dringlichkeit, die Töchter zu versorgen und der Dauerhaftigkeit
der Bindungen zur mütterlichen Familie; vgl. Homer Il. VI, 425-8; IX, 566-7 et al.,
oben Kapitel II.

77 Hdt. VI, 126-30; Thuk. V, 43; VI, 89, 2; VIII, 6, 3; ein anderer Standpunkt bei Xen.
Hell. V, 4, 22; VI, 3, 4. Perikles war ein *xenos* des spartanischen Königs Archidamos,
daher glaubte er, daß als Folge davon seine Güter bei der spartanischen Invasion von
431 nicht geplündert werden würden, Thuk. II, 13, 1. Die Männer von Dekeleia hatten in Sparta erhebliche Sonderrechte, Hdt. IX, 73, 3.

78 Pindaros, Olympien XII (frühes fünftes Jhdt.), ein kretischer Einwanderer in Himera
auf Sizilien; Hommel, RE XV (1932) 1424ff. s. v. Metoikoi; Mazzarino, Athenaeum
(1943) 48-9, mit Betonung der Bedeutung des Zeus Xenios. Für Kypselos: Burn,
LA 206, mit Hinweisen. Die Familie berief sich auf heroischen Ursprung, von Aiakos
und Aigina, sie sei noch in heroischer Zeit nach Athen eingewandert.

79 Diod. VIII, 7; Pausanias IV, 4, 4ff. ist ausführlicher; man beachte in dieser Geschichte
das Fehlen jeder Vorstellung einer persönlichen Verantwortung. Hdt. VI, 86 für
Glaukos.

80 Vgl. die Tochter des Kleobulos. Sie schrieb Gedichte, trat für die Erziehung der
Frauen ein und auch dafür, zwischen Mann und Frau in der Öffentlichkeit Zärtlich-
keiten ebenso zu vermeiden wie Streit, Diog. La. I, 89-92, auch oben, Anm. 72.

81 Fr. G2, 32-5; D. L. Page, Sappho and Alcaeus (1955) 199ff.; Anth. Pal. IX, 189;
Athenaios XIII, 609E-F, Elis wird erwähnt und Tenedos ebenso wie Lesbos gelten

82 Fr. 7 (Diehl) 57-70.   ⌈als deren Schauplatz; M. P. Nilsson, RE X (1919) 1674.

83 Platons Liste in: Protagoras 343A ist die früheste Version der "Sieben Weisen";
Pittakos selbst war ein "Weiser", ebenso Solon, und (in den meisten Versionen)
Periander, Burn, LA 207-9; Diog. La. I, 13; der Rat, bei der Ehe in der eigenen
Gruppe zu bleiben id. I, 70 (Chilon); I, 92 (Kleobulos); Heirate ein Mädchen deiner
Altersgruppe, Theognis 457-60.

84 Athenaios XIII, 589F, Periander und Melissa; Plut. Moralia 189C, die Tochter des
Peisistratos; Theognis 261-6 scheint es um einen verhinderten Liebesbund zu gehen,
nicht um eine Tändelei; Semonides loc. cit. (Anm. 82) 85-7, sie gebiert ihm auch
wohlgeratene Kinder; cf. Theognis 1225-6. 1253-4.

85 Euripides, Hekuba 466-74 und Schol. ad. loc., Suidas s. v. χαλκεῖα ἐργάνη; Farnell,
Cults I, 296f.; Deubner, Attische Feste (in der Folge AF) 31ff. Offenbar arbeiteten
sowohl Aristokratinnen als auch Sklavinnen an dieser Robe. In späteren Zeiten widmete man den Arbeitern Dankadressen: Deltion Archaiologikon 1889, 15 (in 99/8).

86 Hymne an Apoll, 146ff. (vom Delischen Apollo-Fest); über einen Angriff auf eine
Gruppe Delphi-Pilger: Plut. G. Q. 59 = Moralia 304E-F.

87 Plut. Solon XII, 1; die Version bei Hdt. (V, 71) und Thuk. (I, 126) lassen dieses
Detail aus.

88 E. A. Freeman, History of Sicily II (1891) 190 folgt eher Pollux IX, 85, als Diodor
XI, 26; eine weiter Erzählung über Damarete: Schol. zu Pindar, Olympische Oden
II, 29; K. Freeman, Greek City-States (1950) 50.

89 Aischines I, 183: Solons Ziel war, "ihr Leben nicht mehr lebenswert zu machen"
und sie daran "zu hindern, unschuldige Frauen zu verderben". Unten Kapitel V zur
Gesetzgebung im demokratischen Athen.

90 Beispiele in Kyme, Plut. Moralia 291F (= G. Q. 2); Lepreon, Herakleides Pontikos fr. 14 (Müller, FHG II, 217); cf. Glotz, Solidarité 26. Anm. 2, Beispiele aus anderen Gesellschaften unten Kapitel VIII für Gortyn.

91 Plut. Lykurgos XV, 10.

92 Ath. Pol. XVIII, 2; Thuk. VI, 56 etc.; in Ath. Pol. war Thessalos, der Bruder des Hipparchos, der Rivale des Aristogeiton. Für ὕβρις Arist. Pol. V, 8, 9-13 (1311AB); V, 9, 13 (1314B); für weitere Beispiele Hdt. V, 92η, 3; III, 48, beide in Korinth; III, 45, 2 auf Samos.

93 Ath. Pol. XIX, 6; Hdt. V, 65. Trotz des Gebrauchs des Plurals Peisistratiden (Πει-σιστρατιδῶν) in beiden Fällen sagt Thuk. (VI, 55), daß nur Hippias zu diesem Zeitpunkt irgendwelche Kinder hatte.

94 In Athen, freie Mahlzeiten im Prytaneion (Platon, Apologie 36D; IG 1 [ed. min.] 77), ähnlich auf Keos, Paros und anderwärts. C. M. Bowra, Pindar (1964) 184ff. bringt verschiedene Ansichten über athletische Tüchtigkeit und ihre Verdienste. Solon zahlte ein Bargeschenk von 500 Drachmen für einen Olympioniken, 100 für einen Sieger der Isthmischen Spiele (Plut. Solon XXIII, 3); der erste Betrag entsprach dem Jahreseinkommen der höchsten Besitzklasse. Daß dies eine Schmälerung ihrer Ehren bedeutet habe, wird von Diod. IX, 2, 5 und Diog. La. I, 55-6 angedeutet. Für das persönliche Ansehen Pindar, Pythische Oden IX, 98-103, das Gebet eines Mädchens um einen zukünftigen Ehemann oder Sohn, der ein Olympionike sein soll. Eine Geliebte ermuntert einen Ringer bei Philostratos, Gymn. 22 (sie schickte ihm eine Botschaft, daß "sie ihn eines Liebesspiels (τὰ παιδικά) mit ihr nicht für unwert halten würde, wenn er einen Olympia-Sieg erringen würde"), sie war aber wahrscheinlich eine *hetaira*; das Ganze spielt um 404.

95 Herodot (V, 71) erwähnt Kylons Olympia-Sieg; vgl. die Annahme, id. VI, 35-6, daß der Sieg des Miltiades ihm Vertrauen einflößte. Für Kroton und Sybaris zu dieser Zeit: T. J. Dunbabin, Western Greeks 360-4, für Milon: Harris op. cit. (Anm. 55) 110-3.

96 Hdt. VI, 126, 2; Pindar, Olympische Oden I-III, für Hieron v. Syrakus und Theron von Akragas. Beide hatten zwischen 480 und 470 Erfolg im Wagenrennen mit Viergespann. Auch die Pythien I-VI, die Isthmien II, Nemeen I und IX waren für Tyrannen verfaßt worden. Eine weniger ausgeschmückte Feier fand 373 für Chabrias nach einem pythischen Sieg statt, Dem. LIX 33.

97 Den ersten, zweiten und dritten Preis nach Euripides, Plut. Alkibiades XI; Thuk. (VI, 16, 2) behauptet in einer Rede, die er Alkibiades in den Mund legt, nur, daß kein privates Individuum (ἰδιώτης) je so viel getan hatte.

98 Thuk. loc. cit.: "Unseren Sitten gemäß gelten solche Dinge als ehrenvoll, und aus dem Erreichten schließt man gleichzeitig auf Macht (δύναμις)" — d.h. auf die Macht Athens, von der Beobachter geglaubt hatten, sie werde durch einen Krieg geschwächt. Aber ein zeitgenössischer Kritiker (der sog. 'alte Oligarch') behauptet, die Athener hätten ein Vorurteil gegen solche Leute gehabt, die sich in Athletik und Musik betätigten (Pseudo-Xenophon, Ath. Pol. I, 13). Jedoch wurde ein berühmter Athlet, Dorieus von Rhodos, der andauernd gegen Athen Opposition gemacht hatte, sogar ohne Lösegeld, freigegeben, als er im Jahr 406 gefangengenommen und nach Athen gebracht worden war, Xen. Hell. I, 5, 19, und das zu einer Zeit, als Gefangene oft genug auf der Stelle getötet wurden.

99 Hdt. VIII, 17; Plut. Alkibiades I; Philippos von Kroton diente 509 unter Dorieus mit eigenem Schiff und eigener Mannschaft, Hdt. V, 47.

100 Ath. Pol. XXIII, 1-2; cf. Arist. Pol. V, 3, 5 (1304A).

101 Ath. Pol. XXVII, 3-4, davon eine überzeichnete Version in Plut. Kimon X; Athenaios XII, 533 (von Theopompos); cf. Plut. Alkibiades XVI, 3.

102 Plut. Nikias III; Platon, Gorgias 472A für eine geringe Abweichung; Pseudo-Xenophon, Ath. Pol. I, 13, die Haltung eines Kritikers gegenüber dem Verhalten der Bevölkerung.

103 Xen. Oikonomikos (Oik.) II, 5-6; XI, 8-9. 14-18.

104 Apollodoros, Dem. L 7ff. als Beispiel.

105 Dem. LI ist eine Anmeldung des Anspruchs auf diesen Preis. S. dazu auch die Behauptung des Apollodoros, daß sein Schiff deshalb dazu erwählt worden war, Gesandte zu befördern, weil es in der Flotte das schnellste war, id. L, 46. Zur Feier von Siegen in Tragödien s. Platon, Gastmahl 173A-174B.

106 Hesiod W und T 633-40.

107 W und T 37-9; W und T 341 beweisen, daß man in diesem Zeitalter Land kaufen konnte, aber dies läßt sich noch dadurch erklären, daß Hesiod nicht vom besten, tiefschollrigen Land spricht, sondern vom Hügelland, das wohl zur Zeit, als die ursprünglichen Familien *kleroi* zugewiesen bekamen, nur Weideland und Unterholz gewesen war. Die Folge davon war, daß (wie beim Gemeindeland) dieses Land außerhalb der üblichen Regeln stand, die eine Veräußerung sonst regulierten, s. Appendix.

108 W und T 240-7; im Gegensatz dazu die Rechtschaffenen in W und T 225-37. Glotz, Solidarité 64ff. bringt Beispiele dafür, wie in überlieferten Geschichten die Partei, die beleidigt worden war, dadurch Rache erlangte, daß sie Selbstmord beging, nachdem sie auf die Partei des Beleidigers einen Fluch gelegt hatte.

109 W und T 248-64. 30-2.

110 W und T 701; cf. 715-6. 760-4. 343-6. "Das Gerede der Leute" ($\delta\eta\mu\omega$ τε $\varphi\eta\mu\eta$) gilt in der Odyssee bereits als abträglich (oben, Kapitel II).

111 W und T 242-5. 325-6.

112 W und T 321-32. 182-9; cf. Theognis 271-8, für den Menschen sind pflichtvergessene Kinder unter allen Schicksalsschlägen der schlimmste.

113 W und T 376-80.

114 W und T 695-701. 344-5 für Nachbarn.

115 Seefahrt und Handel sind Leichtsinn (unten Anm. 116); vgl. Theognis 179-80, selbst Seefahrt ist besser als Not; leichte Mädchen, W und T 373-5.

116 W und T 646-9; cf. 236-7. 682-7. 633-4 etc.

117 W und T 519-21.

118 $\delta\mu\tilde{\omega}\epsilon$, das homerische Wort, W und T 459. 502. 573 et al.

119 W und T 602-3; die Wirtschafterin eines Junggesellen folgt dem Pflug, id. 405; eine künstlerische Darstellung: Abb. 45, sechstes Jahrhundert.

120 W und T 330.

121 W und T 399-400; oder vielleicht uneheliche Kinder von Sklavinnen, die bei Theognis (535-8) verspottet werden.

122 W und T 477-8. 497. 533-5 (der alte Mann wird zum Vergleich herangezogen). 717-8.

123 Für Flüchtlinge, Tyrtaios Fr. 6 (Diehl); Theognis 209-10. 1211-1216. 1197-1202 (wahrscheinlich); Alkaios Fr. G2, Page op. cit. 198ff.; Alkaios muß dabei von Ländereien sprechen. Solche Leute stellten in späterer Zeit, da sie im Geiste ungebrochen blieben, den Nachwuchs für die Söldnerarmeen, in der frühen Zeit waren sie die freien Abenteurer wie Dorieus der Spartaner (Hdt. V, 42-6). Isokrates XIV (Plataikos) 46-9 beschreibt ihr Elend im vierten Jahrhundert in einem höchst dramatischen Stil,

Antiphon II, IB, 9, ein Mann, der wegen Mordes ins Exil gehen muß, wird als alter Bettler enden. Armut machte die Menschen auch zu Straßenräubern und Seeräubern, und dies galt als eine produktive Form des Handels, H. A. Ormerod, Piracy in the Ancient World (1924) 68ff.

124 Mikkiades, dessen Sohn Achermos, dessen zwei Söhne Athenis und Bupalos, Burn LA 223 q. v. für Belege.

125 R. M. Cook op. cit. (Anm. 50) 81-2, der Töpfer Ergotimos, sein Sohn und (vielleicht) Enkel, auch Theson, der Sohn des Nearchos (Mitte des sechsten Jahrhunderts).

126 Pausanias X, 19, 1-2 (sechstes Jhdt.); Sappho, fr. 57 (sie wisse nicht, wie man sich zu kleiden habe) und vielleicht 104a (Lobel & Page).

127 Theognis 53-8. 847-50. 183-196 et al. Aber auch Theognis kannte die Bitterkeit der Armut, etwa 173, ein armer Mann darf nicht sagen, was er denkt; 181-2, Tod ist besser als Not; einen armen Freier schauen die Eltern des Mädchens nicht an, auch wenn sie es möchte, 261-6.

128 Fast ohne Ausnahme galt die Regel, daß nur Bürger Land und Häuser zu eigen hatten. Daß man dieses Prinzip durchbrach, war eine der ärgsten Demütigungen, die die Athener ihren Verbündeten zufügten. Das spiegelt sich in der Inschrift, die die Bildung der zweiten Liga im Jahre 377 festhält, M. N. Tod, GHI II (1948) 123. 25-31. 35-46. Vgl. oben Kapitel I, Anm. 35.

129 Thuk. II, 44, 3.

130 Kyrene wurde von Thera aus kolonisiert, behandelt in: A. J. Graham, Colony and Mother City (1964) 224f. et al. Platon, Gesetze 740A-741A, besonders 740D, genau 5040 Bürger-Inhaber der *kleroi*; s. auch unten Kapitel VIII.

131 Arist. Pol. VII, 4 (1326A-B); III, 3, 4-5 (1278A). Die im Text eingeklammerten Worte stammen von mir.

132 N. G. L. Hammond, JHS 1961, 87; Forderungen zu Solons Zeit, Ath. Pol. XII, 3 et. al.

133 Hdt. V, 92, ϵ 2 sagt: χρημάτων ἀπεστέρησε; Nik. Dam. sagt, daß er τὰς οὐσίας wegnahm, Jacoby, FGH 90, 57, 7; dies schließt normalerweise Landbesitz mit ein, Theognis 1197-1202.

134 Unten Kapitel VIII für Sparta.

135 Platon, Staat 565E-566A; Isokrates XII (Panathenaikos) 259; jeder widersetzt sich Landaufteilungen, Gesetze 684D-E: der Geschworeneneid in Athen, wie er bei Dem. XXIV, 149 überliefert ist, verpflichtet die, sich dem zu widersetzen, cf. id. XVII, 15. Die Aufteilung der οὐσίαι (und das muß unter Einschluß der Ländereien gemeint sein) ist nach Aristoteles, Pol. V, 4, 3 (1305A) eines jener Verbrechen, die zu einer Unterhöhlung der Demokratie führen, vgl. V, 7, 11 (1309A) — Aristophanes, Wolken 202ff. nennt spöttisch die Geometrie eine Wissenschaft im Dienst der Landverteilung. Thuk. VIII, 21 werden auf Samos nach einer Revolte die Güter von Adeligen aufgeteilt, andere Beispiele : Glotz, Solidarité 535.

136 Hdt. III, 131, ein berühmter Arzt, der (mit zunehmend besseren Einkünften) in Aigina, Athen und Samos sein Handwerk ausübte; in Athen, vgl. Pittalos, Aristophanes, Acharnenses 1027-32. 1222-3; Platon, Georgias 514D-E, Politikos 259A.

137 Einige Tyrannen, wie Polykrates von Samos, ließen öffentliche Bauten, wie Aquädukte, ausführen. Das entspricht aber nicht der Regel. Athen, auch eine Ausnahme, besaß Polizei, weil die Demokratie die zuerst von Peisistratos geworbenen 'Bogenschützen' im Dienst behielt. Aber die spartanische Geheimpolizei κρυπτεία bestand aus Bürgern, die ein vom Staat übertragenes Amt ausübten. Vielleicht war die δια-

βελία in Athen am Ende des fünften Jahrhunderts ein Ersatz für die fehlenden sozialen Sicherheiten. Es handelte sich aber um eine zeitlich begrenzte Notmaßnahme. Tod, GHI I, 206 und die dort angegebenen Belegstellen.

138 M. I. Finley, The Ancient Greeks (1963) 76.

139 Noch im vierten Jahrhundert mußte ein Soldat in Athen mit einer Drei-Tage-Ration unter Waffen einrücken, eine Verpflichtung, der viele nur sehr schwer nachkommen konnten, Lysias XVI, 14; vgl. (evtl.) für das fünfte Jahrhundert Aristophanes, Die Acharner 194-8, Der Frieden 312, Die Ritter 1079. Dieselbe Regelung hatten die korinthischen Streitkräfte für Sybota getroffen, Thuk. I, 48, 1. Für die Zumessung der Rationen in dieser Zeit Thuk. V, 47, 6, dazu die Inschrift bei Tod, GHI 72. 22-5; 3 Obolen täglich für Hopliten, Bogenschützen und leichbewaffnete Infanterie, 1 Drachme (= das Doppelte) für jeden Mann zu Pferd.

140 In Athen etwa, hat Solon als erster den *thetes* (also denjenigen, die zu arm waren, um selbst Waffen und Rüstung zu stellen) das Anrecht auf Vollbürgerschaft zugestanden – d.h. überhaupt Bürgerrecht. Hignett, HAC 84. Er hegt allerdings Zweifel, ob diese Leute oder auch solche, die überhaupt kein Land besaßen, vor der Tyrannis des Peisistratos tatsächlich öffentliche Rechte besaßen, id. 79. 101. 122.

141 Thuk. I, 75. 82-4; II, 63, 2 etc.

142 Eine kritische Stellungnahme zu der politischen Macht der Ruderer findet sich in Pseudo-Xenophon, Ath. Pol. I, 2 etc.

143 Plut. Kimon IX, 4 berichtet schon für 478 von der Bezahlung einer Flotte. In den Anordnungen der Delischen Liga hinsichtlich der Vorsorge für Schiffe, Bemannung und Geld war das Anheuern von Seeleuten und Marinesoldaten entschieden vorge- [sehen.

144 Dem. L, 12.

145 H. W. Parke, Greek Mercenary Soldiers (1933) 16, es war der erste Krieg, in dem die Athener Söldner angeheuert hatten; aber selbst im Jahr 413 konnten die Athener sich nicht leisten, 1300 Thraker zum Satz von 1 Drachme pro Mann und Tag als Söldner zu heuern, Thuk. VII, 27.

146 Thuk. III, 19, 1 und Gomme, Comm. Thuc. II, 278; jüngeren Datums: G. E. M. de Ste. Croix, Classica et Mediaevalia XIV, 1953, 30ff. und CR 1966, 90-3, das sich gegen Rudi Thomsen, Eisphora (Kopenhagen, 1964) wendet.

147 Für Aristoteles (Pol. III, 5, 4-7; 1279B-1280A) deckte sich die Bezeichnung "Oligarchen" eher mit "den Reichen" als mit "den Adeligen". Oft genug waren diese nicht voneinander zu unterscheiden, aber einige Adelige (etwa Perikles) waren "Demokraten". Aristoteles stand mehr Beweismaterial zur Verfügung als uns, wir sollten also in solchen Fragen genau prüfen, ehe wir seine Belege zurückweisen.

148 Dem. IV, 24 (Rede gehalten im Jahr 351) behauptet, daß seit dem Korinthischen Krieg (394-87) keine athenischen Truppen mehr außer Landes gekämpft hätten. Dabei übertreibt er, denn ganz sicher waren Athener bei dem Feldzug gegen Mantineia vom Jahre 362 beteiligt (Xen. Hell. VII, 5, 15ff.), im Jahre 352 bei den Thermopylen (Diod. XVI, 37, 3 und Dem. XIX, 84) und vermutlich auch sonst noch; vgl. unten Anm. 150.

149 Söldner waren auch unzuverlässig, besonders unbezahlte (was oft vorkam), das galt auch für solche, die von Athenern ausgehoben und angeführt wurden; Dem. IV, 24: "Befehlen wird unmöglich, wenn man nicht auch zahlt" οὐ γὰρ ἔστιν ἄρχειν μὴ διδόντα μισθόν id. XXIII, 149-51, die Karriere eines Söldnerführers.

150 Siehe (z.B.) Dem. XLIX, 13-15. Die Truppe des Timotheos stand ohne Geld da; Timotheos streckte aus seinem Privatvermögen vor, um seine boiotischen Mannschaften

versorgen zu können. Die Athener mußten dagegen Einschränkungen in Kauf nehmen.

151 Aber selbst in homerischer Zeit haben die *demioergoi* (also die gelernten Handwerker) möglicherweise Landbesitz gehabt. Der Dichter aber hält sie für Wanderarbeiter, Odyssee 17, 382-7; in diesem Abschnitt findet sich kein Anzeichen für eine Familie, aber noch in jüngster Zeit betreiben wandernde Dorftöpfer aus Thrapsanos auf Kreta im Nebenerwerb Landwirtschaft. S. Xanthudides, Essays in Aegean Archaeology (ed. S. Casson) 1927, 118f. Der Karriere-Soldat der Odyssee 14, 211-13 und 222-7 hat sicher seine Familie daheim zurückgelassen.

151a Thuk. II, 16-17.

152 Thuk. VII, 27-8 bzgl. der Auswirkungen.

153 Aristophanes' Wespen, passim (geschrieben 423-2) bieten die Karikatur eines Geschworenen; s. unten Kapitel V bzgl. der Ansicht, daß ein Geschworener keine ursprüngliche Verantwortung für den Unterhalt des *oikos* trug.

154 Dem. XXVII, 9; XLVIII, 12; ihre Angestellten waren Sklaven.

155 Dem. XLIV, 4; "er war zu beschäftigt, um Streit anzufangen"; cf. Platon, Staat 565 A; Arist. Pol. IV, 4, 1 (1291B). Zur Frage der Werkstätten für arme Arbeitnehmer, sowie deren Anteil als Arbeiter an öffentlichen Bauten s. H. Francotte, L'industrie dans la Grèce ancienne (1900) I, 205-7 et al.; Jones, AD Kapitel I weist nach, daß die Mehrzahl der athenischen Bürger Arbeiter und vergleichsweise arm waren. Xen. Mem. II, 8 als Beispiel für einen Tagelöhner in finanziellen Nöten.

156 Dem. XXXVII, 54; "bei der Seefahrt mein Leben aufs Spiel setzend" πλέων καὶ κινδυνεύων id. XXXIV, 10, ein Schiff, das durch Überladen verlorenging; XXXV, 10, ein Zinssatz von 22,5% während der Dauer einer Schiffsreise; XXXII, 5-6, ein versuchter Betrug an den Geldgebern durch Versenken des Schiffes; die Reden XXXVI und XLV-VI beschäftigen sich mit dem Bankhaus Pasion und Phormion.

157 Zu den Beispielen gehören Aphobos, Dem. XXX, 26-8; Theopompos (und Hagnias), id. XLIII, 69ff., Phainippos, id. XLII, 5; Euktemon, Isaios VI, 33; Kiron, id. VIII, 15-6; Lysias VII, 4-10 für Landbesitz als Vermögensanlage, erworben zum Zweck der Verpachtung; Francotte op. cit. 213 et al.

158 Deinarchos, in Demosthenem 71; Lykurgos, in Leocr. 22-5 warf dem Leokrates als Teil seines Betrugs den Verkauf seines Hauses vor. Der Aussage des Deinarchos über die Redner sollte man mit Skepsis begegnen, obgleich es auch andere Belege für eine *dokimasia* für Redner gibt (oben S. 119). Meiner Ansicht nach muß es irgendwelche Einschränkungen gegenüber solchen Leuten gegeben haben, die reden wollten, wenn der Herold verkündete "wer will reden?". Man kann sich kaum vorstellen, daß es keinerlei derartige Gesetzgebung gegeben hat, aber möglicherweise hatte die Versammlung es in der Hand, diese zu erzwingen, wenn ein neuer Sprecher anzufangen suchte, und Leute, die die Regeln immer wieder verletzten, wurden möglicherweise niedergeschrieen.

159 Xen. Oik. V, 16-17 usw.; vgl. Platon, Gesetze 889D; id. 743D-E.

160 z.B. Aischines I, 99.

161 Ath. Pol. LV, 4; Deinarchos, in Aristogeitonem 17 usw.

162 Ratsmitglieder in Erythrai, SIG 41, 14-16; Geschworene in Athen, Dem. XXIV, 151, Andokides I, 31 usw.; Glotz, Solidarité, 572-3.

163 Glotz loc. cit.; Zeugen, Dem. LVII, 22, 53; vgl. Lysias XII, 10; XXXII, 13, der (insbesondere) auf die betroffenen Kinder hinweist. Für die Rechtskontrahenten, Dem. LIV, 41; Aischines I, 114; Andokides I, 126 usw. und bei Totschlag, Dem. XXIII, 67; LIX, 10; Antiphon V (Herodes), 11, ἐξωλείαν σαυτῷ καὶ γένει καὶ οἰκίᾳ.

164 Wer dem Staat in der athenischen Volksversammlung Schaden zufügt, Dem. XIX, 71; Aristophanes, Thesmophor. 349-50 usw. In einer Grabinschrift in Karia heißt es, wenn einer dieses Grab beschädige, so "solle seine Nachkommenschaft ausgelöscht werden und seinem Geschlecht solle kein Kind mehr geboren werden". Für weiter Beispiele: Glotz loc. cit., dort auch weitere Hinweise.

165 Glotz loc. cit.; CIG 2555, 22ff. Kreta, 2. Jhdt.; vgl. Hdt. VI, 86, über diese Strafe.

166 Glotz op. cit. 476-7.

167 Fr. I, 6ff. (Diehl), von Stobaios LI, 12.

168 Plut. Moralia 244 B-F.

169 Fr. 6 (Diehl), von Lykurgos, in Leocr. 107; fr. 9 (Diehl) 23-34, von Stobaios, LI, 6.

170 Hdt. I, 30-1. Diese Geschichte kann er nicht erfunden haben; das Weltbild, das ohne Diskussion Argos als große Stadt einordnet, wohingegen Athen zu Lebzeiten des Tellos in Blüte stand ($εὐ ἠκούσης$) (womit unterstellt wird, daß dies nicht immer der Fall war), ist dem frühen sechsten Jahrhundert, nicht dem fünften zuzuweisen. Vgl. die Erzählungen von Chilon von Sparta und Bias von Priene, die "eines schönen Todes gestorben sind", Diog. La. I, 72, 84-5; Hdt. I, 32.

171 C. M. Bowra, Pindar (1964), besonders Kapitel III; Erfolge der Angehörigen 101. Stammbäume 66, Ansprüche der sizilianischen Tyrannen 117, Arkesilas von Kyrene 138-9. Diagoras von Rhodos und die Erfolge seiner Nachkommen, H. A. Harris op. cit. 123.

172 Isthmien V, 22; Bowra op. cit. 102-3 für die Reichen; vgl. Bewunderung für Sparta, fr. 189 (O.C.T.) aus Plut. Lykurgos XXI, 4; Bowra op. cit. 151-2.

173 C. M. Bowra op. cit. 115ff.; Isthmien IV, 16-18, vier Männer fielen an einem Tag (in der Schlacht von Plataia auf der Seite Persiens).

174 Pythien VII; Athen bildet die würdigste Einleitung einer Ode über die Alkmaioniden, Athen genießt überall hohes Ansehen, weil der Apollotempel (in Delphi, von den Alkmaioniden) wiederhergestellt worden ist. Vgl. Xenophon und Korinth (Olympien XIII), Diagoras und Rhodos (Olympien VII, 88-95), Theaios und Argos (Nemeen X); Bowra op. cit. 108. 144-9.

175 Die Perser 403-5; vgl. Thuk. VII, 69, 2.

176 Dem. XVIII (de Corona) 202-4; Lykurgos, in Leocr. 122; Hdt. (IX, 5) gibt seinen Namen an mit Lykidas und merkt außerdem an, daß die Frauen auch seine Kinder getötet haben.

177 Thuk. II, 35-46; die Ansprache galt den Familien, 34 und 44-5; die gute und gerechte Sache 41, 5-43.

178 Ebenda 44-45,2. Für seine an die Witwen gerichteten Worte ($ὅσαι ἐν χηρείᾳ ἔσονται$) vgl. W. K. Lacey, Proc. Camb. Phil. Soc. 1964, 47-9, wo Lacey der allgemein vertretenen Meinung entgegentrat, Perikles habe gesagt, über Frauen solle von Männern nie gesprochen werden; Perikles meinte nur, daß Witwen beherrscht sein sollten ($σωφρονεῖν$).

179 Ebenda 52, 3-4; "sie begannen alles zu vernachlässigen, ob es nun heilig war oder profan".

180 Id. VII, 75, 3.

181 Andokides II, 26; vgl. id. I, 106.

182 Plut. Perikles XVI, 1,; XXXI, 5 et al.

183 Die Wespen 486-507.

184 Thuk. VI, 15, 4.

185 Lysistrata 665-70; R. J. Hopper, CQ 1960, 245ff. gibt eine Erklärung und Parallelen.

186 K. J. Dover, Thucydides VI (1965) 57-62. Dover meint allerdings, Thukydides habe nur Fehler berichtigt, wo immer er welche fand.

187 Thuk. VIII, 74, 2.

188 Sie wurden alle zum Tode verurteilt, Lysias XII, 36; Xen. Hell. I, 7, 4ff. betont, daß sie dabei versagten, die noch Lebenden zu retten, ebenda 11, registriert aber auch (8ff.) den Einfluß, den das Fest der *Apaturia* hatte, weil es ein Familienfest war, das zugleich der Totenehrung und der Aufnahme neuer Mitglieder gewidmet war. Diodor (XIII, 100) erwähnt nur das Versäumnis, die Leichen aufzuheben, als Grund für den Zorn in Athen. Beide Berichte können nicht miteinander in Einklang gebracht werden. Vermutlich haben sowieso beide Gefühle mitgespielt.

189 Glotz, Solidarité 460ff.; bei Hochverrat wurden zumindest in Athen die Strafen gemäßigter. Betr. Gotteslästerung, die Alkmaioniden (siebentes Jhdt.) oben Anm. 26; vgl. dazu Diod. XVI, 25, 2-3; 35, 6; 60, 1-2 (die Phoker) in der Mitte des vierten Jahrhunderts.

190 MacDowell, Homicide 110ff. für Mörder, Platon dachte allerdings (Gesetze 871D), "daß, wer eines absichtlichen Mordes überführt worden ist, nicht im Heimatland ($\chi\acute{\omega}\rho\alpha$) seines Opfers begraben werden sollte, weil zu der gottlosen Tat noch die Schamlosigkeit ($\dot{\alpha}\nu\alpha\iota\delta\epsilon\acute{\iota}\alpha\varsigma$) des Täters hinzukommt. Vgl. ebenda 873B-D, ein Mörder innerhalb der Familie bleibt unbeerdigt, auch der Selbstmörder darf nicht im Familiengrab bestattet werden. MacDowell weist jedoch nach, daß Platon sich eindringlicher von Verunreinigungsvorstellungen leiten ließ als das in Kraft befindliche athenische Gesetz (Kapitel XIV).

191 Thuk. I, 138, 6 und Gomme, Comm. Thuc. ad. loc.

192 Ailianos, Varia historia, V, 14.

193 Plut. Nikias, VI, 5; im Bericht des Thukydides (IV, 44) wirkt der Sieg nicht so eindeutig. Vgl. die Bereitschaft des Pausanias, vor den Toren von Haliartos eine spartanische Niederlage zuzugeben, weil man den Leichnam des Lysander nur mithilfe eines Waffenstillstandes heimholen konnte (395), Xen. Hell. III, 5, 19-25; Plut. Lysander XXIX.

194 Lysias XII, 18 und 21; "Es ist eine Schande, nicht in der Heimaterde begraben zu sein", Teles, bei Stobaios XL, 8. Es handelt sich offensichtlich um eine allgemeine Regel, die dieser Quasi-Philosoph des dritten Jahrhunderts angreift.

195 Lysias II (ca. 392), ferner die des platonischen Menexenos (angeblich 387/6), Dem. LX (338) und Hypereides Epitaphios (322). Dabei gilt allgemein nur die Rede des Hypereides als echt; Lysias II wurde von R. C. Jebb (Attic Orators I [1876] 260ff.) als unecht nachgewiesen; Dem. LX durch L. Whibley, Companion to Greek Studies (1931) und W. Rennie im O.C.T. (1931); den Menexenos weist man heute allgemein Platon zu, allerdings als Übung, nicht als Rede, L. Méridier, Budé-Edition der Werke Platons Bd. V (1931) 77 et al. Lysias II, 60 liegt zumindest vor Aristoteles (Rhet. III, 10). Zur Gattung Dionysios von Halikarnass (Dion. Hal.) Rhet. VI, 1-4.

196 Hyper. 4-5 (lehnt die Aufgabe ab); Lysias II, 4-16, 20-47; Dem. LX, 8-11; Menex. 239A-241C; vgl. die sehr knappe Behandlung bei Thuk. II, 36, 2-4.

197 Hypereides 25 (die gesetzliche Regelung); Lysias II, 19; Dem. LX, 26-7; Menex. 238B-239A; das Hauptthema des Thukydides für Perikles.

198 Hyper. 7; Lysias II, 17; Dem. LX, 4; Menex. 237B-C; vgl. Thuk. II, 36, 1.

199 Lysias II, 66; Dem. LX, 13-4; vgl. Thuk. II, 36, 4.

200 Hyper. 27 und 42, Väter, Mütter, Schwestern und Kinder, 42, der Ruhm der Griechen werden ihre Kinder sein, 36, Verteidigung aller griechischer Frauen; Lysias II,

70-76, der Kontrast zwischen dem Gewinn der Stadt (als Frucht ihrer Tapferkeit) und der Last der Trauer für die Angehörigen; Dem. LX, 32-7, Angehörige (οἰκεῖοι), die gemeinsam behandelt werden ohne gesonderte Nennung der Frauen; Menex. 246B-247C, Ansprache an die Kinder; 247C-248D, an die Eltern (Sorge für die Frauen und Kinder); 248D-249C, die Stadt wird sich um Eltern und Kinder kümmern und an ihrer Stelle die religiösen Pflichten übernehmen. Vgl. Thuk. II, 43, 2-46.

201 Die Schlußabschnitte fehlen bei Hypereides. Vgl. für den Schluß Thuk. II, 46, 2.

202 Deinarchos, in Dem. 65; vgl. ebenda 99, 109-110; in Philoclem 2.

203 In Leocratem 2, ein Appell an das Gericht; 8 und 141, der Verrat durch böswilliges Verlassen, 22-5, Verkauf von ererbtem Besitz der Vorväter, 25, daß er die Familienschreine (ἰερὰ πατρῷα) nach Megara mitgenommen hat, 45, die Weigerung, bei der Bestattung der Toten mitzuhelfen, 97, die Verkürzung der den Göttern üblicherweise zustehenden Ehren (πάτριοι τιμαί), ebenda und 144-7, daß er die Eltern schmählich dem Feind überließ, den Toten das ihnen Zustehende vorenthielt usw.

204 Aischines III, 157; vgl. ebenda, 156; II, 15 für die in Olynthos geholten.

205 Dem. XXII, 61.

206 Aischines III, 172.

207 Aischines II, 93; III, 171-2 — Demosthenes war kein Bürger; II, 22-3; III, 255, ein Bürger besaß Ahnengräber, genoß freien gesellschaftlichen Verkehr, konnte heiraten und hatte Angehörige; III, 52, 224, er hatte als Verräter gehandelt gegenüber denen, mit denen er gemeinsam gegessen hatte, usw.; Demosthenes antwortet im gleichen Stil: — XVIII, 129-31. 258-60, über die Eltern des Aischines (vgl. id. XXI, 149 gegen Meidias); 113-5. 256-8. 268. 312 über seine eigenen Dienste an der Gemeinschaft und die des Aischines; 288 über sein öffentliches Ansehen; 41 über Aischines' Profitmacherei bei der Zerstörung Thebens.

208 Aischines III, 171-2; Dem. XXV, 30-2.

209 In Meidiam XXI, 79, 158: vgl. 154ff., daß alle öffentlichen Dienste des Meidias nur unter Zwang geleistet worden sind.

210 Platon, Staat 465B-E usw.; Gesetze 773A (Armut und Reichtum gelten nicht als Gesichtspunkte bei der Brautwahl); 774C-D (der Stolz einer reichen Frau, der demütigende, sklavische Druck, dem ihr Ehemann unterliegt) (ὕβρις γυναιξί...... καὶ δουλεία ταπεινὴ καὶ ἀνελεύθερος...... τοῖς γήμασι). Mitgift wurde verboten, Gesetze 742C (hinsichtlich der Unterscheidung von Mitgift und Aussteuer: Wolff, MLAA 54-8); jedenfalls Erwerbsbeschränkung, Gesetze 744E-745A, testamentarisch 922B.

211 Pol. II, 1-7 (1262B-1263B); id. II, 1, 10 (1261B) und II, 4, 2-3 (1266B), Kritik an Platon; vgl. II, 6, 11 (1270A) über Sparta; II, 4, 6-10 (1266B-1267A) über die Vorstellungen des Phaleas von Mitgift.

Kapitel IV

Der Oikos der Familie und die athenische Demokratie

1 Z.B. Lysias I, 1-2; vgl. Aischines I, 4, das Gesetz als Kennzeichen einer Demokratie; A. H. Jones, Athenian Democracy (AD) 53 für weitere Beispiele; Euripides, Supplices 433ff. für eine Aussage in einer Tragödie; Platon, Kriton 50Aff. für eine Aussage zu sokratischen Ansichten. Plut. Solon XVIII, 5, hält dies für das von Solon beabsichtigte Ziel, M. I. Finley, The Ancient Greeks (1963) 32-3 usw.

2 Drakon war der erste Gesetzgeber Athens, trotzdem werden nur noch die Gesetze gegen Mord und Totschlag auf ihn zurückgeführt, Anm. 33 in Kapitel III; wenn noch weitere Gesetze auf ihn zurückgehen, wie Aristoteles in Pol. II, 9, 9 (1274B) anzunehmen scheint, wurden diese durch die solonische Gesetzgebung ersetzt, Ath. Pol. VII, 1; Plut. Solon XVII, 1.

3 Keiner jener Bestandteile von Ath. Pol. IX, 1, die als "besonders günstig für das Volk" (τὰ δημοτικώτατα) galten, war politischer Natur, alle beschäftigten sich mit den Rechten des Einzelnen vor Gericht.

4 Etwa Kleitophon, dessen Zusatzantrag zu dem Antrag des Pythodoros sich auf "die Gesetze der Vorfahren" rückbezieht, "die Kleisthenes erlassen hatte, als er die Demokratie errichtete": τοὺς πατρίους νόμους οὓς Κλεισθένης ἔθηκεν ὅτε καθίστη τὴν δημοκρατίαν, Ath. Pol. XXIX, 3. Die Meinung V. Ehrenbergs (Neugründer des Staates, 1925, zitiert nach Hignett, HAC 130), daß Kleitophons Antrag einer Rückkehr zum vor-perikleischen Staat gleichkam und weitgehend Propaganda war, dürfte stimmen. Wir dürfen allerdings nicht vergessen, daß die Athener dem Antrag zustimmten. Vgl. Hdt. V, 78; G. Vlastos, ἰσονομία: Studien zur Gleichheitsvorstellung im griechischen Denken (1964) 1ff. belegt, daß Herodot unter ἰσηγορίη Demokratie verstand.

5 Implizit stützt Ath. Pol. XXI, 2 die Annahme, daß *genē* unentbehrlich waren: "Keine Überprüfung der Sippenzugehörigkeit" lautete eine gegen jene gerichtete Parole, die die *genē* überprüfen wollten (ἐλέχθη τὸ μὴ φυλοκρινεῖν πρὸς τοὺς ἐξετάζειν τὰ γένη βουλομένους). Eine solche Überprüfung strebten jene Leute an, die die Rechte der von Kleisthenes zugelassenen Bürger beschneiden wollten. Unter "Mitgliedern der *genē*" kann jedoch zweierlei verstanden werden: einmal wirkliche Angehörige, dann aber alle jene Leute, die ursprünglich in die sogenannten *genē* aufgeteilt worden waren (οἱ ἐξ ἀρχῆς εἰς τὰ καλούμενα γένη κατανεμηθέντες), Philochoros frag. 35 (F. Jacoby, FGH 328, 35). Er definiert die Mitglieder der *genē*, die *gennētai* (γεννῆται), auch als *homogalaktes*. Dieses Wort verwendet Aristoteles, Pol. I, 1, 7 (1252B), für die Mitglieder einer kleinen Gemeinschaft (κώμη), die alle untereinander verwandt sind. Zu dem Begriff *homogalaktes* s. oben Kapitel I.

6 Der Nachweis für die Unentbehrlichkeit der Phratrien beruht hauptsächlich auf Philochoros (Jacoby, ibid.). Er erwähnt eine Regel, wonach *phrateres* bei sich *orgeones* aufnehmen müssen. Was auch immer diese *orgeones* waren, zu Solons Zeiten gab es sie. Der einzige Grund, die *phrateres* zur Aufnahme der *orgeones* zu zwingen, konnte darin bestehen, daß eine Weigerung einer Benachteiligung der letzteren gegenüber dem Staat gleichgekommen wäre. Vielleicht waren die *trittyes* die wesentliche Einheit; Ath. Pol. XXI, 3 setzt voraus, daß die *trittyes* vor Kleisthenes' Zeit Mitgliederlisten geführt haben. Wenn dem so war, bleibt es sehr merkwürdig, daß sie danach

keine Listen mehr führten und nur in spurenhafter Form weiter überlebten. Jüngste Darstellungen in: N. G. L. Hammond, History of Greece (1959) 153ff.; M. P. Nilsson, A History of Greek Religion (1925) 245 zur Frage, ob das Philochorosfragment 35 von einem durch Kleisthenes aufgestellten Gesetz stammt. A. Andrewes, JHS 1961, 1ff. meint, es betreffe Zulassung zu den Phratrien im Anschluß an Perikles' Bürgerrechtsgesetz. Dort auch eine (von Hammond) vollkommen abweichende Ansicht über die Bedeutung der *orgeones*; jüngeren Datums: Forrest, EGD 53ff.

7 S. oben, Kapitel I.

8 Zu den Phratrien s. oben 101f.; W. S. Ferguson, Hesperia VII, 1938, 1ff. zum *genos* Salaminioi.

9 Plut. Solon XXIV, 2: γενέσθαι πολίταις οὐ δίδωσι πλὴν τοῖς φεύγουσιν ἀειφυγίᾳ τὴν ἑαυτῶν ἢ πανεστίοις Ἀθήναξε μετοικιζομένοις ἐπὶ τέχνῃ.

10 Ath. Pol. XIII, 4-5; man nannte sie "Leute, deren *genos* nicht rein ist" (οἱ τῷ γένει μὴ καθαροί). Man führte die Revision der Listen durch, "weil viele Leute das Bürgerrecht genossen, denen es nicht zustand"; der König von Sparta, Kleomenes, vertrieb 700 Familien (οἰκίαι) aus Athen, vielleicht hat er auch nur den Entzug des Bürgerrechts oder die Verbannung der vom Bannstrahl Betroffenen öffentlich verkündet (Ath. Pol. XX, 3, ἠγηλάται). Diese waren Anhänger des Kleisthenes, es kann sich kaum nur um Alkmaioniden gehandelt haben. Vgl. Herodot V, 72. Dieser nennt sie "Haushaltungen" (ἐπίστια, attisch ἐφέστια), eine Bezeichnung, die Familien, Götter und alles andere miteinschließt, so wie Plutarchs πανεστίοις (Anm. 9, oben).

11 Arist. Pol. III, 1, 10 (1275B): "Er ließ viele Einwohner einschreiben, die nur Fremde und Sklaven waren" (πολλοὺς ἐφυλέτοισε ξένους καὶ δούλους μετοίκους). J. H. Oliver (Historia 1960, 503ff.) hat die Meinung vertreten, Kleisthenes habe der Bürgerschaft keine große Zahl Außenstehender zugeführt. Man kann dies kaum glauben, weil dies (a) auf einer willkürlichen Ergänzung des Aristotelestextes loc. cit. an einer bisher nicht bemerkten Lakune beruht, (b) weil man dann annehmen muß, daß *νεοπολίτας* in Ath. Pol. XXI, 4 eine andere Bedeutung hat als sonst, wo es Leute bezeichnet, die das Bürgerrecht neu bekommen haben. Er übernimmt F. R. Wüsts Ansicht, daß "Nichtkontrolle der Geschlechterzugehörigkeit" nur das Verbot bedeutete, die Theseus-Kasten der *eupatridai, geomoroi* und *demiourgoi* festzuschreiben, und daß im oben zitierten Abschnitt der *Politika* unter Einschreibung zu verstehen ist: "er schloß sie in einer φυλή oder Kaste zusammen". Wenn er damit recht hat, müssen wir weiters annehmen, daß Kleisthenes aus diesen Quasi-Bürgern eine neue (zeitlich begrenzte) φυλή bildete. Danach habe er die (nunmehr 4) "Kasten oder φυλαί" unter den Demen neu aufgeteilt. Dieser Schritt gäbe zweifellos der Parole, man solle die Geschlechter der Leute nicht überprüfen, einen wesentlich schrilleren Klang. Es gibt keinen Hinweis darauf, daß es sich bei den mit Bürgerrecht ausgestatteten *metoikoi* nicht um jene gehandelt hätte, die durch die Solonische Gesetzgebung nach Athen gekommen sind, also mit der gesamten Familie und ihrem Kult. Man kann auch noch annehmen, daß es sich bei den 'Sklaven', die angeblich das Bürgerrecht bekommen hatten, um die Nachkommen jener Athener gehandelt hat, die Solon befreit oder von der Knechtschaft in der Ferne in die Heimat zurückgebracht hatte. Diese Leute müssen ja bei ihrer Versklavung ihren Platz in den Stämmen verloren haben. Möglicherweise hatten sie Schwierigkeiten, wenn sie ihren alten Platz in den Phratrien wieder einnehmen wollten. Es waren wohl nicht echte (Barbaren-) Sklaven. Ein Bürger hatte vor Gericht und im Staat Rechte (nicht nur persönliche), s. dazu Arist. Pol. III, 1, 4-5 (1275A).

12 Ath. Pol. III, 1; Archonten wurden nach Geburt und Reichtum gewählt: ἀριστίνδην καὶ πλουτίνδην.

13 Ath. Pol. III, 5 behauptet ausdrücklich, daß es so etwas nicht gab: κύριοι δ᾽ἦσαν καὶ τὰς δίκας αὐτοτελεῖς κρίνειν καὶ οὐχ ὥσπερ νῦν προανακρίνειν.

14 Ath. Pol. II, 2: ἡ δὲ πᾶσα γῆ δι᾽ὀλίγων ἦν; vgl. id. IV, 5; Forrest, EGD 148ff.

15 J. Boardman, BSA Papers 1955, 51ff. s. d. (S. 51) bzgl. der Datierung, etwas über ein Jahrhundert lang, beginnend mit dem letzten Viertel des siebenten Jahrhunderts, und bzgl. der rein attischen Herkunft.

16 G. M. A. Richter, Archaic Gravestones of Attica (1961) 1ff., von dort ist dieser ganze Bericht genommen; s. d. bzgl. des Wechsels zu einer einfacheren Stelenform von bescheidenerer Größe, einige Zeit nach der Mitte des sechsten Jahrhunderts.

17 Plut. Solon XX, 4; H. J. Wolff, Marriage Law and Family Organization in Ancient Athens (in der Folge: MLAA), Traditio II (1944) 57-8.

18 Die Aristokraten waren Führer der Partei der Ebene, die Alkmaioniden die der Küstenpartei; Ath. Pol. XIII, 4; Hdt. I, 59; Plut. Solon XXIX, Schol. zu Aristophanes, Wespen 1223 usw. Der Alkmaionide Kleisthenes unterlag dem Edlen Isagoras in den Adels- (oder Oligarchen-) Clubs, Ath. Pol. XX; Hdt. V, 66ff.; vgl. auch den Vorwurf gegenüber den Alkmaioniden, sie seien perserfreundlich, ebenda VI, 121, und Perikles' Führung der Volkspartei im späteren fünften Jahrhundert.

19 Es ist kaum Zweifel möglich, daß Megakles den Kindern dieser Ehe und nicht denen seiner früheren Frau die Stellung des Peisistratos übertragen wollte. Zu dieser Ehe s. Ath. Pol. XIV, 4; XV, 1; Hdt. I, 60-1.

20 Plut. Solon XXI, 2; vor Solon ἐν τῷ γένει ἔδει τὰ χρήματα καὶ τὸν οἶκον καταμένειν. Zu Solons Gesetz: Gernet, D et S. 121ff., Hauptziel eines Testamentes war die Sicherung des oikos, des Hausstandes; in der Absicht nach war es ein Mittel, sich über die Adoption einen Erben zu sichern und − so dürfen wir ergänzen − Alternativ-Erben zu benennen, wenn die erste Wahl nicht möglich war.

21 Die als anchisteia (ἀγχιστεία) bekannte Gruppe: s. oben S. 31. Drakons Gesetzgebung über Totschlag (IG, I^2, 115) belegt die vorsolonische Existenz der anchisteia, MacDowell, Homicide 16ff. 118f. usw.

22 Wenn solch ein Gesetz mit Erfolg Geltung bekommen sollte, muß das genos unbegrenzt offen sein, die anchisteia kann daher vor Solon keine Bedeutung für den Besitz gehabt haben; in der Ilias V, 158 teilen die χηρωσταί, wer immer sie gewesen sein mögen, den Besitz eines Mannes, dem alle Söhne getötet worden waren, auf.

23 Isaios VI, 28; J. W. Jones, Law and Legal Theory of the Greeks (1956) 192.

24 Dies als normale, frühe und einfache Form, sich einen Erben zu sichern, vgl. dazu die römische Verkündigung eines heres in procinctu, Gaius, Inst. II, 101. Auch bei Homer gibt es Spuren davon; Gernet, D. et S. 135; s. auch Kapitel I und Anm. 40.

25 Dem. XLIV, 68 und XLVI, 14; ich deute XLVI, 14 als "jede Person, die, als Solon Archon wurde, noch nicht derart adoptiert worden war, daß sie einen Widerruf der Adoption oder einen Anspruch auf einen Besitz nicht mehr anmelden konnte (ὥστε μήτε ἀπειπεῖν μήτε ἐπιδικάσασθαι), darf ein Testament machen", d.h. das Gesetz spricht von jenen, deren Adoptivvater tot ist, und die ihr Erbe angetreten haben, also nicht mehr zurücktreten können. Die Worte ὥστε ...... ἐπιδικάσασθαι fehlen in XLIV, 68, aber ob diese im allgemeinen bei den Rednern verbatim zitierten Gesetze nun echt sind oder nicht, so will mir doch scheinen, daß diese Worte kaum eingeschmuggelt sein können, da sie nicht die geringste Bedeutung für den vorliegenden Fall haben. Andere Meinungen über die Bedeutung bei Wyse, S.I., Anm. zu II, 13.

26 Plut. Solon XXI, 2; Dem. XLVI, 14; Isaios VI, 9; vgl. id. III, 1.

27 Z.B. Isaios VI, 28 und X, 9.

28 Eine solche Anhäufung beraubte den Staat der Manneskraft, die Verarmung der militärischen Klassen beraubte ihn seiner Soldaten. Das ist ein hinreichender Grund für die dringende Notwendigkeit zu handeln und auch dafür, daß die Reichen die von Solon unternommenen Schritte angenommen haben. Wenn das Land, das nun rechtmäßig den Armen gehörte, den *genē* nicht verloren ging, bestand kein Grund zur Klage wegen kultischer Belange.

29 Das konnte unter den Reichen besonders leicht geschehen; Platon, Gesetze 773 A-D. Megakles war schon vor seiner Heirat mit Agariste, der Tochter des Kleisthenes von Sikyon außerordentlich reich; die Heirat machte ihn noch reicher, Hdt. VI, 125-6. Vermutlich war sie eine *epikleros*, wie (z.B.) Busolt annahm; R. W. Macan, Anm. zu Hdt. VI, 126, 5 (Ed. v. 1895). Am Ende dieses Berichts sagt Herodot "Die Heirat war im Interesse des Kleisthenes" (ἐκεκύρωτο ὁ γάμος Κλεισθένεϊ), VI, 130; das stützt eine solche Annahme sehr, denn Kleisthenes mußte um so mehr Interesse an der Heirat seiner Tochter nehmen, wenn er über sie und nur über sie Nachkommen erhalten konnte. Ihr Sohn trug seinen Namen.

30 Plut. Solon XX, 2-3. Daß der nächste männliche Verwandte väterlicherseits ausgewählt wurde, ergab sich sicher aus dem Glauben der antiken Biologie, wonach der Mann seinen Samen der Frau einpflanzte, und die Frau nur die Wachstumsbedingungen beisteuerte. Daher hatte der Vater maßgeblicheren Anteil am Fortbestand der Familie als die Mutter. Aristoteles (gen. an. 729A) nennt den männlichen Anteil die Form (εἶδος) und Ersursache (ἀρχή), im Gegensatz zur Materie (σῶμα und ὕλη), die von der Frau gestellt wurden. Die weiblichen Eierstöcke wurden in ihrer Funktion nicht vor Beginn des neunzehnten Jahrhunderts entdeckt, A. L. Peck, Einleitung zu Aristoteles gen. an., Loeb-Edition (1943) xii.

31 Man muß unbedingt unterscheiden zwischen dem, was, nach Plutarch, das Gesetz ausgesagt haben soll – nämlich, daß die *epikleros* Geschlechtsverkehr (ὀπύεσθαι) mit dem nächsten Verwandten ihres Ehemannes haben durfte –, und Plutarchs eigenen Erläuterungen, sowie denen anderer Leute, die er anführt. Da das spätere athenische Gesetz hiervon abweicht, liegt die Vermutung nahe, daß das hier zitierte wirklich solonischen Ursprungs war.

31a Vgl. K. Freeman, The Work and Life of Solon (1926) 115-16.

32 Hdt. I, 59, 3; Ath. Pol. XIII, 4; Plut. Solon XXIX. Herodot glaubte, daß die Partei des Peisistratos erst später, nach Solons Neuordnung auftauchte. Ath. Pol. kennt vor Solon diese einzelnen Parteiungen nicht. Schol. zu Aristophanes, Wespen 1223 deutet an, daß dies alles nach-solonisch ist. Nur Plutarch datiert sie vor Solon.

33 Nach Ath. Pol. lagen ihre Besitzungen in verschiedenen Teilen von Attika (ἐρεώργουν), aber Plutarch sagt, daß die Partei des Peisistratos sich den Armen zuwandte (ὁ θητικὸς ὄχλος), und Herodot unterstellt, daß Hügelleute (ὑπεράκριοι) nur eine Bezeichnung für die Partei des Peisistratos war, nicht eine alles umgreifende Beschreibung (συλλέξας δὲ στασιώτας καὶ τῷ λόγῳ τῶν ὑπερακρίων μηχανᾶται τοιάδε). Zu der Ansicht, daß örtliche Rivalitäten die Parteien antrieben, s. R. Sealey, Historia 1960, 155ff.

34 Ath. Pol. XIII, 2: δῆλον ὅτι μεγίστην εἶχεν δύναμιν ὁ ἄρχων. φαίνονται γὰρ ἀεὶ στασιάζοντες περὶ ταύτης τῆς ἀρχῆς.

35 Der in Ath. Pol. LVI, 6-7 beschriebene Aufgabenkreis. Zugegeben, Ath. Pol. beschreibt die Situation am Ende des vierten Jahrhunderts; ohne Zweifel handelt es

sich bei vielen der einzelnen Tätigkeiten nicht um Althergebrachtes, aber der Aktions-radius muß ebenso echt sein wie die offensichtlich archaischen Überbleibsel bei den Pflichten der anderen Archonten, des Basileus und des Polemarch, id. LVII-LVIII. P. Vinogradoff, Outlines of Historical Jurisprudence, II (1922) 203: "The Archon Eponymos had to watch over this distribution (of *kleroi* distributed as far as possible permanently among a set of *oikoi*), and to guard against the disappearance of any of these ancient households".

36 Er brachte keine Verwirrung in die Aufgaben des Archon, Hdt. I, 59, 6: οὔτε τιμὰς τὰς ἐούσας συνταράξας, noch eine Veränderung der Gesetze οὔτε θέσμια μεταλλάξας. Seine Handlungen, wie sie in Ath. Pol. berichtet werden, zeigen eine tiefe Sorge um die *oikoi* im ländlichen Attika.

37 νόθον πρὸς τὴν μητέρα Plut. Themistokles I, 1, der auch berichtet, daß ein Herakles geweihtes *gymnasion* für Bastardsöhne bei Kynosarges bestanden hat. Themistokles überredete auch legitime Söhne, dorthin zum Üben zu kommen, wodurch er die Schranke zwischen den νόθοι und den γνήσιοι abbaute; nach Dem. XXIII, 213 er-folgte ehemals bei dem Kynosarges die Einschreibung der Bastardsöhne. Athenaios XIII, 576C behauptet, daß Abrotonon eine Hetäre war; Hdt. VII, 143 sagt nur, daß Th. ein Neuling war; ob eine Andeutung darin liegt, daß "er der Sohn des Neokles genannt wurde" (παῖς δὲ Νεοκλέους ἐκαλέετο), muß der persönlichen Interpretation vorbehalten bleiben. G. T. Griffith hat vorgeschlagen, daß die Traditionen über The-mistokles sich aus der Propaganda seiner zahlreichen, mächtigen Feinde herleiten; man kann keinen gegenteiligen Beweis bringen, besonders im Hinblick auf die Ver-wirrung über die 'Bastard'- Söhne des Peisistratos S. 251, Anm. 75.

37a Für die Demen, Hignett, HAC 134 usw. (150 im späten vierten Jahrhundert); vgl. von Schoeffer, RE V (1903) 1ff. (der 166 kennt), Busolt/Swoboda, Griechische Staats-kunde II (1925) 873 Anm. 4.

38 Dem. XLIV, besonders 38-42. 46-8 bietet die deutlichsten Belege, daß ein *oikos* einem *demos* angehörte, denn der Kern seines Arguments ist eben, daß ein Mann in eine Demen-Rolle als Mitglied des *oikos* seines natürlichen oder Adoptivvaters einge-schrieben wurde. Der Nachweis, daß ein Kind bei seiner Adoption in einen *oikos* gleichzeitig in eine neue Phratrie und einen neuen *demos* hineinkam, deutet in die-selbe Richtung.

39 Erstmals publiziert von G. Daux in: BCH 1963, 603ff. unter dem Titel La Grande Démarchie. Besprochen von S. Dow in: BCH 1965, 180ff., dessen Schlußfolgerungen hier übernommen werden.

40 Dem. LVII, 63 spricht von Pachtzins für *temenē* − Ländereien, die einem Kult zu-gehörten.

41 M. I. Finley, SLC 14 und Anmerkungen, hat einen Kataster für Athen bestritten. Es gab keinen einzelnen staatlichen Kataster, aber man kann doch nicht leugnen, daß es von den Demen geführte Register der einzelnen *oikoi* gab, auch wenn diese unzu-reichend waren, und daß dort die Bürger registriert wurden. Abgesehen von allem anderen − irgendwie müssen die *temenē* erfaßt worden sein, und wir wissen, daß Nicht-Mitglieder, die in einem *demos* Land innehatten, eine Pacht zahlen mußten (τὸ ἐγκτητικόν) SIG 912, 27-8. Vgl. Dem. I, 8.

42 Beispielsweise verbunden mit προσήκοντες (Blutsverwandten) und *phrateres*, Isaios VI, 10. Man beachte auch, daß der *demos* für die Beerdigung der Leiche eines Mannes verantwortlich war, dessen Verwandte versäumt hatten, angemessene Schritte zu un-ternehmen, Dem. XLIII, 57-8. Für die Solidarität innerhalb des *demos* im fünften

Jahrhundert Aristophanes, Acharn. passim; man konnte Vorurteile gegen einen Konkurrenten um einen Besitz wecken, indem man ihm Zugehörigkeit zu einem anderen *demos* vorwarf, (z.B.) Dem. XLIII, 64-5. 77-8; XLIV, 34-9 usw. Zur religiösen Gemeinschaft, Anm. 39 und die sehr fragmentarische Inschrift vielleicht des *demos* Teithras, J. J. Pollitt, Hesperia 1961, 293-6.

43 SIG 921, 32-42 für den *oikos* der Dekeleier.

44 Obgleich es nicht nötig war, Mitglied eines *thiasos* zu sein, denn der Gesamt-*demos* konnte einen Kandidaten annehmen, der vom *thiasos*, an den er sich gewandt hatte, zurückgewiesen worden war, SIG 921, 94-100.

45 Identifiziert als *orgeones* in: CIA, IV, 2, 620b (drittes Jahrhundert) = BCH 1883,
46 Hdt. IX, 73.   [68ff.

47 Dem. XLIII, 11; ibid. 77-8 für die Adoption des Makartatos in den *oikos* seines Onkels mütterlicherseits.

48 Ebenda 12; für Lostrennung, z.B. Isaios IX, 2: "Kleons Vater wurde in einen anderen *oikos* hinein adoptiert (εἰς ἄλλον οἶκον), und sie gehören immer noch zu diesem *oikos* (ἐν ἐκείνῳ τῷ οἴκῳ), so daß sie (gesetzlich) keine Verwandtschaft im *genos* (ἐν γένει) mit Astyphilos haben"; Isaios X, 4: "Kyronides.... wurde in einen anderen *oikos* hinein adoptiert, so hatte er keinen Anspruch mehr auf irgendwelche Gelder". (ὥστε αὐτῷ τῶν χρημάτων οὐδὲν ἔτι προσῆκεν)· Als Beispiel für die Löschung einer Adoption: "Leokrates hatte das Haus verlassen (ἐξεκεχωρήκει), Dem. XLI, 5; vgl. id. XLIV, 26: "als sein Vater zum *demos* der Eleusinier zurückkehrte, behielt er seine gesetzliche Verwandtschaft nicht länger bei" (τοῦ δ πατὴρ ἐπανεληλυθὼς εἰς τοὺς Ἐλευσινίους οὐκέτι τὴν κατὰ τὸν νόμον οἰκειότητα ἔλιπεν αὐτῷ).

49 Dem. XLIV, 33-42; dem Sprecher zufolge blieb es der *oikos* des Archiades, denn einige aufeinanderfolgende Generationen von Familien des Leostratos waren in ihren eigenen *oikos* zurückgekehrt, wobei sie einen Sohn im *oikos* des Archiades zurückließen; folglich hatten sie es versäumt, einen neuen *oikos* zu gründen. S. Gernet, D. et S. 149 zum *oikos* als etwas, das mit jeder Generation erneuert wurde.

50 Dem. XLVII, 53: γεωργῶ πρὸς τῷ ἱπποδρόμῳ καὶ οἰκῶ ἐνταῦθα ἐκ μειρακίου; vgl. id. 60, wo ein Zeuge auf dem Gebiet (χωρίον) eines Nachbarn gestanden haben soll.

50a Da der Begriff *oikos* sowohl ein Stück echten Besitzes bezeichnet (wobei er ziemlich dasselbe bedeutet wie *kleros*), als auch die Familie, die davon lebte, ist er ein typisches Beispiel für das Fehlen einer genauen Terminologie, was das Studium der griechischen Gesellschaft so sehr erschwert.

51 Man ist sich darin nicht ganz einig; Wolff etwa hat große Zweifel, MLAA 78f. (dieser Artikel bietet eine wertvolle Untersuchung von *oikos, phratria* und *demos* in ihrer Verbindung mit der Ehe und Familienerbfolge), Hignett, HAC 56 mit den angegebenen Belegen hält die Liste der Phratrienmitglieder für die Form, in der Frauen und Unmündige als Mitglieder des Staates erfaßt wurden. Zur Vorstellung der Mädchen: Isaios III, 73-9, besonders 75, s. d. für εἰσάγειν, das gleicherweise für die Einführung von Mädchen wie von Jungen benutzt wurde.

52 ληξιαρχικὸν γραμματεῖον; weiters gab es ein Register (πίναξ ἐκκλησιαστικός), aus dem ein Bürger im vierten Jahrhundert sein Recht auf Zahlung für die Anwesenheit bei Bürgerversammlungen und Festen nachwies, dies ist wohl weniger sorgfältig geführt worden; Dem. XLIV, 35-6. Selbst das ληξιαρχικὸν γραμματεῖον war nicht immer sorgfältig geführt worden; Dem. LVII, 26 heißt es, daß eines von einem *demos* verlorengegangen war.

53 Ath. Pol. XLII, 1-2. Wenn nur die Jugend der Hopliten-Klasse trainiert wurde, müßten wir annehmen, daß *thetes*, die zum Rang der *zeugitai* aufstiegen (oder, im peri-
kleischen Athen, Kleruchen wurden und damit aus der Gruppe der *thetes* ausschie-
den), sich daraufhin dem Training der Epheben zu unterziehen hatten. Das erscheint
völlig ausgeschlossen. Nicht nur haben wir keinerlei Zeugnis dafür, es spricht auch keine innere Wahrscheinlichkeit dafür, daß der Staat ältere Männer gemeinsam mit den
epheboi ausgebildet haben soll.

53a Alice Brenot, Recherches sur l'Éphébie Attique (1920) 30. 41, die von Aristoteles
beschriebene Form datiert von etwa 336/5, damals hatte Epikrates sie begründet.

54 Einige wurden Ruderer; für das vierte Jahrhundert, Dem. L, 6-7: "Die Versammlung
stimmte dafür, daß die Ratsmitglieder und die Demarchen Listen der Demen-Mitglieder aufstellen und die Listen der Seeleute abliefern sollten.... aber als keine der auf
der Liste stehenden Seeleute kamen außer einigen, die unfähig waren.... "

55 Ath. Pol. XLII, 1-2; bei der Revision der Listen, als man Männer davon wegstrich,
wurde ein ähnliches Verfahren angewendet; Dem. LVII ist solch eine Herausforderung für die Demen-Mitglieder, der fragmentarische Isaios XII Teil einer anderen.

56 Wespen 578. Ich glaube, daß gerade diese Interpretation des betreffenden Abschnitts
neu ist.

57 Z.B. Tod, GHI I, 86, 14ff. und II, 178, 21f.; vgl. den Bastard-Sohn des Perikles mit
Aspasia (Plut. Perikles XXXVII, 5), aber in diesem Fall geschah es sicher, um ihm die
Nachfolge im *oikos* seines Vaters zu ermöglichen, und das erst, wie Plutarch klarstellt, nachdem die Söhne des Staatsmannes aus der Ehe mit seiner athenischen Gemahlin tot waren.

58 Dem. LIX, 104. Gomme, Comm.Thuc. II, 339-40 (Anm. zu III, 55, 3) zu der Frage
der Zulassung der Plataier zur ἰσοπολιτεία im Jahre 431, als der größere Teil der Bürgerschaft evakuiert wurde, und nicht 427, als die Stadt fiel. Nach Tod, GHI I, 96,
33-4, wurden die in Athen anwesenden Gesandten von Samos, als dessen Bürger im
Jahr 405 das athenische Bürgerrecht erhielten, nur in die Stämme eingeschrieben,
aber nicht in die Demen oder Phratrien, ganz offensichtlich war ihr *demos* "Samos",
weil das der Ort war, an dem sie wohnten, als sie aufgenommen wurden.

59 Isaios IX, 30; zu *orgeones* in verschiedenen Demen SIG 1096, 1-6.

60 Demosthenes LIX, 61; für Hignett (HAC, 64) bedeutet dies, daß noch vor Kleisthenes die Vorfahren der hier angegebenen Leute sich getrennt haben mußten; es konnte auch ein Wechsel des *demos* eingetreten sein, wenn ein Mann einen *oikos* im Sinne
eines *kleros* Land käuflich erworben hatte, ähnlich der Art, wie sie bei Adoption erfolgte. Dazu unten S. 102 f.

61 Allgemeiner Überzeugung nach haben die Mitglieder der Demotionidai einigen verschiedenen Demen angehört, SIG 921, Anm. 10 und Zeile 119.

62 Aischines II, 147. Hignett, HAC 61 ff.

63 Zu den *naukrariai*: Hignett, HAC 67-74. Hier ist wichtig, daß sie vor Kleisthenes anzusetzen sind.

64 Dem. LVII, 46; man beachte, daß dies ein Herakles-Priestertum war. Dieser war
Heros der Handelsgilden, nicht des Landes. Die Frauen der Demen wählten auch ihre
Präsidentinnen für die Thesmophoria, Isaios VIII, 18-19; Isaios II, 42 erwähnt weiters
den Dienst als γυμνασίαρχος ἐν τῷ δήμῳ.

65 Ath. Pol. LXII, 2; Die Ziffern entsprachen in ihrer Höhe der Größe der Demen; wenn
sie sich nicht veränderten (und vor 306 gibt es keine sicheren Belege dafür), dann
muß auch die Größe der Demen konstant geblieben sein. Das setzt einige Kontrolle

über die *oikoi* voraus, aus denen ein *demos* sich zusammensetzte. Zu den Größenunterschieden der einzelnen Demen, woraus sich verschiedene Haltungen ergaben, Dem. LVII, 57 usw. In den frühen Vorkehrungen für die Loswahl (vielleicht nach 403/2) kamen alle Beamten, die durch Los gewählt worden waren, mit Ausnahme der Archonten von ihrem *demos*, aber noch vor der Zeit des Aristoteles ging man wieder davon ab, weil es Bestechungen gegeben hatte — vielleicht erst kurz davor, wenn dies die Zielrichtung von Aischines' Sticheleien gegen Demosthenes ist (III, 62-73); vgl. Ath. Pol. LXII, 1.

66 Für den Demarchen: Hignett, HAC 136 und Anmerkungen; zu den Seeleuten Dem. L, 6; zu den Soldaten ἐκ καταλόγου Thuk. VI, 43; VII, 16 und 20, 2; VIII, 24, 2; vgl. Xen. Mem. III, 4, 1 und für die Erstellung der Listen Thuk. VI, 26 usw.

67 Isaios VI, 60; für eine weitere Liste Xen. Oik. II, 5-6. Für den Anteil der Demen an der Staatsreligion SIG 1078, die *fasti* für die Dionysien, die oft den *demos* des *choregos* vermerken, besonders, wenn der Stammesname der *Leiturgia* vorausgeschickt wird, und in den Festen παίδων und ἀνδρῶν; vgl. id. 1084-92 für das Aufscheinen des *demos* auf Gedächtnismalen für Choregen, id. 912. Da haben die Mitglieder des *demos* Peiraieus die Dionysien ausgerichtet, allerdings ist dies eine Inschrift des dritten Jahrhunderts.

68 SIG 921 und Kommentar, Anm. 5 usw.; vgl. Pollux VIII, 107 (ebenda unter Anm. 6 zitiert), Isaios VII, 16 und die Anmerkung von Wyse (S. I.) über Isaios III, 73, 6. Zu den Apaturia, L. Deubner, Attische Feste (1932) 232ff. (von jetzt an AF).

69 SIG 921, 22-24 et al.; vgl. Isaios III, 37 über einen Mann, der mit vier Stimmen hineingewählt wurde, id. VI, 21-3 über einen korrupten Handel, um Zulassung zu gewinnen.

70 SIG 921, 97-8; Dem. XLIV, 42; Es gibt keine wirkliche Unterscheidung zwischen der Einführung (εἰσάγειν) der Söhne unter die *phrateres* und dem Einschreiben (ἐγγράφειν) bei den Demen-Mitgliedern. In beiden Körperschaften gab es geschriebene Verzeichnisse.

71 Dem. XLIV, 41; XLIII, 13 usw. Isaios VII, 13 und 27-8 usw.

72 Für die Söhne, Isaios VIII, 19 unterstellt ein sehr frühes Alter; für *epikleroi* Id. III, 73-9.

73 γαμηλίαν ὑπὲρ τῆς γυναικὸς τοῖς φράτερσιν εἰσφέρειν, id. VIII, 18; id. III, 76 und Wyse, S.I. 363f.

74 Dem. XXXIX, 4; XL, 11; XLIV, 41-2.

75 Id. LVII, 46 etc.

76 Id. XXXIX, 5.

77 Id. L, 8. Der Erlaß ordnete an, daß die Mitglieder der Demen und ἐγκεκτημένοι geschätzt werden sollten; d.h. alle Landbesitzer innerhalb eines *demos*, ob sie ihm nun zu politischen Zwecken angehörten oder nicht.

78 SIG 912, 27-8 τὸ ἐγκεκτητικόν.

79 Dem. LV, 13-14, 35.

80 Id. XVIII, 312; Aischines I, 96-101; III, 173 usw.

81 Bekannt als δίκη παρανοίας, Kapitel VI unten, Anmerkungen 2-3.

82 Dem. XLIII, 77 et al.; XLIV, 28; XLII, 21; Isaios VII, 45; XI, 47 (die Unterstellung der Gegner); vgl. den Mißbrauch in id. VIII, 40-2; X, 25. Die meisten Klienten des Isaios waren tatsächlich Lumpen, denen man dasselbe vorwerfen konnte.

83 Isaios VII, 38-42 et al.

Kapitel V

Ehe und Familie in Athen

1 MLAA 65ff. q. v. für die feierliche und die einfache Ehe.

2 Dem. LIX, 112-13.

3 Plut. Kimon IV.

4 Thuk. VIII, 6, 3. Er spricht von den *xenoi* der Familie (πατρικοί); daraus ergibt sich noch nicht eo ipso Verwandtschaft, und eine solche kann kaum eng genug gewesen sein, um für die Zugehörigkeit zur *anchisteia* anerkannt zu werden. Aber daß man seinem einzigen Kind einen ausländischen Namen gibt, ohne daß verwandtschaftliche Beziehungen dies nahelegen, wäre selbst dann ungewöhnlich, wenn, wie das hier sicher der Fall war, der Name in der Familie bereits vorgekommen war.

5 Kapitel II, S. 58; Demokoon etwa war der Sohn des Priamos mit einer Konkubine, Ilias IV, 499. Weitere Beispiele in Kapitel II, Anm. 45.

6 Besonders der Kreter des Odysseus, Od. 14, 199-213.

7 Od. 14, 10-14; man beachte, daß Megapenthes nirgendwo als Bastard bezeichnet wird.

8 Kapitel III, S. 73 f. und Anm. 74.

9 Kapitel I, S. 14 f. und Anm. 12.

10 Kapitel IV, Anm. 37, möglicherweise war seine Mutter beides gewesen, zunächst Hetäre und, als sie dann von Neokles schwanger wurde, dessen Konkubine. Eine komische Parallele in Aristophanes, Wespen 1351-4: Der betrunkene Philokleon verspricht seiner Flötenspielerin (einer Sklavin), daß er sie zu seiner (freigelassenen) Konkubine machen werde, sobald er Kontrolle über sein Vermögen bekomme (λυσάμενος ἔξω παλλακήν).

11 Dem. XXIII, 53; Lysias, I, 30-31; Plut. Solon XXIII, 1. Laut Lysias ist es eines der ''Gesetze auf einer Stele auf dem Areopag'', wahrscheinlich ist es also wirklich alt.

12 Kapitel IV, S. 94 und Anm. 31.

13 Die Verwendung dieses Wortes, um sie zu beschreiben, erinnert uns daran, daß *xenos* nicht unbedingt einen Außenstehenden meint, sondern jemanden, der in den Familienkreis einbezogen wurde, obgleich er weder durch Geburt noch durch Heirat zur Sippe gehörte.

14 Isaios VII, 43; ''Wäre unsere Mutter keine Bürgerin (πολῖτις), dann wären wir auch keine Bürger''.

15 Zu Perikles' Gesetz: Hignett, HAC Appx. X, 343ff., dort auch frühere Arbeiten. Der Nachweis, daß eine feierliche Eheschließung — also Ehe nach erfolgter *engye* — bereits vor 403/2, also vor der Wiederherstellung der Demokratie, notwendig war, kann nicht erbracht werden. Vielleicht ist der Rückschluß erlaubt, weil nach der sizilianischen Katastrophe im Jahr 413 (oben S. 115 und Anm. 95) das Gesetz gelockert wurde, und auch gemäß Aristophanes, Wespen 718. An dieser Stelle legt Bdelykleon dar, daß Philokleon und der ganze Chor der Mit-Geschworenen (*heliastai*) sich einer Überprüfung hinsichtlich *xenia* unterziehen müßten, um in ihrer Stellung als Bürger und Geschworene besser dazustehen; niemand unterstellt je, daß sie etwa nicht Söhne von Athenern waren, echte 'attische' Wespen (1075ff.). Also kann die Untersuchung sicher nur die Frage betroffen haben, ob die Eltern in feierlicher Ehe vermählt waren, vielleicht ließ sich das weniger leicht widerlegen. Die Anfechtung wegen *xenia* war

vermutlich die einzig mögliche; eine γραφὴ νοθείας gab es nicht. Allerdings muß man zugeben, daß Aristophanes vielleicht nicht immer die gleiche Haltung bezüglich des attischen Stammbaums seiner Geschworenen einnahm. Nach 403/2 ist es, ohne Hignett nahetreten zu wollen, so gut wie sicher; man kann sich kaum damit begnügen, in Formulierungen wie γέγονε κατὰ τὸν νόμον, ἐγγυητὴ κατὰ τοὺς νόμους und anderen mit durchaus uneinheitlichem Charakter den Ausdruck "gemäß den Gesetzen" immer nur für reinen Pleonasmus zu halten. Verallgemeinerungen mit Blick auf die angeblichen Gewohnheiten des Proletariats in Gesellschaftsordnungen, deren Bürgerrecht nicht auf der Legitimität der Geburt beruht, helfen nicht weiter. Die Bürgerrechte der Leute, so dürfen wir unterstellen, wurden hauptsächlich in den großen 'Stadt'-Demen angefochten, Dem. LVII, 57. Id. 40-1 zielt darauf ab zu beweisen, daß die Eltern des Euxitheos nicht nur Bürger waren, sondern auch miteinander verheiratet; bei Isaios III dreht es sich eben darum, zu beweisen, daß die Eltern von Phile nicht verheiratet waren. Dem. XLIII, 51 zitiert ein Gesetz, wonach Bastarde beiderlei Geschlechts seit 403/2 keinerlei Rechte aus ihrer Verwandtschaft ableiten durften, νόθῳ δὲ μηδὲ νόθῃ μὴ εἶναι ἀγχιστείαν μήθ' ἱερῶν μήθ' ὁσίων. Aber was Euxitheos über seinen Vater sagt, beweist, daß dies nicht rückblickend galt, id. LVII, 30.

16 Beispielsweise Perikles' eigener Sohn von Aspasia (Plut. Perikles XXXVII, 5), der Sohn des Konon von einer thrakischen Hetäre (Athenaios XIII, 577A), die Bankkaufleute Pasion und Phormion, Dem. XXXVI, 30; XLV, 78 usw.

17 unbekannten Datums, aber vor 405, Lysias, XXXIV, 3.

18 Kapitel IV, S. 100 und Anm. 58. Hinsichtlich der Sklaven, die bei Arginusai mitgekämpft hatten, Aristophanes, Frösche 692-4 und Schol. ad loc. (von Hellanikos). Isokrates (VIII, 88-9) behauptet, die Athener hätten großzügig eingebürgert, um die Kriegsverluste auszugleichen.

19 Hinsichtlich dieses Gesetzes s. oben S. 108.

20 Viele schreiben *engyesis* (ἐγγύησις), das ist ebenso gutes Griechisch; ich bevorzuge *engye* (ἐγγύη), wie Wolff (l.c.). Entsprechend wird ἐγγυητὴ γυνή oft für 'rechtmäßige Ehefrau' verwendet.

21 Dem. XLVI, 18 zitiert ein Gesetz, wonach der *kyrios* definiert wird als "Vater, Bruder nach demselben Vater und Vatersvater"; er fährt fort:"Wenn von diesen keiner mehr lebt, dann soll sie, wenn sie eine *epikleros* ist, ihrem *kyrios* gegeben werden, ist sie keine *epikleros*, dann wird *kyrios* derjenige, dem ihr *kyrios* sie anvertraut hat". Letzteres könnte etwa der verstorbene Ehemann vor seinem Tod verfügt haben (wie der Vater des Demosthenes seine Witwe mit Aphobos verlobte); es konnte auch der erwachsene Vormund einer Minderjährigen gewesen sein, wie etwa Theophrastos, der Stiefvater des Astyphilos und seiner Schwester, der die *engye* seiner Stieftochter im Einverständnis mit ihrem (minderjährigen) Bruder Astyphilos vollzog, Isaios IX, 29. Es gab verschiedene Meinungen zur Bedeutung der Formulierung: ὅτῳ ἂν ἐπιτρέψῃ τοῦτον κύριον εἶναι. Ich habe ein ὁ κύριος als Subjekt von ἐπιτρέψῃ ergänzt (aus dem Satz davor). L. Gernet, Budé Demosthenes ad loc. hat ὁ πατήρ vorgeschlagen, das scheint recht willkürlich. Für weitere Beiträge, Gernet op. cit. (Plaidoyers civils) I, 28. A. T. Murrays Übersetzung (Loeb) "may entrust herself" scheint kaum haltbar. So gedeutet unterstellt die Formulierung, daß eine Frau ohne Brüder dennoch vielleicht keine *epikleros* war — wenn sie etwa eine Witwe mit einem Sohn, besonders einem erwachsenen, war —, wir wissen aber, daß das der Fall war, s. S. 133. Für ἐγγύη seitens der Brüder: Dem. XLVI, 19; Isaios II, 3-5; Dem. XLIV, 9 etc.

22 Hypereides, Athenog. 16 über die Notwendigkeit der feierlichen Form der Ehe.

23 Isaios III, 25-6; Demosthenes LVII, 41, Onkel des Bräutigams waren Zeugen; id. XLI, 6 spricht von Zeugen, beschreibt sie aber nicht näher.

24 ἐπὶ δικαίοις, Dem. XLVI, 18; vgl. ἐπὶ ταῖς ὀγδοήκοντα μναῖς, id. XXVIII, 16 ἐπὶ τετταράκοντα μναῖς, id. XLI, 6; vgl. Andokides IV, 13 ἐπὶ δέκα ταλάντοις.Die Mitgift-Frage wurde vor kurzem ausgezeichnet behandelt von H. J. Wolff, RE XXIII (1957) 133ff., s. v. προίξ.

25 Dem. XXVII, 5; sie wurde vor dem Tod des älteren Demosthenes bezahlt, unmittelbar nach der *engye*.

26 Isaios VI, 22-4; Euktemon, Demosthenes XXVII, 17, Aphobos an die Mutter des Demosthenes.

27 ἐγγυῶ...... νόμοισι τοῖσι Ἀθηναίων· φαμένου δὲ ἐγγυᾶσθαι Μεγακλέος ἐκεκύρωτο ὁ γάμος Κλεισθένεϊ. Kapitel III, S. 73 und Anm. 64. Drakons Kodex (Ath. Pol. IV, 2) spricht von dem Erfordernis, daß hohe militärische Ränge legitime Kinder von einer gesetzlichen (γαμετῆς) Ehefrau haben sollten. Selbst wenn es sich bei dem Kodex um eine Fälschung handelt, kann doch dieses spezielle Erfordernis dem zuhörenden Zeitgenossen (spätes fünftes oder frühes viertes Jahrhundert) nicht unglaubwürdig erschienen sein.

28 Demosthenes XLI, 6; LVII, 41; Isaios III, 25-7; VIII, 14.

29 Isaios III, 18-20.

30 προδήλους; Wyse (S. I.), Anm. ad loc. gegen LSJ.

31 Die Tochter des Themistokles, Mnesiptolema, heiratete ihren Halbbruder, Plut. Themist. XXXII, 1-2; Halbgeschwister waren auch die Großeltern des Euxitheos, Dem. LVII, 20, und vielleicht die Eltern des Demosthenes, id. XXVIII, 1 und 3.

32 Z.B. id. LIX, 1-2, Theomnestos heiratete die Tochter seiner Schwester; vgl. id. XLIV, 10.

33 Isaios XI, 16ff.; in dieser Familie gibt es mindestens vier Ehen zwischen Vettern und Basen. Vgl. etwa id. VIII, 7, die Familie des Kiron. Eine weitere Tochter des Themistokles, Nikomache, heiratete ihren Cousin ersten Grades. Plut. loc. cit.; die Schwester des Demosthenes wurde mit ihrem Cousin ersten Grades verlobt, Dem. XXVII, 4-5.

34 Isaios VII, 11-12. Im Gegensatz dazu Aischylos, Die Schutzflehenden 333ff.; Haß führt dazu, daß die Töchter des Danaos sich nur als Sklaven, als reiner Besitz, mit dem man nach Belieben schalten kann, fühlen, als ihnen die Ehe mit den Cousins vorgeschlagen wird.

35 Dem. XLIV, 10.

36 Isaios II, 18, dem Sprecher kam es aber nicht ungewöhnlich für Väter vor, mit ihren natürlichen Kindern so zu verfahren.

37 Dem. XL, 12-13; auch dieser Sprecher setzte voraus, daß der Vater sich um die Braut für den Sohn bemühte. Vgl. id. 56, als Folge davon hielten die Männer seine Tochter für seine Schwester.

38 Platon, Gesetze 721B. 785B; vgl. ebenda 772D, Staat 460E (25 und älter); Arist. Pol. VII, 14, 6 (1335A) (37 oder etwas früher, Mädchen mit 18).

39 Isaios II, 18 und 36; hinsichtlich des Alters s. oben S. 118 ff. Auch Aristoteles loc. cit. billigte diese Abmachung, wonach der junge Mann bereit war, die Verwaltung des *oikos* vom Vater zu übernehmen und gleichzeitig eine Ehe einzugehen.

40 Man bezeichnete sie dann als ὑπὲρ τοῦ καταλόγου oder ἔξω τοῦ καταλόγου. Sie wurden auf ein Jahr Schiedsrichter (διαιτηταί) (Ath. Pol. LIII, 4), aber sie traten nicht notwendigerweise in die Dunkelheit zurück — Sokrates war sogar Ratsmitglied und Präsident der Volksversammlung, als er noch älter war, denn im Jahre 399 war er 70

Jahre alt und im Jahre 405 Präsident gewesen (Xen. Mem. I, 1, 18 zusammen mit Platon, Apologie 32B-C). Auch hat er erst sehr spät in seinem Leben geheiratet, denn seine drei Söhne waren 399 noch nicht volljährig, von zweien hieß es, daß sie bei seinem Tod noch kleine Kinder waren (παιδία) (Platon, id. 34D).

41 Siehe oben Anm. 38, Hesiod, Werke und Tage 695ff. und in der Kunst, Abb. 24.

42 Plut. Lykurgos XV, 3; sie waren.... οὐ μικρὰς οὐδὲ ἀώρους πρὸς γάμον...... ἀκμαζούσας καὶ πεπείρους.

43 Pollux VIII, 107 (s. v. φράτορες). Sie brachten Knaben (κόρους) und Mädchen (κόρας) in die Phratrien, und diese opferten an der Schwelle des Erwachsenwerdens (εἰς ἡλικίαν προελθόντων) am sogenannten *kureotis*-Tag, die Jünglinge das Jünglingsopfer (τὸ κούρειον), die Mädchen das Brautopfer (γαμηλίαν). Zur Verbindung mit dem Schneiden der Haare, SIG 921 und Kommentar. Deubner, AF 232ff. für eine Darstellung der Apaturia.

44 S. auch unten Kapitel VII. Eine moderne Illustration dazu in abgeschiedenen Teilen der Peloponnes s. Sheelagh Kanelli, Earth and Water (1965) 121/2.

45 Hdt. VI, 122, auch wenn dieses Kapitel allgemein für unecht gehalten wird, berührt dies unsere Frage kaum, denn wenn nicht Herodot selbst den Vorgang für äußerst ungewöhnlich gehalten hat, dann eben ein anderer Schreiber.

46 Plut. Kimon IV, 7; vgl. ib. 9 bzgl. Kimon selbst, und Dem. XL, 27 für einen Mann, dem man nachsagte, er liebe seine Frau (in diesem Fall wohl eine zweite).

47 Kapitel III, S. 75 und Anm. 84.

48 Isaios I, 39 hinsichtlich der Verpflichtung, sich um die Verheiratung der Cousinen zu kümmern, wenn sie durch den Tod des Vaters Waisen geworden waren. In Athen hätte es als Zeichen von Geiz gegolten, wenn jemand nicht Ehegatten für seine Töchter oder Schwestern gesucht hätte; Lysias XIII, 45; XII, 21 Verweigerung der Heiratsmöglichkeit galt als schwerwiegendes Unrecht.

49 Elpinike, Plut. Kimon IV, 7; Dem. LIX, 8, "Wer hätte je die Tochter eines dem Staat verschuldeten, gänzlich mittellosen Mannes geheiratet – die auch keine Aussteuer besaß?"; vgl. id. XXVIII, 21; XL, 56; XLV, 74. Lysias XIX, 14-16, die Wahl einer armen aber ehrbaren Braut; bzgl. *epikleroi*, unten Kap. VI.

50 Dies ergibt sich aus dem Komödienfragment in Athenaios XIII, 572A.

51 Dem. LIX, 75-6; vgl. Ath. Pol. III, 5. Der kleine Tempel befand sich im Stadtviertel Limnai und war nur einmal im Jahr anläßlich der Frauenzeremonien der Anthesterien geöffnet.

52 Dem. XXVII, 13-15; id. XXIX, 26.

53 Hypereides, Lykophron I, 7 und ibid. 3.

54 Ein Beispiel ist die Mutter des Demosthenes, ebenso die Mutter des Hagnias, Isaios XI, 8; vgl. id. VII, 7-8; IX, 27 etc.

55 Durch ἀπόλειψις; s. (z.B.) Isaios III, 8, 35. 78; Dem. XXX passim; Plut. Alkibiades VIII, 3-5. Gesetzlich war einzig vorgeschrieben, daß die Frau die Scheidung am Archontengericht registrieren lassen mußte, Dem. XXX, 17 und 26; Plut. loc. cit. Andokides IV, 14 usw.

56 Durch ἀπόπεμψις; z.B. Dem. LIX, 81-3; dem Sprecher zufolge lag der Grund in ihrer Illegitimität. Verschiedene Formeln für die Scheidung bei Wyse, S.I. Anm. zu III, 8 5.

57 Dem. XLI, 4.

58 Isaios II, 7-9; Dem. LVII, 40-41; s. ferner Kapitel VI, S. 131 ff.

59 Isaios III, 28; vgl. ib. 49-51: weniger als ein Zehntel eines Besitzes ist "empörend wenig".

60 Isaios XI, 40 (seiner Wirkung nach), III, 49 et al.

61 Dem. XXVII, 42-5; vgl. die außerordentlich große Mitgift der Archippe, id. XLV,28.

62 Isaios XI, 38-9; Dem. XXVII, 69, das Gesetz wird id. XLIII, 54 zitiert.

63 Aischines III, 258; vgl. Plut. Aristeides XXVII, 4; Aristogeitons Enkelin erhielt ihre Mitgift vom Staat (im fünften Jahrhundert). Für Timosthenes, SIG 496, 18: ὅσα ἄν βούληται (229/228).

64 Beispiele s. oben; vgl. Isaios VIII, 8; V, 26; Dem. XLI, 5. Geld konnte durch Realbesitz als eine Form der Mitgift sichergestellt werden, Finley, SLC 79ff. et al.

65 Wolff, MLAA 61-2. Beispiele für die Mitgift von Witwen, Dem. XXVII, 5, 13-4, 13 und id. XLV, 28; Isaios VIII, 8; Lysias XXXII, 6; Hypereides, Lykophron I, 5 — dies ist ein außergewöhnlich interessanter Fall, weil ihr *kyrios* (ihr Bruder) die Heirat arrangierte, aber der Vormund ihres Kindes, der ihre erste Aussteuer verwaltete, sie

66 Dem. XLVII, 56-7.   [mit einer Aussteuer versah.

67 Plut. Solon XX, 4; zur Deutung dieses Absatzes in diesem Sinn: Wolff, MLAA 58.

68 Isaios III, 35. Geschenke an Kleidern und Schmuck als Zeichen guten Willens, Isaios II, 9: "Als Menekles (der im gemeinsamen Einverständnis sich von seiner jungen Frau getrennt hatte) die Mitgift zurückzahlte (ἀποδίδωσι), und ihr die Kleider gab (δίδωσι), die sie beim Betreten des Hauses hatte und auch die vorhandenen Juwelen..." Auch Isaios VIII, 8 sollte in diesem Sinne akzentuiert werden: ἐκδίδωσιν αὐτὴν Ναυσιμένει Χολαργεῖ σὺν ἱματίοις καὶ χρυσίοις, πέντε καὶ εἴκοσι μνᾶς ἐπιδούς.

69 Dem. XXVII, 53-55; nach seiner Darstellung hat sie die Kontrolle darüber (κυρία), er sagt: "Wenn er den Vormündern seines Sohnes mißtraute, war es doch glatter Irrsinn, ihnen zu sagen, was verborgen dalag, wenn er gar nicht die Absicht hegte, den Besitz ihrer Obhut anzuvertrauen. Wenn er ihnen aber vertraute, hätte er ihnen sicherlich nicht den Hauptanteil des Geldes anvertraut, ohne ihnen auch die Sorge für mehr anzuvertrauen. Er hätte dann auch nicht dies Geld meiner Mutter zur Verwaltung übergeben, sie selbst aber einem der Vormünder zur Ehefrau; es liegt keine Vernunft darin zu versuchen, das Geld mit Hilfe meiner Mutter zu bewahren und gleichzeitig einen derjenigen Männer, denen er nicht vertraute, mit der Sorge sowohl für sie als auch der Sorge für das Geld zu betrauen". G. E. M. de Ste. Croix, Classica et Mediaevalia, 1953, 34. Anm. 17 bringt für das Verbergen von Vermögen Beispiele.

70 Er konnte ihr auch eine neue Aussteuer geben, so in Hypereides, Lykophron I, 13.

71 Dem. XLI, 9 und 21; vgl. ibid. 11.

72 Für die Zeremonien bei der Eheschließung "Hans Licht", Sexual Life in Ancient Greece (1932) (in der Folge SL) 42-56. (Die deutsche Ausgabe erschien in drei Bänden 1925-28 unter dem Titel: Sittengeschichte Griechenlands. Zitiert wird nach der englischen Ausgabe.)

73 Dem. XXVII, 45 spricht von der Verlobung des Demophron mit seiner noch minderjährigen Schwester und sagt, daß Demophron in den Besitz ihrer Mitgift (zwei Talente) gelangt sei, "obgleich er noch nicht mit meiner Schwester zusammenleben konnte": οὔπω μέλλοντι...... συνοικήσειν. vgl. Pollux, III, 44-5.

74 Xen. Mem. II, 2, 4: φανεροὶ δ'ἐσμὲν σκοπούμενοι ἐξ ὁποίων ἂν γυναικῶν βέλτιστα ἡμῖν τέκνα γένοιτο· αἷς συνελθόντες...... τεκνοποιούμεθα. Ich bezweifle die Richtigkeit der Übersetzung im LSJ von συνελθεῖν gleich 'Geschlechtsverkehr haben', es entspricht eher συνοικεῖν; es stimmt, daß dieser Begriff auch das einschließt, aber die Betonung liegt bei der Errichtung eines *oikos*, vgl. die Aussage des Ischomachos (Xen. Oik. VII, 11-12. 18-19) — Er und die Eltern seiner Frau hatten "den besten Partner für den *oikos* und die Kinder gesucht".

75 Dem. LIX, 122; vgl. Isaios VI, 2-4, wo trotz des Alters des Ehegatten Kinder erstrebt werden sollten.

76 Isaios II, 7-9; vgl. Xen. Mem. I, 4, 7: Für Mann und Frau ist der Wunsch nach Kindern gleichermaßen natürlich und normal. Hier darf, meiner Meinung nach, die Tragödie als nützliche Unterstützung für die Beweisführung herangezogen werden, hier herrscht Einstimmigkeit, vgl. z.B. Sophokles, Elektra 164-5 und 959-62, O.T. 1492ff., Antigone 810ff. und 916-18, ob letzteres nun echt ist oder nicht, wie u. a. Dindorf annahm. S. Jebb ad. loc.

77 Isaios VIII, 36.

78 Aristophanes Wespen 568-71. 976-8 usw.; Platon, Apologie 34D-35B; vgl. Dem. LIII, 29; XXI, 99 usw. hinsichtlich Unterstellungen, daß der Gegner dies tun werde.

79 Id. XLIII, 81-4; vgl. XL, 56-7; es wird deutlich, daß die Tochter des Mantitheos im Gericht anwesend war.

80 Id. XXVII, 65, wenn man mit den MSS γυναῖκας liest. Id. LIII, 28, wo eine Mutter mit dem Anspruch auftritt, daß Teile eines Besitzes nicht der Konfiskation durch den Staat unterliegen.

81 Xen. Mem. I, 5, 2.

82 Isaios VIII, 18; id. III, 75, 79; Pollux VIII, 107.

83 Dem. XXXIX, 22; XL, 28; Isaios III, 30, anwesend waren Verwandte (Onkel); Aristophanes, Vögel 494. 922; vgl. das Komödienfragment bei Athenaios XV, 668D über eine durchfeierte Nacht. Für Familiennamen Dem. XLIII, 50, 74 und 77 usw.

84 Id. LVII, 54; ἀστὸν ἐξ ἀστῆς ἐγγυητῆς ἑαυτῷ γεγενημένον εἰδ ώς; Isaios VIII, 19 deutet an, daß dies sich sehr früh im Leben ereignet hat, id. XII, 3, etwas später. Adoptivsöhne wurden bei der Adoption ebenfalls vorgestellt, Dem. XLIII, 13 usw.; Isaios VII, 13 und 27-8 usw.

85 1000 Drachmen = 10 Minen = τὰ νοθ εῖα, der dem Unehelichen zustehende Anteil, was bedeutete, daß andere (rechtbürgerliche) Verwandte den Rest des Familienbesitzes beanspruchen konnten, Dem. LVII, 53; vgl. Hypereides, Lykophron I, fr. 5 und Isaios III, passim. Die Rede war darauf ausgelegt, den Rivalen durch Nachweis seiner unehelichen Geburt um seine Ansprüche zu bringen. Hinsichtlich der religiösen Rechte Dem. XLIII, 51, Bürger-Rechte, Wolff op. cit. 76-8.

86 Hier liegt die Pointe bei den Scherzen mit Herakles in Aristophanes' Vögeln 1641-69. Bei Dem. LVII, 53-5 wird deutlich, daß Bastarde (νόθοι) nicht dasselbe waren wie xenoi, aber bezüglich ihrer Möglichkeiten, Anspruch auf den Besitz von Bürgern zu erheben, unterlagen sie den gleichen Benachteiligungen. Xenoi gab es auch wieder in verschiedenen Klassen: ξένοι (also xenoi im eigentlichen Sinn), die nur vorübergehend in Athen waren, ξένοι metoikoi (Metöken), die eine Art Dauer-Aufenthalt in Athen hatten, ξένοι isoteleis und proxenoi, die mit besonderen Privilegien ausgestattete Metöken waren. Auf welchen Gebieten Bastarde unterprivilegierte Bürger waren und in welcher Hinsicht besonders privilegierte xenoi, wissen wir nicht. Xenos – das darf man nicht vergessen – ist "der Außenseiter, der in den Kreis zugelassen, aber kein Mitglied desselben ist".

87 Ath. Pol. LVIII; Dem. XLVI, 22.

88 Für Metöken z.B. Thukydides II, 31, 2, dreitausend Hopliten aus dem Metöken-Stand. Von den Bastarden hat Themistokles sicher gedient, ebenso Ktesias, der Sohn des Konon, Demosthenes, LIV, 26 mit 3 und 7. Ärmere Metöken mußten möglicherweise in der Flotte dienen; das galt sicher in gleicher Weise für die Bastarde.

89 Hommel, RE XV (1932) 1413ff. s. v. μέτοικοι; Metöken zahlten eine Sondersteuer

von 12 Drachmen jährlich (μετοίκιον), es sei denn, sie seien zum Status von *isoteleis* (i.e. solchen, die [nur] die gleichen Steuern zahlten wie Vollbürger) erhoben worden. SIG 346, eine Inschrift zu Ehren von Nikandros und Polyzelos hält die Einzahlung von 10 Talenten in die *eisphorai* in den Jahren zwischen 347/6 und 323/2 (Zeilen 14-18) fest, ferner Militärdienst (Zeilen 37-41); als Gegenleistung wurden sie *isoteleis* und man gewährte ihnen γῆς καὶ οἰκίας ἔγκτησις, also die Erlaubnis, sich Liegenschaften zu erwerben und *eisphorai* zu zahlen und bei Feldzügen gemeinsam mit den Athenern zu dienen, also nur, wenn Bürger aufgerufen wurden.

90 Dem. LVII, 55; "Was habe ich denn getan von den Dingen, die man üblicherweise unechten Bürgern nachweist, und wo hätte ich solches getan?" Aus dieser Rede läßt sich ziemlich sicher schließen, daß sie den Beamten, der die Bürgerverzeichnisse der Demen verwaltete (ληξιαρχικὸν γραμματεῖον), zu bestechen versuchten, damit er ihre Namen einschreiben und ihnen eine unklare Abstammung zuweisen möge, möglicherweise haben sie das bei mehreren Demen versucht.

91 S. oben S. 100.

92 Dem. LIX, 16-17; im folgenden Satz macht Apollodoros deutlich, daß die Absicht des Gesetzes die Unterbindung von illegalen Schein-Ehen war: "Das Gesetz gestattet einem Fremden nicht, mit einer Bürgerin zusammenzuleben noch *vice versa*, auch nicht, Kinder zu zeugen" — οὐκ ἐᾷ...... συνοικεῖν...... οὐδὲ παιδοποιεῖσθαι. Man bezeichnete es nicht als συνοικεῖν und παιδοποιεῖσθαι, wenn Männer offen mit einer Konkubine zusammenlebten, obgleich Konkubinen eine gesetzlich voll anerkannte Stellung hatten, id. XXIII, 55-6 etc.

93 Dem. LIX, 51-53; sie bezog die Wohngemeinschaft (συνῴκει) mit ihrem Gatten, als ob sie eine Bürgerin sei.

94 Id. LIX, 118-122. Die Ehefrau hatte einen höheren Rang als die Konkubine oder Kurtisane, vgl. Plut. Solon XXII, 4; Lysias I, 30; Xen. Mem. II, 2, 4; Oik. I, 13; Menander, Dyskolos 58-66 usw. Diese Belege quer durch drei Jahrhunderte sollten genügen, um der traditionellen Interpretation ihre Gültigkeit abzusprechen.

95 Diog. La. II, 26 (à propos Sokrates): γαμεῖν μὲν ἀστὴν μίαν...... παιδοποιεῖσθαι δὲ καὶ ἐξ ἑτέρας.

96 Lykurgos, in Leocr. 41; vgl. id. 100. Für ihn ist beides eine kleinere Katastrophe, dagegen die Haltung des Aristophanes (Frösche 687-702) bezüglich der Einschreibung all derjenigen Bürger, die bei Arginusai gekämpft hatten bei gleichzeitiger Ablehnung, die der bürgerlichen Rechte Beraubten wieder in diese Rechte einzusetzen.

97 Man darf sich wohl die Frage stellen, inwieweit die erstaunliche Leichtigkeit, mit der homerische und heroische Damen (außer Penelope) verführbar waren, die Haltung der Männer beeinflußt hat. Dem. XLVII, 53, belegt, daß es in höchstem Grade unziemlich war, sich in Abwesenheit des Gatten auch nur in die Gegenwart einer athenischen Frau zu begeben — Gegner zögerten (natürlich) nicht, solches zu tun, ein Zeuge aber würde das nicht tun (id. 60), und entsprechend hat es auch der Sprecher hier nicht getan; obgleich er das Haus seines Gegners betrat, "wußte er, daß er nicht verheiratet war" (id. 38). S. oben S. 149 ff.

98 Id. XXIII, 53-6; vgl. Ath. Pol. LVII, 3, für erlaubte Tötung.

99 Lysias I, 2; Plutarch, Solon XXIII spricht davon, daß Solon eine Buße von 20 Drachmen für die Verführung einer freien Bürgerin festsetzte, 100 Drachmen für Vergewaltigung; dies deckt sich kaum mit Demosthenes. Als wahrscheinlichste Erklärung bietet sich an, daß Plutarch entweder seine Quellen mißverstanden oder sich schlecht

ausgedrückt hat und es dabei um freie aber eben Nicht-Bürgerinnen ging. Da er im nächsten Satz von Prostituierten spricht, verstärkt sich dieser Eindruck, weil Nebenfrauen praktisch immer Sklavinnen oder Freigelassene sind. Isaios VI, 19-22; Dem. LIX, passim; Lykurg. fr. 96 (= Stobaios II, 30) (man bedenke, daß den Fragmenten der Kontext fehlt); Xen. Mem. II, I, 4-5.

100 Platon, Gesetze 838E-841E.

101 Lysias I, 33; vgl. I, 4: "Er hat meine Frau verführt, meinen Kindern Schande gebracht und mich selbst beleidigt".

102 Nach Plutarch, Solon XXIII, 2 konnte eine Jungfrau nicht verkauft werden; Hypereides, Lykophron I, 12-13; dem Verführer wird angelastet, daß [πολλὰς μὲν γ]υνα [ἴ-κας ποιῶ] ἀγάμου[ς ἔνδον κα]ταγηρ[άσκειν]; das Gleiche soll Witwen widerfahren sein, ἀνέκδοτον ἔνδον καταγηράσκειν. Aischines I, 183, belegt, daß es dem Leben "die Lebensqualität entzog", wenn man ihr das Vergnügen nahm, sich für Feste feierlich zu kleiden. War das nun grausamer als Viktorianische Väter, die ihre verführten Töchter auf die Straße setzen? Aischines loc. cit. kennt noch viel barbarischere Strafen, doch sind sie vielleicht apokryph, wie Hans Licht anscheinend annimmt (SL 62).

103 Kallias, fragm. I; κέρδος αἰσχύνης ἄμεινον. ἕλκε μοιχὸν ἐς μυχόν. Vgl. Aristophanes, Plutus 168; Acharnenses 849 (Scheren); Wolken 1079-1084 (Depilation und ῥαφα- νίδωσις); Xenophon, Mem. II, 1, 5 für seine Darstellung von Sokrates' Ansicht.

104 Dem. LIX, 86-7.

105 Hypereides, Lykophron I, 12.

106 Dem. LIX, 64-71.

107 Isaios III, 39; um diese Stelle hat es heftige Diskussionen gegeben, Wyse, SI Anm. ad loc. − aber ganz überflüssigerweise, es sei denn, man beginnt diese mit vorgefaßten Vorstellungen darüber, was die Athener hätten tun sollen. Das Mädchen, von dem in dieser Rede gesprochen wird, war ὡς ἐξ ἑταίρας οὖσα verheiratet, mit einer Mitgift von 10 Minen (τὰ νοθεῖα) − so zumindest der Sprecher. Das mag eine Lüge gewesen sein, aber es muß zumindest glaubhaft geklungen haben.

108 Hypereides, Athenog. 29 (ein sehr lückenhafter Text) handelt von einem Metöken, der seine Töchter verheiratet. Der Redner verwendet dasselbe Wort (ἐξέδωκε), das von einem Vollbürger als Vater auch gesagt worden wäre.

109 Ath. Pol. LVIII. Deinarchos (in Dem. 23) berichtet u. a. auch von Beispielen, wo athenische Gerichtshöfe Bürger hart bestraft haben, weil sie Nicht-Bürgern persönlich geschadet hatten − etwa, wenn ein freigeborener Knabe gafangengehalten, oder eine Lyraspielerin von Rhodos vergewaltigt wurde, oder wenn eine Dienerin aus Olynthos an ein Bordell verkauft wurde − vielleicht aber hing an diesen Fällen noch mehr als das, was uns überliefert ist.

110 Xen. Mem. II, 8, 5-6 für den Rat des Sokrates.

111 Dem. XLVI, 14; Anspielungen darauf bei Isaios II, 14-5: ὑγιαίνων...... εὖ φρονῶν...... εὖ νοῶν...... ....und er lebte weitere 23 Jahre. Cf. id. VI, 21; Wyse, SI Anm. zu II, 13. Viele Belege in der Komödie, etwa Aristophanes, Wespen 67-135; Philokleon ist krank (νοσεῖ), 71. 87. 114 usw., er kann nicht schlafen, 91-6, er tut unsinniges Zeug, 97-110, seine Familie versucht, ihn zu heilen, 114-24, ihn daheim festzuhalten, 126-30, schließlich mußte sie ihn von innen einsperren, 69-70. 131-2, und der große Spaß 138-210. Vgl. Aischines III, 251-2, das ganze Volk bei seiner Narretei.

112 Thuk. II, 44, 4 "Ihr aber, die ihr über das Alter, Kinder zu haben, hinaus seid, freut euch, daß ihr den größten Teil eures Lebens glücklich gewesen seid, und daß es bald

mit euren Tagen zur Neige geht, und zehrt hinfort vom Ruhme eurer Söhne" (nach Th. Braun), das klänge weniger teilnahmslos, wäre nicht unmittelbar davor die Empfindung geäußert worden, daß dem, der nichts für das Vaterland eingesetzt hat und der nicht selbst Kinder zu verlieren hat wie alle anderen, da, wo es sich um Fragen des Gemeinwohls handelt, wohl die Einsatzbereitschaft und das Bedürfnis nach ehrlichem ($\emph{ἴσον}$) und unvoreingenommenem Rat abgehen werde". Auch für Herodot gehört "ein langes Leben" nicht zu den Segnungen seiner "glücklichsten" Männer (I, 30-31); das eigene Alter des Tellos von Athen wird eher nach unten modifiziert, obgleich die Berichte über seine Enkel nur bedeuten können, daß er selbst nicht mehr jung war; er war aber noch aktiver Soldat und daher nicht über 60.

113 $\emph{γονέων κάκωσις}$, Ath. Pol. LVI, 6; Eltern bedeutete auch Großeltern (Isaios I, 39) und alle Verwandten in aufsteigender Linie, die eventuell noch am Leben waren (id. VIII, 32); wobei vom Redner die Urgroßeltern, als weitestentfernte denkbare Glieder, als Gründer des Clan aufgefaßt werden ($\emph{ἀρχὴ τοῦ γένους}$). Cf. Dem. XXIV, 103-7; XXV, 65ff.

114 Deinarchos 2, 17-18: $\emph{τοὺς τῶν κοινῶν τι μέλλοντας διοικεῖν}$, Ath. Pol. LV, 3; Dem. LVII, 70; Aischines I, 28.

115 Xen. Mem. II, 2, 1-13 gibt uns die Version des 'Sokrates', warum das Gesetz recht hat; wir haben unseren Eltern gegenüber eine Verpflichtung, weil sie uns aus dem, was nicht war, geschaffen haben ($\emph{οὓς οἱ γονεῖς ἐκ μὲν οὐκ ὄντων ἐποίησαν...... εἶναι}$), und unsere Verpflichtungen leiten sich daraus her, daß man Gutes vergelten muß; Xenophon schließt nicht nur die Notwendigkeit ein, den Eltern Unterhalt zu gewähren, sondern erwähnt auch ein gerichtliches Vorgehen, wenn jemand sich nicht um sie kümmert ($\emph{ἐάν τις γονέας μὴ θεραποίη}$). Demosthenes XXIV, 107 sagt auch, daß die Gesetze die Lebenden zwingen, ihre Eltern zu unterstützen ($\emph{τοὺς γονέας τρέφειν}$). Hinsichtlich des Gesetzes Diog. La. I, 55: $\emph{ἐάν τις μὴ τρέφῃ τοὺς γονέας ἄτιμος ἔστω}$. Für die Behandlung des Themas in der Komödie, Aristophanes, Wespen 341. 729-59, Philokleon will die Angebote seines Sohnes nicht annehmen, 1004-6, es kommen neue Versprechungen, als er nachgibt; q. v. für $\emph{τρέφειν}$ (737 und 1004, $\emph{θρέψω}$); id. Vögel, 1347-69: Die Pointe liegt darin, daß ein Vogel-Junges, das nach dem stärkeren Vater pickt, tapfer ist, 1349-50, wenn aber das Junge flügge ist, dann muß es diesen seinen Vater füttern (1357). Auch beachte man, daß der, der nach dem Vater schlägt, nicht mit den anderen Vögeln zusammenleben darf, sondern fortgeschickt wird, um seinen Lebensunterhalt als Söldner zu gewinnen (1367-9). Einen anderen Standpunkt vertritt V. Ehrenberg, People of Aristophanes (1951) (in der Folge: People) 208-9.

116 Plut. Solon, XXII, 1 und 4; jene, die der Vater kein Handwerk gelehrt hatte, auch Bastarde — Kinder von $\emph{hetairai}$, denn deren Väter hatten sich eine Frau nur zum Vergnügen genommen, nicht in der Absicht, eine Familie zu gründen; man beachte dazu das Echo in Xen. Mem. II, 2, 2-4. Aischines I, 13 bezieht jene mit ein, die ihre Söhne mißbraucht hatten oder anderen gestattet hatten, sie zu mißbrauchen.

117 Xen. Oik. VII, 12; Isaios II, 10-12 etc.

118 Unterhalt hieß $\emph{σῖτος}$, ein Prozeß zur Durchsetzung des Unterhaltsanspruches hieß $\emph{δίκη σίτου}$; Photios (s. v. $\emph{σίτου δίκη}$) erwähnt auch geschiedene Frauen, die ihre Scheidung mit $\emph{ἀπόλειψις}$ begründet hatten. Ihr Anspruch auf Unterhalt ist die Ursache ihres Erscheinens vor dem Archonten, denn für einen Prozeß wegen $\emph{σῖτος}$ war er zuständig. Der Ausdruck $\emph{σίτου δίκη}$ war mit ziemlicher Sicherheit uralt, also älter als die Einführung des Münzgeldes.

119 9 oboloi monatlich (sc. pro Mine) i. e. 18%.

120 Isaios VII, 7 und IX, 27-9; id. VI, 51; es muß sich um eine Witwe zumindest mittleren Alters gehandelt haben.

121 Isaios II, 18 und 36 etc. Cf. die Beschreibung, wie Buselos seinen Besitz unter seine Söhne aufgeteilt hat (Dem. XLIII, 19); die Anspielung, daß der Vater zu diesem Zeitpunkt noch am Leben war, ist unübersehbar.

122 Lykurgos, in Leocratem, 40.

123 Aristophanes, Wespen, bes. 441-52 (Philokleon war ehedem der Herr der Sklaven gewesen, die ihn jetzt einschränkten, 67-70; Bdelykleon ist Herr [δεσπότης]). 605ff. (die drei Obolen des Schöffen sind nur Taschengeld, von dem sich Philokleon ein kleines Vergnügen leisten kann, während er sein Brot vom Hausverwalter seines Sohnes beziehen kann, auch wenn dieser noch so murrt); Bdelykleon macht immer wieder Ansätze, sich um den alten Mann zu kümmern, 341-2. 737-40. 1003-6 etc; der betrunkene Philokleon benimmt sich wie ein Jugendlicher, der nicht für sich verantwortlich ist, und noch zu jung ist, um seinen Besitz selbst zu verwalten, 1351-7.

124 Xen. Mem. I, 2, 49ff.

Kapitel VI

Besitz und Familie in Athen

1 Das athenische Erbfolgerecht besteht aus einer Mischung von Satzungsrecht und von alters her überliefertem Brauch; P. Vinogradoff, Outlines of Historical Jurisprudence II (1922) 72ff. 206ff. für Hinweise zum archaischen Anteil am Gesetz; oben S. 131 ff. für die *epikleroi*, Anm. 61 für *oikos orphanikos*.

2 Ath. Pol. LVI, 6: ἐάν τις αἰτιᾶται τινα παρανοοῦντα τὰ ὑπάρχοντα ἀπόλλυναι (ὑπάρχοντα ist eine Ergänzung in einer lacuna); den Vorgang scheint ein Sohn eingeleitet zu haben, Platon Gesetze 928E. 929D; Aristophanes, Wolken 844ff.; Xen. Mem. I, 2, 49; wenn überhaupt jemand handlungsfähig war, ist es merkwürdig, daß Chairestratos keinen Versuch gemacht hat, Euktemon zurückzuhalten, vorausgesetzt seine Darstellung davon, wie der alte Mann vorgegangen war, entspricht überhaupt der Wahrheit, Isaios VI, 29ff.

3 Dem. XLVI, 14: ἂν μὴ μανιῶν ἢ γήρως ἢ φαρμάκων ἢ νόσου ἕνεκα ἢ γυναικὶ πειθόμενος ὑπὸ τούτων του παρανοῶν, ἢ ὑπ' ἀνάγκης ἢ ὑπὸ δεσμοῦ καταληφθείς. Cf. Platon, Xenophon, Aristophanes ll. cc. Wespen 71. 87ff. Philokleon hat ein Gebrechen (νόσον νοσεῖ).

4 Wyse, S. I. 234ff. und Anm. zu II, 19-22.

5 Xen. Mem. II, 3, 1-5, geht davon aus, daß man ein kleineres, weil aufgeteiltes Erbe bekommt, wenn man einen Bruder hat.

6 Adoptionen siehe oben S. 136 f.; Enterbung, Th. Thalheim, RE I (1894) 2836-7) s. v. ἀποκήρυξις.

7 Plut. Themist. II, 6; Dem. XXXIX, 39; Platon, Gesetze 928D-E: ἐν παγκάκων ἤθεσιν ἀνθρώπων...... ἐν ἄλλῃ πολιτείᾳ παῖς ἀποκεκηρυγμένος οὐκ ἂν ἐξ ἀνάγκης ἄπολις εἴη. Aristoteles, Eth. Nik. VIII, 14, 4 (1163B).

8 Dem. XLIV, 10: τὴν οὐσίαν ἀνέμητον διὰ ταῦτα συγχωρήσας εἶναι.

9 Isaios II, 28.

10 Dem. XXXVI, 8-11. Das Land muß hier unter dem Titel "anderer Besitz" mit einge-schlossen sein, denn wir wissen, daß Pasion Land im Werte von 20 Talenten besaß, id. 5; cf. id. XL, 14-15; das Haus und die Sklaven, als Teil des Erbgutes (τὰ πατρῷα), wurde nicht aufgeteilt, solange ein Vergleich zwischen beiden Halbbrüdern ausstand, bei dem es um Ansprüche aus der Mitgift der jeweiligen Mutter ging.

11 Isaios I, 4, Wünsche des Großvaters; id. I, 12ff. 28 etc. als Beleg dafür, daß sie bei ihrem Großvater mütterlicherseits lebten, nachdem ihr Onkel väterlicherseits ge-storben war.

12 Dem. XLVII, 34-6 und 53.

13 ἄνδρες ἐγένοντο id. XLIII, 19; zu einer angefochtenen Aufteilung, Isaios IX, 17; der Vermittler für die Schlichtung von Streitfällen wurde vom Archonten ernannt, Ath. Pol. LVI, 6.

14 Isaios VI, 3-7, 38 (Leiturgien), 36 (versuchte Adoptionen post mortem) – μισθοῦν ἐκέ-λευον τὸν ἄρχοντα τοὺς οἴκους ὡς ὀρφανῶν ὄντων; cf. 44. Möglicherweise ist Sauppes Emendierung von § 44 korrekt; danach hätte ein Schreiber aus eigener Initiative Philoktemon für Hegemon eingesetzt, und Euktemon habe demzufolge geplant, daß drei Adoptivsöhne die Nachfolge antreten sollten, einer in jedem oikos, den er für seine drei verstorbenen Söhne hatte herrichten lassen. Chairestratos habe das nicht an-nehmen wollen, sondern versucht, als Adoptivsohn des Philoktemon die oikoi aller drei Söhne des Euktemon — alle drei seine Onkel — an sich zu ziehen. Vergleichbare Aufteilungen der oikoi können wir aus Gortyn nachweisen (Rechtskodex IV, 23-31), ferner im 'Testament der Epikteta', K. M. T. Chrimes, Ancient Sparta (1949) (in der Folge: A. S.) 239ff.; daraus geht hervor, daß alle Söhne zu Lebzeiten des Vaters die Nachfolge antraten, falls einer es tat. Aus § 10 scheint hervorzugehen, daß alle Söhne großjährig waren. Ihr Besitz ist ihnen also wohl bei ihrer jeweiligen dokimasia zugemessen worden. Euktemon blieb natürlich der kyrios über den Besitz der oikoi seiner verstorbenen Söhne, da diese keine Erben hatten, aber möglicherweise hat diese Funktion den Rechtstitel der Söhne nicht ausgelöscht, bis neue Söhne da waren.

15 Isaios VI, 30. Wenn Philoktemon einen Adoptivsohn hatte, konnten die Töchter keine epikleroi werden. Die meisten neueren Bearbeiter scheinen der Ansicht, daß Chairestratos deshalb keine Ansprüche anmeldete, weil das Eigentum des Euktemon und des Philoktemon in irgendeiner Form zur gemeinsamen Hand war und daher nicht allzuviel Wert hatte. Ich vermute eher, daß die Eltern des Chairestratos beim Tod des Philoktemon nicht wollten, daß Euktemon kyrios ihres Sohnes Chairestratos wurde, weil dieser damals noch minderjährig war. Vermutlich vertrugen sie sich nicht gut mit ihm. Vielleicht haben sie sich ausgerechnet, daß es günstiger wäre, den Tod des Euktemon (der immerhin über 80 Jahre alt war) abzuwarten, und dann ihre An-sprüche aus zwei Richtungen zu begründen, einmal, weil die Mutter des Chairestratos gemeinsam mit ihrer Schwester eine epikleros war, und weiters, weil Chairestratos der Adoptivsohn des Philoktemon war und damit gesetzlicher Erbe auch der kinder-losen (Adoptiv-) Onkel und des Euktemon. Mit dem Rechtsanspruch als Erbe nach Philoktemon verband sich noch der Vorteil, daß die Gegner ihn nicht beschuldigen

konnten, er versuche gleich zwei *oikoi* in seinen Besitz zu bringen, denn dadurch würde er gleichzeitig seine Anrechte auf den *oikos* seines Vaters Phanostratos aufgeben (s. oben S. 138).

Der Familienstammbaum, nach dem Tod des Philoktemon, sieht so aus:

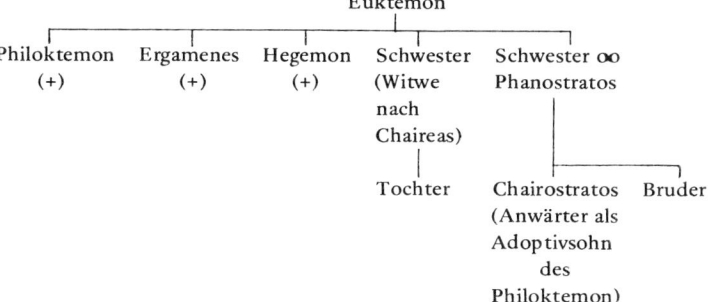

Euktemon war de facto *kyrios* der *oikoi* seiner drei Söhne, solange er lebte, denn (zumindest nach dem Gesetz) konnte er noch weitere Söhne zeugen, wie er (§ 22) ja auch angedroht hatte. Seine Töchter waren aus diesem Grund auch noch keine *epikleroi*, aber die Aussichten ihrer Söhne waren gut, denn der alte Mann war nicht mehr zeugungsfähig, und beide Frauen waren vermutlich über das gebärfähige Alter hinaus.

16 Die Rede datiert aus dem Jahr 364 (id. 14), Philoktemon war vielleicht kurz vor 373/2 gestorben (id. 27 zusammen mit Wyse, SI Anm. ad loc.).

17 Kapitel V, S. 119 f. und Anm. 123, es sei denn, das Ganze war als Farce gedacht, was aber dem ganzen Ton der Situation gar nicht entspricht.

18 Isaios VI, 19-24; zu Kallippe oben S. 134.

19 Id. 30-4. 36-7; Anm. 14 oben zu den *oikoi* des Ergamenes und Hegemon. Die an sich hilfreiche Bemerkung von Wyse zu id. 44 berücksichtigt nicht, daß Prozeßgegner in Athen ihre Absicht auch nach und nach erreichen konnten, wie sich am Fall des Hagnias und seines Besitzes nachweisen läßt (Isaios XI; Dem. XLIII).

20 Wyse, SI 483ff. Wyse kann aber nicht erklären, warum der in Frage stehende Besitz dem Philoktemon gehörte, also dem langverstorbenen Sohn des Euktemon, und nicht diesem, dem erst kürzlich verstorbenen Vater. Das Gericht kann kaum so begriffsstutzig gewesen sein, daß es nicht gewußt habe, um wessen *oikos* es eigentlich ging.

21 Damit wird unterstellt, daß jeder Mann (innerhalb eines *demos*) einem *oikos* zugehörte; dieser Ansicht würde ich beipflichten, selbst für die ärmsten *thetes*, obgleich man das nicht nachweisen kann (oben Kapitel IV, S. 98). Damit ist aber nicht gesagt, daß der *oikos* über irgendeinen realen Besitz verfügte. Im Gegensatz dazu konnten *oikoi*, also *kleroi*, hinter denen Besitz stand, ohne Eigentümer sein, wenn ein Vater keine erbfähigen Söhne hatte; diese *oikoi* waren dann vakant (ἔρημοί oder andere Bezeichnungen) und dem Archon unterstellt. Reiche Leute hatten *oikoi* in beiden Bedeutungen des Wortes, arme nur im bürgerrechtlichen Sinn.

22 Lysias XIX, 37 — natürlich wollte ein Vater über unabhängige Einkünfte verfügen, das heißt aber nicht, daß er dies immer konnte. Der Vergleich des Aischines (III, 251-2) mit dem Staat und dem, wovon er lebt, illustriert dies.

23 *Philotimia* — φιλοτιμία — ein Begriff, für den wir keine Entsprechung haben. Am ehesten trifft ihn vielleicht die orientalische Konnotation des Wortes 'Gesicht'. Es ist aber ein ganz griechischer Begriff, der heute noch eine Rolle spielt — Kanelli op. cit. 27-8.

24 Pollux VIII, 104 s. v. ληξίαρχοι: ὁ δ'εἰς τὸ ληξιαρχικὸν γραμματεῖον ἐγγραφεὶς ἤδη τὰ πατρῷα παρελάμβανεν. ἡ δὲ πατρῷα οὐσία καὶ λῆξις ἐκαλεῖτο. Zu λῆξις als Landnutzung, Harpokration s. v. ληξιαρχικὸν γραμματεῖον: λήξεις δ'εἰσὶν οἵ τε κλῆροι καὶ αἱ οὐσίαι ὡς καὶ Δείναρχος (sc. φησίν). Hdt. IV, 21 (λᾶξις) (Scythia), Platon, Gesetze 740 A.

25 Dem. XLIII, 70-2; Lysias VII ist die Verteidigung für einen Mann, dem dieses Vergehen zur Last gelegt wird.

26 Oben S. 118 ff., und für die fünf Söhne des Buselos S. 123.

27 Gesetze 664C-D beispielsweise; παῖδες bis 30 sind alle von der gleichen Alterskategorie, 666A-B etc. Ratsmitgliedschaft, Xen. Mem. I, 2, 35; Geschworenendienste, Ath. Pol. LXIII, 3; Heirat, oben S. 109 f. und Anm. 28.

28 Staat 497E-498A: μειράκια ὄντα ἄρτι ἐκ παίδων τὸ μεταξὺ οἰκονομίας καὶ χρηματισμοῦ. In Ath. Pol. XLII, 1, umschließt die Bezeichnung παῖδες alle Jugendlichen, bis sie körperlich soweit waren, etwa im Alter von 18 Jahren, als ἔφηβοι mit der militärischen Ausbildung zu beginnen; Platon benutzt für ἔφηβοι das Wort μειράκια, das möglicherweise bis zur Reorganisation der ἐφηβία, etwa um 336, die übliche Bezeichnung gewesen ist. In den echten Werken Platons fehlt das Wort ἔφηβος, kommt aber in dem pseudo-platonischen Axiochos vor.

29 Isaios VI, 35; vgl. für Drogen, Krankheiten und ähnliche Gründe id. 21; im Gegensatz dazu id. 9, id. II, 14-5, wo der Sprecher die geistige Frische seines Adoptivvaters wiederholt zur Sprache bringt.

30 Pol. III, 1, 3-5 (1275A) γέροντας ἀφειμένους; das übliche Einklammern von 1275A, 10-15 (τοῦτο...... κοινωνίας) (wie etwa im OCT) scheint verschleiern zu wollen, daß sich φατέον εἶναι πολίτας auch auf jene anderen bezieht, die nicht uneingeschränkt Voll-Bürger sind. Die Menge der Kommentare, die δικάζεσθαι (vor Gericht gehen) gleichsetzen mit δικάζειν (als Geschworener fungieren), ist erstaunlich. Vgl. Teles, ap. Stobaios XL, 8 ''wer aus Altersgründen nicht mehr dienen kann, kann auch nicht regieren'', das ist aber drittes Jahrhundert.

31 Aristophanes, Wespen 508ff. 750ff. 763 etc.; id. Acharn. 179-81. 210ff. etc.

32 Thuk. II, 44, 3; ihre Aufgabe war βουλεύεσθαι — in der Versammlung anwesend sein.

33 Siehe Kapitel VII, S. 140 und Anm. 107.

34 Gesetze 755A-B; Staat 498B-C. 540A-B.

35 Dem. XLVI, 14. Die Stelle ist, selbst wenn sie echt ist, wie bei den Rednern üblich, nur ein unvollständiges Zitat, Isaios VI, 9 et al.

36 Isaios III, 68; X, 13; vgl. unten Anm. 57.

37 Dem. XLVI, 24; id. XXVII, 4-6; Lysias XXXII, 4-6, der Letzte Wille des Diodotos. Eine Parallele zu Demosthenes' detaillierten Anweisungen bei Diog. La. III, 41-3, Platons Testament.

38 Alle Minderjährigen mußten per Gesetz einen Vormund besitzen, bis sie mündig geworden waren, und die *dokimasia* durch die Mitglieder des *demos* erfolgt war (ἕως ἐγὼ ἀνὴρ εἶναι δοκιμασθείην, Dem. XXVII, 5). Die Vormünder wurden vom Archonten ernannt (zumindest genehmigte er die Ernennung) und beaufsichtigt, Ath. Pol. LVI, 6-7.

39 Dem. XXVII, 44-5.

40 Pasion, Dem. XXXVI und XLV-VI; Konon, Lysias XIX, 34-40.

41 Dem. XXXVI, 22 und id. 37 zus. mit 10 (Pasikles war ein achtjähriges Kind).

42 Id. 5-6; id. 8 für die Vormünder.

43 Id. XLV, 34; id. 83-4; XLVI, 20-1, wonach er bei der Familie lebte; XLV, 3 et al. für die Heirat, die stattfand, während der erwachsene Sohn Apollodoros als Trierarch seinen Dienst auswärts leistete. Ihm war die Heirat deutlich zuwider, denn er verklagte Phormion wegen böswilliger Kränkung (ὕβρις), womit er deutlich sexuelle Beziehungen zu seiner Mutter meinte; das war eine Form, die Gültigkeit einer Ehe in Frage zu stellen (id. 4). Diese Ehe war in der Tat anfechtbar, denn Bürger durften Nicht-Bürgerinnen nicht zur Frau nehmen und umgekehrt. Für die Tatsache, daß man die Angelegenheit auf sich beruhen ließ, bietet folgende Erklärung wohl die größte Wahrscheinlichkeit: Da die Söhne des Phormion den *oikos* des Pasion nicht für sich beanspruchten, wofür Erben bereits vorhanden waren, konnte auf diese Weise die Witwe (die vielleicht keine bürgerlichen Verwandten mehr besaß) so am besten versorgt werden. Als (10 Jahre später) Phormion das Bürgerrecht von Athen bekam, wurden auch seine beiden Söhne von ihr Bürger, damit wurde die Ehe wieder voll gültig. Als sie starb, erbten alle ihre Söhne einen Anteil ihres Besitzes, id. XXXVI, 32. Indem Apollodoros diese Aufteilung akzeptierte, erkannte er damit stillschweigend auch die Gültigkeit der Ehe an (ibid.).

44 Dem. XXVII, 9. In der anderen Fabrik waren Hersteller von Ruhebetten oder Sofas angestellt. Bei den Rednern finden sich als weitere Beispiele etwa die Schildmacher des Pasion, id. XXXVI, 4 etc. und die beiden Fabriken des Komon. In der einen, in dem Hause, wo er wohnte, wurde Sackleinen hergestellt. Die zweite befand sich an einem anderen Ort. Dort arbeiteten Leute, die entweder Farbpigmente oder Drogen zermahlten, unter einem besonders zuverlässigen Sklaven, id. XLVIII, 12-14. Xenophon, Mem. II, 7, 6 erwähnt Sklaven als Angestellte bei einem Müller, einem Bäcker, Verfertigern von Oberbekleidung (*chlamydes*) und Unterwäsche (*exomides*), letztere in Megara. Vgl. Abb. 46, auf der Sklaven zusammen mit Realbesitz und Möbeln als Eigentum angeführt sind, das taxiert und konfisziert werden konnte.

Ein Sklave konnte zur Gewinnquelle werden, wenn man ihn (oder sie) freikaufte; die Herrin der Neaira hatte sieben Mädchen besessen, die sie als *hetairai* herangebildet hatte; alle brachten ihre Liebhaber dazu, sie freizukaufen, Dem. LIX, 18-20. 30-2. Viele Aspekte der Sklaverei behandelt: Slavery in Classical Antiquity, ein Sammelband verschiedener Artikel herausgegeben von M. I. Finley (1960).

45 Xen. Oikonomikos, XII-XIII; er besaß Aufseher und hatte ein System von Belohnungen für gute Arbeit und Strafen, vgl. id. Mem. II, 1, 16; id. II, 5, 5, einen guten Sklaven pflegte niemand zu verkaufen. Zum Besitz von Sklaven in Athen: A. H. M. Jones, AD 12-13, seine Ansichten weichen von den hier vertretenen etwas ab; es dreht sich hauptsächlich um die Interpretation, die man der Situation des Euphiletos gibt (Lysias I).

46 Id. Oik. IX, 5.

47 Dem. XLVII, 53-6; Der Redner gibt keine Anweisung, wie der πύργος zu schließen [war.

48 Xen. Oik. III, 4; VII, 37.

49 Xen. Mem. II, 4, 2-3; Saisonarbeiter für die Ernte oder andere Tagelöhner sind keine φίλοι καὶ ξένοι, Dem. XVIII, 51. Für Sklaven als Arbeitskameraden (συνεργοί) Xen. Mem. II, 3, 3; A. Zimmern, Greek Commonwealth (1931) 380ff.

50 Dem. XXIX, 25-6; Diog. La. III, 41-3 (Platon); V, 11-16 (Aristoteles); V, 55 (Theophrastos); V, 63 (Straton); V, 72-3 (Lykon); X, 21 (Epikuros).

51 Dem. XXXVI, 28-9; bei den angegebenen Fällen hatte der Herr auch Vorsorge getroffen, daß seine Witwe den freigelassenen Sklaven ehelichen sollte.

52 Id. XLIII, 44, dort machte der Halbbruder der *epikleros*, der von einer anderen Mutter abstammte, keinen Anspruch auf ihr Erbe geltend.

53 Ath. Pol. II, 2; Plut. Solon XIII, 2-3; in Ath. Pol. heißt es "sie mußten in Dienst gehen (ἐδούλευον)", wenn das Los der armen Männer, Frauen und Kinder beschrieben wird; vgl. Aristoteles, Pol. II, 9, 2, woraus hervorgeht, daß ἐδούλευον nicht bedeutet "sie waren Sklaven". Jedoch fehlen bezeichnenderweise die Ehefrauen in dem folgenden Paragraphen, der den Verkauf in die Sklaverei zu Inhalt hat. Aus dem vierten Jahrhundert Lysias XII, 98; Isokrates XIV, 48 für den Verkauf von Kindern in die Sklaverei wegen geringer Schulden.

54 Isaios VII, 18-21; vgl. id. VI, 4, 46 und 56, wo man vergeblich Anspruch auf die Witwe und ihre einzige Tochter als *epikleros* erhob, bei ihrer Schwester mit zwei erwachsenen Söhnen wurde nicht einmal der Versuch unternommen.

55 Dem. XLVI, 22 zitiert das Gesetz.

56 Ath. Pol. LVI, 6-7; Dem. XLIII, 75; für die Verlautbarung Ath. Pol. XLIII, 4; Dem. XLIII, 5; Wyse, S. I. Anm. zu Isaios III, 43, 2.

57 Isaios III, 68; X, 13; Landgüter (*kleroi*) und *epikleroi* unterlagen denselben Bestimmungen, Ath. Pol. loc. cit.; Dem. XLVI, 22 etc.

58 Id. XLIII, 54; Isaios I, 39; Andokides I, 118-21.

59 Siehe oben Anm. 56; der Archon hat sich um Waisen, *epikleroi* und *oikoi* zu kümmern, denen ein *kyrios* fehlt, und alle Frauen, die in einem *oikos* verbleiben mit der Begründung, daß sie schwanger seien.

60 Thuk. II, 46; sie bekamen (zumindest im vierten Jahrhundert) von der Stadt beim Erreichen der Großjährigkeit eine Hopliten-Ausrüstung und wurden nach der Einschreibung in ihren *demos* und Stamm der Bürgerschaft vorgestellt. Platon, Menexenos 248D-249B, Arist. Pol. II, 5, 4 (1268A), daß dies auch anderwärts Brauch war; Solon zugeschrieben, Diog. La. I, 55.

61 Die Anklage lautete auf κάκωσις, Ath. Pol. LVI, 6-7; Dem. XXXVII, 45-6 für ἐπικλήρου κάκωσις, Pollux VIII, 35 für ὀρφανῶν κάκωσις, Ath. Pol. loc. cit. für οἴκου ὀρφανικοῦ und Dem. XLIII, 75 für οἴκων ἐξερημουμένων κάκωσις.

62 ἐπιτροπῆς κατάστασις und διαδικασία Ath. Pol. loc. cit.

63 Loc. cit. μισθοῖ δὲ καὶ τοὺς οἴκους τῶν ὀρφανῶν καὶ τῶν ἐπι[κλήρων ἕως ἄν τις τέττα]ρα καὶ δε[κέ]τις γένηται. Mit 14 Jahren pflegte man die *epikleros* zu verheiraten. Es scheint mir ganz unnötig anzunehmen, daß ὀρφανῶν (sc. Knaben) auch von dem Satz ἕως ἄν...... γένηται abhängt. Grammatisch ist es unzulässig, denn δεκέτις ist weiblich. Die übliche Formulierung für das Ende der Aufgabe eines Vormundes lautete "zwei Jahre nach der Pubertät", ὁπότε ἐπὶ διετὲς ἡβήσαν, Isaios VIII, 31; vgl. Harpokration s. v. ἐπὶ διετὲς ἡβῆσαι, Isaios fr. 26 (Loeb); id. X, 12; man hat dies in Analogie zum Alter des Mädchens mit 16 angesetzt, aber Hypereides (fr. 192 [Kenyon], zitiert bei Harpokration) scheint klar darzulegen, daß der Zeitpunkt mit dem Beginn der militärischen Ausbildung übereinstimmen sollte, also (nominell) mit 18 Jahren. Allerdings scheint Harpokration gedacht zu haben, daß er mit dem Ende der Zeit als ἔφηβος zusammenfiel. Die Vormünder des Demosthenes haben seine Güter 10 Jahre lang heruntergewirtschaftet (XXVII, 6): beim Tod seines Vaters war er 7 Jahre, und er begann seinen Prozeß, sobald er die *dokimasia* als Bürger absolviert hatte. Er hätte damit den Anspruch erhoben, achtzehn Jahre alt zu sein, wobei wir uns nicht über evtl. fehlende Monate streiten sollten (die möglicherweise gar nicht

gefehlt haben, wenn er schon fast acht Jahre beim Tod des Vaters gewesen war und zehn Jahre nur ein grobes Rastermaß sind). Der Vorschlag von Wyse (S. I. Anm. zu VIII, 31), daß es eine gesetzliche Definition der Pubertät gab (16) und eine abweichende natürliche (14), mag durchaus richtig sein.

64 Isaios VII, 7ff. zeigt, daß es nicht immer sehr wirksam war.

65 Ath. Pol. XLII, 5, auch der Anspruch auf Priesterämter war gestattet.

66 Isaios III, 64, zusammen mit Wyse, S. I. 347ff.

67 Isaios VIII, 31.

68 Isaios X, 19.

69 Wie Wyse glaubt, S. I. 275ff.

70 Dem. LVII, 41.

71 Isaios VI, 12-4 und 21-4.

72 Plangons Eid, Dem. XXXIX, 3-4; XL, 10-1; ihr Vater und ihre Brüder, id. XL, 20-23, ihr gutes Aussehen, id. XL, 27. Beide Söhne trugen Namen von Mitgliedern ihrer Familie, XXXIX, 2 und 32 usw.

73 Isaios XI, 37-9; V, 35; VI, 59; Hypereides, Euxenippos 32; Dem. XLIV, 3; id. 28; XLII, 21-23; XLIII, 77, für zwei *oikoi*.

74 Isaios I, 39; Andokides I, 119, aber vgl. die ganze Stelle 117-123.

75 Dem. XLI, 3.

76 Wyse, S. I. Anm. zu Isaios VIII, 36, 8 q. v. für Plut. Moralia 843A; Dem. XLII, 21 und 27; id. XLIII, 37; Isaios X, 4, 5 usw. Neokles, der Vater des Themistokles, adoptierte einen der Themistoklessöhne, vermutlich den ältesten überlebenden und ziemlich sicher erst nach der Verbannung seines Sohnes, Plut. Themistokles XXXII, 1. Einige Neffen und Nichten scheinen auf bei Isaios VI, 6; id. XI, 41-2; id. 8; Dem.

77 Dem. XLVI, 22; Isaios X, 9.   [XLIII, 77, und an vielen anderen Stellen.

78 Isaios III, 42-3; id. V, 6.

79 Id. II, 10-2.

80 Id. IV, 18; bzgl. Familienfehden und Haß, Dem. XLIV, 63; LIX, 55ff.; Isaios IX, 16-21; I, 9ff.

81 Isaios XII, 2; id. VI, 63; vgl. Dem. XL, 13 und 48, woraus ersichtlich ist, daß alle Söhne des Mantias zu gleichen Anteilen an seinen Gütern partizipierten, obgleich er die Söhne von Plangon nicht anerkennen wollte, und diese waren, nach den Worten des Sprechers, von ihm "adoptiert" worden.

82 Dem. XLIV, 19-24; cf. id. 36-7. 39-42. Für das Gesetz s. Isaios VI, 44; Dem. XLIII, 77-8 zus. mit 13-4; für Zurückweisung id. XLI, 4.

83 Ausländer, denen der Staat das Bürgerrecht verlieh, bezeichnete man als "vom Staat adoptiert", id. XLV, 78.

84 Wir kennen Überprüfungen vom Jahre 445/4, Schol. zu Aristophanes, Wespen 718; Plut. Perikles XXXVII, (Hignett, HAC 345), und dem Jahr 346, Harpokration s. v. διαψήφισις, Aischines I, 77 und 114 und Schol. ad loc. Dem. LVII und Isaios XII sind Berufungen gegen eine Streichung, Wyse, S. I. 714ff. Zulassung gegen Geld, Isaios XII, 2; Dem. LVII, 25 und 52 usw.

85 Ath. Pol. LVIII, 2-3; Dem. XLVI, 22; vgl. Platon, Staat 331D, wo Polemarchos als zukünftiger Erbe nach seinem Vater Kephalos bezeichnet wird. Es wird die Bezeichnung κληρονόμος verwendet, das übliche Wort, obgleich sie Metöken waren.

86 Ath. Pol. LVIII, 3 bezieht sich auf δίκη ἀπροστασίου, die Strafverfolgung eines Metöken, weil er keinen Patron oder προστάτης besaß; Isaios V, 37, die erfolgreiche Klage eines Metöken.

87 Isaios X, 4; Dem. XLIV, 26; bei beiden Reden handelt es sich um den Versuch, einen *oikos* dadurch zu erhalten, daß man eine postume Adoption durchführt, vgl. id. XLIII, 12-14. 77-8.

88 Dem. XLIII, 83-4, vom Schluß der Rede. Die "fürchterlichen Wesen" (ὑπὸ τῶν μαρῶν τούτων θηρίων) waren Cousins zweiten Grades.

89 Isaios II, 46, auch von einem Redeschluß.

90 Ath. Pol. LV, 3; vgl. Xen. Mem. II, 2, 13: "Wenn ein Mann sich nach dem Tod seiner Eltern nicht um deren Grabmal kümmert", versagt man ihm seine *dokimasia*.

91 Deubner, AF 93ff. für die Anthesteria.

92 MacDowell, Homicide 8ff., weist nach, daß man keine Rache für einen Mann üben durfte, der seinen Mördern vergeben hatte, Dem. XXXVII, 59; Aischylos, Choeph. 37-41 et al., der Zorn der Toten.

93 Dem. XLIII, 57ff., und als gesetzliche Verpflichtung, id XXIV, 107. Für die Bedeutung dieser Riten: Wyse, S. I. Anm. zu Isaios II, 25, 4; Aischines I, 13-4; Lysias XIII, 45-6; id. XII, 96 bezeichnet dieses als eines der Verbrechen der 'Dreißig Tyrannen'; Platon, Hippias maior 291D-E als krönender Abschluß eines guten Lebens; vgl. die Tragödien passim, etwa Sophokles, Antigone; Euripides, Medea 1032ff.; Supplices 168-75, 524ff. 538-41; Troades 387-90 usw.; vgl. auch Abb. 21. 22.

94 Isaios I, 10, wo es darum geht, einen Feind an der Ausrichtung des eigenen Begräbnisses zu hindern; vielleicht steckt da die Wahrheit hinter id. VI, 39-42. Vgl. Plut. Lysander XXIX, 3.

95 Isaios II, 25 und 36-7; IV, 19; VI, 40; VIII, 21-7 und 39; Dem. XLIII, 65. Vgl. id. XLIV, 32ff., dort soll das Blut mehr gegolten haben als die durch Adoption erworbenen legalen Rechte; es galt als schwere Kränkung, wenn man seinem Erben nicht vertraute, daß er dies durchführen werde, Lysias XXXI, 21.

96 Dem. XLIII, 62. In Mytilene verbat sich Pittakos die Anwesenheit irgendwelcher nicht zur Verwandtschaft gehörender Leute, Cicero, de legibus II, 66.

97 Id. 79-80; alt und jetzt außer Gebrauch, id. LV, 13-4; als Beweis für Verwandtschaft, vgl. id. LVII, 28, Plutarchs Argument in: Themistokles I, 3.

98 Jacoby, JHS, 1944, 37ff., "Der Totenkult war in Attika besonders tief verwurzelt.... wo die Grundlagen des materiellen und geistlichen Lebens bis weit in das zweite Jahrtausend zurückreichten", ibid. 52.

99 τὰ τρίτα καὶ τὰ ἔνατα, Wyse, S. I. 264; vgl. A. T. Bradshaw, CQ 1962, 200ff. zum Begräbnis des Polyneikes durch Antigone.

100 Die Trauer war auf dreißig Tage beschränkt. Die Einhaltung dieser Frist galt als Minimum und Maximum zugleich, Lysias I, 14; Aischines III, 77 für einen Fall, der sich nicht konform verhielt. Widmungen (ἐναγίσματα) wurden an den Gräbern gemacht, Wyse S. I. 269, oft in den Tragödien erwähnt, etwa Aischylos, Choephoroi 84ff., bes. 93-5, mit dem erschütternden Austausch von κακῶν (Bösem) für καλῶν (Gutes); das best-kontrollierte (σωφρονεστάτη) Begräbnis — keinerlei Zurschaustellung, aber Ausführung alles Notwendigen — fand Platons Zustimmung, Gesetze 717D-E. Man kennt die Riten aus ganz Griechenland, sie waren jedermann so gut bekannt, daß man sie nurmehr als "das Übliche" bezeichnete (τὰ νομιζόμενα), Wyse, S. I. Anm. zu Isaios II, 4, 5.

101 Z.B. Lykurgos, in Leocr. 97, 147; vgl. id. 131; für den Herd.

102 F. Jacoby, CQ 1944, 65ff., JHS, 1944, 61ff.; Deubner, AF 232-4 für die Apaturia, wo man den Toten Trankopfer darbrachte (χοαί).

103 Plutarch, Solon XXI, 4-5, stellt fest, daß zu seiner Zeit (also im zweiten Jahrhundert

n.Chr.) ähnliche Verbote noch in Chaironeia in Kraft waren, Cicero, de legibus II, 64-6; dem Phormion wird Verschwendung vorgeworfen, weil er mehr als zwei Talente für ein Denkmal ausgegeben hat, Dem. XLV, 79; Platon, Epistulae XIII, 361E, nicht mehr als 10 Minen für das Grab seiner Mutter; bzgl. seiner Ansichten vgl. Cicero, loc. cit. 67-8, aus Gesetze 958D-959D; Dem. XL, 52, 10 Minen, geborgt für das Begräbnis seines Vaters.

104 Acharnenses 241ff. in einer Komödien-Version.
105 Isaios VIII, 15-6; Wyse, S. I. 600; IG II[1], 578, 36-7, Theophrastos, Charaktere III, 5 gibt das Datum als im Dezember an.
106 Dion. Hal. Ant. Rom. I, 67, 3; Isaios VIII, 16; Antiphon I, 16-8; Dem. XXI, 53 für das staatliche Fest.
107 Anth. Pal. XI, 249.

Kapitel VII

Die Frau im demokratischen Athen

1 Beiträge zu diesem Kapitel in englischer Sprache u. a. F. W. Cornish und J. Bacon in: Companion to Greek Studies (1931) 610ff.; A. Zimmern, Greek Commonwealth (1931) besonders Teil III, Kapitel XII; A. W. Gomme, Classical Philology XX (1925) = Kapitel V in: Essays in Greek History and Literature, bezog eine andere Position. Ansichten jüngeren Datums: V. Ehrenberg, People of Aristophanes (1951) (der wertvollste Beitrag) besonders Kapitel VIII; H. D. F. Kitto, The Greeks (1951) Kapitel XII, bei dem sich der zu starke Bezug auf die Tragödie nachteilig auswirkt; R. Flacelière, Daily Life in Greece at the time of Pericles (1959, engl. Übersetzung von Peter Green 1965) Kapitel III.

2 Dem.XLI; die Zitate stammen von § 8-21: in § 9 stellt der Sprecher fest, daß er Dinge von Polyeuktos gekauft und von dessen Frau Sachen erhalten habe ($\mathring{\eta}\nu\ \mathring{\epsilon}\omega\nu\eta$-$\mu\acute{\epsilon}\nu o\varsigma$ und $\pi\alpha\rho\grave{\alpha}\ \tau\tilde{\eta}\varsigma\ \gamma\nu\nu\alpha\iota\kappa\grave{o}\varsigma\ \epsilon\mathbf{\tilde{\iota}}\chi o\nu$), der Gegensatz war vermutlich beabsichtigt, eine Ehefrau pflegte an ihre Schwiegersöhne nicht zu verkaufen, sondern herzugeben.

3 Aischines I, 95-99.

4 Andokides I, 124-127.

5 Bei Homer stoßen wir nur auf die arme Frau, die Wolle spann und ihre Kinder, wenn schon in Armut, durchbrachte (Ilias XII, 433-5), und das Bild, das Achill von dem erbärmlichsten Leben auf dieser Erde zeichnete — das eines Landarbeiters, der bei einem armen Mann angestellt ist (Odyssee 11, 488-91).

6 Dikaiogenes (Isaios V) und sein Vater Menexenos fielen im Peloponnesischen Krieg: Ebenso Diodotos (Lysias XXXII, 4 und 7), dessen Kinder von ihren Vormündern finanziell zugrunde gerichtet wurden; ebenso erging es den Kindern des Thrasyllos (Isaios VII, 5-8): er fiel in Sizilien. Die Tochter des Pistoxenos stand mittellos da, nachdem Euktemon, in dessen Haus sie lebte, in Sizilien gefallen war (Isaios VI, 13). Hagnias (Isaios XI), Astyphilos (Isaios IX), Philoktemon (Isaios VI) gingen alle in den vielen Kämpfen des vierten Jahrhunderts zugrunde. Isokrates VIII, 88-9 scheint,

selbst wenn er etwas übertreibt, die Schwere dieses Blutzolls einsichtig gemacht zu haben.

Aischines II, 147 behauptet, daß der Peloponnesische Krieg seinen Vater in Armut gebracht habe; vgl. Lysias XX, 33; XXVI, 22; Isokrates XV, 161. Lysias XXVIII, 2-3 hebt die "früheren Zeiten" i.e. die Zeit vor dem Peloponnesischen Krieg, die Zeiten reicher Staatseinkünfte und Privatvermögen, ab gegen die ständige Forderung nach Steuern − εἰσφοραί − im 4. Jahrhundert. G. E. M. de Ste. Croix hat (in: Classica et Mediaevalia [XIV] 1953, 69) die Meinung vertreten, daß diese Steuern 1/4 von 1% per annum in den 20-23 Jahren nach 378/77 nicht überschritten haben, was einer Einkommenssteuer von 2.50- 5.00 DM auf 100 DM entsprechen würde; aber s. dazu Anm. 160.

7 Lysias XIX passim für Leiturgien und andere in dieser Zeit geleisteten Dienste; vgl. Lysias XXI, 1-5; XXV, 12-13; XXVI, 3ff. usw. SIG 346 führt *eisphorai* in einer Höhe bis zu 10 Talenten an, die von zwei Individualpersonen in der Zeit von 347/6 - 323/2 erbracht worden sind.

8 Die Anmerkung des Isaios (VI, 38), Euktemon und Philoktemon könnten auch die kostspieligsten Leiturgien veranstalten, ohne ihr Kapital anzugreifen, ist recht bemerkenswert.

9 Der sog. Alte Oligarch kann kaum als unvoreingenommener Zeuge angesehen werden, aber er kann den Standpunkt vertreten, die Leute hätten die Leiturgien eingeführt, um sich selbst ein Vergnügen zu schaffen und gleichzeitig die Reichen zu schröpfen (Pseudo-Xenophon, Ath. Pol. I, 13-14), und daß sie in den Gerichten sich nicht für Gerechtigkeit interessierten, sondern nur für den eigenen Vorteil: οὐ τοῦ δικαίου αὐτοῖς μᾶλλον μέλει ἢ τοῦ αὐτοῖς συμφόρου.

Auch Aristophanes stellt die Geschworenen hin als Leute, die mit Lust sich selbst einen Gefallen tun und ihre Urteile ohne Rücksicht auf die Gesetze gegen die Reichen fällen; s. Wespen, 240-1, wo sie es auf den Reichtum des Laches abgesehen haben, 287-9 (wozu vergleichsweise heranzuziehen wäre: Frieden, 639-40); 575, 626-7 etc. Für die Zeit der Herrschaft der Dreißig Tyrannen, Lysias XII, 6-7; XIX etc.; Isokrates XXI, 11ff. etc. Isokrates XV, 159-60 behauptet, daß es Mitte des 4. Jhdts. gefährlicher war, reich zu sein als kriminell.

10 Etwa das Ausgraben eines alten Strunks eines Olivenbaums, Lysias VII, passim. Vgl. Dem. XXI, 182, 10 Talente Buße.

11 Timotheos borgte sich Geld, um seine Expedition 374-3 zu finanzieren, Dem. XLIX, passim; q. v. 9-10 bzgl. der schlechten Behandlung, die er vom Volk erfahren mußte, und wie man seinen getreuen Vermögensverwalter Antimachos zum Tode verurteilte

12 Dem. L; vgl. Dem. XLVII, 28-33 etc.   [und dessen Vermögen konfiszierte.

13 Die Reden Nr. XXVIII - XXXI (jetzige Zählung) waren alle nötig geworden, weil das Gericht nicht sicherstellen konnte, daß Aphobos sich dem gegen ihn ergangenen Urteil fügte.

13a Bzgl. Inflation s. Jones, AD 135 Anm. 1 et al. Verluste alter Familien, Isokrates VIII, 88-9.

14 Konons Besitz war 40 Talente wert, Lysias XIX, 39-40; bzgl. Aristophanes (nicht der Komödiendichter) id. 18-29; er schuf sich sein Vermögen in knapp über fünf Jahren.

15 Bei seinem Tod betrug sein Vermögen nahezu 14 Talente, Dem. XXVII, 4; Aischines III, 171-2 behauptet, sie sei eine Skythin − wenn sich ihre Eltern tatsächlich an der Nordküste des Schwarzen Meeres niedergelassen hatten, waren sie vermutlich Athener, die dort im Handel tätig waren.

16 Dem. XLVIII, 12-14; Xen. Mem. II, 7, 6, ein Müller, ein Bäcker, zwei Kleiderfabrikanten.

17 Platon, Staat 330B; Lysias XII, 6-20. Es gab auch Bankiers, die Konkurs machten, Dem. XXXVI, 50.

18 Der Besitz des Pasion, Dem. XXXVI, 4-6, 36-8. Der Reichtum des Phormion, id. 43-4, 57 etc. "Jetzt hat die Maus einen [bitteren] Geschmack von der Medizin bekommen, er wollte ja ein Athener werden", so reagierte Polykles auf die Freunde des Apollodoros, des Sohns des Pasion, als dieser darüber klagte, wie sein Geld in seiner Amtsperiode als Trierarch dahinschwinde, Dem. L, 26. Jones, AD 91 bringt weitere Beispiele reicher nicht-athenischer Geschäftsleute.

19 Arist. Pol. I, 3,22-23 (1258A-B); er spricht von οἰκονομία, muß aber wohl Güterverwaltung meinen. Xen. Oik. IV - VI, bes. VI, 4-10; vgl. Dem. XXII, 65, dort wird der tugendhafte Bürger als kleiner, sparsam lebender Bauer geschildert (γεωργοῦντες καὶ φειδόμενοι), die Schilderung wiederholt sich id. XXIV, 172.

Man beachte, daß sowohl Aristophanes (Lysias XIX, 29) als auch Apollodoros (Dem. L, 8) ihr Vermögen in Land angelegt hatten.

20 Dem. ibid.; Lysias XX, 23; man klagt Gegner an, sie legten ihr Geld nicht an, um keine Steuern zahlen zu müssen, Deinarchos, in Demosthenem 70, Dem. XLV, 66 etc.

21 Jones, AD 57; vgl. Thuk. VI, 30-1 über den Wettstreit, sich bei der sizilianischen Expedition in Szene zu setzen, und für das 5.Jhdt., Isokrates XV, 159-60 (das hier vorgebrachte Argument macht den Wert der Stelle allerdings zweifelhaft), und für das 4.Jhdt. id. VII, 53.

22 Isokrates XVIII, 52-4; Der 'Beweis' war eine Dienerin, eine Sklavin, die, der gegnerischen Partei zufolge, getötet worden sein soll; vgl. Isaios VI, 42; die Forderung nach einer Durchsuchung wurde abgeschlagen. Zur Beschlagnahme zweifelhafter Güter, Isokrates XVIII, 5-6 (Geld), Lysias III, 11-12 (ein Sklave), Dem. LIX, 40 (eine Mätresse); als Sicherheit für eine Schuld, Dem. LIII, 15; XLVII, 37-8. 52ff.; id. XXII, 54-5 verfährt der Staat ebenso gegenüber Staatsschuldnern.

23 Lysias XXIII, 8-9, Anspruch auf einen Sklaven; Dem. XXX, 2, Anspruch auf ein Stück Land; vgl. Isokrates XVIII, 52, gab es einen Kampf über ein Stück Land (μάχης δὲ γενομένης).

24 Dem. XLVII, 34. 36. 64-5 etc.

25 Lysias I, 23-4.

26 Etwa Acharnenses und Wespen. Vgl. Isokrates XVIII, 9, wo ein Mann auf Stimmenfang ausgeht, und unten Anm. 27-9.

27 Lysias III, 6; IV, 5; Dem. XXI, 16, 79; vgl. id. XLVII, 54. 63, um Sicherheit zu gewinnen et al.

28 Dem. LIV, 7-14; Lysias IV, 7; III, 12-20; Platon, Gastmahl 212C-213A; Plutarch, Alkibiades IV, 5 etc.

29 Dem. loc. cit.; Lysias III, 8ff. etc.

30 Für Freunde und Nachbarn s. z.B. Xen. Mem. II, 2, 12 (Nachbarn), II, 4-6 et al.; Platon, Lysis; Aristoteles, Eth. Nik. IX, etc.

31 Thuk. VIII, 65, 2 und 92, 4 hinsichtlich des Gebrauchs der Bezeichnung ἕταιροι als Begriff für Verschwörer aus oligarchischen Kreisen; vgl. Lysias XII, 43: ὑπὸ τῶν καλουμένων ἑταίρων. Thukydides VIII, 54, 4 spricht von Schwur-Bruderschaften (συνωμοσίαι). Sie hätten schon früher in der Stadt bestanden als Hilfsgemeinschaften in anhängigen Prozeßverfahren oder bei übernommenen Ämtern (ἐπὶ δίκαις καὶ ἀρχαῖς). Im 4.Jhdt. gab es Gesetze, die ihre Bildung verboten, Hypereides, Euxenip-

pos 8, vgl. Ziebarth, RE VIII (1913) 1374 s. v. ἐταιρία; daher beschuldigt Demosthenes den Meidias, er habe eine *hetaireia* gekaufter Zeugen, XXI, 139-140; "viele adelige Gefolgsleute des Aristogeiton" werden für ihn aussagen, id. XXV, 78.

32 ζῆν ὅπως τις βούλεται: Arist. Pol. V, 7, 22 (1310A); vgl. id. VI, 2, 4 (1318B [fin.]) et al.; vgl. Thuk. II, 37, 2 und VII, 69, 2; Platon, Staat 557B, und die gesamte Diskussion um die Demokratie (als auf Freiheit basierend) bis 564A; Isokrates XII, 131 etc. Jones AD 44 q. v. (Kapitel I), wo klargestellt wird, daß die Mehrheit der athenischen Bürger ziemlich arm war und für ihren Lebensunterhalt hart arbeitete.

33 Pseudo-Andokides IV; Plutarch, Alkibiades XVI; XX; XXXIV, 6; XXXV, 1-3; XXXVII, 1-2 alle sprechen von seinen Verbündeten und seinen Feinden. Man vergleiche den Angriff auf seinen Sohn, dessen Lebensgewohnheiten, Sodomie, Trunkenheit und die Geliebte, die er sich hielt, alle zusammen mit der Karriere seines Vaters als Gründe dafür angegeben werden, ihm mit Vorbehalt zu begegnen, Lysias XIV, 25 et al.

34 XXI (in Meidiam), 143-6.

35 Plutarch, Perikles, passim; Aristophanes, Acharn. 524-34. Zu Angriffen auf seine Freunde s. Plutarch op. cit. XXXI - II, und vgl. Diod. XII, 39.

36 Wespen 1024-8.

37 L. Versenyi, Socratic Humanism (1963), 147-67 für eine neuerliche Diskussion des Sokrates-Prozesses, er verneint anti-aristokratische Vorurteile; die gegenteilige Meinung vertritt Jones, AD 44, wobei er Xen. Mem. I, 2, 12ff. und Aischines I, 173 anführt (letzterer ist ein sehr zweifelhafter Beleg). Bei Lysias XVI, 18, entschuldigt sich ein junger Aristokrat für seine langen Haare, die für *hippeis* charakteristisch sind, Aristophanes, Ritter 579-80; Wolken 14, et al.; Xen. Symposion IV, 29-32, der Verlust des Reichtums befreit von Furcht; Isokrates XV, 140-3, der Neid und die Armut der Geschworenen läßt sie Rache nehmen an den Erfolgreichen. Im 5.Jhdt. wirft Pseudo-Xenophon (Ath.Pol. I, 14) den Volksgerichtshöfen Vorurteile gegen die leitenden Personen der Verbündeten vor; vgl. Aristophanes, Frieden 639-40; Thuk. VIII, 48, 5-6, wo ἐκείνων verbündete oder athenische Möchtegern-Oligarchen bedeuten kann. G. Grote, History of Greece (1862|[8 Bände] ed.) IV, 124-7 bezeichnet die Behandlung der Reichen und Mächtigen als Dauerproblem größeren Ausmaßes; vgl. Lysias II, 56; Dem. XXI, 112. Bonner und Smith, Justice II, 288ff. geben eine Gesamtbewertung der Gerichtshöfe; Jones (AD 36) vertrat die Ansicht, daß die Geschworenen zur Zeit des Demosthenes der Mittelklasse angehört hätten. Wenn das zutrifft (und Isokrates VII, 54 [355 v. Chr.] widerspricht dem), würde dies einen Wandel seit der Epoche des Peloponnesischen Krieges und dem Bild des Aristophanes, wie er es im Choros der Wespen gezeichnet hat, widerspiegeln, Jones AD 50; AD 58-61 hält das Vorurteil gegen die Reichen für eine fast zur Gänze auf das frühe 4.Jhdt. beschränkte Erscheinung.

38 Der Anspruch lautet darauf, κόσμως zu sein, Lysias XXVI, 3; vgl. den Erwerb von κόσμοι als Verwandte durch Heirat, Lysias XIX, 16.

39 Etwa Isaios X, 25 (Sodomie); Dem. LIV, 14-7, amoralisches und zersetzendes Verhalten von Aristokraten (καλοὶ κἀγαθοί).

40 Aischines I, 6-12.

41 Platon, Gastmahl 183C; vgl. 217A-219D: Die Versuche des Alkibiades, den Sokrates zur Homosexualität zu verführen, begannen mit der Entlassung des jungen Mannes, der bis dato sein ständiger Begleiter gewesen war.

42 Aischines I, 19-20; erwachsene Athener, die sich als Buhlknaben hergaben, wurden

von allen öffentlichen Ämtern in Verwaltung, Justiz und Diplomatie ausgeschlossen; sie durften nicht einmal in der Volksversammlung auftreten. Dies erklärt wohl auch zur Genüge, was für Beleidigungen in Aristophanes' Stücken gegen die Redner geschleudert wurden; Ritter, 878-80; Wespen 687-91; Ekkl. 112-13 — vgl. Platon, Komikos fr. 186; auch gegen Leute, die vor Gericht aussagten, Acharn. 716 und die wilde Farce in: Wolken 1086-1101 auf Kosten der Zuhörer, die man sogar als ernsten Beweis dafür angeführt hat, daß ein εὐρύπρωκτος ganz in Ordnung war. Die Publikumsbeschimpfung war ein Teil des Spaßes bei der Komödie (so wie bei modernen Veranstaltungen heute); andere Beispiele, Frösche 276-9 und 783; Wespen 73ff.; Frieden 962ff. Für das 4.Jhdt., Dem. XXI, 30, 61; Aischines III, 174 etc.

43 Aischines I, 13-14; prostituierte Knaben sollen von der normalen Verpflichtung frei gewesen sein, ihre alten Eltern oder Vormünder erhalten zu müssen. Der schuldige Elternteil oder Vormund lief Gefahr, als Kuppler behandelt und bestraft zu werden. Ebenso erging es dem, der für den Mißbrauch eines Knaben Geld zahlte — und sich Knaben anzumieten (sagt Aischines) fiel sicher auch unter die Überschrift 'böswillige Kränkung' (ὕβρις) (id. 15-17), auf die der Tod als Höchststrafe stand.

44 Lysias III, 4 und 26, wo unterstellt wird, daß die Knabenliebhaber sich ihres Verhaltens schämten. In diesem Fall scheint der Buhlknabe ein Sklave gewesen zu sein (id. 33), obgleich einige moderne Autoren den Standpunkt vertreten, Päderastie sei ein Vergnügen nur der adeligen Jugend gewesen/ habe es nur unter adeligen Jugendlichen gegeben.

45 Weil oligarchisch. Für einen Knaben, der Forderungen stellte, s. Anth. Pal. XII, 212 (2.Jhdt n.Chr.). Vgl. die Geschichten aus Plutarch, Alkibiades IV und V. Für männliche Prostitution siehe Licht, S. L. 436ff.

46 Gesetze 838E-839A für "die Besten"; vgl. 840C-D. Für die "Zweitbesten", 841C-842A. Vgl. Aristoteles, Pol. II, 6, 6 (1269B); er schlägt einen kritischen Ton an.

47 Xen. Oik. VII, 5-6.

48 Lysias III, 6: αἳ οὕτω κοσμίως βεβιώκασιν ὥστε καὶ ὑπὸ τῶν οἰκείων ὁρώμεναι αἰσχύνεσθαι.

49 Isaios III, 13-14; Lysias I, 22.

50 Wie vielleicht die von Dem. LIX, 33-4 beschriebene Siegesfeier. Selbst Apollodoros gibt zu, daß das Verhalten des Phrynion der Neaira zu viel zugemutet hatte, id. 35.

51 Lysias III, 43; vgl. Dem. LIV, 14 bzgl. aufrührerischen Benehmens der Söhne der καλοὶ κἀγαθοί, die sich zu betrinken und über hetairai zu streiten pflegten.

52 Athenaios II, 36B, zitiert Eubulos, einen Komödiendichter des 4. Jhdts.: "Nur drei Schalen für vernünftige Leute.... gescheite Gäste gehen dann heim: die vierte ist für Trunkenheit als Sport, die fünfte für Radau, die sechste für Aufruhr, die siebente für Kämpfe, die achte fürs Gefängnis, die neunte zum Erbrechen, die zehnte zum Tollwerden, daß man mit Dingen um sich wirft", etc.

53 Dem. XLVII, 19; Zusammenkünfte (συμβόλαιον), Feste (κῶμος), eine Liebesgeschichte (ἔρως), Trinkgelage (πότος) sind alles Dinge, die zu Streitereien führen können, dazu, daß ein Mann in ein Haus geht, um sich zu rächen oder sich ein Vergnügen zu verschaffen (ἡδονή), Lysias XVI, 11.

54 Gastmahl 176A-E. Wir können fast sicher sein, daß Platon nicht das Bild eines normalen Symposions zeichnet, und daß Xenophon (in seinem Symposion) ein wesentlich wirklichkeitsgetreueres Bild wiedergibt, ebenso wie die angeheiterte Gesellschaft, die Sophokles auf Chios genoß. Athenaios XIII, 603E-604D. Vgl. Aristophanes, Wespen 1197ff. und die Aussage des Philokleon: (ibid. 1253-5) "vom Wein stammen

das Aufbrechen von Türen und Krawalle, dann wirft man Dinge herum, dann zahlt man Geldstrafen und hat einen Kater".

55 Isaios III, 13f.; Dem. LIX, 24. 33. 48 etc.

56 Lysias XXXII, 11-18.

57 Lysias XIII, 39-42 (seiner Wirkung nach); vgl. Dem. XXXVI, 14; "solange die Mutter des Apollodoros lebte, die alle diese Tatsachen (i.e. über das Testament ihres Gatten und das von ihm hinterlassene Vermögen) wirklich kannte, hat er sich nicht beschwert".

58 Die Gegner des Lysias III (siehe 6 und 23) und Demosthenes XLVII; Lysias XII, 30: "Du (die wiederhergestellte Demokratie) zürntest mit solchen Leuten, die die Häuser der Menschen aufgesucht haben, um nach ihren Opfern zu suchen". Vgl. Dem. XXX-

59 Id. XLVII, 53. 60. 34-8 und 80.   [VII, 45-7; XXI, 79.

60 Hypereides, Lykophron ap. Pap. Oxy. 1607, 40ff.; er besaß ἐξουσία καὶ τὰ παρ' ἐκεί-νης εἰδέναι καὶ τὰ παρ' αὐτοῦ λέγειν, d. h. das volle Recht, gesellschaftlich mit ihr zu verkehren; vgl. Lysias XIV, 28, wo man von der Annahme ausgeht, daß ein Bruder seine Schwester besuchen konnte.

61 Lysias I, 36.

62 Ath. Pol. LVI, 7; Die Ziffer stammt aus der Wiederherstellung einer lacuna im Papyrus, aber sie wird allgemein akzeptiert, etwa bei Oppermann (Teubner, 1928) et al.; in Gortyn war das Heiratsalter der Mädchen 12 oder darüber, Recht von Gortyn XII, 33-5.

63 Xen. Oik. VII, 5; sie kann fünfzehn gewesen sein; das Griechische ist etwas vage. Ich nehme an, daß die Kommentare zu Recht miteinander übereinstimmen, daß sich hinter Ischomachos Xenophon selbst verbirgt. Er sagt (id. 10), daß seine Braut schüchtern und scheu war; ihre Unterhaltung ergab sich, als sie "sich zum Reden genügend heimisch fühlte": ἐτετίθασευτο ὥστε διαλέγεσθαι.

64 Xenophon, Lak. pol. I, 3-4; Hesiod, Erg. 695ff.; Platon, Staat 460E (20), obgleich er in den Gesetzen für 18-20 plädierte (833D), oder sogar für 16-20 (785B); Arist. Pol. VII, 14, 6 (1335A). Der Biologe bringt sogar physiologische Gründe vor, warum Mädchen nicht zu früh heiraten sollten; er sagt, sie bekämen kleine Babys, hätten mehr Geburtswehen und es stürben mehr von ihnen – dazu wird ein Beispiel von Troizen zitiert, ibid. 4; Plut. Lykurgos XV, 3. Die Kunst stellt Bräute voll erwachsen dar (etwa Abb. 24), auch die Mädchen etwa des Parthenonfrieses sind erwachsen (Abb. 41). Die sog. 'Tänzerin, einen *Chiton* anlegend' (Abb. 35) ist zumindest über die Pubertät hinaus, ebenso das Mädchen auf der Schaukel (Abb. 34) und das Mädchen, das unverheiratet starb (Abb. 26). Die Schriftsteller wandten sich gegen Ehen, in denen die beiden Partner zu altersungleich waren. Aristoteles, ibid. I (1334 B) bemerkt, daß es Zank hervorruft, wenn ein Partner zeugungsfähig ist und der andere nicht. Das war offensichtlich auch gegen Solons Empfinden und das seiner Kommentatoren, die bei Plutarch zitiert sind (Solon, XX, 2); vgl. die Farce des Aristophanes, Ekkl. 877-1111 und Athenaios XIII, 559F-560A etc.

65 Sheelagh Kanelli, Earth and Water (1965) 109-114.

66 Memorabilia I, 1, 8; Dem. LIX, 113; für den Heiratsvermittler, vgl. Xen. Mem. II, 6, 36; Platon, Theaitetos 149D-150B; Aristophanes, Wolken 41-2; Kanelli loc. cit.

67 Aristoteles, Eth. Nic. VIII, 10, 4-12, 8 (1160B-1162A). Man beachte besonders den Gegensatz zwischen 12, 4f., die 'brüderliche' Zuneigung von Altersgenossen, und 12, 7, die Zuneigung zwischen Mann und Frau, die nicht auf dem Alter, sondern auf dem natürlichen Instinkt beruht.

68 Xen. Oikonomikos, passim, besonders III, 11-14 und VII, 5-30, obgleich er oft von Mann und Frau als Partnern spricht (κοινωνοί) und ihren materiellen Besitz als gemeinsamen (τὸ κοινόν) bezeichnet.

69 F. A. G. Beck, Greek Education (1964) 85ff.; Platon, Gesetze 658D, bemerkt, daß die gebildete Frau, ebenso wie die breite Masse des Volkes, die Tragödie für die beste Form der Unterhaltung halte.

70 Zu Aspasia, die aus Milet stammte, A. W. Gomme in: OCD (1948) 108; für detailliertere Quellenangaben s. Judeich, RE II (1896) 1716ff. s. v. Aspasia. Zu Theodore, Xenophon, Mem. III, 11; es wird stillschweigend unterstellt, daß sie Ausländerin war. Auch Diotima wird von Platon (Gastmahl 201D) als Ausländerin vorgestellt. Zu Hipparchia s. Diog. La. VI, 96-8.

71 Xen. Oikonomikos III, 11-15: ἔστι δὲ ὅτῳ ἐλάττονα διαλέγει ἢ τῇ γυναικί; εἰ δὲ μή, οὐ πολλοῖς γε, ἔφη (12)...... νομίζω δὲ γυναῖκα κοινωνὸν ἀγαθὴν οἴκου οὖσαν πάνυ ἀντίρροπον εἶναι τῷ ἀνδρὶ ἐπὶ τὸ ἀγαθόν (15).

72 Staat 454D-456C; Timaios 42A. 90E und, weniger gewiß, Gesetze 804E-806C etc.

73 Athenaios V, 186Dff.; Odyssee 16, 110-1 hinsichtlich der sinnlosen Ausgaben auf Ithaka.

74 Hdt. VII, 102, 1: Die Armut war Griechenlands ständige Begleiterin, vgl. Xen. Oik. VII, 15-21 für die wirtschaftlichen Ziele einer Familie; für die Masse der Leute, Jones, AD 12. Die von Armut Betroffenen wurden Tagelöhner – μισθωτοί, Wyse, SI Anm. zu V, 39, 5; vgl. Xen. Mem. II, 8, 1-3; Ehrenberg, People, Kapitel IX.

75 Aristophanes, Wespen 291-316; man muß aber feststellen, daß der Choros nur drei Münder zu füttern hatte, den Geschworenen, seinen Sklaven und (vermutlich) seine Frau, aber keine anderen von ihm abhängigen Leute, vgl. aber Ekkl. 460-4.

76 La Rue van Hook, Transactions Am.Phil.Assoc. (1920) 134-145, gibt eine Zusammenfassung früherer Standpunkte; beipflichtend H. Bolkestein, Classical Philology XVII (1922) 222-239, der ihre Dominanz ebenfalls leugnet; beide beachten aber nicht Platon, Theaitetos 151A-D (unten Anm. 83); dagegen: A. Cameron, CR 1932, 105ff. Platon, Staat 372B bringt die deutlichste Aussage, daß die richtige Anzahl von Kindern eines Mannes die war, die für seinen *oikos* wirtschaftlich tragfähig war.

77 Aischines I, 102-4. Er sah schlecht. Platon und Aristoteles vertreten beide klar den Standpunkt, daß mißgestaltete Kinder ausgesetzt werden sollten. Platon, Staat 459D-460C; Arist. Pol. VII, 14, 10 (1335B). Hdt. I, 59, 2: bleibe ledig; wenn du verheiratet bist, laß dich scheiden; hast du ein Kind, verstoße es.

78 Werke und Tage 376-7; man beachte, daß die Aufzucht von Töchtern nicht erwähnt wird, obgleich eine im Hause ist, 519-21.

79 Menexenos, 4 Töchter, 1 Sohn (Isaios V, 5); Polyaratos von Cholargos, 3 Söhne, 2 Töchter (Wyse, SI Einleitung zu id.); Euktemon, 3 Söhne, 2 Töchter von der Tochter des Mixiades, wahrscheinlich zwei weitere Söhne von Kallippe (Isaios VI). In der Familie des Buselos hatte Buselos selbst 5 Söhne, Stratokles 1 Sohn, 4 Töchter, Sositheos und Phylomache 4 Söhne, 1 Tochter (Wyse, SI Einleitung zu Isaios XI); Menexenos, Euktemon und Buselos waren alle zumindest wohlhabend. Kleons Sohn Kleomedon hatte 1 Sohn, 3 Töchter von einer der Enkelinnen des Menexenos; Euthymachos hatte 3 Söhne, 1 Tochter (Dem. XLIV). Laut Plutarch soll Themistokles mindestens zehn Kinder gehabt haben, 5 Söhne, 5 Töchter. Er soll auch sagenhaft reich gewesen sein (Themist. XXXI - XXXII). Der Tyrann Peisistratos soll nicht weniger als 4 Söhne und 1 Tochter besessen haben: Isokrates hatte 2 Brüder und 1 Schwester; seine Familie war einigermaßen wohlhabend, sie

lebte von der Herstellung von Flöten (Plutarch, Mor. 836E). Aristeides, der sehr arm gewesen sein soll, hatte 2 Töchter, 1 Sohn (Plut. Aristeides XXVII). Sokrates, der auch arm war, hatte drei Söhne. Dabei handelt es sich nur um die drei überlebenden. Diejenigen, die innerhalb der ersten Woche nach der Geburt starben, erhielten nicht einmal einen Namen. Es gab sehr viele davon, Aristoteles, Historia animalium VII, 588A.

80 Aristophanes, Thesm. 446-52; möglicherweise war ihr verstorbener Gatte ein Kaufmann gewesen, der auf Zypern gestorben war.

81 Hdt. V, 48. Zur heutigen Sitte: Sheelagh Kanelli op. cit. 120, vgl. id. 85.

82 Euripides, Medea 228-51; Aristophanes, Lys. 493ff. etc.

83 Platon, Theaitetos 151A-D, das Toben einer Frau, deren erstes Kind man ausgesetzt hatte; man hat aber den Eindruck, als habe Platon hier nur nicht ausdrücklich dargelegt, was er bei der nächsten Gelegenheit, als das Thema wieder zur Sprache kam, (160E-161A) klarstellt, daß Sokrates das Erstgeborene des Theaitetos nur dann zurückweisen wird, wenn es die Aufzucht nicht lohnt. Der Tenor dieses Abschnittes macht deutlich, daß die Untersuchung eines Neugeborenen Sache der Hebamme war. Im 'Staat' sollten ungesunde Kinder oder solche, die außerhalb der legalen Zeugung entstanden waren, ausgesetzt werden. In 'Gesetze' 740 scheint Platon verhaltener in der Forderung der Kindesaussetzung als Mittel der Geburtenkontrolle, und Aristoteles, Pol. VII, 14, 10 (1335B) weist auf, daß es zu seiner Zeit bereits eine Gegenströmung gegen das Aussetzen gab. Dagegen bieten Terenz, Hautontimorumenos 626-7, falls es eine wörtliche Übertragung des Menander ist, Poseidippos (Kock, C. A. F. III, S. 338) fr. 11 (spätes 3. Jhdt.) und Oxyrhynchos Pap. 744 (1. Jhdt.) den deutlichsten Beweis für das Aussetzen legitimer Kinder in der Zeit nach Alexander. Der Schreiber formuliert: "wenn das Kind ein Mädchen ist, setzt es aus".

84 Xen. Mem. II, 2, 4; Aristoteles, Hist. an. VII, 1 (581B), Pol. VII, 14, 5 (1335A).

85 Andere Andeutungen, etwa der Gebrauch des ὄλισβος (Aristophanes, Lysistrata 106; Kratinos etc.; Licht, SL 314ff.), lassen auch vermuten, daß die Ehemänner auf diese Art Geburtenkontrolle ausübten.

86 Aristophanes, Wolken 530-2; in den Schol. zu 531 gilt das Kind eindeutig als illegitim. Bei id. Thesm. 502-16 heißt es, es habe 10 Tage gedauert, bis es gelungen sei, ein Kind zu finden, das als vermeintliches Baby untergeschoben werden konnte. Selbst an einem so großen Ort wie Athen können kaum jeden Tag mehrere Kinder ausgesetzt worden sein. Dem. LIX, 38-42 zu Neaira. Der Sprecher bei Isaios VI behauptet immer, daß die Kinder der Kallippe in Wirklichkeit diejenigen einer Prostituierten gewesen seien (20, et al.), diese Unterstellung muß glaubhaft gewesen sein.

87 Diog. La. V, 11-16, es handelte sich um einen Knaben und um ein Mädchen.

88 Menander, Perikeiromene 369-82 bildet eine Ausnahme; dort setzte ein Mann seine Zwillinge aus, weil seine Frau einen Tag nach der Geburt gestorben war, und er selbst ein Schiff, seine einzige Einnahmequelle verloren hatte. Die Umstände hier sind aber so ungewöhnlich, daß damit die Regel nicht außer Kraft gesetzt wird. Die Praxis, außereheliche Kinder auszusetzen, hielt sich bis in das moderne Griechenland, s. J. K. Campbell, Honour, Family and Patronage (1964) 187.

89 In der Familie des Aristoteles etwa finden sich eine große Anzahl kindlicher Sklaven (Diog. La. loc. cit.). Einige dieser Sklaven im Kindesalter wird man erhalten haben, wenn Städte im Kampf erobert wurden und man die Männer niedermetzelte, Frauen und Kinder aber in die Sklaverei verkaufte. Dies dürfte aber insgesamt im 4. Jhdt.

weniger häufig vorgekommen sein als im 5.Jhdt.. Man beachte aber die Geschichte des Agesilaos, Xenophon, Ages. I, 17-21. Hinsichtlich der Erziehung zu Hetären s. Dem. LIX, 18: Nikarete hatte sieben Mädchen als kleine Babies erworben, wobei sie das Talent hatte – selbst bei dieser Alterstufe – zu erkennen, welche hübsch werden würden. Für Tempelsklavinnen, die im Tempel der Aphrodite Melainis in Korinth ihren Dienst taten,s. Schneider, RE VIII (1913) 1333 s. v. *hetairai*; Strabon (VIII, 6, 20; C 378) sagt, es habe mehr als 1000 gegeben, Athenaios XIII, 573B-574B erwähnt Übergabe als Weihgeschenk, etwa die 100, die von Xenophon von Korinth im 5.Jhdt. dediziert wurden (bei Schneider heißt es 1000).

90   Lac. pol. I, 3-4.

91   Aristophanes, Ekkl. 446-9; Plutos 450-1; Ehrenberg, People Kapitel IX.

92   Lysias I, 7: οἰκόνομος δεινή..... φειδωλός..... ἀκριβῶς πάντα διοικοῦσα; Aristophanes, Ekkl. 600. Vgl. auch Xen. Oik. VII, bes. 13ff.; der *oikos* ist Mann und Frau gemeinsam (κοινός). Er schafft die Dinge herbei, sie hütet sie (20-22). In der Ehe heißt σωφρονεῖν die bestmögliche Sorgfalt gegenüber bereits vorhandenem Besitz (τὰ ὄντα) und größtmöglicher ehrbarer Zugewinn (15).

93   Dem. LIX, 122: τῶν ἔνδον φύλακα πιστὴν ἔχειν. Vgl. die stillschweigende Folgerung bei Aristophanes, Lys. 894-7.

94   Vgl. Xen. Oik. VII, 30-31. 35-6. Nun war Xenophon natürlich vergleichsweise wohlhabend. Ehrenberg hat sicher recht, wenn er sich dagegen wehrt (People 201 Anm. 8), daß, wie oft vorgebracht wird, Frauen allgemein verachtet wurden, nur weil die gesellschaftlichen Regeln Frauen auf das Haus beschränkten; vgl. Kanelli op. cit. 65, "Ich hatte mich mit meiner Berufung an die höchste Stelle gewandt, eine Dienerin, die allein in der Lage war, mit der überlieferten Gepflogenheit zu brechen".

95   Dem. XLIII, 29-46; Isaios VIII, 9-10. Die Tochter des Pistoxenos, Isaios VI, 13-16, die Frau des Stephanos, Dem. LIX, 120-1.

96   Aristophanes, Lys. 16, Thesm. 823; der Sonnenschirm (σκιάδειον) muß für den Gebrauch außerhalb des Hauses gedacht gewesen sein; vgl. Lys. 531-5, Frösche 1346-51 parodiert Euripides.

97   Id. Frösche 1158-9; Ekkl. 446-9 etc.; Lysias I, 14 etc., Xen. Mem. II, 2, 12.

98   Aristophanes, Ekkl. 528-9; Platon, Theaitetos 149A-D.

99   Aischines I, 183; zu den großen Vergnügen einer Frau gehörte es, sich zu feierlichen Anlässen festlich zu kleiden; es galt als höchste Auszeichnung für eine Jungfrau, Korbträgerin bei den Panathenäen sein zu dürfen, Aristophanes, Lys. 641-8, Vögel 1551, Ekkl. 730-2. Für die ländlichen Dionysien, Acharn. 242-262; Deubner, AF 134-8.

100   Zu Hochzeitszeremonien: Licht, SL 41-56.

101   Für Begräbnisriten s. oben S. 138 ff.; Dem. XLIII, 62 bzgl. der Teilnahmebefugten; Lysias I, 8 bzgl. eines Begräbnisses als Anfang einer Verführung.

102   Es hatte nicht einmal eine Treppe, sondern nur eine Leiter, die zu den Frauengemächern im ersten Stock hinaufführte.

103   Dem. XLVII, 53-55; Xen. Oik. IX, 3ff. E. Delebecque, Essai sur la vie de Xénophon (1957) 367ff. etc.,der Ischomachos für Xenophon hält.

104   Ein Solon zugeschriebenes Gesetz gegen Müßiggang hat existiert, Thalheim, RE II (1896) 717 s. v. ἀργίας γραφή. Thuk. II, 40, die Schande, wenn man sich nicht aus Armut zu befreien suchte; Dem. LVII, 32; Plut. Lykurgos XXIV, 3 beweisen, daß dies Gesetz im 4.Jhdt. noch in Kraft war.

105   Der Redner gebraucht das Wort οἰκουρός, Dem. XLVII, 56.

106 Platon, Gesetze 805A; Arist. Pol. I, 5, 12 (1260B).

107 Xen. Mem. II, 2, 5-10. Vgl. Aristoteles, Eth. Nik. VIII, 12, 3 (1161B) Mutterliebe ist noch stärker als Vaterliebe: φιλοῦσι μᾶλλον αἱ μητέρες, vgl. id. IX, 7, 7 (1168A); "alle Frauen lieben Kinder", Lykurgos, in Leocratem 101.

108 Lysias I, 6. "unterdrücken" (λυπεῖν) setzt deutlich die Annahme voraus, daß der Ehemann der Herr war; "schenkte Beachtung" (προσεῖχον τὸν νοῦν) hatte vermutlich sexuelle Untertöne, das Wort wurde bei frischverheirateten Ehemännern verwendet, Platon, Gesetze 783E; vgl. Hdt. V, 40, 2.

109 Aristophanes, Thesm. 502-16. 564-5 etc.

110 Lysias I, 9-10 und 11-13; leider ist Lykurgos fr. 99 (= Stobaios LXVIII, 35) nur ein Fragment; "wenn eine Frau den Herzenseinklang mit ihrem Mann verliert (ὁμό-νοια), hört das Leben auf, lebenswert zu sein (ἀβίωτος).

111 II, 7, 2-14.

112 Xen. Lak. pol. I, 3-4; s. oben Anm. 64. Stillsitzen gilt als δουλικῶς, Oik. X, 10-12; daß man die Dienerin hinterrücks küßt, Aristophanes, Frieden 1127-39, vgl. Acharn. 271ff. Aus vielen Beispielen griechischer Kunst geht aber hervor, daß die Frauen beim Spinnen und Weben standen, was man auch heute noch bei der griechischen Landbevölkerung beobachten kann. S. Abb. 37-39.

113 P. Herfst, Le travail de la femme dans la Grèce ancienne (Utrecht, 1922) enthält eine Sammlung von Quellen zum Material. M. N. Tod, BSA Journal, 1901/2, 204ff. bzgl. freigelassener Frauen im Gewerbe.

114 Aristophanes, Thesm. 446-52; Dem. LVII, 31-4; ihre Armut, id. 45. Kriegsumstände trieben andere arme Bürgerinnen dazu, als Ammen, Wollweberinnen und Fruchtpflückerinnen zu arbeiten, ibid. Ammen waren geachtet und wurden, wenn sie Sklavinnen waren, oft genug freigelassen, Tod loc. cit., s. auch unten.

115 Abgesehen von Berufen wie Gemüsehändlerinnen, Aristophanes, Wespen 497, Thesm. 387, etc., und Brotverkäuferinnen, Frösche 858, Wespen 238, kennen wir Spezialisierung etwa auf Feigenverkauf, Lys. 564, Honigverkauf, Pollux VII, 198, Sesamverkauf, Weihrauchverkauf etc., Tod op. cit. 206, und andere Sparten, die vielleicht auf Komödien beschränkt sind, etwa bei Aristophanes, Plutos 426. 427. 435 etc. Besitz eines "Kaffeehauses", Frösche 549ff. Weineinzelhandel, Plutos 1120; vgl. Athenaios, XIII, 566F; Platon, Gesetze 918D, die den schlechten Ruf dieser Gewerbe belegen.

116 Herfst op. cit. 103. Wollarbeiterinnen, Aristophanes, Frösche 1346-9, Platon, Alkibiades I, 126E, Lysis 208D, Staat V, 455C etc. ein für Freigelassene üblicher Beruf, Tod loc. cit. Zur Vasenmalerei Abb. 42, eine Vase aus dem 5.Jhdt. Aristophanes behauptet (Thesm. 839-43), daß die Mutter des Hyperbolos eine Geldverleiherin gewesen sei, aber ob das stimmt, wissen wir nicht.

117 Aristophanes, Ekkl. 1024-5, Isaios X, 10; L. J. Th. Kuenen-Janssens, Mnemosyne, 1941 (Serie III, 9) 199-214.

118 Solche Feste kennzeichnen die Kurtisanen (ἕταιραι), "niemand käme auf die Idee, einer verheirateten Frau ein Ständchen zu bringen", Isaios III, 13-14; vgl. Dem. LIX, 24, 33-4. 48 etc. zur farbigen Karriere der Neaira. In der Volksmeinung galt die hetaira wenig, sie mußte sich registrieren lassen und Steuern zahlen, Aischines I, 119; Pollux VII, 201-2.

119 Das Gewerbe eines πορνοβοσκός, Dem. LIX, 30; vgl. Aischines III, 214, dort wird es als Invektive gebraucht. Nach Aristoteles, Eth. Nik. IV, 1, 40 (1121B) haben diese Leute eine geradezu sprichwörtliche Fähigkeit zu Besitzerwerb, womit er vielleicht andeutet, daß die Mädchen in ihrer Obhut sich aus ausgesetzten oder gestohlenen

Babies rekrutierten. Kuppler oder Vermittler bei Platon, Theaitetos 150A; Aristophanes, Frösche 1079, Wespen 1028, Thesm. 341; vgl. id. 558; Xenophon, Symposion III, 10; Athenaios X, 443A. Eine Geschäftsfrau, Hypereides, Athenogenes 2; sie hieß Antigone. [*agogos.*

120 Dem. XLVII, 56; ein Gefühl der Verantwortung gegenüber der Amme und dem *paid-*

121 Tod loc. cit.; andere Ammen finden ein liebevolles Gedenken auf Inschriften: IG II³, 3111. 4050. 4109, vgl. 3522. 4039. 4139. 4260, III, 1457 etc; Platon, Protagoras 325C-D.

122 ὅτι δὲ φίλοινον τὸ τῶν γυναικῶν γένος κοινόν, Athenaios X, 440E-442A; es folgen Beispiele aus (verloren gegangenen) Komödien; vgl. Aristophanes, Thesm. 733-38 etc. Bzgl. der Liebhaber, Vögel 793-6, Frieden 978-85, Thesm. 339-46. 395-7. 479-501 etc.

123 Diog. La. II, 36-7: bzgl. des Alters seiner Kinder, Platon, Apologie 34D. Daß seine Frau ihren Stolz in eine gute Haushaltsführung setzte und unglücklich war, wenn sie ein Essen anbieten mußte, das unter dem von seinen reichen Gästen erwarteten Standard lag, Diog. La. II, 34. Eine kritische Ehefrau, Platon, Staat 549C-D.

124 Isaios VI, 21.

125 Plut. Alkibiades VIII; Andokides IV, 14 etc.; Dem. LIX, 22.

126 Dem. XXXVI, 45, Dem. XLVIII, 53-6; vgl. Lykurgos, in Leocratem 17.

127 Aristophanes, Wolken 46-55. 60-74.

128 Dem. XLIII, 74-8: zwei der vier Söhne von Sosistheos und Phylomache wurden nach ihren Verwandten benannt. In einer aristokratischen Familie wurde Agaristes Sohn nach ihrem Vater Kleisthenes benannt, ihre Enkelin war Agariste (die Mutter des Perikles, Hdt. VI, 131).

129 Bei Isaios II lag offensichtlich hier der Kern des gegnerischen Arguments; Wyse, SI 251 et al. Für das Gesetz, Dem. XLVI, 14, für andere Anspielungen, Wyse, SI Anm. zu II, 13, 2; id. VI, 21 ist die einzige Stelle, die ausdrücklich die Beeinflussung durch Frauen unterstellt.

130 Etwa Platon, Gesetze VIII, 840D-E, die Paarung bei Tieren stimmt mit deren Gefallen daran bei Männchen und Weibchen überein (κατὰ χάριν), Menschen sollten besser (ἀμείνους) sein als Tiere. Aristoteles, Eth. Nik. VIII, 12, 7 (1162A).

131 Ehrenberg, People 192ff.

132 Dem. XL, 29.

133 Id. XXI, 79.

134 Plut. Alkibiades II, 2. Das Fragment von Euripides πάντων δυσμαχώτατον γυνή (544 Nauck), kann man, aus dem Zusammenhang gerissen, nicht ernst nehmen. Ist andererseits das Bild, das Sophokles von Elektra zeichnet, unrealistisch? Oder das Bild der Antigone? Vgl. Aristophanes, Lys. 160-6. Das satirische Epigramm, Anth. Pal. XI, 79 entstammt der römischen Periode und ist alexandrinisch.

135 Lysias I, 14; Nachbarn als Quelle hilfreicher Dienste, Xen. Mem. II, 2, 12-13; als herbeizitierte Zeugen, Dem.XLVII, 60-1; sie erkundigten sich ängstlich, als sie Schreie hörten, was los sei, id. LIV, 20.

136 Ekkl. 446-50; vgl. Frösche 1158-59; Demosthenes XLVII, 52, wo es um die Ausleihe einer Bronze-Hydria geht. Nachbarn im allgemeinen, Ehrenberg op. cit. 214f., Lysias VII, 18 für die sprichwörtliche nachbarliche Neugier.

137 Dem. LV, 23; vgl. id. LIII, 4-7, wo von einem Nachbarn gesagt wird, er sei für einen Mann eine größere Hilfe gewesen als seine Verwandten und habe sich um dessen Besitz gekümmert, als dieser als Trierarch abwesend sein mußte.

138 Isaios VIII, 19.

139 Isaios XII, 5, seiner Wirkung nach.

140 Dem. LIX, 110-11.

141 Lys. 507-20; man kann unmöglich daran zweifeln, daß dieser Dialog im Kern dem wirklichen Leben entspricht; auch daß der Ehemann nicht gerade bereit war zu reden, dürfte einigermaßen typisch gewesen sein, ebenso seine Einstellung, Krieg sei nicht Weibersache, id. 1126-7.

142 Kapitel V, S. 111 ff. (s. o.). Platon vertrat die Ansicht, daß die Begräbnisriten für eine Frau ihren Mitteln entsprechen sollten, Gesetze 719D-E.

143 Isaios VIII, 8.

144 Sie hatten auch Diener (zumindest die Erfolgreichen): Theodote, Xen. Mem. III, 11, 4; Neaira, Dem. LIX, 35. 42 etc.

145 Dem. XL, 11; von einer anderen Mutter heißt es, sie sei bereit, einen ähnlichen Eid zu schwören, Isaios XII, 9; die Tochter des Diogeiton war bereit zu schwören, "wo immer ihr Vater es verlangte", Lysias XXXII, 13.

146 Z.B. Dem. XXIX, 26; vgl. die geschäftlichen Unternehmungen von id. XLI; XLIII, 37. 46.

147 Isaios XII, 5.

148 οἰκεῖοι, wie bei Isaios VI, 15; συγγενεῖς bei Isaios XII, 1; vgl. Dem. XLIII, 35-37 bzgl. Zeugenaussagen durch Verwandte.

149 Isaios VIII, 9-10 — vgl. VI, 15.

150 Isaios VI, 10 spricht auch davon, daß die *phrateres* und ein Gutteil der Männer des *demos* wußten, welche Kinder welchem Mann zugehörten.

151 Hypereides, Lykophron I, 7 und I, 3. Bzgl. der verwitweten Mutter des Demosthenes s. Kapitel V, S. 110 f.

152 Hypereides, ap. pap. Oxy. 1607, 80ff.

153 Hypereides in der Überlieferung bei Stobaios LXXIV, 33: Eine Frau sollte erst in einem solchen Alter aus dem Haus gehen, daß Leute, die ihr begegnen, nicht fragen, wessen Frau sie ist, sondern wessen Mutter. Man beachte, daß Euripides in den Thesmophoriazusae des Aristophanes als alte Frau gekleidet ging; vermutlich war die Vorstellung so absurd, daß Aristophanes eben darum daran Gefallen fand, sie als besonders sexy darzustellen — etwa Ekkl. 976ff., Plutos 975ff., Thesm. 344 etc.

154 Aristophanes, Ekkl. 542-6, spricht davon, daß sie Männerkleidung trugen, um nachts geschützt zu sein. Einer Verordnung von Solon zufolge soll Frauen das Reisen bei Nacht untersagt gewesen sein außer in einem Gefährt und mit einem vorausgehenden Fackelträger, Plut. Solon XXI, 4.

155 Hebammen sollen Frauen sein, die Kinder gehabt hatten, aber zu alt waren, noch weitere zu bekommen, Platon, Theaitetos 149B-D, vgl. Aristophanes, Thesm. 505. 512, Ekkl. 528-42 etc.

156 Lysias I, 15; Dem. XLIII, 62.

157 Athenaios XIII, 592E-F, Dem. XXVIII, 20; vgl. Deinarchos, in Demosthenem 65. 99. 109 etc., in Phil. 2; Lykurgos, in Leocr. 2, 141; Lysias IV, 20 etc.

158 Dem. L, 60-2.

159 Lysias VII, 41; Dem. LIII, 29; id. XXVII, 65; vgl. Lysias XXVIII, 14, der die Geschworenen bittet, mit sich selbst, ihren Kindern und Frauen Mitleid zu haben.

160 Wie Mr. Griffith nachgewiesen hat, war in krisenfreien Zeiten die athenische Besteuerung sehr viel niedriger als die moderne (britische). Aber eben diese Schwankungen machten das Besteuerungssystem so hart und ein Gespräch über Durchschnitts-

297

werte über viele Jahre für Vergleichszwecke unbrauchbar. So ist etwa eine Einkommensteuer von 41,25% theoretisch höher als ein Jahr nichts und im nächsten Jahr 75%, aber es kann wohl kein Zweifel darüber bestehen, was schwerer zu zahlen ist. Heutige landwirtschaftliche Betriebe müssen ihr Land nicht pfänden lassen, um die Steuern zu bezahlen.

Kapitel VIII

Die Familie in Platons Staat, in Sparta und auf Kreta

1 Sogar sicher, wenn diejenige des Phaleas von Chalkedon eher einer Idealvorstellung entsprach als verfassungsmäßiger Wirklichkeit, wie Aristoteles leise andeutet, Pol. II, 4, 12-13 (1267B).

2 Plut. Lykurgos XXXI, 2.

3 Diog. Laert. VI, 72. 97.

4 Vgl. H. C. Baldry, The Unity of Mankind in Greek Thought (1965) 104-11, bes. 108: "Extremer Individualismus ist das Leitmotiv hinter jeder kynischen Aussage über die menschliche Gesellschaft".

5 Der erste Teil von Platons Staat, Buch V. Man muß dieses als Ganzes lesen. Es behandelt zunächst die Frauen und ihre Erziehung, 451B-457C, führt von dort weiter zur Ehe, 457C-461E, und dann zum Besitz und seiner Problematik, 461E-464B. Dabei fallen Äußerungen wie: "wenn Männer von 'mein' und 'nicht mein' sprechen, drückt sich in den Worten bereits abweichendes Interesse aus" (462C).

6 Arist. Pol. II, 2, 11-14 (1264A-B); Aristoteles sagt (in etwas abgekürzter Form): "Bei Platon wurden die Bauern (γεωργοί) Eigentümer (κύριοι) ihrer Produkte, wenn sie einen Teil davon abgegeben hatten. Er verdeutlichte aber nicht, ob sie sich die Frauen gemeinsam teilten oder nicht. Wenn sie die Frauen gemeinsam haben, aber andererseits private Bauernhöfe, wer kümmert sich dann in gleicher Weise um den *oikos* (τίς οἰκονομήσει), wie die Männer ihre Landarbeiten verrichten?"

7 Ländereien und Häuser, Staat 416D-417B; Ehen, 457C-461E.

8 Gesetze 720E-721A: ἀρχὴ δ'ἐστὶ τῶν γενεσέων πάσαις πόλεσιν ἆρ' οὐχ ἡ τῶν γάμων σύμμειξις καὶ κοινωνία. Man sollte nicht vergessen, daß die Bedeutung von γαμεῖν auch den Geschlechtskontakt ohne gesetzliche Ehe umfaßt.

9 Ibid.; vgl. 773E, wo das Zeugen von Kindern bezeichnet wird als:"Gott Diener darbringen, die den eigenen Platz einnehmen können" — ein Gedanke also, bei dem die Familie noch weiter aus dem Mittelpunkt des Bildes gerückt ist.

10 Das trifft jedenfalls eher zu als die des 'Familienoberhaupts', wie einige Kommentatoren, etwa Glenn R. Morrow, Plato's Cretan City (1960) 103, meinen. Wenn die Ehe mit 30 geschlossen wurde, was zweimal vorgeschlagen wird (nicht 25, was einmal vorkommt), und das Wehrdienstalter von 20-60 dauerte, gibt das maximal 10 Jahre, in denen Vater und Sohn gleichzeitig einberufen werden können. Wenn man von der Lebenserwartung der antiken Gesellschaft ausgeht (Jones, AD 82-3), werden nur wenige Familien zwei Aktive gleichzeitig gehabt haben. Die Vorstellung des 'Familienoberhaupts' entstammt dem Römischen Recht.

11 Hier liegt eine der Unstimmigkeiten bei Platon selbst. A. a. O. 721B, wird es mit 30 angegeben, aber an allen drei Stellen ist das Höchstalter, ehe es zur Strafverfolgung kommt, 35 Jahre.

12 Das ist der Grund für eine Mitgift, zumindest, zumindest heißt es so im heutigen Griechenland, e. g. Sheelagh Kanelli, Earth and Water 30 et al.

13 Das eine befand sich in dem Teil des *kleros*, der nahe der Stadt lag, das andere im entlegeneren Gebiet. Es gibt Spuren ähnlicher Anordnungen in Gortyn (Recht IV, 32ff.), und möglicherweise in Sparta. Man kann sich kaum vorstellen, daß die Bürger in Sparta keine Häuser auf ihren *kleroi* gehabt haben sollen, da sie doch Lebensmittelläden dort betrieben haben, s. unten Anm. 69. Dieses Verfahren war höchst nützlich in einer Gesellschaft, in der man Unterkunft für junge Erwachsene benötigte, solange es noch nicht sicher war, ob sie einen *kleros* (oder Ehemann) bekommen würden, und ebenso für die alten Leute, also die nicht mehr Wehrfähigen und die Witwen.

14 Daß es so etwas gab, beweist, daß die Familie nur in sehr beschränktem Umfang wiederhergestellt wurde. Das *syssition*, unter welchem Namen auch immer, ist mit der Familie unvereinbar, M. P. Nilsson, Die Grundlagen des spartanischen Lebens, Klio XII (1912) 315ff.

15 d. h. unterstellend, sexuelles Fehlverhalten.

16 L. Gernet, Platon, Lois, Livre IX (1917), der aus der Sicht der Totschlagsgesetzgebung argumentiert, betont die Familienbindungen stärker, als dies bei den hier zutage tretenden Ansichten der Fall ist.

17 Morrow op. cit. 123.

18 Gesetze 828B: μία γέ τις ἀρχὴ θύη...... ὑπὲρ πόλεως τε καὶ αὐτῶν καὶ κτημάτων.

19 Hestia wird als erste Gottheit erwähnt, sogar vor Zeus, Gesetze 745B. 848D. In jedem Dorf sollen Tempel zu Ehren von Hestia, Zeus und Athene errichtet werden, sie sollen mit einer Mauer umgeben werden und 'Akropolis' genannt werden. Andere Gottheiten erhalten nur da Schreine, wo sie Schutzpatrone sind (ἀρχηγός). In den schwerwiegendsten Prozessen 854C-856A ist Hestia die Beschützerin der Gerechtigkeit. Selbst dabei stellen wir fest, daß die Strafen so angelegt sind, daß sie die Unverletzlichkeit des *kleros* schützen.

20 Die *genesia* waren möglicherweise rein attisch, die *apaturia* rein ionisch, das könnte ihr Fehlen einigermaßen erklären, aber man kann kaum glauben, daß es keine dorischen Entsprechungen gegeben habe.

21 Morrow op. cit. 450; die *chthonioi* werden nicht so verehrt wie die olympischen Götter (Gesetze 717A-B); bei Platons Ansicht über das Verhältnis von Leib und Seele überrascht dies nicht, Morrow op. cit. 463-4. Zur Unterscheidung *Chthonioi*/Olympier: W. K. C. Guthrie, The Greeks and their Gods (1950) 209ff.

22 διάδοχον καὶ θεραπευτὴν θεῶν καὶ γένους καὶ πόλεως. Zu ἐγχώριοι θεοί, Guthrie op. cit. 28-9.

23 729C, Morrow op. cit. 462 Anm. 210, zu Pollux III, 5, und andere Belege für diesen Glauben.

24 Plut. Lykurg. XXXI, 2.

25 Morrow op. cit. 42ff. F. Ollier, Le Mirage Spartiate (1933) behandelt ausführlich die 'Sparta-Philie' in Athen, wovon wir den ersten deutlichen Beleg im frühen fünften Jahrhundert haben (S. 133). Besonders zu bemerken ist er bei Kimon (S. 134 ff.). Thuk. IV, 40, setzt sich mit dem Schock auseinander, den die Kapitulation bei Sphakteria im Jahr 425 hervorgerufen hat. Sie ließ Illusionen platzen, vielleicht auch die des Thukydides.

26 Pindar, Pythien I, 75-78; Aristophanes, Vögel 1281-3 q. v. zu Sokrates als 'Sparta-Freund', Ollier op. cit. 211ff. E. N. Tigerstedt, The Legend of Sparta (1965) 242.

27 Er war gleichzeitig der Cousin von Platons Mutter. H. Diels/W. Kranz, Die Fragmente der Vorsokratiker (2.Aufl. 1951) II, 378-80. 391-94. Das ist einer der Gesichtspunkte, die zu Kritias' Feindseligkeit gegenüber der attischen Demokratie führten, Ollier op. cit. 168-174.

28 Aristoteles (Pol. VII, 13, 11) spricht von "Thibron.... und all die anderen, die über ihr Gemeinwesen schreiben". Das Werk des Xenophon (Lakedaimonion Politeia, in der Folge Lak. pol.) ist uns erhalten; vgl. auch seinen Agesilaos.

29 Xenophon äußert sich kritisch über die Fehler der *harmostai* (d.h. der von Sparta eingesetzten Garnisonskommandanten über die griechischen Städte in der Zeit nach der Niederlage Athens, 404), Lak. pol. XIV, 1-7; vorher schon hatte Herodot kritische Anmerkungen zu der Bestechlichkeit der Spartaner gemacht (III, 148), ebenso hat Thukydides eine Reihe ihrer Schwächen vermerkt, Morrow op. cit. 44 Anm. 21.

30 Lysias formuliert das (XXXIII, 7, vermutlich 388) so: "Die Spartaner sind die einzigen Griechen, die jetzt leben können ohne Schaden für ihr Land, ohne Mauern, ohne *stasis*, ohne eine Niederlage zu erleiden und mit öffentlichen Einrichtungen, die unverändert geblieben sind". Vgl. Platon, Gesetze 628B: "Jeder haßt *stasis* und wünscht nichts sehnlicher, als daß sie schleunigst beendet sein möge".

31 Ollier op. cit. 44 et al.

32 Thuk. II, 65, 11-12; eine Kritik an den Kritikern, Jones, AD Kapitel III.

33 Platon, Gorgias 515E et al.; Plut. Lykurgos XVIII, 3; XIX-XX und die Sammlung von Aussagen von Spartanern und Spartanerinnen in: Moralia 208B-236E. 240C-242D.

34 A. Fuks, The Ancestral Constitution (1953).

35 S. oben, Anm. 25-8. Für das 4.Jhdt., Dem. LIV, 34; Platon, Protagoras 342A-343C, hier werden die 'Sparta-Freunde' verlacht, weil sie sich an dem äußeren Erscheinungsbild, nicht aber an den wesentlichen Elementen des spartanischen Lebens ausrichten; Staat 544C, das spartanische Staatswesen ist der dem 'Ideal' am nächsten kommende unvollkommene Staat; Isokrates VIII, 95-6; XII, 41. 65. 155. 200. 235ff. et al. zum Thema: Bewunderung für Sparta.

36 Thuk. II, 65. 13 etc.

37 400 Jahre vor seiner eigenen Arbeit, laut Thukydides (I, 18, 1). Isokrates im 4.Jhdt. neigt zu einem Datum 700 Jahre vor seiner Zeit, e. g. VIII, 95; der richtige Zeitpunkt ist für diese Frage belanglos und steht wissenschaftlich noch zur Debatte.

38 Kinadon soll der Kopf einer fehlgeschlagenen Revolte aller Spartaner minderen Bürgerrechts im Jahr 398 gewesen sein; er wurde aber verraten, Xen. Hell. III, 3, 5-11. Daß dieser Versuch in unserer Überlieferung (z.B. bei Plutarch) vollkommen fehlt, beweist, wie übermächtig die traditionelle Meinung war, daß Sparta frei war von *stasis*. Aristoteles erwähnt als Beispiele für Aufruhr (*stasis*) noch Lysanders Versuch, das Königtum abzuschaffen, und Pausanias' Versuch, das Ephorat zu beseitigen, Pol. V, 1, 5 (1301B).

39 Hdt. VII, 104, 4. In einer Satire darauf läßt Platon (Hippias maior 285A-B) Hippias nachweisen, daß die Spartaner von allen Männern am wenigsten gesetzestreu seien.

40 Arist. Pol. II, 6 (1269A-1271B); V, 6, 1-2 (1306B-1307A); VII, 13, 10-13 (1333B) (vgl. id. 20, 1334A-B); VIII,3,3-4 (1338B) et al.; Platon, Gesetze 628Eff.: der Gesetzgeber sollte eine Friedensgesetzgebung durchführen, nicht eine für den Krieg; die spartanischen Gesetze erzeugen Kriegstüchtigkeit, nicht Selbstkontrolle (633A-634C); die *syssitia* führen zu Parteiungen und Homosexualität (636B-C), das Fehlen von Verhal-

tensregeln für die Frauen macht sie faul und gierig nach Luxus (637C. 806C); vielleicht spiegelt auch, wie Morrow vorschlägt, Platons Beschreibung einer Oligarchie in seinem 'Staat', (548A-B) seine Ansichten über Sparta; Platon hatte Sparta als die Gemeinschaft für Männer bezeichnet (545A), die "im Wettbewerb stehen und ehrgeizig sind", er wiederholt diesen Gedanken ohne Namensnennung 547B-D. Vgl. Isokrates, für den der Vergleich zwischen Athen und Sparta ein Lieblingsthema darstellt; vgl. etwa Panathenaikos (XII), 41-71. 89-118. 176-198. In dieser Schrift, die 339 fertiggestellt wurde, fallen alle Vergleiche zu Athens Gunsten aus, die einzigen spartanischen Tugenden sind Mut und *homonoia* – also das Vermeiden inneren Zwistes, Ephoros andererseits (ca. 405-330), dessen Berichte in Polybios und Plutarch aufscheinen, blieb bei seiner günstigen Beurteilung, wir können allerdings diesen Teil seines Werkes nicht datieren.

41 Plut. Lyk. VIII, 3; daß die zugewiesenen Anteile gleich gewesen seien, wird von Polybios unterstützt (VI, 45), obgleich die beiden Autoren über das, was gemeint war, verschiedener Ansicht sind. Nach Plutarch ging es darum, daß die Anteile gleichwertige Ernten hervorbrachten, bei Polybios, daß die Fläche der *kleroi* gleich groß war. Bei Plutarch sind auch zwei andere, abweichende Theorien über die Bildung von 9000 *kleroi* überliefert. Die ganze Frage, wie in Sparta das Land aufgeteilt war, gibt große Rätsel auf, und es herrscht keine Einigkeit darüber bei den Gelehrten. Man sollte aber zwei Tatsachen nie aus den Augen verlieren: einmal lag dem System die Absicht zugrunde, mit seiner Hilfe die wirtschaftliche Grundlage für die Erhaltung des Heeres zu schaffen (Aristoteles, Pol. II, 6, 12 [1270A]), und ferner, daß das Wort *kleros* nicht unbedingt "Zuweisung an den Einzelnen" bedeuten mußte. Das gilt zumindest dann, wenn wir vom Recht von Gortyn (V, 25-8) ausgehen. Dort nämlich ist der *klaros* (= *kleros*) eine Körperschaft, die in Erscheinung tritt, wenn die Verwandtschaftsgruppe keinen Erben bereitstellen kann. Möglicherweise ist Gleichheit hinsichtlich des Grundbesitzes des Einzelnen eine Fiktion spartanischer Panegyriker des 5. Jhdts., s. F. W. Walbank, Commentary on Polybius I (1957) 728ff. bzgl. der richtigen Gesamtlinie, auch wenn er nicht bei jeder Einzelheit recht hat. Immerhin belegt die Bezeichnung *homoioi* für Bürger, daß die Gleichheit ein vorstellbares Ideal war. Vielleicht ist sie sogar ein Hinweis darauf, daß zu einem früheren Zeitpunkt eine beträchtliche Ungleichheit geherrscht hat (das ist zumindest die Vermutung von Forrest, EGD 131).

42 Plut. Lyk. XVI, 1. Dies setzt voraus, daß das Land ursprünglich den Stämmen übertragen worden war (den φυλαί), und das die *kleroi* den Stämmen zugewiesen waren. Es hat schon immer in Sparta Stämme gegeben – denn sie finden in der sog. Großen Rhetra, Lyk. VI, 1-2, Erwähnung – und die drei auf Geburt beruhenden dorischen Stämme muß man aus Tyrtaios erschließen (frag. 1, 12 [Diehl]). Umstritten ist dabei, ob die Spartaner immer bei Landbesitz und in der militärischen Organisation in dieser Form aufgeteilt geblieben sind. In jüngerer Zeit hat Forrest (EGD 131) die Ansicht vertreten, daß *obai*, Einheiten, die nicht auf die Vorfahren zurückgingen, sondern auf dem Wohnort basierten, die Stellung eines Mannes innerhalb der Organisation festlegten. Zur Zeit des Aristoteles war der private (*viritim*) Landbesitz seitens einzelner Spartaner eine so feststehende Selbstverständlichkeit, daß er zu dem Schluß kommt, eine Reihe von Söhnen werde zur tatsächlichen Teilung des *kleros*, und damit zur Verarmung führen (Pol. II, 6, 13 [1270B]). Es gibt aber ein Fragment (fr. 611, 12), in dem, falls der Kopist Aristoteles richtig wiedergegeben hat, zwei Arten von Landbesitz erwähnt werden, Land, das dem Einzelnen gehörte, und Land, das

seiner alten *moira* (ἀρχαία μοῖρα) zugehörte; und letzteres war unveräußerbar. Diese "seit Anbeginn zugeteilte *moira*" taucht auch in einer Stelle bei Plutarch auf (Mor. 238E). Danach müßte mithilfe dieser *moira* die Reform des Lykurg auch *xenoi* in das spartanische System integriert haben. Wenn man diesen etwas wackeligen Andeutungen Glauben schenken darf, könnte man daraus schließen, daß *moirai* schon seit alter Zeit militärische Untergruppen der Stämme waren. Offen zutage treten sie erst seit dem fünften Jahrhundert, als die *mora* (μόρα) (sprachlich aus der gleichen Wurzel kommend) auf dem Schlachtfeld eine reguläre spartanische Einheit darstellt. Dann waren *moirai* vielleicht mit den ursprünglichen *kleroi* verbunden, die aber nicht das ganze Land umfaßten. Nach Diodor XV, 32 gehörten alle Spartaner irgendeiner *mora* an. Eine Behandlung der *morai* findet sich bei Chrimes, AS 317ff., allerdings kann man ihr wohl angesichts der Ausdehnung Spartas auf messenisches Gebiet nur schwer zustimmen, wenn sie meint, daß die auf lokale Wurzeln zurückgehenden Stämme ihren gesamten Landbesitz jeweils an einer Stelle hatten. Hatte denn ein Stamm seinen gesamten Landbesitz in Messenien? Das doch sicher nicht. Es hat zu jeder Zeit in Sparta privaten Bodenbesitz gegeben, denn es hat immer Reiterei gegeben, und sowohl Thukydides (V, 72, 4) als auch Ephoros (Strabon X, 4, 18 [482C]) halten den Namen ἱππεύς (Reiter/Ritter) für nicht mehr als einen Titel (Chrimes, AS 246 Anm. 5). Reiterei bedeutet, daß manche Leute höhere Ausgaben finanzieren konnten, also mehr Besitz gehabt haben. Tyrtaios (während des 2. Messenischen Krieges) und Alkaios (eine Generation später) kennen Vermögensunterschiede in Sparta (Walbank op. cit. 730). Es gab auch Land in Staatseigentum, das sowohl einzelnen Söldnern, wie etwa Xenophon, zugeteilt wurde, wie auch der als *neodamodeis* bezeichneten Klasse der Berufssoldaten, Xenophon, Agesilaos I, 7; Hell. V, 2, 24 etc. Manchmal waren es vielleicht ehemalige Heloten (R. F. Willetts, C.P. XLIX, 1, 1954, 27ff.), oder auch Leute, die Heloten gewesen wären, wenn sie einen spartanischen Herrn gehabt hätten, dem sie tributpflichtig hätten sein müssen. Weil aber dieser Herr nicht vorhanden war, zahlten sie statt dessen dem Staat ihren Tribut in Form von Hopliten-Diensten. Xenophon, Hell. VI, 5, 24 erwähnt zwei Kolonien von *neodamodeis*. Aus Kinadons Revolte wird aber deutlich, daß sie nicht immer zufrieden und jedenfalls von geringerem Rang waren, id. III, 3, 6; Willetts op. cit.; Chrimes, AS 38-41.

43 Plutarch, Agis V, 1 bestätigt dies, was immer es zu bedeuten hat. Warum manchmal die Meinung vertreten wird, ein neugeborenes Baby habe einen *kleros* besitzen müssen, der genügend Korn produzierte, um einen Mann und eine Frau zu ernähren, weiß ich nicht.

44 Plut. Lyk. III, 3.

45 Die Erziehung besorgten die Phratrien (Forrest, EGD 130). Platon äußert sich satirisch dazu in: Hippias maior 285A-D. Sie interessierten sich nur für genealogische Geschichten von Heroen und Menschen und Gründungslegenden von Städten.

46 Wettbewerb und Überwachung, Plut. Lyk. XVI-XVIII; Xen. Lak. pol. II, 2 und 10-11; IV; VI, 1-2 etc. Die Aufgabe der 'Liebhaber' war eine rein erzieherische nach Plut. Lyk. XVII, 1; XVIII, 4; Xen. Lak. pol. II, 12-13. Beide Schriftsteller schreiben deutlich aus der Defensive gegen gängige Verdächtigungen, was den moralischen Aspekt dieser Einrichtung betrifft. Für Platon waren die Spartaner notorische Homosexuelle (Gesetze 636B-C), man vergleiche die Vorstellung, daß sich hinter einer Braut ein Knabe verberge (aber vgl. Anm. 56). Aristoteles nimmt dagegen in: Politika II, 6, 6-7 (1269 B) anscheinend sogar an, daß die Spartaner aus sexuellen Gründen in besonderem Maße unter dem Einfluß von Frauen standen. Chrimes, AS 223-7 hält den Lieb-

haber (ἐραστής) für ein Überbleibsel aus dem vor-lykurgischen Sparta mit militärischen Auswirkungen auf die *syssitia*. Zu Ausscheidungsabstimmungen siehe unten Anm. 122. Aber zu irgendeinem Zeitpunkt muß es einmal so etwas wie einen formellen Akt der Zustimmung gegeben haben, denn Xenophon erwähnt in Lak. pol. III, 3 die Schande für die Leute, die sich nicht dem spartanischen Drill unterzogen. Chrimes op. cit. 219-245 weist nach, daß die *syssitia*, ähnlich wie die kretischen *andreia,* sich aus Gefolgschaften adeliger Führer entwickelt haben. Sie argumentiert dabei auf der Grundlage kretischer Analogien (s. auch oben S. 198 ff.). Unterstützt wird ihre Ansicht durch die Tradition adeliger Fehden auf Kreta, Aristoteles, Pol. II, 7, 7-8 (1272 B) und Bürgerstreitereien im frühen Sparta, Thuk. I, 18, 1; Hdt. I, 65 etc.

47 Plut. Lyk. X; XII: diese zweite Stelle (XII, 2), die ja erwähnt, daß monatlich ein kleiner Geldbetrag zu leisten war, ist für das siebente Jahrhundert eine Anomalie; vgl. XXV, 1 und die Erwähnung, daß Männer unter 30 das, was sie brauchten, von Angehörigen oder anderen Leuten auf dem Markt kaufen lassen mußten, s. aber ferner, oben S. 189 f. Die Mahlzeiten waren von sprichwörtlicher Einfachheit, Athenaios IV, 138B-D.

48 Plutarch sagt, von Lykurgs Milde überzeugt, er halte diese Vorgänge für Erscheinungen aus der Zeit der messenischen Revolte nach dem Erdbeben von 464, Lyk. XXVIII, 6.

49 Plut. Agis XI, 2, ein"altes Gesetz", das es verbot, Kinder mit einer Fremden zu zeugen; vgl. Leonidas, der seine persische Frau und die Kinder zurückließ, als er im dritten Jahrhundert nach Sparta zurückkehrte.

50 Plut. Lyk. XV, 1-2; Pollux (III, 48; VIII, 40) erwähnt, daß bleibende Ehelosigkeit vielerorts strafbar war, in Sparta auch "schlechte" und "späte" Heiraten. Diese "schlechte" Heirat wird bei Plutarch (Lysander XXX, 5) definiert als der Versuch, eine reiche Braut zu holen statt einer von "guten Männern" abstammenden aus dem eigenen Umfeld — ἀγαθῶν καὶ οἰκείων. "Späte" Heirat bedeutet demnach wohl, daß ein Mann seine Verheiratung bis über das Alter hinausschob, in dem seine Altersgenossen heirateten, sei es, weil er eine reichere Braut in Aussicht hatte, sei es eine Braut, die aus anderen Gründen begehrenswert erschien. Da in Sparta eine Generation 27 Jahre betrug (Chrimes, AS 341), hat das Heiratsalter wohl im 25. Lebensjahr gelegen, in dem Winter zwischen dem 25. und 26. Geburtstag eines Mannes (das entspricht unserem 24. resp. 25. Geburtstag).
(Anmerkungen 51 und 52 fehlen im englichen Text. Die weitere Zählung wurde beibehalten wie im Original.)

53 ἐγάμουν δι'ἁρπαγῆς (Plut. Lyk. XV, 3): Athenaios XIII, 555C, der Hermippos, einen Schriftsteller des späten dritten Jahrhunderts zitiert.

54 Hdt. VI, 65. Daß es sich um die königliche Familie handelte, mag dabei von Bedeutung sein, aber vgl. id. 57, 4. Väter können ihre Töchter jemandem versprechen, wenn sie keine Söhne haben. Plut. Lysander XXX, 5, Anfang des 4. Jhdts.

55 Plut. Lyk. XV, 3-5. Mit 30 Jahren beendeten die Männer ihre Zugehörigkeit zur Gruppe der σφαιρεῖς. Die Bedeutung dieses Wortes ist umstritten, H. Michell, Sparta (1952) 172; Chrimes, AS 132; M. N. Tod, BSA Papers 1903/4, 72ff.

56 Und in Griechenland in Argos, wo die Braut während ihrer Hochzeitsnacht einen falschen Bart trug (Plut. Mor. 245F). E. A. Westermarck, History of Human Marriage (1921) I, 509 Anm. 3, meint, es handele sich nur um ein Keuschheitssymbol, aber ibid. 72ff. gibt er Beispiele der Probeehe, die nicht vor dem Eintritt einer Geburt oder zumindest einer Schwangerschaft legalisiert wird.

57 ἐν ἀκμαῖς τῶν σωμάτων für Männer, Xen. Lak. pol. I, 6; ἀκμαζούσας καὶ πεπείρους für Mädchen, Plut. Lyk. XV, 3.

58 Plut. Lyk. XIV, 2 - XV, 1. Spartanische Mädchen lernten sogar den Umgang mit Pferden. Anläßlich der Hyakinthien fuhren und lenkten sie Korbwagen, Athenaios IV, 139F; Xen. Agesilaos VIII, 9; Plut. Agesilaos XIX, 5.

59 οὐκ ἰδίους..... τῶν πατέρων τοὺς παῖδας, ἀλλὰ κοινοὺς τῆς πόλεως, Plut. Lyk. XV, 8.

60 Hdt. V, 39-41.

61 Hdt. VI, 61-63.

62 Plut. Lyk. XV, 6-8; Xen. Lak. pol. I, 7-9; Nik. Dam. fr. 103z (F. Jacoby, FGH IIA, 387), schließt Fremde mit ein, aber das ist unwahrscheinlich. Ich nehme an, daß Xenophons "Mann, der nicht mit einer Frau leben will" ein Witwer war, kein Junggeselle.

63 Über diese Möglichkeit oben S. 192. Bei Plutarch lauten die Worte: "es war rechtens, das zu adoptieren, was, wie man selbst (ἴδιον αὐτοῖς), edler Abstammung war". Er führt nicht genau aus, wessen kleros das Baby erben würde, noch auch, ob der ältliche Ehemann kinderlos war, Lyk. XV, 7.

64 Polybios XII, 6; er spricht auch von Polyandrie, wo 3 und 4 Männer eine Frau gemeinsam hatten "oder sogar mehr, wenn es Brüder waren", die dann ihre Kinder gemeinsam hatten.

65 Plut. Lyk. XV, 9, setzt voraus, daß diese Beschuldigung vertraut war, er streitet allerdings für die Zeit des Lykurg die Gültigkeit dieser Behauptung ab. Vgl. Moralia 228B; antike Belege gehen in der Tat über Andeutungen nicht hinaus, sowie die Sitte, bei Festen eine aufreizende Kleidung zu tragen, um in den Männern die Lust zur Heirat zu erwecken (Euripides, Andromache 595ff.; Plutarch, Vergleich zwischen Lykurg und Numa, III, 3-4). Aristoteles, Pol. II, 6, 5 (1269B) unterstellt libido, wenn die Lesart ἀκολάστως korrekt ist, was aber in Zweifel gezogen worden ist.

66 Hdt. VI, 67-69.

67 Vermutlich im Heim der Familie der Braut, aber Plutarch sagt dies nicht ausdrück-

68 Plut. Lyk. XVI, 3.   [lich. Plut. Lyk. XV, 4.

69 Plut. Lyk. VIII-IX. Der Überlieferung zufolge (wie bei Xen. Lak. pol. VI, 3-4) hatten sie die freie Nutzung am gegenseitigen Besitz, den Sklaven, den Hunden, ja sogar den Vorräten auf dem Land. Vgl. Aristoteles, Pol. II, 2, 5 (1263A); Plut. Mor. 238E-F.

70 Besonders die Sophisten, die nicht vor dem späten fünften Jahrhundert auftauchten. Ein Wahrsager (μάντις) des fünften Jahrhunderts konnte durchaus gut verdienen (s. Isokrates XIX, 5-7). Xen. Lak. pol. VII, 6 sagt, daß man mit einer Suche nach Gold und Silber rechnen mußte, erwähnt aber nicht, wann oder warum so etwas vorkam. Athenaios (XIII, 574C-D. 591-2) belegt für Sparta das Vorhandensein von Prostituierten.

71 Plut. Lyk. XXVII, 3, wobei er auch Thuk. II, 39, 1 heranzieht. Man ermunterte auch die eigenen Bürger nicht zu Auslandsreisen, Plutarch, Agis X; Xen. Lak. pol. XIV, 4; Aristophanes, Vögel 1012-3; Aristoteles, fr. 543 etc.

72 Plut. Lyk. XIII, 3-5; id. XXVII, 1-2. Doch erweist sich auch an Lysanders Begräbnis "in dem ersten befreundeten und verbündeten Gebiet" die übliche griechische Haltung, Plut. Lysander XXIX.

73 S. Burn, LA 77. Die Tradition, daß es sich um Bastardsöhne gehandelt habe, bringt Ephoros bei Strabon VI, 3, 2-3 (C 278-80); Aristoteles, Pol. V, 6, 1 (1306B) und W. L. Newman's Anm. ad loc. (Bd. IV, 367); auch Lyktos auf Kreta bezeichnete sich als spartanische Kolonie, Aristoteles, Pol. II, 7, 1 (1271B).

304

74 Hdt. V, 42, 2ff.; die Gründung mißlang, trotz mehrfacher Versuche, Hdt. loc. cit.

75 Id. IX, 10. Die Reihung in der Erbfolge hier ist ein deutliches Beispiel für eine Erb-folge innerhalb der Verwandtschaftsgruppe (κατ' ἀγχιστειαν) und nicht innerhalb einer einzelnen patriarchalischen Familie. Das älteste Mitglied der Gruppe tritt die Erfolge an, es sei denn, daß die nachfolgende Generation bereits erwachsen ist.

76 συμβολαῖα Plut. Lyk. XIII, 2. Da aber Handel fehlte, waren die einzigen üblichen Ab-machungen (Verträge) solche zwischen dem spartanischen Besitzer eines *kleros* und seinen Heloten bzgl. der Bereitstellung von Nahrungsmitteln, aber Plutarch sagt ferner (Mor. 239E), daß eine Abänderung der für die Lieferung von Versorgungs-gütern üblichen Bedingungen unzulässig war, vgl. Athenaios XIV, 657D.

77 Politika II, 6, 9 (1270A); vgl. Platon, Gesetze 781A. 806C (das vollständige Ver-sagen gegenüber der Regulierung des Lebens der weiblichen Bevölkerung). S. auch oben S. 192 ff.

78 Hdt. VI, 57, 4; Vielleicht hatte es den Sinn, die Bürgerschaft zu vergrößern, s. oben S. 193 f.

79 Gaius II, 101. Es gilt allgemein als erwiesen, daß die Einsetzung eines Erben (*heres*) die wesentliche Basis aller römischen Testamente war.

80 Die Spartaner waren sich als Dorer ihrer Herkunft von Herakles durchaus bewußt, doch scheint dieses Bewußtsein im 5. Jhdt. eher gewachsen zu sein.

81 Vielleicht ist es auch bedeutsam, daß im 6. und 5.Jhdt. die Macht der Könige be-trächtlich abnahm. Das spartanische Königtum stellt eine Art "ständigen Oberkom-mandierenden mit Gesamtvollmacht" dar, οἷον στρατηγία τις αὐτοκρατόρων καὶ ἀίδιος, Aristoteles, Pol. III, 9, 2 (1285A); vgl. id. 10, 1 (1285B).

82 Hdt. VII, 205, 2; V, 41, 3.

83 S. die Geschichten oben S. 187 f. und Anm. 60-61.

84 Seitliche Verwandtenlinien des Königs lebten weiterhin im Haushalt des Königs, wie Leotychidas, obgleich er bereits in der 8. Generation von der Sukzession abge-rückt war, Hdt. VI, 65; VIII, 131, Vgl. id. VI, 75, 2, wo Verwandte den "verrück-ten" Kleomenes einsperrten. Zu den Heiraten innerhalb des Königshauses gehörten. Anaxandridas und seine Nichte (id. V, 39), Archidamas und Lampito, id. VI, 71; Leonidas und Gorgo, id. VII, 205, 1; und in späteren Generationen, Kleonymos und Chilonis (Plut. Pyrrhus XXVI), Kleomenes und Agiatis (id. Kleomenes I). Wahr-scheinlich war die Mutter des älteren Kleomenes eine Urgroßenkelin des berühmten Chilon (Hdt. V, 41, 3).

85 Thuk. V, 15 und 34; Arist. Pol. II, 6, 15 (1270B); vgl. Isokrates VI, 55.

86 Wie Chrimes überzeugend darlegt, AS, 220ff. 107ff.; betr. Vermögen, oben Anm. 42; IG V, I, 213 (C. D. Buck, Greek Dialects [1955] 268-9 [Nr. 71]) bzgl. der Siege des Damonon im Wagenrennen. Betr. langes Haar, Plut. Lysander I; Lyk. XXII; vgl. Abb. 48, die toten Krieger auf einem Becher des sechsten Jahrhunderts.

87 Hdt. VI, 60, sowie bei How und Wells, Anmerkungen ad. loc. Die Köche (μάγειροι) waren nicht nur Fleischer, sondern buken auch das spartanische Brot, wohl auch für die *syssitia*. Sie hatten nämlich ihre Heroen, Matton (als Kneter) und Keraon (als Mixer). Beider Statuen standen in den *syssitia*, Athenaios I, 39C; Nik. Dam. (fr. 103Z, 15; F. Jacoby, FGH IIA, 387) erwähnt Ärzte (ἰατροί) an Stelle der Köche. Insgesamt nahm man eher an, daß die Spartaner keine Arbeit gegen Entgelt aus-führten — z.B. Xen. Lak. pol. VII, 1-6; Plut. Agis XXVI, 4-5; Mor. 211A. 239D; Ailianos, Var. hist. VI, 6 etc.

88 Das glaubt z.B. R. M. Cook, CQ 1962 (N. S. 12) 156ff.; über spartanische Töpferei,

E. A, Lane, BSA Papers XXXIV, 1933-4, 99ff.; in der Mitte des 6. Jhdts. bildeten Feste und Gelage ein auf den spartanischen Töpferwaren übliches Thema. Literarische Quellen (Plut. Lyk. XII, 7; Xen. Lak. pol. V, 4-7) betonen die maßvolle Nüchternheit des Spartaners, da mögen die Becher der Wahrheit näher kommen.

89 Plut. Lyk. IX, 4-5. Andere Handwerkszweige, Xen. Hell. III, 3, 7; Agesilaos I, 26-7.

90 Plut. Agesilaos XXVI, 5 (Ende).

91 Hdt. VI, 57, 4. "Verlobt" ist mit ἐγγυήσῃ zu übersetzen; das spartanische Wort ist πατροῦχος, vorausgesetzt, daß der Text von Herodot in Ordnung ist (was man bezweifeln kann).

92 Arist. Pol. II, 6, 11 (1270A); die Könige hatten ihre Rechte an den gesetzlichen Erben (κληρόνομος) verloren. Dieser war verpflichtet, ihr einen Ehemann zu verschaffen, nicht aber, so scheint es zumindest, sie selbst zu heiraten (ibid.).

93 Plut. Lyk. XV, 7.

94 Kapitel VII S.162 f.; für Kinderfrauen, Plut. Lyk. XVI, 3; Wollarbeit, Xen. Lak. pol. I, 3-4 etc.

95 Pol. II, 6, 6-8 (1269Bf.), dies ist nach Plutarch falsch (Lyk. XIV, 1-2), Chilon, der spartanische Weise des 7.Jhdts. soll gesagt haben: "drohe nicht, das ist weibisch". Diog. La. I, 70.

96 Kyniska, die Schwester des Königs Agesilaos, war auch vermögend; nach Xenophon, (Agesilaos IX, 6) habe dieser sie überredet, Rassepferde zu züchten und mit ihren Siegen bei den Wettkämpfen nachzuweisen, daß dies eine Frage des Vermögens und nicht der männlichen Qualitäten (ἀνδραγαθία) sei. Zu ihren Siegen, Pausanias V, 12, 5; III, 15, 1; id. 8, 1 q. v. bzgl. der Siege, die andere Frauen zu späteren Zeiten für sich verbuchen konnten.

97 Ailianos (Var. hist. VI, 6) sagt genau das Gegenteil, aber Plut. Lysander XXX, 5 spricht von einer Verlobung, bei der eine Mitgift zumindest erwartet wurde.

98 Plut. Agis IV; VII, 3-4; XIII, 2-3.

99 Lak. pol. IX, 4-5; V. Ehrenberg, RE VIA (1937) 2292ff. s.v. τρέσαντες; Nik. Dam. fügt hinzu, daß sie auch von Freunden gemieden wurden, fr. 103Z, 12 (F. Jacoby, FGH IIA 387); vgl. Herodot VII, 229-32.

100 Z.B. Plut. Lyk. XIV-XVII. XXI. XXVI.

101 Plut. Lyk. XIII, 2. Zur Zeit des Aristoteles gab es noch immer keine das Gerichtsverfahren betreffenden Gesetze, Pol. II, 6, 16 (1270B).

102 Aischines I, 180-1.

103 Pol. II, 6, 10 (1270A): ὠνεῖσθαι μὲν γὰρ ἢ πωλεῖν τὴν ὑπάρχουσαν ἐποίησεν οὐ καλόν, ὀρθῶς ποιήσας.

104 Thuk. IV, 38, 5; 112 fielen in der Schlacht und eine unbekannte Anzahl bei früheren Scharmützeln. Wir wissen auch nicht, wieviel der 112 Spartiaten waren. Unter den 308 Gefangenen waren ca. 120 Spartiaten. Die Überlebenden verloren ihre Bürgerrechte, durften keine Ämter mehr innehaben und nicht mehr über ihren Besitz verfügen. Späterhin wurden sie rehabilitiert, id. V, 34. Man vergleiche die Geschichte (bei Herodot I, 82, 8) vom Selbstmord des einzigen Überlebenden aus der Schlacht der 300 Auswahlkämpfer mit den Argivern, sowie das Schicksal jener, die nicht in der Schlacht bei den Thermopylen gemeinsam mit Leonidas kämpften (id. VII, 229-32). Ein Gesinnungswandel tritt deutlich zutage.

105 Arist. Pol. II, 6, 10 (1270A): s. Anm. 41 oben für eine gegenteilige Ansicht.

106 Pol. II, 6, 11 (1270A); wobei er annimmt, daß diese in Landbesitz abgegolten wurden.

107 Cicero, Tusc. II, 15, 36, wo er ein unbekanntes Stück zitiert.

108 Hdt. III, 148.

109 Platon, Gesetze 633A-634C; vgl. oben Anm. 40.

110 Pol. II, 6, 22 et al.; oben, Anm. 40.

111 Isokrates VIII, 95-96; vgl. XI, 20 bzgl. ihrer "Faulheit und Begehrlichkeit".

112 Plut. Lysander XVII; vgl. Mor. 239E-F.

113 Plut. Agis V.

114 Pol. II, 6. 10 (1267A).

115 Arist. Pol. II, 6, 5-11 (1269B-1270A).

116 Plut. Agis V, 3-4; von 700 waren nurmehr 100 Landbesitzer; hinsichtlich wegen Schulden verpfändeter Ländereien, id. XIII, 3.

117 Xen. Hell. III, 3, 5ff. 40 spartanische *homoioi*, 4000 andere Männer.

118 Plut. Agesilaos VI, 2.

119 Pol. II, 6, 12 (1270A). Im Jahr 425 waren von den 308 Hopliten, die auf Sphakteria gefangengenommen worden waren, nur ca. 120 Vollspartiaten. Vgl. Plut. Agesilaos XXXII, 7 et al., und für spätere Zeiten Stobaios XL, 8 (von Teles, der etwa um 240 schrieb, s. O. Hense, Einl. zu den Fragmenten, 1889, xxvii), Plut. Mor. 238E: als "Bericht einiger Leute" (ἔνιοι ἔφασαν), wonach jeder, ob *xenos* oder Helot, der sich der spartanischen Disziplin unterordnete, Land erwerben und ein *homoios* werden konnte. Es gab aber sicher einige Perioden, in denen die Spartaner eine ex-

120 Lak. pol. X, 7.   [klusive Haltung einnahmen.

121 Pol. II, 6, 21 und 7, 4 (1271A. 1272A).

122 Plut. Lyk. XII, 4-6, allerdings hat Chrimes, AS, 245. 161-2 dessen Glaubwürdigkeit angezweifelt.

123 Für Kreta s. oben S. 200 ff.; vgl. Chrimes, AS, 111-116.

123a G. H. Morrow (op. cit. 22-31) meint, Platon habe Kreta genau gekannt und sei der Hauptinformant für die Kenntnis dessen, was zumindest für Herodot und Thukydides noch eine fast unbekannte Insel gewesen war. H. van Effenterre, La Crète et le monde Grec (1948) (in der Folge: Crète) 68 glaubt, Platon sei zwar auf Kreta gewesen, aber nicht lange, und 70-72, daß Platons Informationsquelle Besucher seiner Akademie gewesen seien. Weiter verbreitet ist die Ansicht, daß Dosiades, der laut Diodoros (V, 80, 4) verläßlich sein soll, und Ephoros (Mitte des 4.Jhdts.) die Hauptquellen für die überlieferten literarischen Belege abgeben, nämlich bei Aristoteles, Politika II und Fragmente der Kretischen Verfassung (frag. 611, 14-15) bei Strabon und Athenaios.

124 Den Kretern gelang es, Sklavenrevolten zu vermeiden, Arist. Pol. II, 6, 3 (1266A-B). Auch in Platons Auflistung sklavenhaltender Gemeinden, die in Schwierigkeiten geraten, fehlt Kreta, Gesetze 776C-D.

125 Ganz sicher bei der Erziehung: Homer und die fremden Dichter mit Ausnahme von Tyrtaios wurden vernachlässigt; Mathematik und Naturwissenschaften blieben unbeachtet. Platon, Gesetze 629B. 680C. 818E. 886B-E. Junge Männer konnten nicht ins Ausland reisen, id. Protagoras 342C-D. Daß Herodot nicht dorthin gereist ist, bleibt bemerkenswert, ebenso wie die Tatsache, daß die Kreter an der Geschichte des 5. Jhdts. so gut wie keinen Anteil nahmen. Doch war Kreta nicht isoliert, und Kreter reisten ins Ausland, van Effenterre, Crète 38-42.

126 Militärisches Training, Platon, Gesetze 625D-626B, einschließlich gymnastischer Übungen mit nacktem Körper, id. 673B-D, die man auf Kreta erfunden hatte, id. Staat 452C (Thukydides behauptet allerdings, daß diese Übung von Sparta gekommen sei, [I, 6, 5]); man spezialisierte sich auf Bogenschützen und Leichtbewaffnete, Gesetze 625D. 834A-D.

127 Keiner der 'Sieben Weisen' war Kreter, obgleich auf manchen Listen Epimenides hinzugezählt wurde (Diog. La. I, 13); Herodot behauptet, der Spartaner Lykurgos habe seine Gesetze von Kreta bezogen. Diese Überlieferung wurde von fast allen Autoren außer Polybios aufrecht erhalten. Zu den polemischen Angriffen des letzteren s. F. W. Walbank, Commentary ad loc. Ähnlichkeiten beobachten auch Strabon, der Ephoros zitiert (und zwar in X, 4, 17-19) und Aristoteles (Pol. II, 7, 1ff. [1271B]). Zur Entstehungsgeschichte der Legende: Aristoteles, id. 9, 5 (1274A) berichtet (glaubt aber selber nicht), daß Thaletas von Gortyn Zeleukos und Charondas, die beiden Gesetzgeber des westlichen Griechenland unterwiesen habe. Kretas eigene Gesetze waren ausgezeichnet, Platon, Staat 544C; Gesetze 631B. 693E; wie die Spartaner genossen auch sie *eunomia*, id. Kriton 52E. Ihr Gesetzgeber machte sie den Gesetzen gefügig, Aristoteles, Eth. Nik. I, 13, 2-3 (1102A). Politisch war Kreta zu keiner Zeit in der Antike eine Einheit, doch scheint der Glaube, daß die staatlichen Einrichtungen einheitlich waren, auf guten Gründen zu beruhen.

128 Platon, Gesetze 708A; 'Volk' heißt im Griechischen γένος. Interessanterweise wird Gortyn als γένος bezeichnet, also eine Einheit des Familienverbandes, und nicht als *polis*.

129 R. F. Willetts, Aristocratic Society in Ancient Crete (1955) 3-6, eine Beschreibung und Datierung. Er weist nach, daß die Inschriften in sich selbst deutlich abgeschlossen sind, auch wenn der Rechts-Kodex als Ganzes unvollständig ist.

130 Arist. Pol. II, 7, 4 (1272A).

131 P. Vinogradoff op. cit. II, 298; das Recht von Gortyn hat nichts mit dem *klaros* zu tun. Recht IV, 31ff.; die Liste enthält zwei Kategorien, erstens Häuser (στέγναι) mit Ausnahme der Landhäuser (κόρα = χώρα), in denen die *oikeis* wohnten — also die dienenden Landarbeiter, die zum *oikos* gehörten — und auch die Herden und Großtiere (πρόβατα καὶ καρταίποδα), sowie zweitens anderen Besitz (κρήματα, Recht V, 29-41), unterteilt in Lebendes (τνατῶν = θνητῶν), Produkte (καρποῦ), Kleidung (Fήμας = εἵματος), Accessoires (ἀνπιδήμας = ἀμφιδήματος), Möbel (ἐπιπολαίων κρημάτων).

132 Nächste Angehörige nach dem Gesetz, ἐπιβάλλοντες, tauchen besonders in der Sektion Besitznachfolge auf, V, 10-29 und in jenen Sektionen, die die Verheiratung der *epikleroi* betreffen, VII, 15 - IX, 24, wo das Wort den gesetzlich bestimmten Ehegatten mit einschließt.

133 Recht VIII, 47-53: Die *epikleros*, die keinen ἐπιβάλλων "gesetzlichen Ehegatten" hat, soll bei ihrer Mutter leben, wenn diese tot ist, bei der mütterlichen Verwandtschaft. Von diesen kommt, so darf man schließen, niemand als ἐπιβάλλων in Frage.

134 CIG II, 2448; IJG XXIV; Chrimes, AS 239-244, deren Darlegungen ich mich anschließe, außer wo dies anders vermerkt ist.

135 τὸ κοινὸν τοῦ ἀνδρείου τῶν συγγενῶν. Über die Bedeutung von *andreion* siehe im nächsten Abschnitt.

136 Recht IV, 23-31; VIII, 24-36; IX, 1-24, und per Analogie, VI, 31-6.

137 Die folgenden Schlüsse stammen nicht von Miss Chrimes.

138 Athenaios IV, 143A-D (von Dosiades — Jacoby, FGH 3B, 394-6); Strabon X, 4, 16 (C 480)ff. (von Ephoros), q. v. zu οἱ ἐπιφανέστατοι τῶν παίδων καὶ δυνατώτατοι X, 4, 20 (C 483).

139 Strabon loc. cit. Möglicherweise steckt dieser Brauch hinter der Geschichte, daß die Kreter ständig mit Fehden zwischen ihren Adelsfamilien und deren Gefolge beschäftigt seien. Hinsichtlich der kretischen Einheit s. aber van Effenterre, Crète 27ff.

140 Oder vielleicht 17; Hesychios (von dem die Definition stammt) sagt: "die Knaben bis hinauf zu 17 Jahren". Der "siebzehnte Geburtstag" eines Griechen lag am Ende seines 16. Lebensjahres (H. Michell, Sparta [1952] 167).

141 ἐβίον = ἡβῶν, auch unter dem Begriff Knaben (παῖδες), Strabon loc. cit. und unter ἀπάγελοι (Hesychios); cf. Willetts op. cit. 7ff. Nach Platon (Gesetze 660B) hatten sie Gesetze bezüglich Dichtung und Tanz.

142 Scholien zu Euripides, Alcestis 989, aber Willetts (z.B.), ASC 14 lehnt dies ab.

143 ἀπόδρομοι, Recht VII, 35-36, bei Hesychios auch als ἀγέλαστοι bezeichnet, der sie als *epheboi* (ἔφηβοι) definiert. Das Gesetz, das es verbietet, vor Jugendlichen das Pro und Contra von Gesetzen zu diskutieren (Platon, Gesetze 634D-E), weist in die gleiche Richtung, denn öffentliche Angelegenheiten wurden in den *syssitia* besprochen.

144 Chrimes, AS 224-227. Ob die Bezeichnungen 'Liebhaber' und 'Geliebter' in der weitverbreiteten Gewohnheit der Päderastie wurzelten, oder ob dies nur eine Fortsetzung des Brauchs darstellt, wissen wir nicht. Die griechische Öffentlichkeit neigte dem letzteren zu, etwa Platon, Gesetze 636B-D. 836B-C, es muß aber nicht so sein, van Effenterre, Crète 84ff. 'Waffenbrüder' entspricht dem griechischen παρασταθέντες.

145 Kretische Gastfreundschaft wird ebenfalls an verschiedenen Stellen gerühmt — etwa bei Aristoteles, Kretische Verfassung (Fragmente) (Fr. 611, 15): hier liegt ein Widerspruch zu der Fremdenfeindlichkeit. Eine mögliche Erklärung wäre, daß die gastlich behandelten *xenoi* andere Kreter, also Mitglieder eines anderen *andreion* waren.

146 Der Text des Aristoteles (Pol. II, 7, 5 [1272A]) fährt in den üblichen Editionen dann fort: "Vorsorge für ihren Verkehr mit den Männern, über welchen, sei er nun gut oder schlecht, an anderem Ort Untersuchungen anzustellen sein werden". Es muß vor dem Wort "Verkehr" (ὁμιλίαν) eine lacuna von mindestens einem Wort sein, etwa "unregelmäßigen" oder "eingeschränkten" — ὀλίγην oder σπανίαν. Es kann sogar im ursprünglichen Text das anderweitig unbekannte ὀλιγομιλίαν gestanden haben. Möglicherweise war da auch eine größere Lücke, eine Zeile oder mehr, aber Aristoteles schrieb nicht hochgestochenen Unsinn, was der übliche Text unterstellen würde.

147 πατρωίωκοι; Recht von Gortyn XII, 32-34, die letzte Anweisung überhaupt — und ganz offensichtlich angehängt, um näher zu erläutern, was an früherer Stelle nur als "im Stande jugendlicher Vollreife" (ἐβίονσα = ἡβῶσα) bezeichnet worden war.

148 Recht von Gortyn VII, 35 - VIII, 8.

149 Ephoros, ap. Strabon, loc. cit. Recht von Gortyn II, 20-24. Willetts, ASC 86, wendet sich gegen die Auffassung, wonach die ersten beiden in der heutigen Gesellschaft als Verführung und nicht als Ehebruch eingestuft würden.

150 Auch ich neige der Auffassung zu, daß das *andreion* den Mittelpunkt eines Männerlebens bildete, nicht sein Haushalt, dessen Führung im wesentlichen zum Verantwortungsbereich der Frau gehörte. Aber in Vaterschaftsfällen mußte die Mutter ihr Baby in das Haus des Mannes bringen (στέγα). War sie dann abwesend, hatte sie ihr Teil getan, Recht von Gortyn III, 44-46, vgl. IV, 14-17.

151 Wenn der gesetzlich rechtmäßige vorgesehene Ehemann sie nicht heiraten will, und es keine weiteren Anwärter gibt, Recht von Gortyn VII, 47-52; wenn sie ihn nicht heiraten möchte oder nicht abwarten will, bis er großjährig ist, VII, 53 - VIII, 8; wenn niemand da ist, der auf sie Ansprüche erheben kann, VIII, 8-12.

152 Recht von Gortyn VIII, 13-20 "Diener des *oikos*" Ϝοἰκεύς ist das im Recht von

Gortyn verwendete Wort. ἀφαμιῶται, Strabon XV, 1, 34 (701C); Diskussion der Frage, Willetts, ASC 46-51, van Effenterre, Crète 93ff.

153 Recht X, 33-9, das Wort lautet ἄνπανσις.

154 Recht X, 48ff.

155 Recht X, 33-34; ὄπο κά τιλ λεῖ = ὁπόθεν ἄν τις ἐθέλῃ.

156 Apetairoi (ἀπέταιροι) sind im Recht von Gortyn bekannt, d.h. solche, die außerhalb des Kreises der *hetairoi* stehen. Willetts, ASC 45 schlägt einige Personen vor, die möglicherweise unter diese Kategorie gefallen sind. Wir müßten aber auch die zurückgewiesenen Adoptivsöhne hinzuzählen, da alle Nicht-*hetairoi* im Sinne des Gesetzes als *xenoi* galten.

157 ASC 68, aber s. die vorherige Anmerkung. Er entsprach dem Polemarchen in Athen — zu dessen Obliegenheiten alle Rechtsgeschäfte gehörten, die *xenoi* irgendeiner Art betrafen. Platon glaubte, daß Enterbung die Entfernung aus der Bürgerschaftsrolle nach sich zog, da sie die Streichung von der Liste der Besitzer von *kleroi* miteinschloß, Gesetze 928D-929A.

158 Aristoteles, Pol. II, 7, 4 (1271B), soll gesagt haben, daß sie an den *syssitia* teilnahmen. In Wirklichkeit geht aus der Stelle klar hervor, daß die *klaroi*, also die Landlose, sowie die Herden, die die Bürgerschaft ernährten, als öffentlicher Allgemeinbesitz betrachtet wurden. Dies wiederum bedeutet, daß *klaroi* nicht der Privatbesitz einzelner Familien waren, wie man angenommen hat, sondern daß die Familien gemeinschaftlich nur das Nutzungsrecht an ihnen hatten.

159 Ailianos (Var. hist. XII, 12) berichtet, daß zu seinen Lebzeiten (2. bis 3.Jhdt.n.Chr.) Entzug der Bürgerrechte und Ausschluß von den öffentlichen Ämtern hinzukamen.

160 Der Unterschied lag darin, daß es nur ein Versuch gewesen war: Selbst eine nicht jungfräuliche Sklavin (also die absolut unterste Klasse Mensch) durfte, wenn sie schwanger war, den Namen des Kindesvaters nennen, und ihr Eid hatte mehr Gewicht als das Leugnen des Mannes, Recht II, 13-16.

161 Recht III, 44ff.; IV, 9ff.

162 Ehebruch, Recht II, 20-45; Scheidung und Witwenschaft, II, 45 - III, 44 — κήρευσις, für beide wird derselbe Ausdruck benutzt; Kinder, die jenen geboren werden, die nicht bei einem Ehemann leben, III, 44 - IV, 17.

163 Recht II, 52-54; II, 2-5.

164 Dies entsprach der Hälfte des für eine Sohn vorgesehenen Anteils am Besitz, soweit es sich nicht um Häuser oder Großtiere handelte, Recht IV, 37 - V, 1; bgzl. der Dinge, die geteilt werden sollten, s. oben Anm. 131.

165 Recht II, 45ff.; III, 24ff.; III, 31ff. Die Ehefrau behält die Hälfte des καρπός ihres Besitzes und die Hälfte des selbst Gewebten (falls es das gibt), wenn sie geschieden ist, und ihre Angehörigen erhalten das Gleiche, wenn sie ohne Kinder stirbt. Wenn eine Witwe ohne Kinder wieder heiratet, erhält sie nur einen Anteil μοῖρα des καρπός.

166 τὰ Fα αὐτᾶς.

167 Recht IV, 29ff.; XI, 31-45.

168 Recht XI, 18-19. Merkwürdigerweise durfte sie aber von einem Sklaven freie Kinder empfangen, wenn sie den Sklaven in ihre Wohngemeinschaft aufnahm. Dies heißt allerdings nicht, daß diese Kinder dann *hetairoi* wurden.

169 Recht III, 31-37.

170 Recht III, 17-22; wenn sie keine Kinder hat, darf eine Witwe wieder heiraten und alles annehmen, was ihr Gatte ihr schriftlich gibt.

171 Recht III, 37-40; X, 14-20; die gesetzlichen Nachfolger (ἐπιβάλλοντες) dürfen, wenn

sie so wollen, das Geschenk genehmigen, wenn mehr gegeben wird, aber sie sind nicht dazu verpflichtet.

172 Dies zeigt sich am schlagendsten darin, daß die Angehörigen des Ehemannes einer Frau (ihre *kadestai*) gegen Ehebrecher und Vergewaltiger vorgingen.

173 Wenn eine Ehefrau ohne Kinder stirbt, treten die gesetzlichen Erben das Erbe an (III, 31-7). Die Besitztümer einer Mutter gehen an ihre Kinder (IV, 43-46); aber (III, 17-22), wenn eine Witwe wieder heiratet, wird ihr Besitz von dem ihres verstorbenen Gatten getrennt, letzterer geht an die gemeinsamen Kinder; VIII, 33-36, eine kinderlose *epikleros*, die ihren Gatten verliert, muß den gesetzlichen Nachfolger ihrer Familie heiraten; ist sie eine verwitwete Mutter, darf sie jeden möglichen Mann aus dem Stamm (*phyle*) heiraten, ist aber nicht dazu verpflichtet, ibid. 30-33.

174 Recht X, 39-47. In seiner Untersuchung über: Cretan Cults and Festivals (1961) 8, war R. F. Willetts nicht in der Lage gewesen, Belege für einen voll-entwickelten Familien- und Ahnenkult, vergleichbar dem von Athen, zu finden.

175 Man beachte (besonders in dem Abschnitt über sexuelle Verfehlungen), daß der Staat wenig oder gar keinen Anteil hatte an den rechtlichen Schritten, die zu unternehmen waren.

Kapitel IX

Die Familie in anderen Staaten

1 Arist. Pol. II, 9, 7-9 (1274B); "Kinderbeschaffen" heißt παιδοποιΐα; "Unterbringung" (engl. 'placing') heißt θετικοί (also: νόμοι). Man nimmt üblicherweise an (etwa Newman op. cit. II, 381 Anm. zu 1274B4), daß sich dies auf Adoption bezieht; für Belege s. Newman und oben S. 219 f.

2 Dem. XXIV, 210.

3 Herd, hestia (ἑστία oder ἱστία) heißt *oikos* bei Tod, GHI 1. 24, 8 et al.; Hdt. I, 176; V, 40; VI, 86 und an vielen anderen Stellen; vgl. Süss, RE VIII (1913) s. v. Hestia, bes. 1277ff.; Burckhardt, HGC 109-110.

4 Id. HGC 3, zieht eine Verbindung zwischen Monogamie und Ahnenkult; Polygamie in Persien, Hdt. III, 68-9. 88 etc.

5 Hdt. I, 216. 196; IV, 104. 172; V, 6 et al.; Nik. Dam. in: Stobaios XLIV, 25 (F. Jacoby, FGH 90. 103) etc., bzgl. Ehen; Hdt. II, 85ff.; IV, 26. 71-3; III, 38 etc. bzgl. Begräbnissen.

6 Hdt. I, 4 und 136.

7 Hdt. I, 108-19. 34-8; vgl. Racheerzählungen in III, 11. 14 etc., oder das Gebet des sterbenden Perserkönigs Kambyses um Segnungen für seine Gefolgsleute: "möge euer Land fruchtbar sein, mögen eure Frauen und Herden Nachkommenschaft bringen, und möget ihr frei sein auf ewig" (III, 65, 7).

8 Pol. III, 2, 8 (1277B); VI, 4, 5 (1321A), ἀποσχομένοις .... βαναύσων ἔργων; Finley, SLC 53 q. v. für weitere Belege.

9 Hdt. IV, 108-9.

10 Burckhardt, HGG 3 und 8; deutsch zitiert nach: J., Burckhardt, Griechische Kultur-
    geschichte I (Darmstadt 1970) Nachdruck der Ausgabe von 1956 (Gesammelte Werke
    Bd. V) S. 53 und S. 62.

11 Nach der Reinigung von Delos im Jahre 426, als alle Leichen exhumiert wurden und
    für die Zukunft jegliche Niederkunft und jeglicher Tod auf der Insel verboten wurde.
    Ich stimme der Emendation von Jebb κείσεται in Plut. Mor. 230D zu, Essays and
    Addresses (1907) 215 Anm. 2.

12 Text und Übersetzung des Gründungsdekrets, A. J. Graham, Colony and Mother-
    City (1964) Appendix II, 224f.

13 Graham op. cit. 14-15 q. v. für Belege.

14 Text bei Tod, GHI I, 24 et al., Übersetzung und Besprechung, Graham op. cit. 226ff.

15 "Haushalt" heißt ἱστία = ἑστία – also Herdstelle.

16 Op. cit. 68.

17 So wie die Messenier und Chalkidier in Rhegion, Graham op. cit. 17-19; er ist zu
    milde gegenüber unwahrscheinlichen Konjekturen, die mit Strabons Belegen unver-
    einbar sind.

18 Arist. Pol. V, 2, 10-11 (1303A-B); Kyrene war von Demonax in drei Stämme geglie-
    dert worden: 1. Auswanderer aus Thera und deren Nachbarn, 2. Peloponnesier und
    Kreter, 3. Männer von "den Inseln"; späterhin wurden sie "in demokratischerer Art"
    reorganisiert, Hdt. IV, 161, 3; Aristoteles, Pol. VI, 2, 11 (1319B) sagt, daß die
    Demokratie (etwa um 401) dadurch eingeführt wurde, daß man "die Anzahl der
    Stämme und Phratrien erhöhte". Thurioi, Diod. XII, 10ff., ursprünglich zehn Stäm-
    me, auf einer nationalen Basis, obgleich auch hier in einem gewissen Ausmaß eine
    Reorganisation stattgefunden hat, V. Ehrenberg, AJP 1948, 149ff.

19 Aristoteles, Diodoros, Ehrenberg loc. cit., s. vorherige Anmerkung.

20 Hdt. I, 82, 7; vgl. Theognis 829f., ein Ausdruck bitteren Schmerzes über das der
    Stadt verlorengegangene Gebiet.

21 Thuk. II, 27, IV, 56; 2-57; Die Leute von Aigina wurden zum Tode verurteilt, die Ge-
    fangenen von Kythera und der spartanische Befehlshaber wurden gefangengehalten.
    Aber zwischen Athen und Aigina herrschte eine besonders heftige Fehde.

22 Hinsichtlich des individuellen Charakters der mit Totschlag befaßten Gerichte:
    Aristoteles, Pol. IV, 13, 2-3 (1300B); vgl. II, 5, 2 (1267B), III, I, 7 (1275B); Auswir-
    kungen von II, 9, 9 (1274B) auf ihre allgemeinen Lebensbedingungen. Zur Rache, z.B.
    Plut. Pelopidas IX, 5-6; vgl. den Versuch des Periander, an den Adeligen von Kor-
    kyra Rache für den Mord an seinem Sohn zu nehmen. Er versuchte, ihnen die Mög-
    lichkeit zur Nachkommenschaft zu nehmen, Hdt. III, 48.

23 Isokrates, Ep. VII, 8-9.

24 Xen. Hell. V, 2, 10 (Phleius, ca. 385), wo Realbesitz τὰ ἐμφανῆ κτήματα vielleicht
    das Beabsichtigte war, ohne so etwas läßt sich für das späte fünfte Jhdt. in Selymbria
    nachweisen, Tod, GHI, I, 88, 217f. 265; Finley, SLC 55 und Anmerkungen. Die
    Rückführung Verbannter, die von Alexander angeordnet worden war, brachte ähn-
    liche Erlasse hervor, etwa das Gesetz von Tegea, das in Delphi gefunden wurde,
    E. Schwyzer, Dialectorum Graecarum Exempla Epigraphica (1923) Nr. 657 S. 317;
    Tod, GHI II, 202; vgl. id. 201 (von Mytilene).

25 Viele Staaten in der Frühzeit (τὸ ἀρχαῖον), Aristoteles, Pol. VI, 2, 5 (1319A); bzgl.
    Sparta s. oben Kapitel VIII.

26 Arist. Pol. II, 3, 7 (1265B); II, 4, 4 (1266B); einige moderne Kommentare glauben,
    Aristoteles meine nur die italischen Lokrer.

27 Arist. Pol. II, 5, 2 und 7-8 (1267B-8B), dem er Verwirrtheit anlastet; bzgl. Phaleas, id. II, 4, 2 (1266A-7A), dem er vorwirft, er befasse sich nur mit Land, nicht mit Tieren und anderem Besitz.

28 Burckhardt, HGC 93-4.

29 SIG 45. 167. 169: der Kauf wird κυρίως abgewickelt.

30 J. D. Rogers, AJA 1901, 159ff.; 174 für den Text (in zwei Versionen) und die Übersetzung; die Inschrift ist stark restauriert, aber die Hinweise auf πάματα (Güter) und οἱ ϝοι (i.e. αὐτῷ) ἐ[γγύτατα γένει scheinen ziemlich gesichert; C. Waldstein et. al., The Argive Heraeum I (1902) 206-7, Inschrift Nr. 9. Bzgl. πάματα als Ahnengut, i.e. Realbesitz, Schwyzer loc. cit. (Anm. 24), Zeile 6 et al.

31 Th. Thalheim, RE V, 2 (1905) 2584 s. v. ἔγκτησις; in Athen stammt das erste Beispiel aus dem Jahre 410/9, IG I, 59. Aus dem vierten Jahrhundert gibt es eine geraume Menge. Dazu gehört auch eine Generalbewilligung an die Akarnanier, die zusammen mit den Athenern bei Chaironeia (IG II, 121) gekämpft hatten. Außerhalb von Athen, zwei Beispiele, aus Oropos, IG VII, 4250-51, sind von der Mitte des vierten Jhdts. Die hellenistischen Beispiele haben sehr verschiedene Herkunftsorte.

32 Hdt. IX, 35 und I, 54; Delphi war es ganz besonders unmöglich, sich abzuschließen.

33 Dem. XXIII, 211-3; Isokrates Ep. VIII, 4.

34 Hdt. VII, 156; vgl. N. G. L. Hammond, History of Greece (1959) 271 et al. hinsichtlich der Gefahren dieser Politik, die bei Plutarch, Timoleon XXV, 2 für das vierte Jahrhundert sehr gut geschildert sind.

35 Nach Syrakus sollen 40.000, nach Agyrion 10.000 gekommen sein, Diod. XVI, 82 etc.; insgesamt 60.000, Plut. Timoleon XXIII.

36 Diod. XIII, 48, 7; der Wahrheitsgehalt dieses Abschnitts ist in Frage gestellt worden.

37 Hdt. VI, 76-83; Das Datum der Schlacht war Gegenstand von Auseinandersetzungen sowohl in der Antike, s. Plutarch, Mor. 245E, als auch in neuerer Zeit; eine Besprechung bei W. W. How und J. Wells, Commentary on Herodotus II, (1928 ed.) 350ff. mit Hinweisen: nach Herodot fielen 6000 Argiver, nach Pausanias (III, 4, 1) 5000.

38 Sklaven (δοῦλοι) sagt Herodot. Plutarch, Mor. 245F, griff Herodot an, indem er behauptete, daß die zu Bürgern gemachten Männer die "führenden perioikoi" (τῶν περιοίκων...... τοὺς ἀρίστους) gewesen seien; vgl. Arist. Pol. V, 2, 8 (1303A). Die heutigen Gelehrten neigen eher zu der Annahme, daß beide Schriftsteller in Wirklichkeit von den Gymneten (γυμνῆτης) gesprochen haben, die von Pollux (III, 83) mit den spartanischen Heloten verglichen worden sind. Diese Ansicht erfährt Unterstützung durch die Tatsache, daß die kretischen perioikoi in manchen Perioden Sklaven waren (Willetts, A.S.C. 37-9. 47); Kreta und Argos wiederum hatten enge Verbindungen (van Effenterre, Crète 29 Anm. 4); Platon, Gesetze 707E-708A, Kolonien der Argiver auf Kreta.

39 Plut. Mor. 245F; die Frauen verachteten ihre Gatten. P. Seymour, JHS 1922, 24-30, vertritt die Ansicht, daß δοῦλοι gleichbedeutend ist mit "Farmverwalter, Gutsverwalter etc.". Seiner Ansicht nach haben die Argiver ihre Bürgerlisten vergrößert, indem sie dorische Aristokraten aus den Kleinstädten der Argolis in einer Art Synoikismos mit aufgenommen haben, wie er von Pausanias VIII, 27, I erwähnt wird. Dort sind allerdings die perioikoi ganz deutlich etwas anderes als die Bürger dieser Städte.

40 Anm. 18, oben über Thurioi; Milet wurde 494, nach der Schlacht von Lade, von den Persern zerstört; Melos wurde 416 von den Athenern erobert, Aigina 431, die Bevölkerung der letzteren wurde jedoch vertrieben, nicht niedergemacht. Bzgl. Ver-

stärkung der Kolonien, Arist. Pol. V, 2, 10-11 (1303A-B); V, 5, 6 (1306A); Graham op. cit. 64-7 et al. und seine Anmerkungen.

41 Graham op. cit. 226ff. et al.

42 Isokrates XIX, 50-1; s. weiter unten.

43 Finley, SLC 6 und Anm. 17; zu *horoi* s. weiter unten.

44 Isokrates XIX, 13-15.

45 Stobaios XLIV, 24; Niese, RE III (1899) 2182 s. v. Charondas, hält die Stelle für unecht. Dort ist Kränkung der Eltern dem Sakrileg und der Gesetzesverachtung gleichgestellt. Es wird gegen Sodomie und jede Art des Geschlechtsverkehrs außer mit der eigenen Ehefrau gepredigt, den Frauen wird Keuschheit empfohlen und eine Ehrfurcht gegenüber den Toten, die sich nicht durch Totenklage und Wehgeschrei, sondern durch ein gutes Gedenken und der Jahreszeit entsprechende Opfergaben erweist. Viele Gelehrte halten selbst den Bericht des Diodoros (XII, 12ff.) für neupythagoräisch.

46 Hdt. III, 124; Arist. Pol. V, 3, 3-4 (1304A) zitiert Familienzwiste als Ursache für politische Unruhen; Dem. XXXVI, 29.

47 Diog. La. VIII, 73; Diod. XII, 18, 3-4.

48 Finley, SLC 6 und Anm. 17.

49 Finley, SLC 83, 30 von den überlebenden *horoi* (etwa 1/3), einschließlich einiger Steine von Amorgos und Naxos, SLC 162-3; id. 46-7 zu *apotimema*, vgl. Wolff, RE XXIII, 1 (1957) 159ff. s. v. προίξ.

50 SIG 1215; IG XII, 5, 873, von Tenos; SIG 364, 55ff. Ephesos im 3.Jhdt. Die Inschriften werfen viele Probleme auf, Wolff op. cit. 144.

51 Arist. Pol. II, 4, 2 (1266A-B); wir kennen die Lebensdaten des Phaleas nicht, aber er schrieb vor Aristoteles. Plut. Pelopidas III, 1-4, reich heiratet reich — Theben, 4.Jhdt.; sein γάμος λαμπρός muß als 'glänzende Partie' (in finanzieller Hinsicht) verstanden werden.

52 All England Law Reports, 1960, I, 778ff., Phrantzes vs Argenti. Ich danke Herrn S. J. Papastavrou für diesen Hinweis.

53 Hdt. III, 125. 129-137 für die aufregende Karriere des Demokedes. JHS 1966, 55ff. bzgl. der beiden Heiratsmuster.

54 Isokrates IX (Euagoras) 50.

55 Id. XIX, 7-9; ibid. 18-20 für Paros.

56 Thuk. VIII, 21.

57 Isokrates XIX, 6-7 und 42-46: διαιτηθεὶς ἐν πολλαῖς πόλεσιν ἄλλαις τε γυναιξὶ συνεγένετο, ὦν ἔνιαι...... καὶ παιδάρι᾽ ἀπέδειξαν ἃ κεῖνος οὐδὲ πώποτε γνήσια ἐνόμισε. Man beachte, wie er die Begriffe γαμεῖν oder συνοικεῖν umgeht, die eine legitime Ehe voraussetzen würden. γυνή heißt natürlich sowohl 'Frau' wie 'Ehefrau'.

58 Athenaios XIII, 608-9, der den Sophisten Hippias (einen Zeitgenossen des Sokrates) zitiert.

59 Diod. XII, 14-15. Entzug der Bürgerrechte scheint als Strafe unglaubhaft; der neuerlich heiratende Vater könnte dadurch möglicherweise daran gehindert gewesen sein, ein Testament zu machen. Zur Scheidung, ibid. 18.

60 Herakleides Pontikos XIV (in: C. Müller, FHG II, 217; Nik. Dam. in: id. III, 461-2; Herakleides XXX, 3: id. II, 221, zus. mit Ailianos, Var. hist. XIII, 24.) Vgl., mit welcher Heftigkeit Darius einen persischen Adeligen bestrafte, der die jungfräuliche Tochter eines anderen Adeligen vergewaltigt hatte; er wurde gepfählt, Hdt. IV, 43.

61 Arist. Pol. V, 3, 1 (1303B); id, V, 5, 10 (1306A-B).

62 Xen. Hell. VI, 4, 7; Diod. XV, 54; Plut. Pelopidas XX, 3; Strabon VI, 1, 8 (C 259-60), von Ephoros; sie rächten sich auf grausame, abscheuerregende Weise. Hinsichtl. Rache vgl. Plut. Timoleon XXXIII; Xenophon, Hell. V, 4, 12.

63 Diod. XII, 18; dieser Fall erlangte Berühmtheit.

64 K. Freeman, Greek City States (1950) 60.

65 Diod. XIII, 89, 3; id. 55, 4. 56, 7 bei Selinus im Jahr 409, id. 108, 8 bei Gela im Jahr 406; die Argiverinnen sollen sich selbst bewaffnet und Kleomenes nach seinem Sieg bei Sepeia Widerstand geleistet haben, Plut. Mor. 245D-E; zu den spartanischen Frauen, Arist. Pol. II, 6, 7 (1269B).

66 'Frauenaufseher' heißen griechisch γυναικόνομοι Arist. Pol. VI, 5, 13 (1322B-1313A), id. IV, 12, 3 (1299A); IV, 12, 9 (1300A).

67 Diod. XII, 20-1: Ein Mann darf keinen goldenen Ring tragen, auch nicht ein Gewand im milesischen Stil, es sei denn, er plane einen Ehebruch oder sei ein Homosexueller.

67a Xen. Hell. V, 4, 7.

68 Plut. Pelopidas XVIII; Platon, Gesetze 636B; es bleibt offen, wie weit die politische Gleichschaltung, die von Theben auferlegt war, und die in den Hellenica Oxyrhynchia XI (F. Jacoby, FGH IIA, 26) Bestätigung findet, ihre Entsprechung in der Gleichförmigkeit der gesellschaftlichen Einrichtungen hatte.

69 Arist. Pol. VII, 9, 6 (1330A); VII, 10, 8 (1331A); V, 9, 2 (1313B): φρόνημα καὶ πίστις, VII, 9, 2-4 (1329B); VII, 11, 2 (1331A) zur Trennung der Bürger bei athletischen Veranstaltungen.

70 Hdt. III, 45, 4; Plut. Pelopidas XXVII, 4; Ailianos, Var. hist, X, 2; Arist. pol. VII, 14, 4 (1335A) – allerdings war Troizen ein ungesunder Ort, zumindest laut Isokrates XIX, 22; Plut. Mor. 249D-E.

71 T. W. Beasley, CR 1906, 249ff.

72 Arist. Pol. II, 9, 9 (1274B); V, 3, 3-4 (1304A); Diod. XII, 18, 3ff. Der Bericht bei Thukydides (III, 2-3) über die Ursachen des Aufstandes von Mytilene läßt diese Einzelheit aus.

73 Polybios XII, 5, berichtigt Timaios und bevorzugt den (heute verlorenen) Bericht des Aristoteles; Strabon VI, 1, 7-8 (259C) berichtet Ephoros hinsichtlich der Ursprünge der Stadt, äußert sich aber nicht zur Abstammung in mütterlicher Linie. Herodot I, 173, bezeichnet die Lykier als in dieser Hinsicht einzigartig.

74 Finley, SLC 155-6. 43-4.

75 Ailianos, Var. hist. III, 26; SIG 364, 53-64.

76 In Histiaia am Anfang des 6. Jhdts., Pol. V, 3, 2 (1303B).

77 Graham op. cit. 224f.; Isokrates XIX, 50-1; ib. 13, nur ὁμοῖοι durften adoptiert werden, Arist. Pol. II, 9, 7 (1274B).

78 Ailianos, Var. hist. II, 7; in Fällen extremer Armut war es gestattet, ein Kind unter behördlicher Aufsicht zu verkaufen. Vielleicht ist die Geschichte eine reine Mythe, die aus der Oidipus-Legende abgeleitet ist.

79 ἔρημος, Isokrates XIX, 3; vgl. id. 34-5.

80 Das Begräbnis des Thrasylochos, id. 31f.; der Tod des Sopolis, 38-41. [21-23.

81 Thrasyllos, id. 7; Feste, 10-11; der Tod der Frau ἐπὶ ξένης καὶ παρ' ἀλλοτρίοις,

82 Thuk. V, 11; Plut. Timoleon XXXIX; vgl. id. Aratos LIII (er starb 213); Kimon XIX, 4; Themist. XXXII, etc. Bei letzteren beiden war der Aufenthaltsort des Leichnams allerdings zweifelhaft.

83 Hdt. III, 55. Zu dem Staatsbegräbnis für Agathon von Abdera (6.Jhdt.) A. P. VII, 226; Burn, LA 316.

84 Thuk. III, 58, 4-5; Isokrates, Plataikos (XIV) 60-2.
85 Thuk. III, 67, 2-3.
86 Thuk. I, 26, 3; Strabon VI, 1, 8 (C259-60) von Ephoros.
87 SIG, 1218 (ca. 420 v.Chr.); vgl. ibid. 1219 von Gambrion bei Pergamon (3.Jhdt.).
    Plut. Mor. 249B-D bringt eine außergewöhnliche Geschichte, nach der die Drohung,
    man werde sie nackt begraben, Mädchen aus Milet daran gehindert habe, Selbstmord
    zu begehen.
88 SIG², 438. 132ff. nach der Datierung von Dittenberger. Man beachte die Unterschei-
    dung zwischen πριάμενον, gekauft, und Ϝοίκω (= οἴκου) des *oikos*; alle sollten nach
    dem Begräbnis heimgehen außer ὁμέστιοι, also Angehörige derselben *hestia*, Brüder
    des Vaters, Schwäger und die Schwiegersöhne, ibid. 155-9. Vgl. die Einleitung zu den
    Gesetzen des Charondas, Stobaios XLIV, 24, wo man die Ehrerbietung gegenüber
    den Toten an Opfergaben anbindet, nicht aber an Klagen und Wehgeschrei.
89 Theophrastos, Diog. La. V, 53; Straton, id. 61; Lykon id. 70. 74.
90 Id. 16.
91 Id. X, 19; Plinius, nat. hist. XXXV, 5.
92 P. I. Zeppos, Greek Law (Athens, 1949) passim, mit Hinweisen; vgl. All England
    Law Reports, 1960, I, 780f.

APPENDIX

Unveräußerbarkeit des Landbesitzes

In der neueren Literatur, besonders von W. G. Forrest (E. G. D.) und A. Andrewes (The Greeks) ist die Meinung vertreten worden, daß in solchen Gemeinden, in denen in historischer Zeit keine Landreform (oder neue Landverteilung) stattgefunden hat, nach unserer Kenntnis nirgends und zu keiner Zeit Landbesitz je unveräußerlich war. In diesem Zusammenhang bedeutet "unveräußerlich", daß ein Mann sein Land nicht zu seinen Lebzeiten an einen anderen Menschen verkaufen konnte, der es kaufen wollte. In den Jahrhunderten vor der Einführung der freien testamentarischen Verfügungsgewalt konnte niemals für den Todesfall über Land verfügt werden, denn es gab keine andere Möglichkeit, als daß der berechtigte nächste Angehörige, auch wenn dieser noch so entfernt verwandt war, das Erbe antrat. Unter "historischer Zeit" ist die Zeit im Anschluß an die Dorischen Niederlassungen in Griechenland und die Wanderungen der Dunklen Jahrhunderte gemeint. In dieser Eingrenzung kann die Frage (aus Mangel an anderweitigen Belegen) nur in bezug auf Attika zur Diskussion gestellt werden. Da aber die implizierte Meinung, daß Land dort niemals unveräußerlich war, aller Wahrscheinlichkeit nach zur Lehrmeinung wird, mag ein Wort der Warnung zur Vorsicht angebracht sein.

Bisweilen wird eine Stelle bei Aristoteles herangezogen (*Politica* II, iv, 4 [1266b]), etwa bei A. French, The Growth of the Athenian Economy, 178 Anm. 1 zu Kap. II. Für den Schreiber dieser Zeilen heißt das nur, daß Solon den Reichen verbot, das Land ihrer Schuldner (also das, auf dem die *horoi* aufgestellt worden waren) in Besitz zu nehmen, wenn er deren Schulden strich. Wir wissen aus Solons Gedichten und deren Interpretation durch Aristoteles, daß Solon sich geweigert hat, eine Land-Neuverteilung in Erwägung zu ziehen. Der zitierte Abschnitt kann also nicht bedeuten, daß Solon durch eine Landreform die Güter in Attika einander anglich. Für die hier zur Debatte stehende Frage ist daher diese Stelle wahrscheinlich nicht zutreffend, und wenn sie hierhergehört, unterstützt sie eher eine Unveräußerbarkeit vor der Zeit des Solon.

Das einzige weitere möglicherweise einschlägige Beispiel, das angeführt werden kann, um die Ansicht, das Land sei "veräußerbar" gewesen, zu stützen, ist das von Hesiod und dessen Vater; Hesiods Vater war nach Boiotien eingewandert und hatte dort ein Gut gekauft, und Hesiod erwähnt in seinem Werk einen

Mann, der nicht gut wirtschaftete und sein Land verkaufen mußte. Ist aber dieses Beispiel für Attika stichhaltig? Dagegen sprechen zwei Gründe, ein allgemeiner und ein besonderer. Der allgemeine betrifft die Art des in Frage stehenden Landes, der besondere betrifft Boiotien. Die Bevölkerung Boiotiens erhob nicht in gleichem Maße wie die Athener den Anspruch darauf, in ihrem Gebiet autochthon zu sein. Einem von Thukydides (III, 61, 2) angeführten Gewährsmann zufolge war es ein Bevölkerungsschmelztiegel gewesen, bis es die Thebaner, lange nach der Zeit des Hesiod, in ein Ordnungssystem brachten. Eine Schmelztiegel-Bevölkerung war wohl sehr viel eher bereit, Leute von draußen aufzunehmen, als eine so rassebewußte und in sich gefügte wie die athenische.

Wahrscheinlich fällt jedoch die Art des Landstücks noch mehr ins Gewicht. Askra liegt in der Südwestecke von Boiotien, der Hof von Hesiods Vater lag im Oberland, auf kargem Boden, wie Hesiod ausdrücklich sagt. Es handelte sich nicht um ein Gut in der sattbödigen Ebene, also jenem Land, auf dem die ursprünglichen, aber weniger zahlreichen Einwohner siedelten. Diese Ländereien am Berg waren vermutlich ursprünglich gemeinsames Weideland, das erst unter Kultur genommen wurde, als der Bevölkerungsdruck wuchs oder neue Einwanderer ankamen. Vermutlich sind diese Parzellen von der Gemeinschaft viel weniger bereitwillig als "privater" Besitz einer einzelnen Familie betrachtet worden als der Landbesitz der ältesten und am längsten eingesessenen Familien.

Die alteingesessenen Familien hatten ihre Grabstätten auf ihrem eigenen Land; selbst im vierten Jahrhundert herrschte in Athen ein starker Widerstand gegen jeden Verkauf von Land der Vorfahren, besonders, wenn Grabstätten auf ihm lagen. Zumindest der gegenwärtige Schreiber (dieser Zeilen) kann sich schlechterdings nicht vorstellen, daß Dorfgemeinschaften den Kauf eines solchen Landes durch einen Fremden geduldet hätten, bevor es ein schriftliches Stadtrecht gab, das ihn zu solch einem Kauf ausdrücklich berechtigte. Das geschriebene Gesetz konnte, als es entstand, vielleicht formulieren, daß es "gesetzlich" (νόμος) war, wenn Leute Land kauften. Aber das Familien- und Stammesrecht, das dem der Stadt vorausging, wird sicher ausgesagt haben, daß es nicht "rechtens" (θέμις) war. Solange das "Recht" in Geltung war, gab es mit Sicherheit von den Mitgliedern der Gruppe stärksten Widerstand gegen den Verkauf von Grund und Boden aus dem Familienbesitz.

Wer hat, im übrigen, Land verkauft? Ex silentio zu argumentieren, ist bekanntermaßen gefährlich. Wir müssen aber doch beachten, daß in den Gedichten des Solon kein Schuldner aus Athen je sein Land verkaufen mußte. Schuldner mußten sich selbst verkaufen und ihre Kinder. Sie mußten einen Teil ihrer Ernte verpfänden. Aber von einem Verkauf oder einer Pfändung ihres Landbesitzes ist niemals die Rede. Wenn die Armen ihr Land schon nicht verkauften, wer tat es dann? Doch nicht die Reichen? Land hat zu allen Zeiten als so ziemlich die wertvollste und sicherste Form von Besitz gegolten. Die Leute waren wohl kaum bereit, ihren Boden im Austausch gegen Vieh oder irgendeine andere Ware zu veräußern, die ein möglicher Käufer anzubieten gehabt haben mag, vor allem vor der Einführung gemünzten Geldes, was, nach der derzeit herrschenden Meinung, in Athen nicht vor den Solonischen Reformen der Fall war.

Daher ist der Verfasser dieser Zeilen der Ansicht, daß es zwar theoretisch richtig sein mag, daß Land niemals unveräußerlich war in dem Sinne, daß es niemals ein Gesetz gegeben hat des Wortlauts "du sollst dein Land nicht einem Fremdling verkaufen". Ein solches Gesetz war aber überflüssig, denn Brauchtum und Sitte machten ein Land de facto unveräußerlich bis weit in die Zeit hinein, in der die Menschen anfingen, in Kategorien von "das ist Gesetz" zu denken anstatt "das ist Recht". Wenn Kolonialgesellschaften und ähnliche Gemeinschaften Gesetze verabschiedet haben, die den Verkauf von Land verboten, illustriert dies nur, daß solche Gesellschaften per Gesetz jene Sanktionen schaffen mußten, die alteingesessene, auf den Familienverbänden beruhende Gemeinschaften aus ihrer Rechtsüberlieferung heraus besaßen.

GLOSSAR

Anchisteia	Enge Verwandtschaft, folglich die Gruppe jener Verwandten, die vor dem Gesetz für Zwecke wie die Nachfolge im Besitz nach einem Verstorbenen anerkannt wurde.
Andreia	Kretisches Wort, gleichbedeutend mit *syssitia* (s. d.). Man assoziiert aber auch Familie damit. S. Kap. VIII. Singular: *andreion,* obgleich diese Form nicht in antiken Quellen überliefert ist.
Demos	Volk; ferner innerhalb Attikas (möglicherweise auch außerhalb) eine kommunale Größeneinheit, in der klassischen Zeit die Gruppe, innerhalb derer das Bürgerverzeichnis geführt wurde.
Dokimasia	Voruntersuchung, der sich alle Athener bei ihrer Einschreibung als Vollbürger unterziehen mußten, ebenso die wesentlichen (oder auch alle) Beamten vor ihrem Amtsantritt.
Engye	Formale Verlobung; im klassischen Athen, außer für die *epikleros,* notwendige Voraussetzung für eine gesetzlich geschlossene Ehe.
Enktesis	Das Recht auf Landbesitz und jeden anderen echten Besitz. Die Gewährung war gleichbedeutend mit der Gewährung des Bürgerrechts.
Ephebos	Junger Bürger während seiner zweijährigen Wehrdienstausbildung. Plural: *epheboi. Ephebia* war die Organisationsform, innerhalb derer das Training stattfand.
Epidikasia	Ein Rechtsvorgang vor dem athenischen Archonten um das Recht, eine *epikleros* zu heiraten oder den Besitz eines Landes ohne anerkannten Erben zu erlangen. *Epidikos* bedeutet, daß das Land der *epidikasia* unterliegt.
Epikleros	Mädchen (oder Frau) ohne lebende Brüder zum Zeitpunkt des Todes ihres Vaters. Siehe Kap. VI. Plural: *epikleroi.*
Genos	(Plural: *genē*) Zwei Bedeutungen: 1. Eine Gruppe von Familien, die ihre Abkunft von einem gemeinsamen Ahnen ableiten (gewöhnlich einem Heros). 2. Familie in einem weiten und losen Sinn, etwa Großfamilie. *Gennetai* sind die einem *genos* zugehörigen Mitglieder.

Hetaira	Gefährtin, gewöhnlich euphemistische Beschreibung für eine Nobel-Prostituierte. *Hetairos*, maskuline Form, gewöhnlich ohne den sexuellen Beigeschmack, ein Kamerad, oft Waffenbruder oder Gefährte in einer aristokratischen oder oligarchischen Verbindung. Eine *hetaireia* ist eine Verbindung von *hetairoi*.
Homoios	gleich oder ebenbürtig — folglich ein spartanischer Vollbürger oder Spartiate.
Hoplit	Schwerbewaffneter Infanterist.
Kleros	(auch *klaros*, Plural: *kleroi; klaroi*) — eine Landzuweisung oder der Landbesitz eines Verstorbenen, daher bedeutet *epikleros* ein Mädchen, das einen solchen Besitz auf seine Kinder überleitet.
Kleruch	Ein Athener, dem der Staat Pachtland außerhalb Attikas gegeben hat, unabhängig davon, ob er dort wirklich lebte oder nur als abwesender Gutsherr fungierte. Eine Kleruchie ist eine Gruppe von Kleruchen.
Kyrios	(fem.: *kyria*) Eine Person, die die legale Verfügungsgewalt über einen Besitz oder das Recht hat, die Angelegenheiten einer anderen Person zu regeln, die nicht ihr eigener *kyrios* ist, wie Frauen oder Minderjährige. Daher ist die *kyrieia* voller Besitz oder die Leitungsbefugnis innerhalb einer Familie.
Leiturgie	Eine Form der Besteuerung besonders im klassischen Athen, die den reicheren Bürgern auferlegt wurde. Am häufigsten war die *trierarchia* (s. d.), aber viele öffentliche Vergnügungen und Feste wurden vermittels *Leiturgien* finanziert.
Medismus	Das Favorisieren der Perser in den Kämpfen mit den Griechen.
Metoikoi	Metöken, Griechen, die mehr oder minder auf Dauer in Städten, in denen sie kein Bürgerrecht besaßen, wohnten. Sie waren demgemäß *xenoi* (s. d.).
Neodamodeis	Bürger minderen Rechts in Sparta, s. Kap. VIII, Anm. 42.
Oikos	Eine Familie (Haushalt) unter Einschluß aller ihrer menschlichen Glieder und ihres ganzen Besitzes; ferner die Gruppe, innerhalb derer ein athenischer Bürger in seiner Phratrie, vielleicht sogar in seinem *demos* registriert war, s. Kap. IV. Plural: *oikoi*. — *Oikeioi* sind Mitglieder des Haushaltes, aber manchmal schließt der Begriff die Verwandtschaft mit ein.

Orgeones	Verbindungen in Athen, vermutlich ähnlich den Mitgliedern von Handwerker-Gilden.
Phratrie	In Athen eine Gruppierung unbekannten Ursprungs, aber von großer Wichtigkeit, zumindest im gesellschaftlichen Bereich, s. Kap. I. Mitglieder der *Phratrie* hießen *phrateres*.
Stasis	Politischer Zwist innerhalb eines Stadt-Staates.
Syssitia	Die Speisehallen der Spartiaten; so etwas gab es auch in anderen Städten. Der Singular *syssition* findet sich nicht in antiken Quellen.
Temenos	(Pl.: *temenē*) Ein Stück Land, das für die kultische Verehrung eines Gottes oder Geistwesens, in frühester Zeit auch eines Königs oder eines anderen Führers bereitgestellt wurde.
Thetes	Jene Athener, die zu arm waren, um eine eigene Rüstung zu stellen, die daher nicht im Heer dienen konnten. Sie ruderten in der Flotte.
Thiasos	Verbindung in Athen, die noch kleiner war als die Phratrie; die Mitgliedschaft war nicht immer erblich.
Trierarch	Bürger, speziell in Athen, der besteuert wurde, indem man ihn für die Ausstattung einer Trireme /Triere (Kriegsschiff) verantwortlich machte und ihm (manchmal) auch das Kommando darauf übertrug, obgleich dies oft delegiert wurde. *Trierarchie* heißt das Amt des Trierarchen, es wurde bisweilen unter 2-3 Trierarchen geteilt.
Xenos	(auch *xeinos, xsenos*) Jemand, der, von außen kommend, in die geschlossene Gesellschaft aufgenommen wurde; das Wort wurde für Besucher eines Familienverbandes ebenso verwendet wie für Ausländer, die in einer fremden Stadt Niederlassungsrecht erhielten. Kap. I (Ende) und Kap. V, Anm. 86 (s. d. zu *proxenos*). Plural: *xenoi, xeinoi* etc.
Zeugitai	Die Klasse der Schwerbewaffneten in Athen.

Maße (?)	(Währungseinheiten)
6 oboli	1 Drachme
100 Drachmen	1 Mine
60 Minen	1 Talent (= 6000 Drachmen)

INDEX

Gesetzliche, politische und religiöse Aspekte

Namen und Plätze

Quellenangaben zu Autoren sind hauptsächlich auf die Stellen beschränkt, in denen ihre Ansichten im Text erwähnt werden. Städtenamen sind in den Fällen nicht immer aufgeführt, in denen sie nur verwendet werden, um eine Person (wie in Kleisthenes von Sikyon) oder ein Datum (wie in der Schlacht von Chaironeia) zu definieren.

KULTURGESCHICHTE DER ANTIKEN WELT

VERLAG PHILIPP VON ZABERN · MAINZ

KULTURGESCHICHTE DER ANTIKEN WELT

VERLAG PHILIPP VON ZABERN · MAINZ

KULTURGESCHICHTE DER ANTIKEN WELT

VERLAG PHILIPP VON ZABERN · MAINZ

KULTURGESCHICHTE DER ANTIKEN WELT

Sonderband:
Ausgrabungen — Funde — Forschungen des Deutschen Archäologischen Instituts
Format 18 x 21 cm; 258 Seiten;
127 Schwarzweißabbildungen;
14 farbige Abbildungen und Karten

Sonderband:
Edmund Buchner
Die Sonnenuhr des Augustus
Format 18 x 25,5 cm; 112 Seiten;
25 Schwarzweißabbildungen; 32 Tafeln
mit 53 Abbildungen

Sonderband:
Gianfilippo Carettoni
Das Haus des Augustus auf dem Palatin
Format 18 x 25,5 cm; 95 Seiten mit
19 Abbildungen; 2 Plänen; 26 Farbtafeln mit 40 Abbildungen; 22 Tafeln
mit 24 Abbildungen

Sonderband:
Wiktor A. Daszewski
Dionysos der Erlöser · Griechische
Mythen im spätantiken Zypern
Format 18 x 25,5 cm; 52 Seiten mit
3 Abbildungen; 19 Farbtafeln

Sonderband:
Werner Ekschmitt
Die Sieben Weltwunder
Ihre Erbauung, Zerstörung und
Wiederentdeckung
Format 18 x 25,5 cm; 277 Seiten;
94 Abbildungen; 28 Farb- und
50 Schwarzweißtafeln

Sonderband:
Roland Hampe / Erika Simon
Griechisches Leben im Spiegel
der Kunst
Format 18 x 25,5 cm; 96 Seiten
mit 59 Photos

Sonderband:
Homer
Die Odyssee
In gekürzter Form nacherzählt von
Eva Jantzen und bibliophil illustriert
von Brinna Otto
Format 22 x 22,5 cm; 200 Seiten;
66 Zeichnungen nach griechischen
Originalbildern

1985 erscheint:

Sonderband:
Theodor Wiegand
Halbmond im letzten Viertel

VERLAG PHILIPP VON ZABERN · MAINZ